郭凯明 杭静 著

STRUCTURAL TRANSFORMATION
THEORY AND APPLICATION TO CHINA

宏观经济结构转型

理论与中国应用

北京大学出版社
PEKING UNIVERSITY PRESS

图书在版编目(CIP)数据

宏观经济结构转型:理论与中国应用/郭凯明,杭静著.——北京:北京大学出版社,2024.9.——ISBN 978-7-301-35520-6

Ⅰ.F123.16;F121

中国国家版本馆 CIP 数据核字第 202450FB92 号

书　　　名	宏观经济结构转型:理论与中国应用 HONGGUAN JINGJI JIEGOU ZHUANXING: LILUN YU ZHONGGUO YINGYONG
著作责任者	郭凯明　杭　静　著
责任编辑	王　晶
标准书号	ISBN 978-7-301-35520-6
出版发行	北京大学出版社
地　　　址	北京市海淀区成府路 205 号　100871
网　　　址	http://www.pup.cn
微信公众号	北京大学经管书苑(pupembook)
电子邮箱	编辑部 em@pup.cn　　总编室 zpup@pup.cn
电　　　话	邮购部 010-62752015　发行部 010-62750672 编辑部 010-62752926
印　刷　者	天津中印联印务有限公司
经　销　者	新华书店
	720 毫米×1020 毫米　16 开本　19.25 印张　338 千字 2024 年 9 月第 1 版　2024 年 9 月第 1 次印刷
定　　　价	59.00 元

未经许可,不得以任何方式复制或抄袭本书之部分或全部内容。
版权所有,侵权必究
举报电话:010-62752024　电子邮箱:fd@pup.cn
图书如有印装质量问题,请与出版部联系,电话:010-62756370

本 书 资 源

资源类型	资源获取方法	注意事项
• 程序代码 • 数据文件	第一步:关注"博雅学与练"微信公众号; 第二步:扫描下方二维码标签,获取相关资源 宏观经济结构转型: 理论与中国应用 请刮开后扫码获取数字资源 本码2029年12月31日前有效	一书一码,相关资源仅供一人使用。读者在使用过程中如遇到技术问题,可发邮件至 em@pup.cn
• 部分章节线上课程	可通过哔哩哔哩(Bilibili)网站的如下网址观看:https://space.bilibili.com/27143874/channel/series 对应二维码:	所有读者均可观看视频,内容会不定期更新

推 荐 序

本书是一本适用于高年级本科生、研究生和青年教师的经济学教材。这本教材全面介绍了宏观经济结构转型的经典理论和前沿进展,并结合中国经济结构转型事实介绍了将理论模型应用于现实经济的量化研究方法,独具特色,内容质量较高,非常值得大家深入阅读学习。

本书作者郭凯明老师和杭静老师长期从事宏观经济学和发展经济学领域的教学与研究工作,教学经验丰富、教学成果突出,对中国宏观经济形势与政策有着长期观察和深入了解,在结构转型、人口转变和经济增长等方向也取得了很多优秀的、有较大影响力的研究成果,在把握中国经济发展规律上有着独到而深刻的认识。我很愿意推荐他们的教材。

世界经济发展,特别是中国经济的发展实践对宏观经济学理论提出了新挑战,新一轮的科技革命和产业变革也在改变着宏观经济学的基本理论,需要新的理论框架来解释,有待于经济学者去积极探索和创新。宏观经济学理论长期聚焦于总量方面的经济增长和经济波动问题,但当前大家已越来越重视经济结构变化在解释宏观经济具体实践中的重要作用,宏观经济结构转型理论也因此获得了快速发展和广泛应用。学习和研究宏观经济运行与经济发展规律,非常有必要掌握经济结构转型理论和研究方法,而目前国内外还缺少专门介绍宏观经济结构转型理论的教材。本书很好地填补了这一空白,由浅入深、全面系统地介绍了宏观经济结构转型领域的主流理论和研究范式。我相信读者通过阅读和学习本书,既可以加深对宏观经济结构转型规律的理解,拓展思考视角,又可以掌握科学规范的研究方法和研究工具,开展自主研究。

宏观经济学理论体系的构建必须植根于丰富的经济实践,中国的宏观经济实践为宏观经济学理论的形成奠定了坚实的基础,为宏观经济学理论发展提供了肥沃的土壤,也为青年学者创新理论开辟了广阔的空间。将宏观经济学理论与现实经济充分结合,对理论模型的现实解释力和理论机制的影响程度进行严谨的量化分析,是宏观经济学前沿研究的一个重要发展方向。本书在介绍宏观经济结构转型领域主流理论模型之后,以中国现实经济发展转型为例,细致深入地介绍了这些理论模型的定量分析方法和中国宏观经济数据。我相信读者通过阅读和学习本书,可以有效运用宏观经济结构转型理论模型认识和研究中国经济,结合中国经济发展和改革实践更好地推动宏观经济结构转型理论创新。

  创新宏观经济学理论体系不是一蹴而就的,需要广大的经济学者共同努力。应该看到,经过大批经济学者的努力,中国特色的宏观经济学理论体系的构建取得了一定进步。一方面,中国经济学被越来越多的经济学者关注,中国经济学的研究问题已经成为经济学研究的主流问题,而且是不可分割的重要问题;另一方面,中国的经济学者越来越多地在国际经济学舞台上展现研究成果,越来越多的国内经济学者把中国的经济学问题抽象出来,丰富了宏观经济学的基本理论,但是,对中国经济实践的解释与研究还远远不够,需要继续努力。希望大家可以仔细阅读和学习本书,展开思考并尝试进行创新性研究,为中国经济发展的理论解释和具体实践提供智力支持。

北京大学光华管理学院教授 龚六堂
2024 年 7 月

目录

导　论 ……………………………………………………………… 001

第一章　价格效应与收入效应 …………………………………… 034
第一节　消费者最优化问题 ………………………………… 034
第二节　生产者最优化问题 ………………………………… 044
第三节　结构转型静态模型 ………………………………… 055

第二章　要素结构与结构转型 …………………………………… 076
第一节　资本深化与结构转型 ……………………………… 077
第二节　跨期动态优化问题 ………………………………… 088
第三节　结构转型动态模型 ………………………………… 099
第四节　新结构经济学基本模型 …………………………… 111

第三章　需求结构与结构转型 …………………………………… 121
第一节　需求结构与供给结构的核算 ……………………… 122
第二节　消费偏好与结构转型 ……………………………… 131
第三节　投资结构与结构转型 ……………………………… 142

第四章　技术结构与结构转型 …………………………………… 164
第一节　技术进步方向与结构转型 ………………………… 165
第二节　技术进步与平衡增长路径 ………………………… 173
第三节　内生技术进步与结构转型 ………………………… 187

第五章　国际贸易与结构转型 ······ 201
第一节　包含国际贸易的结构转型静态模型 ······ 202
第二节　包含国际贸易的结构转型动态模型 ······ 207
第三节　包含结构转型的李嘉图模型 ······ 213
第四节　包含结构转型的 Eaton-Kortum 模型 ······ 218

第六章　家庭生产与结构转型 ······ 232
第一节　包含家庭生产的结构转型模型 ······ 233
第二节　性别差异与结构转型 ······ 239
第三节　内生人口增长与结构转型 ······ 249

第七章　政府作用与结构转型 ······ 263
第一节　包含政府作用的结构转型模型 ······ 264
第二节　政府支出与结构转型 ······ 270
第三节　政府税费与结构转型 ······ 278
第四节　货币政策与结构转型 ······ 287

后　记 ······ 299

导　论

　　一个国家总体经济的增长与波动是宏观经济学研究的两大问题,但经济增长和经济波动都与经济结构转型密切相关,经济结构转型对生产效率和收入分配也有显著影响,因此经济结构转型的发展动因与经济影响已成为宏观经济学研究的又一大问题。近二十余年,该领域的研究发展得较快,逐步形成了体系完备、范式独特的宏观经济结构转型理论。对于学习和研究宏观经济学的读者而言,除了经济增长理论和经济波动理论(或经济周期理论),也非常有必要掌握宏观经济结构转型理论。

一、基本概念

　　宏观经济结构转型,是指一个国家宏观经济的供给结构、需求结构、要素结构等发生趋势性变化,使生产、消费、分配等环节在不同部门之间进行再配置的变迁过程。以图0.1为例,其把一个国家宏观经济中的各类市场抽象为产品与服务市场、生产要素市场这两个市场。

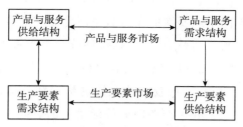

图0.1　宏观经济结构示意图

　　产品与服务市场的供给方和需求方通常被称为宏观经济的供给侧和需求侧。宏观经济的供给结构是指供给侧不同生产部门之间的相对大小,通常用产出比重或就业比重来衡量。生产部门可以按照产业、行业、所有制或生产业态划分,如第一产业、第二产业和第三产业,资本密集型行业与劳动密集型行业,重工业与轻工业,先进制造业与现代服务业,高技术制造业与生产性服务业,国有经济与民营经济,传统经济与数字经济,传统经济与低碳经济等。宏观经济的需求结构是指需求侧不同需求之间的相对大小,以及每类需求内部的产业或种类构成。需求侧通常可以分为消费、投资和净出口三大需求,或者国内需求和国外需求等,其相对比重就反映了需求结构,如消费率和投资率等。消费、投资、出口的内部也会呈现结构性特征,体现为该需求的产业构成或其他类别构成情况。比如,消费或投资都可以细分为在农产品、工业品和服务等不同产业产品上的消费或投资,消费还可以细分为食品烟酒、衣着、居住、生活用品及服务、交通通信、教育文化娱乐、医疗保健、其他用品及服务八大类消费品,投资则可以细分为机器设备、建筑设施和无形资产等类型,消费、投资和出口的产品也可以被分为资本密集型产品和劳动密集型产品等,这些种类占消费、投资或出口的比例能够反映需求结构,本书第三章会进一步讨论。供给结构和需求结构发生趋势性变化,就体现了宏观经济供给侧和需求侧的结构转型过程,比如最常被关注的三大产业结构转型过程和三大需求结构转型过程等。

由于产品与服务的生产过程须使用资本和劳动等生产要素,生产主体需要在生产要素市场购买生产要素进行生产,体现出生产主体对生产要素的需求,比如企业租用资本和雇用劳动,实际上就是企业需要资本和劳动等生产要素。因此,产品与服务市场的供给方也是生产要素市场的需求方,生产主体对不同生产要素的相对需求就是生产要素的需求结构。生产要素市场的供给方是提供资本和劳动等生产要素的主体。通常来说,资本和劳动等生产要素的所有者都可以抽象成居民部门或家庭部门,当考虑政府作用时还包括政府部门。生产要素所有者提供的不同生产要素的相对数量就是生产要素的供给结构。生产要素可以被分为资本和劳动两类,也可以被细分为更多种类,本书第二章会进一步讨论。不同生产要素的相对需求或相对供给发生趋势性变化,就体现了宏观经济要素结构转型过程,比如较常被关注的资本和劳动之比持续上升的过程,劳动力在市场生产、家庭生产和闲暇等活动上的时间配置结构等。要素结构转型过程中不同生产要素的相对价格也会发生变化,于是不同生产要素的相对收入,即宏观经济分配结构也会呈现转型趋势。

从国际视角看一国经济发展过程,供给结构、需求结构、要素结构等宏观经济结构往往呈现出共性的转型过程和发展规律。经济结构转型过程又显著影响了一个经济体的生产效率和收入分配,研究其发展动因具有重要意义。在结构转型影响生产效率方面,Caselli(2005)、Duarte & Restuccia(2010,2020)、

Herrendorf & Valentinyi（2012）、郭凯明等（2023）等大量研究指出,经济结构转型是影响不同经济体之间生产率差距变化的重要因素,其中既涉及生产率的国际比较问题,也与如何准确量化收入效应和价格效应相关。① 而要素结构和需求结构都可能通过影响经济结构转型对生产率变化产生重要影响。在结构转型影响收入分配方面,Buera et al.（2022）、郭凯明和王钰冰（2022）等研究指出,经济结构转型改变了不同生产要素的相对需求,进而影响了要素收入分配格局。② 因此,推动经济结构转型的各类因素,都可能通过这一渠道影响收入分配（Acemoglu & Guerrieri,2008;郭凯明等,2020;郭凯明和罗敏,2021）。③ 考虑要素结构和需求结构对收入分配的结构性影响,才能更全面地理解收入分配演化过程。因此,经济结构转型成为宏观经济学除经济增长和经济波动外又一个重要的研究领域,对理解中国经济发展具有重要意义。下面将概述这一领域的特征事实、理论发展脉络与本书的结构安排等。

二、供需结构转型特征事实

（一）供给结构

在反映供给结构的各种指标中,产业结构是划分标准相对成熟、数据较为完善、具有较高国际可比性的衡量经济结构的分类方式,这里首先关注供给侧第一产业、第二产业和第三产业这三大产业的结构转型过程。三大产业的划分

---

① Caselli, F., 2005, "Accounting for Cross-Country Income Differences", in *Handbook of Economic Growth*, Aghion, P., and S. N. Durlauf Eds., Amsterdam: Elsevier, 679–741.
Duarte, M., and D. Restuccia, 2010, "The Role of the Structural Transformation in Aggregate Productivity", *Quarterly Journal of Economics*, 125(1), 129–173.
Duarte, M., and D. Restuccia, 2020, "Relative Prices and Sectoral Productivity", *Journal of the European Economic Association*, 18(3), 1400–1443.
Herrendorf, B., and Á. Valentinyi, 2012, "Which Sectors Make Poor Countries So Unproductive?", *Journal of the European Economic Association*, 10(2), 323–341.
郭凯明、罗章权、杭静,2023:《中国劳动生产率的国际比较与远景展望:1992—2035》,《经济学(季刊)》第6期。
② Buera, F. J., J. P. Kaboski, R. Rogerson, and J. I. Vizcaino, 2022, "Skill-Biased Structural Change", *Review of Economic Studies*, 89(2), 592–625.
郭凯明、王钰冰,2022:《供需结构优化、分配结构演化与2035年共同富裕目标展望》,《中国工业经济》第1期。
③ Acemoglu, D., and V. Guerrieri, 2008, "Capital Deepening and Non-balanced Economic Growth", *Journal of Political Economy*, 116(3), 467–498.
郭凯明、杭静、颜色,2020:《资本深化、结构转型与技能溢价》,《经济研究》第9期。
郭凯明、罗敏,2021:《有偏技术进步、产业结构转型与工资收入差距》,《中国工业经济》第3期。

是世界上较为常用的分类方式。大致上,第一产业包括农、林、牧、渔业,第二产业包括工业和建筑业,第三产业即为服务业。三大产业比重通常用三大产业的产出占总产出比重,或三大产业的就业占总就业比重来衡量。其中,三大产业的产出较常使用的衡量指标是增加值,三大产业的增加值相加即为GDP。图0.2为全球包括中国在内的132个经济体三大产业比重与人均GDP对数值的散点图。其中,产出比重的时间跨度是1960—2019年,就业比重的时间跨度是1980—2019年,数据来源是世界银行的世界发展指数(World Development Indicator, WDI)数据库。图中的经济体已经剔除了位于中东地区和人口少于100万的经济体,且部分经济体在部分年份数据存在缺失。世界发展指数中的农业、工业与服务业基本对应于第一产业、第二产业和第三产业。人均GDP用2017年购买力平价计算的国际元衡量,数据来源是佩恩表(Penn World Table 10.0, PWT)。由图0.2可知,伴随着一个经济体的经济发展和人均GDP逐渐提高,第一产业比重持续下降,第三产业比重持续上升,而第二产业比重呈现先上升后下降的倒U形趋势。这一规律通常被称为库兹涅茨事实(Kuznets Facts)。需要注意的是,在从农业向工业转型的工业化进程中,服务业比重的上升幅度甚至大于工业比重,而且在达到一定工业化水平以后,又会出现工业向着服务业的转型,这进一步推动了服务业比重的提高。

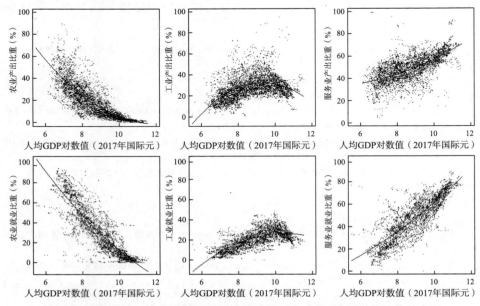

图0.2　1960—2019年全球经济体三大产业比重与人均GDP对数值的散点图

中国产业结构转型过程也符合库兹涅茨事实。图 0.3 给出了 1952—2020 年中国三大产业比重的变化情况,数据来自中国国家统计局(National Bureau of Statistics,NBS)。随着经济的发展,中国第一产业比重下降,第三产业比重上升,第二产业比重先上升后有所下降,2018 年起第二产业就业比重又稳中有升。尽管 20 世纪 50 年代中期到 60 年代初,三大产业比重出现了较大幅度的波动,但并没有改变整体变化趋势。1952—2020 年,中国第一产业的就业比重和产出比重分别下降 59.9 个百分点和 42.8 个百分点,第二产业的就业比重和产出比重分别增加 21.3 个百分点和 17.0 个百分点,第三产业的就业比重和产出比重分别增加 38.6 个百分点和 25.8 个百分点。1978—2020 年,三大产业的就业比重分别变化-46.9、11.4 和 35.5 个百分点,产出比重分别变化-20.0、-9.9 和 29.9 个百分点。2012—2020 年,三大产业的就业比重分别变化-9.9、-1.7 和 11.6 个百分点,产出比重分别变化-1.4、-7.6 和 9.0 个百分点。可以看出,在从农业向非农业的转型过程中,改革开放之前主要以农业向工业转型为主,此时第三产业就业比重上升速度慢于第二产业,其产出比重甚至稳中有降。但在改革开放以后,第三产业比重更快上升,当前已经超过第二产业比重。

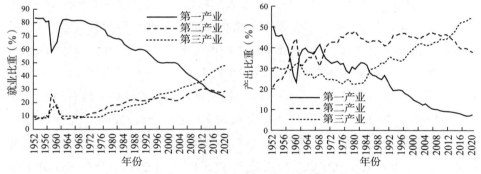

图 0.3　1952—2020 年中国三大产业结构转型趋势

(二) 需求结构

在反映需求结构的各种指标中,消费率和投资率,即消费和投资占 GDP 的比重,是最常被关注的指标,在经济发展过程中也呈现趋势性变化。图 0.4 为全球经济体消费率、投资率与人均 GDP 对数值的散点图。其中,消费率与投资率数据来自 WDI 数据库,人均 GDP 数据仍然来自 PWT 数据库。图中经济体也已经剔除了位于中东地区和人口少于 100 万的经济体,并且剔除了消费率低于 40%或高于 120%或者投资率小于 0 或高于 60%的极端值经济体。最终图中涵盖了 1960—2019 年包括中国在内的 116 个经济体的消费数据和 120 个经济体的投资数据,但部分经济体在部分年份的数据存在缺失。由图 0.4 可知,伴随着一个经济体的经济发展和人均 GDP 逐渐提高,消费率会持续下降,投资率会呈现先上升后下降的倒 U 形趋势。当然,投资率由升转降的拐点收入较高,且之后的下降幅度相对有限。

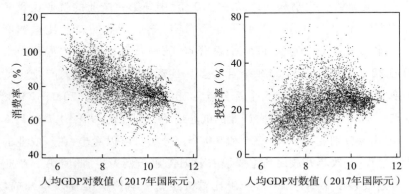

图 0.4　1960—2019 年全球经济体消费率、投资率与人均 GDP 对数值的散点图

图 0.5 给出了 1952—2020 年中国三大需求结构转型趋势,数据来自中国国家统计局。可以看到,中国三大需求的结构转型与全球发展规律基本一致,尽管少数年份存在波动,但中国消费率整体呈现下降趋势,投资率呈现上升趋势。1952—2020 年,中国消费率下降了 24.9 个百分点,投资率上升了 21.1 个百分点。改革开放以后也基本符合这一趋势,但变化幅度相对温和。消费率从 1978 年的 61.9% 下降到 2020 年的 54.3%,降幅为 7.6 个百分点;投资率从 1978 年的 38.4% 上升到 2020 年的 43.1%,升幅为 4.7 个百分点。与图 0.4 中的全球经济体对比,可以发现改革开放以后特别是 21 世纪以来,中国的投资率基本处于全球较高水平。但需要注意的是,2012—2020 年消费率和投资率转变了之前的发展趋势,这一时期消费率提高了 3.2 个百分点,投资率下降了 3.1 个百分点。

如果关注消费、投资和出口三大需求各自的内部结构,那么就需要区分三大需求的产业支出结构和产业增加值结构等重要概念。产业支出结构是指消费、投资或出口中,分别用多少比重的支出购买不同产业的产出;产业增加值结构是指消费品、投资品或出口品的生产过程中,分别使用了多少比重的不同产业增加值。也就是说,产业支出结构是从最终支出角度衡量的,而产业增加值结构是从生产过程的产业来源构成角度衡量的。

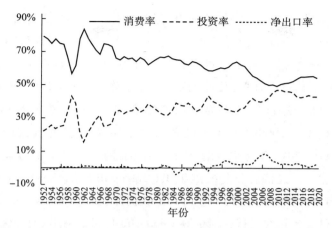

图 0.5　1952—2020 年中国三大需求结构转型趋势

比如,消费或投资中所购买的计算机是由第二产业生产的。从产业支出结构上看,计算机的价值全部被算作在第二产业上的消费或投资。但是,计算机的价值中不但包括通信设备、计算机和其他电子设备制造业等第二产业生产的硬件,还包括软件和信息技术服务业、批发零售业等第三产业提供的服务。也就是说,从计算机生产过程的产业来源构成上看,其价值既包括第二产业的增加值,也包括第三产业的增加值。再如,居民和政府并不直接消费建筑业的产出,因此从产业支出结构看在建筑业上的消费支出等于零。但是,无论生产哪个产业的消费品,都需要或多或少使用到建筑业的产出作为中间投入。如果关注的是消费品生产过程的产业来源构成,那么消费中也会包括建筑业的增加值。举例来说,试想一个消费者购买了一件价格为 800 元的毛衣,从产业支出结构看,毛衣是第二产业的产出,因此在第二产业的消费就增加了 800 元。但是在 800 元的毛衣价值中,可能 100 元是牧民生产羊毛贡献的增加值,500 元是纺织厂和服装厂把羊毛加工成毛衣贡献的增加值,还有 200 元可能是消费者在商场购买所享受的批发零售服务的增加值。因此从产业增加值结构看,这 800 元的毛衣消费,就意味着第一产业、第二产业和第三产业的消费增加值分别增加了 100 元、500 元和 200 元。

投入产出表数据直接提供了消费、投资和出口的产业支出结构和每个行业的生产投入结构,由此可以把消费、投资和出口追踪到每个行业的增加值上,即可以借助投入产出表把三大需求的产业支出结构转化为产业增加值结构。中国国家投入产出表数据有两个主要来源:一是国家统计局公布的投入产出表,但是每隔几年才公布一次，并非每年连续的；二是中国产业生产率数据库（China Industrial Productivity，CIP）提供的1981—2014年每年的投入产出表。世界投入产出表数据主要来自世界投入产出数据库（World Input-Output Database，WIOD）。其中，2013年发布的数据库（简称为WIOD2013）提供了1995—2011年包含40个经济体的世界投入产出表，2016年发布的数据库（简称为WIOD2016）提供了2000—2014年包含43个经济体的世界投入产出表。两个数据库在2000—2011年是重叠的，但是包括的经济体、划分的行业和指标的数值等均有所差别。经济合作与发展组织（Organization for Economic Co-operation and Development，OECD）的跨国投入产出数据库（Inter-Country Input-Output Tables，ICIO）和亚洲开发银行（Asian Development Bank，ADB）的多区域投入产出数据库（Multi-regional Input Output Tables，MRIO）提供了更长期的世界投入产出表。本章附录会对相关计算方法进行详细说明。

图0.6展示了全球主要经济体消费结构和投资结构的变化过程。其中，人均GDP数据仍然来自PWT数据库。消费结构和投资结构用产业支出结构和产业增加值结构来衡量，即把消费或投资按照三大产业支出或三大产业增加值进行分解，计算消费或投资中第一产业、第二产业或第三产业所占比重，以此来衡量消费结构或投资结构。相关数据基于WIOD的国家投入产出表（National Input-Output Tables，NIOT）计算得到，涵盖了1995—2011年包括中国在内的40个经济体的数据。

由图0.6可知，首先，无论是用产业支出结构衡量，还是用产业增加值结构衡量，消费结构和投资结构的变化趋势基本都是一致的。伴随着经济的发展，消费中第一产业支出比重和增加值比重持续下降，第三产业比重持续上升，第二产业比重呈现先上升后下降的倒U形趋势。投资的产业支出结构与产业增加值结构的变化趋势略有差别，但差别不大。投资中第一产业支出比重或增加值比重较低且伴随着经济发展有所下降，第二产业支出比重持续下降，但增加值比重先上升后下降，第三产业支出比重和增加值比重基本呈现上升趋势。其次，消费或投资的产业支出结构与产业增加值结构的差别较为显著。消费中第二产业增加值比重低于第二产业支出比重，但第一产业和第三产业增加值比重高于支出比重。投资结构也是如此。投资中第二产业增加值比重明显低于支出比重，同时第一产业和第三产业增加值比重高于支出比重。最后，消费结构与投资结构的差别也较为明显。无论是用产业支出结构衡量，还是用产业增加值结构衡量,同样的人均 GDP 发展水平下,消费中第一产业比重和第三产业比重均高于投资,而投资中第二产业比重高于消费中第二产业比重。

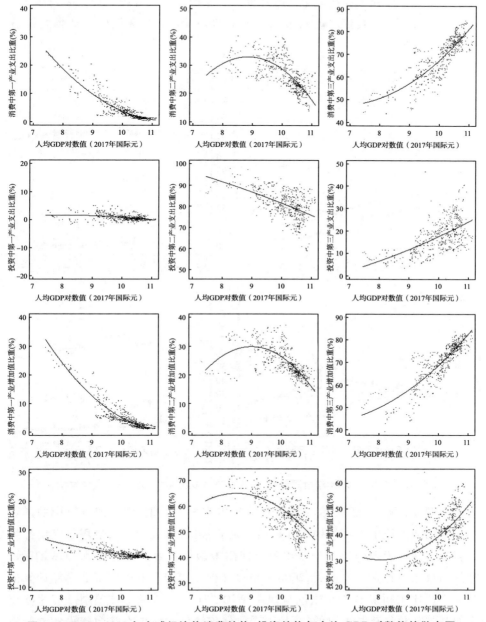

图 0.6　1995—2011 年全球经济体消费结构、投资结构与人均 GDP 对数值的散点图

图 0.7 展示了中国消费结构与投资结构的转型过程。其中,消费结构与投资结构使用了三大产业支出结构与三大产业增加值结构分别进行衡量。数据基于国家统计局和中国产业生产率数据库公布的中国国家投入产出表与 WIOD 数据库计算得到。数据时间跨度为 1981—2018 年,部分数据库的数据在部分年份存在缺失。

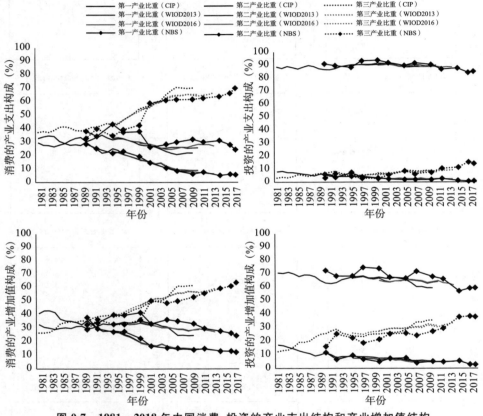

图 0.7 1981—2018 年中国消费、投资的产业支出结构和产业增加值结构

由图 0.7 可知,第一,在不同数据库年份重叠的时期,消费或投资中的产业支出结构或产业增加值结构的计算结果是非常接近的。其中,使用国家统计局计算的消费或投资的三大产业比重与使用中国产业生产率数据库和 WIOD 计算的结果始终存在一定差距,2006—2010 年使用中国产业生产率数据库计算的第一产业比重和第二产业比重与使用 WIOD 计算的结果也有差别。但这些比重的基本变化趋势是一致的,而且不同数据来源计算结果在多数年份的差距也在相对适度的范围内。第二,无论是消费或投资的产业支出构成,还是产业增

加值构成,所展示的产业构成的变化趋势都是一致的。在消费或投资中,第一产业比重持续下降,第三产业比重持续上升,第二产业比重稳定一段时间后有所下降。第三,消费或投资的产业支出结构与产业增加值结构均存在明显差别。以使用中国产业生产率数据库和 WIOD 计算的结果为例,在消费中,第一产业的支出比重低于增加值比重,平均差距大于 5 个百分点左右;第三产业的支出比重高于增加值比重,平均差距大于 5 个百分点;第二产业的支出比重略低于增加值比重,平均差距小于 5 个百分点。在投资中,产业支出结构与产业增加值结构的差别更加显著。其中,第二产业的支出比重接近 90%,但增加值比重基本低于 70%;第三产业的支出比重均不超过 10%,但增加值比重全部高于 10%,而且从 20 世纪 80 年代末起就始终高于 20%。第四,无论是从产业支出结构上看,还是从产业增加值结构上看,消费的产业构成与投资的产业构成也差别明显。以使用中国产业生产率数据库和 WIOD 计算的结果为例,消费中第二产业比重显著低于投资中第二产业比重,从产业支出结构衡量平均差距大于 50 个百分点,从增加值结构衡量平均差距大于 30 个百分点。消费中第三产业比重显著高于投资中第三产业比重,从产业支出结构衡量平均差距均大于 30 个百分点,而且自 21 世纪起就始终大于 50 个百分点,从增加值结构衡量平均差距基本大于 15 个百分点。

根据附录介绍的把消费需求和投资需求的产业支出结构转化为产业增加值结构的计算过程,使用国家投入产出表计算时须假设来自每个行业的进口品的生产投入结构与本国该行业的生产投入结构是完全相同的,而使用世界投入产出表计算时则考虑了进出口产品在不同国家的生产投入结构上的差异,其结果优于只使用国家投入产出表的计算结果。但图 0.7 的结果表明,使用中国国家投入产出表计算时所做的假设也是合理的。

三、要素结构转型特征事实

在反映要素结构的各种指标中,资本和劳动的相对数量,即资本劳动比或劳均资本是较为常用的指标,资本劳动比或劳均资本上升被称为资本深化。图 0.8 为 1950—2019 年全球 132 个经济体劳均资本对数值与人均 GDP 对数值的散点图。其中数据均来自 PWT 数据库,也如前文一样剔除了一些特殊的经济体。可以看到,伴随着人均 GDP 水平的提高,一个经济体的资本通常会比劳动增长得更快,也就是说反映要素结构的资本和劳动之比普遍上升,呈现出资本深化趋势。不过,资本深化的速度随着人均 GDP 的提高而有所放缓。

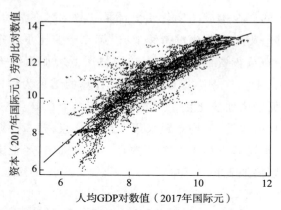

图 0.8　1950—2019 年全球经济体劳均资本对数值与人均 GDP 对数值的散点图

图 0.9 给出了 1952—2019 年中国资本深化趋势,数据来自 PWT 数据库。可以看到,与全球发展规律一致,这一时期中国资本劳动比也呈现持续上升趋势。具体地,20 世纪 60—70 年代中国资本深化进程相对缓慢,改革开放后开始加速,特别是 20 世纪 90 年代以来上升更加明显,与同期有所提高的投资率也是相符的。

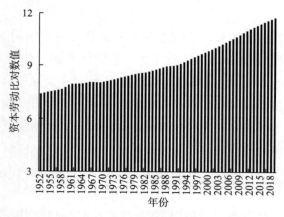

图 0.9　1952—2019 年中国资本深化趋势

除了市场生产部门的经济结构发生趋势性变化,市场和家庭之间的资源配置结构也呈现出显著转变趋势,突出体现在居民在市场生产、家庭生产和闲暇等活动上的时间配置结构也经历了转型过程。尽管劳动参与率受很多因素影响,但时间配置结构转型是其中一个重要影响因素,因此时间配置结构转型是要素结构转型的一个重要表现。

图 0.10 为 1960—2020 年全球包括中国在内的 132 个经济体的劳动参与率与人均 GDP 对数值散点图。其中,劳动参与率数据来自 WDI 数据库,人均 GDP 数据来自 PWT 数据库。样本中剔除了位于中东地区和人口低于 100 万的经济体。平均而言,伴随着一个经济体人均 GDP 的逐渐提高,劳动参与率总体呈现下降趋势,但在发展到一定水平后又有所上升;女性劳动参与率和男性劳动参与率具有明显不同的发展趋势,前者呈现先下降后上升的变化趋势,而后者则持续下降。女性劳动参与率的分布更加分散,部分经济体在部分年份的女性劳动参与率只有 20% 左右;男性劳动参与率的分布更为集中,普遍在 60% 以上。

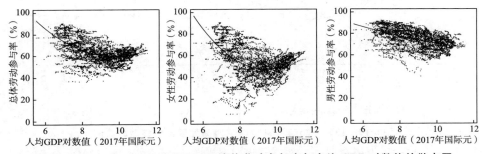

图 0.10　1960—2020 年世界不同经济体劳动参与率与人均 GDP 对数值的散点图

图 0.11 给出了 1980—2020 年中国劳动参与率的演化趋势,数据也来自 WDI 数据库。可以看到,中国总体劳动参与率、女性劳动参与率和男性劳动参与率均持续下降,1980—2020 年分别下降了 11.3、9.2 和 13.0 个百分点。

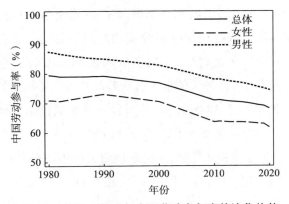

图 0.11　1980—2020 年中国劳动参与率的演化趋势

图 0.12 给出了部分国家时间配置结构转型的整体趋势,数据来自 Bridgman

et al.（2018）。① 可以看到,虽然市场劳动时间或家庭劳动时间均存在国别差异,但在部分国家中会随着经济发展呈现大致相同的变化趋势。其中,美国、德国、法国的市场劳动时间和家庭劳动时间均呈现整体下降趋势,而韩国的家庭劳动时间也在持续下降。

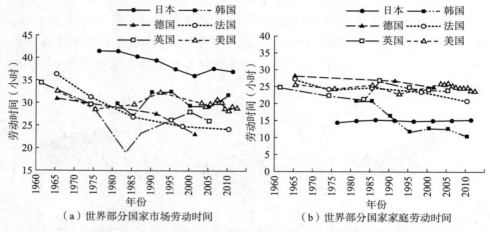

图0.12　1961—2012年部分国家时间配置结构转型趋势图

图0.13对比了2008年和2018年中国细分的时间配置结构。图中数据来自国家统计局第一次（2008年）和第二次（2018年）全国时间利用调查,为使两次数据具有可比性,2008年的各分项数据中均剔除了相关交通活动时间。平均而言,与2008年相比,2018年中国20~74岁居民每天的市场劳动时间减少了4分钟,家庭劳动时间和闲暇时间则分别增加了14分钟和30分钟,其他时间主要为交通活动和学习培训等。这些细分项的时间配置变化也存在显著的性别差异。男性每天的市场劳动时间、家庭劳动时间和闲暇时间分别增加了7分钟、14分钟和21分钟；女性每天的市场劳动时间减少了14分钟,家庭劳动时间和闲暇时间则分别增加了12分钟和38分钟。城乡居民的时间配置结构转型也存在显著差别。城镇居民每天的市场劳动时间、家庭劳动时间和闲暇时间分别增加了34分钟、9分钟和2分钟；乡村居民每天的市场劳动时间减少了35分钟,家庭劳动时间和闲暇时间则分别增加了17分钟和53分钟。除家庭劳动时

---

① Bridgman, B., G. Duernecker, and B. Herrendorf, 2018, "Structural Transformation, Marketization, and Household Production Around the World", *Journal of Development Economics*, 133, 102-126.

间外,男性在其他细分项上的时间配置均显著高于女性;除市场劳动时间外,城镇居民在其他细分项上的时间配置均显著高于乡村居民。

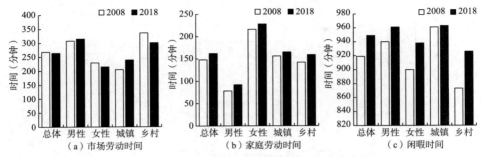

图 0.13　2008 年和 2018 年中国时间配置结构转型

综上所述,全球经济体普遍经历了供给结构、需求结构和要素结构等宏观经济结构转型过程,以及市场与家庭之间的结构转型过程。中国经济结构转型既符合国际共性的规律,又呈现出一定的特殊性。

四、 理论发展脉络与本书的结构安排

宏观经济结构转型一直都是经济学研究普遍关注的重要领域,研究主要聚焦于宏观经济结构转型的发展动因与宏观经济结构转型的经济影响两个主要问题。早期库兹涅茨(Simon Kuznets)、刘易斯(W. Arthur Lewis)、鲍莫尔(William Baumol)等经济学家在经济结构转型的经验事实和理论解释方面都做出了突出贡献。21 世纪以来,该领域研究进一步取得了突破性进展,形成了体系完备、科学规范的现代宏观经济研究范式,当前相关研究仍处于快速发展的过程中。读者在学习这些具体理论和方法之前,有必要先从整体上把握该领域的理论发展脉络,图 0.14 给出了宏观经济结构转型的理论发展脉络及其与本书各章节的关系。

现代宏观经济结构转型主流理论及其研究框架主要是在 Kongsamut et al. (2001)、Ngai & Pissarides (2007)、Acemoglu & Guerrieri (2008) 三篇文献的推动下形成的。① 其中,Kongsamut et al. (2001)、Ngai & Pissarides (2007) 分别提出

---

① Kongsamut, P., S. Rebelo, and D. Xie, 2001, "Beyond Balanced Growth", *Review of Economic Studies*, 68(4), 869–882.
Ngai, L. R., and C. A. Pissarides, 2007, "Structural Change in a Multisector Model of Growth", *American Economic Review*, 97(1), 429–443.
Acemoglu, D., and V. Guerrieri, 2008, "Capital Deepening and Non-balanced Economic Growth", *Journal of Political Economy*, 116(3), 467–498.

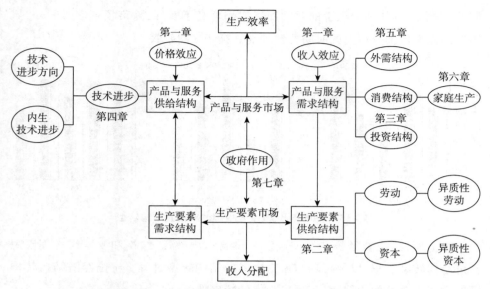

图 0.14　宏观经济结构转型理论发展脉络与本书章节编排

了解释经济结构转型的收入效应和价格效应这两个经典理论,有时也被称为需求侧的拉动理论和供给侧的推动理论。本书第一章首先介绍这两个经典理论及其常用的建模方式。Acemoglu & Guerrieri(2008)通过研究资本深化和结构转型的关系进一步从要素结构视角补充了价格效应理论,Alvarez-Cuadrado et al.(2017)又提出资本深化除了通过价格效应渠道影响结构转型,还会通过要素替代渠道影响结构转型。[1] Ju et al.(2015)建立了新结构经济学基本模型,提出了要素结构变化推动产业发展呈现倒 U 形雁行模式的核心理论。[2] 本书第二章将介绍要素结构影响结构转型的这些主要理论及其建模方式。通过本书第一章和第二章的学习,读者可以了解宏观经济结构转型的主流理论,并且能够掌握以多部门动态一般均衡模型为工具进行理论和定量分析的研究方法。

利用上述理论分析框架,解释宏观经济结构转型经济动因的相关研究又分别在需求结构、技术结构、国际贸易、家庭生产和政府作用等方面取得了重要发展。

---

[1] Alvarez-Cuadrado, F., N. V. Long, and M. Poschke, 2017, "Capital-Labor Substitution, Structural Change, and Growth", *Theoretical Economics*, 12(3), 1229−1266.

[2] Ju, J., J. Y. Lin, and Y. Wang, 2015, "Endowment Structures, Industrial Dynamics, and Economic Growth", *Journal of Monetary Economics*, 76, 244−263.

在需求结构影响结构转型方面,相关研究进展大致分为两类。一类研究聚焦于如何更好地刻画消费偏好以准确量化经济结构转型动因。由于经济结构转型文献中较常使用的扩展 Stone-Geary 型非位似偏好设定可能会对评估理论机制的定量影响造成偏误,Boppart(2014)、Alder et al.(2022)、Comin et al.(2021)等文献相继提出了其他类型的非位似偏好,从而有助于更准确地进行定量研究。① 另一类研究提出了投资结构影响结构转型的理论机制。与经典理论主要聚焦于消费结构转型相比,García-Santana et al.(2021)、Guo et al.(2021)、Herrendorf et al.(2021)等文献指出,投资结构与消费结构有较大差别,因此投资率和投资结构的变化对理解经济结构转型也非常重要。② 本书第三章将详细介绍这两类文献在消费结构和投资结构等需求结构方面所提出的理论及其建模方式。

在技术结构影响结构转型方面,当不同生产部门生产技术的增长速度或不同生产要素扩展型技术的增长速度之间存在差别,并且技术长期持续增长时,技术结构就会发生变化,进而影响宏观经济结构转型,而这与人均收入增长率和实际利率保持恒定的平衡增长路径特征[这些特征即为所谓的"卡尔多事实"(Kaldor facts)的一部分]似乎会存在矛盾。Kongsamut et al.(2001)、Ngai & Pissarides(2007)、Acemoglu & Guerrieri(2008)这三篇经典文献及后续一些相关研究(Boppart,2014;Alvarez-Cuadrado et al.,2017;Comin et al.,2021;Alder et al.,2022)均对此进行了详细讨论,通过引入广义平衡增长路径、稳定增长路径或总量平衡增长路径等概念,持续技术进步下的结构转型和平衡增长路径特征得到了较好的刻画。当考虑技术结构的内生决定机制时,如何把经济增长理论中的内生增长理论框架与经济结构转型理论框架相结合,是技术结构影响结构转型的又一个重要问题,Herrendorf & Valentinyi(2022)给出的理论框架在宏观经济

---

① Boppart, T., 2014, "Structural Change and the Kaldor Facts in a Growth Model with Relative Price Effects and Non-Gorman Preferences", *Econometrica*, 82(6), 2167−2196.
Alder, S., T. Boppart, and A. Müller, 2022, "A Theory of Structural Change That Can Fit the Data", *American Economic Journal: Macroeconomics*, 14(2), 160−206.
Comin, D., D. Lashkari, and M. Mestieri, 2021, "Structural Change with Long-Run Income and Price Effects", *Econometrica*, 89(1), 311−374.

② García-Santana, M., J. Pijoan-Mas, and L. Villacorta, 2021, "Investment Demand and Structural Change", *Econometrica*, 89(6), 2751−2785.
Guo, K., J. Hang, and S. Yan, 2021, "Servicification of Investment and Structural Transformation: The Case of China", *China Economic Review*, 67, https://doi.org/10.1016/j.chieco.2021.101621.
Herrendorf, B., R. Rogerson, and Á. Valentinyi, 2021, "Structural Change in Investment and Consumption—A Unified Analysis", *Review of Economic Studies*, 88(3), 1311−1346.

结构转型理论模型中引入了内生技术结构变化过程。① 本书第四章将详细介绍技术结构对结构转型的影响,并在技术持续增长的环境中展示平衡增长路径的一些重要性质,最后介绍内生技术进步和内生结构转型同时存在的理论模型。

在国际贸易影响结构转型方面,对本国不同生产部门产出的相对需求不仅受本国消费结构和投资结构的影响,而且受国外需求结构变化的影响。这意味着一方面,影响外国对本国特定生产部门产出相对需求的因素都会通过国际贸易渠道推动本国结构转型;另一方面,外国的技术进步或要素结构变化也会通过国际贸易渠道影响本国进口结构和价格,进而改变本国消费结构和投资结构。Matsuyama(2009)、Uy et al. (2013)、Kehoe et al. (2018)均对上述理论机制进行了深入分析,特别是 Uy et al. (2013)把 Eaton & Kortum (2002)的国际贸易模型引入结构转型模型中,建立了一个包含贸易结构的结构转型模型,给出了一个可以同时把生产结构、贸易结构和需求结构内生化并易于量化的分析框架。② 本书第五章将会聚焦于国际贸易对结构转型的影响,通过介绍纳入国际贸易的结构转型模型,展示推动结构转型的国际贸易机制。

在家庭生产影响结构转型方面,最新的一些文献指出,家庭内部也使用生产要素生产家庭产品或服务,家庭这一生产过程既与家庭消费和储蓄行为相关,也直接影响了劳动供给和市场生产,对结构转型具有重要影响(Rogerson 2008;Moro et al., 2017;Duernecker & Herrendorf, 2018;Liao, 2020)。③ 由于市

---

① Herrendorf, B., and Á. Valentinyi, 2022, "Endogenous Sector-Biased Technological Change and Industrial Policy", Economic Modelling, 113, https://doi.org/10.1016/j.econmod.2022.105875.

② Matsuyama, K., 2009, "Structural Change in an Interdependent World: A Global View of Manufacturing Decline", Journal of the European Economic Association, 7(2/3), 478–486.

Uy, T., K.-M. Yi, and J. Zhang, 2013, "Structural Change in an Open Economy", Journal of Monetary Economics, 60(6), 667–682.

Kehoe, T. J., K. J. Ruhl, and J. B. Steinberg, 2018, "Global Imbalances and the Structural Change in the United States", Journal of Political Economy, 126(2), 761–796.

Eaton, J., and S. Kortum, 2002, "Technology, Geography, and Trade", Econometrica, 70(5), 1741–1779.

③ Rogerson, R., 2008, "Structural Transformation and the Deterioration of European Labor Market Outcomes", Journal of Political Economy, 116(2), 235–259.

Moro, A., S. Moslehi, and S. Tanaka, 2017, "Does Home Production Drive Structural Transformation?", American Economic Journal: Macroeconomics, 9(3), 116–146.

Duernecker, G., and B. Herrendorf, 2018, "On the Allocation of Time - A Quantitative Analysis of the Roles of Taxes and Productivities", European Economic Review, 102, 169–187.

Liao, J., 2020, "The Rise of the Service Sector in China", China Economic Review, 59, https://doi.org/10.1016/j.chieco.2019.101385.

场生产和家庭生产中男女之间的性别差异明显,家庭生产过程也会影响经济结构转型(Ngai & Petrongolo,2017;郭凯明和王钰冰,2022)。① 特别是考虑生育和养育子女这一特殊的家庭生产活动时,结构转型既会影响人口增长,人口增长也会影响结构转型(郭凯明等,2021,2023),因此人口结构和经济结构在转型过程中的互动关系也需要借助包含家庭生产的理论框架进行研究。② 本书第六章介绍包含家庭生产的结构转型模型,并在其中考虑性别差异及其影响结构转型的理论机制,最后介绍内生人口增长和内生结构转型同时存在的理论模型。

在政府作用影响结构转型方面,一般可以在特定产品和服务市场或生产要素市场通过引入市场摩擦因子等方式刻画政府对市场的影响,由此分析政府对经济结构转型的影响(盖庆恩等,2013;Cai,2015;Cheremukhin et al.,2017;Ngai et al.,2019)。③ 政府税费政策是政府影响市场的一类重要政策,也会被视为存在市场摩擦的一个原因,其对经济结构转型的影响机制也是类似的(Dekle & Vandenbroucke,2012;郭凯明和龚六堂,2023)。④ 除此之外,政府支出结构与消费和投资结构都可能存在显著差别,政府也提供了公共资本和基础设施,这意味着政府支出规模和结构变化都会通过影响需求结构或供给结构的渠道影响

---

① Ngai, L. R., and B. Petrongolo, 2017, "Gender Gaps and the Rise of the Service Economy", *American Economic Journal: Macroeconomics*, 9(4), 1-44.

郭凯明、王钰冰,2022:《人工智能技术方向、时间配置结构转型与人类劳动变革远景》,《中国工业经济》第 12 期。

② 郭凯明、颜色、李双潞,2021:《结构转型、生育率选择与人口转变》,《世界经济》第 1 期。

郭凯明、王钰冰、颜色,2023:《劳动力市场性别差距、生产结构转型与人口增长转变》,《金融研究》第 1 期。

③ 盖庆恩、朱喜、史清华,2013:《劳动力市场扭曲、结构变化和中国劳动生产率》,《经济研究》第 5 期。

Cai, W., 2015, "Structural Change Accounting with Labor Market Distortions", *Journal of Economic Dynamics and Control*, 57, 54-64.

Cheremukhin, A., M. Golosov, S. Guriev, and A. Tsyvinski, 2017, "The Industrialization and Economic Development of Russia Through the Lens of a Neoclassical Growth Model", *Review of Economic Studies*, 2017, 84(2), 613-649.

Ngai, L. R., C. A. Pissarides, and J. Wang, 2019, "China's Mobility Barriers and Employment Allocations", *Journal of the European Economic Association*, 17(5), 1617-1653.

④ Dekle, R., and G. Vandenbroucke, 2012, "A Quantitative Analysis of China's Structural Transformation", *Journal of Economic Dynamic and Control*, 36, 119-135.

郭凯明、龚六堂,2023:《减税降费与产业结构变迁》,《经济学(季刊)》第 5 期。

结构转型（郭凯明和王藤桥，2019；Moro & Rachedi，2022；郭凯明和丁子涵，2024）。① 政府还可以通过央行货币政策调节货币供给，而在不同生产部门市场交易活动的货币需求存在差异时，货币政策还会通过现金约束渠道影响结构转型（Mele & Stefanski，2019；严成樑，2020）。② 本书第七章介绍政府作用影响经济结构转型的基本框架，之后分别讨论政府支出、政府税费和货币政策这三类政策对经济结构转型的影响。

综上，本书分为七章内容。其中，第一章介绍宏观经济结构转型发展动因的两大经典理论，第二至第七章分别介绍要素结构、需求结构、技术结构、国际贸易、家庭生产和政府作用等影响宏观经济结构转型的几个重要因素。上述结构安排在宏观经济结构转型理论发展脉络中所处的位置可参见图0.14。如果从研究方法上看，本书第一至第三章介绍了宏观经济结构转型研究所普遍采用的基本模型，第四至第七章是就研究主题对基本模型的拓展应用。在第一至第三章，本书还以中国现实经济为例，把宏观经济结构转型理论模型与中国数据相结合，通过案例形式详细介绍了理论模型的定量分析方法。

五、本书目标与特色

本书由浅入深、全面系统地介绍了宏观经济结构转型主流理论，包括结构转型的基本理论、影响结构转型的供给侧和需求侧因素、结构转型中的政府作用等，同时以中国经济结构转型实践为例，详细介绍了理论模型的定量应用方法。本书具有以下五个特色：

第一，最早聚焦经济结构转型的宏观经济学教材之一。研究中国经济问题和构建中国经济理论必须准确把握中国经济转型中的结构性特征，当前国内外各层次宏观经济学的主流教材普遍聚焦于经济增长与经济波动理论，较少涉及经济转型理论，本书满足了日益增长的宏观经济结构转型理论学习的需要。

第二，广泛涵盖宏观经济结构转型主流理论和前沿发展。21世纪以来，宏

---

① 郭凯明、王藤桥，2019：《基础设施投资对产业结构转型和生产率提高的影响》，《世界经济》第11期。
Moro, A., and O. Rachedi, 2022, "The Changing Structure of Government Consumption Spending", *International Economic Review*, 63(3), 1293–1323.
郭凯明、丁子涵，2024：《政府支出管理、需求结构与产业结构转型》，《管理科学学报》，第7期。

② Mele, A., and R. Stefanski, 2019, "Velocity in the Long Run: Money and Structural Transformation", *Review of Economic Dynamics*, 31, 393–410.
严成樑，2020：《通货膨胀的产业结构变迁效应与社会福利损失》，《世界经济》第2期。

观经济结构转型理论取得了一系列重要的研究成果,形成了这一学科领域基本的理论模型和研究范式,当前相关研究也正在快速发展中,本书系统地介绍了宏观经济结构转型的基础理论和前沿发展,有助于读者全面掌握经典理论、紧跟学术前沿。

第三,用全新的中国案例介绍理论模型定量应用方法。运用理论模型研究中国经济问题,评估经济理论的现实解释力,都需要加强关于理论模型的量化分析方法的学习,本书特别重视理论学习基础上的现实应用,构建了中国宏观经济结构转型的几个案例,以此介绍宏观经济结构转型理论模型的量化方法。

第四,适合具有不同经济理论基础的各层次读者学习。本书注重从零到一、深入浅出地介绍宏观经济结构转型理论,对通用优化方法、基础经济理论和基本量化工具等相关内容均进行了基础知识介绍,即使只有初级经济理论和数理知识基础的读者,也可以在学习本书内容后独立开展宏观经济结构转型领域的学术研究。

第五,提供丰富翔实的线上学习资源和程序代码。本书推荐的阅读材料均可以利用互联网下载电子版,部分章节的量化分析和中国案例均提供了相应的数据文件和程序代码,本书作者也在哔哩哔哩(Bilibili)等网站提供了部分章节的线上课程讲解,相信读者通过广泛阅读相关资料和复现量化分析结果,可以更熟练和牢固地掌握相关知识。

本书作者长期专注于宏观经济结构转型领域的研究与教学工作,从学习研究方法、阅读经典文献到开展自主研究,都深刻感受到宏观经济结构转型领域的研究正处于快速发展期。中国正在进行宏大而独特的实践创新,为宏观经济结构转型理论创新提供了强大动力和广阔空间。如何从中国宏观经济结构转型的实践中挖掘新材料、发现新问题、提出新观点,由此发展宏观经济结构转型理论并指导中国经济发展实践?宏观经济结构转型领域发展形成的研究范式为此提供了科学规范的研究工具与分析方法,但当前的宏观经济学教材还未能全面系统地介绍相关内容。本书作者希望可以填补这一空白,帮助有初级经济学基础的读者掌握宏观经济结构转型问题研究的基本方法和主要理论,加深对中国经济结构转型的理解,进而能够自主开展宏观经济结构转型领域的研究工作。这是本书的主要目标。

本书适用于学习过经济学原理和高等数学的所有读者,无论是正在学习经济学的本科生、硕士生和博士生以及从事经济学研究的学者和研究人员,还是对宏观经济学、发展经济学和中国经济感兴趣的读者,相信都可以从阅读和学习本书中有所收获。建议读者首先依次阅读和学习本书第一至第三章,这也是本书最重要的基础性内容,之后可以自主选择第四至第七章的阅读和学习顺序。在每一章的开始,本书都提出了学习目标,建议读者精读其中要求牢固掌握的内容,要求一般掌握的内容则可以选读。在每一章的结尾,本书都提供了一些习题,建议读者学习本章内容后,通过解题加深对理论模型和经济机制的理解。第一至第三章以中国经济为例介绍了定量分析方法,建议读者在这三章的学习中能够自主再现数据搜集、模型求解和定量模拟的全部过程,并在全书所有章节的内容学习和习题求解时积极探索如何把理论模型与中国数据相结合进行定量研究。本书在每一章还推荐了以期刊论文为主的阅读资料。虽然这些文献所关注的具体问题和研究内容可能有所区别,但它们所使用的理论模型和研究方法均与该章内容高度相关,阅读这些文献有助于读者了解该章内容应如何用于具体研究工作,从而可以更熟练地掌握相关理论模型和研究方法。总之,建议读者先学习理论模型并以中国经济为例学习定量分析方法,再求解习题和广泛阅读相关重要文献。按照这一方式学习本书每一章的内容,就可以熟练掌握宏观经济结构转型研究范式,加深对中国经济结构转型的理解和认识,并在未来自主开展这一领域的研究工作。

  本教材是国家社会科学基金重大项目(23&ZD044)的阶段性成果。感谢北京大学出版社王晶老师等认真严谨的编辑工作,感谢中山大学王钰冰、罗章权、吴红晨和毛嘉禧四位博士生的校稿工作,感谢北京大学光华管理学院龚六堂老师和颜色老师的指导与帮助。

阅读资料

  与本章内容密切相关的重要文献列举如下,这些文献给出了关于结构转型特征事实更丰富的经验证据。

[1] 郭凯明、罗章权、杭静,2023:《中国劳动生产率的国际比较与远景展望:1992—2035》,《经济学(季刊)》第 6 期。

[2] 郭凯明、王钰冰,2022:《供需结构优化、分配结构演化与 2035 年共同富裕目标展望》,《中国工业经济》第 1 期。

[3] 郭凯明、王钰冰,2022:《人工智能技术方向、时间配置结构转型与人类劳动变革远景》,《中国工业经济》第 12 期。

[4] 王弟海,2021:《三次产业增长和产业价格结构变化对中国经济增长的影响:1952—2019年》,《经济研究》第 2 期。

[5] Brandt, L., C. T. Hsieh, and X. Zhu, 2008, "Growth and Structural Transformation in China", in *China's Great Economic Transformation*, Brandt, L., and R. Thomas Eds., Cambridge: Cambridge University Press,683-728.

[6] Gollin, G., and J. P. Kaboski, 2023, "New Views of Structural Transformation: Insight from Recent Literature", NBER Working Paper, No. 31905.

[7] Herrendorf, B., R. Rogerson, and Á. Valentinyi, 2014, "Growth and Structural Transformation", in *Handbook of Economic Growth*, Aghion, P., and S. N. Durlauf Eds., vol. 2, San Diego: North-Holland, 855-941.

[8] Herrendorf, B., R. Rogerson, and Á. Valentinyi, 2022, "New Evidence of Sectoral Labor Productivity", NBER Working Paper, No. 29834.

[9] Jorgenson, D. W., and M. P. Timmer, 2011, "Structural Change in Advanced Nations: A New Set of Stylised Facts", *Scandinavian Journal of Economics*, 113(1), 1-29.

[10] Rodrik, D., 2016, "Premature Deindustrialization", *Journal of Economic Growth*, 21, 1-33.

[11] van Neuss, L., 2019, "The Drivers of Structural Change", *Journal of Economic Surveys*, 33(1), 309-349.

附录:最终需求的产业增加值结构

关于需求结构的特征事实,本书使用了基于投入产出表计算的三大需求的产业增加值结构数据,这里详细介绍其计算方法,这些数据可用于本书其他章节理论模型的定量分析。不过读者也可选择略过这部分内容,这样做并不影响阅读其他章节的主要内容。一个国家的投入产出表给出了各个行业的生产投入结构和产出需求结构,以及三大需求的产业支出结构。表 0.1 给出了一个典型的国家投入产出表结构。假设投入产出表中共有 J 个行业,用下标 $j,j' \in \{1, 2,\cdots,J\}$ 表示行业。用 $M_{j'j}$ 表示第 j 个行业的生产过程中以第 j' 个行业生产的产品为中间品的投入,用 V_j 表示第 j 个行业的生产过程中的增加值投入,用 Q_j 表示第 j 个行业的总投入或总产出。分别用 C_j、I_j 和 EX_j 表示最终使用部分消费、投资和出口中在第 j 个行业的支出数量,用 IM_j 表示进口中在第 j 个行业的支出数量。

表 0.1　国家投入产出表示例

投入	产出										
	中间使用						最终使用			进口	总产出
	行业 1	行业 2	⋯	行业 j	⋯	行业 J	消费	投资	出口		
行业 1	M_{11}	M_{12}	⋯	M_{1j}	⋯	M_{1J}	C_1	I_1	EX_1	IM_1	Q_1
行业 2	M_{21}	M_{22}	⋯	M_{2j}	⋯	M_{2J}	C_2	I_2	EX_2	IM_2	Q_2
⋯	⋯	⋯	⋯	⋯	⋯	⋯	⋯	⋯	⋯	⋯	⋯
行业 j'	$M_{j'1}$	$M_{j'2}$	⋯	$M_{j'j}$	⋯	$M_{j'J}$	$C_{j'}$	$I_{j'}$	$EX_{j'}$	$IM_{j'}$	$Q_{j'}$
⋯	⋯	⋯	⋯	⋯	⋯	⋯	⋯	⋯	⋯	⋯	⋯
行业 J	M_{J1}	M_{J2}	⋯	M_{Jj}	⋯	M_{JJ}	C_J	I_J	EX_J	IM_J	Q_J
增加值	V_1	V_2	⋯	V_j	⋯	V_J					
总投入	Q_1	Q_2	⋯	Q_j	⋯	Q_J					

首先,从投入产出表中间使用部分的纵列即生产投入结构上看,特定行业的产出是由中间投入和增加值投入共同生产的,其产出价值为二者之和(即 $Q_j = \sum_{j'} M_{j'j} + V_j$)。其中,该行业生产过程中的中间投入又可以被分解到各个行业(即 $M_{j'j}$),也就是分别使用了每个行业的多少产出作为中间投入。该行业的增加值投入(即 V_j)由在该行业中生产的劳动和资本创造。

其次,从投入产出表最终使用部分和进口的纵列上看,消费、投资、出口和进口可以被分解到各个行业(即 C_j, I_j, EX_j 和 IM_j)。最终使用包括消费、投资和出口,即三大需求。这里就直接给出了三大需求的产业支出结构,即在消费、投资和净出口中,分别使用的每个行业生产的产出所占比重。比如,如果一个国家的总消费是 100 单位,其中 50 单位是粮食,20 单位是服装,30 单位是教育,那么消费的产业支出结构即在第一、第二和第三产业上的支出比重分别为 50%、20% 和 30%。

最后,从投入产出表的横排即产出需求结构上看,特定行业的产出要么被用于中间投入,要么被用于最终使用,其总产出即为二者之和(即 $Q_j = \sum_{j'} M_{jj'} + C_j + I_j + EX_j - IM_j$)。这就给出了该行业的产出需求结构,即每个行业生产过程中的中间投入分别需要多少该行业的产出,以及消费、投资或净出口中分别需要多少该行业的产出。注意到由于消费、投资和中间投入中都包括了进口品,这里中间投入和最终使用之和还需减去进口。

一、使用国家投入产出表的计算过程

本节先介绍使用单个国家的投入产出表计算三大需求的产业增加值结构的过程。在每个行业生产过程的中间投入中,以及在消费、投资和出口中,都可能使用进口品。但单个国家的投入产出表既没有给出在这些中间投入和最终使用中究竟分别使用了多少进口品,也没有给出来自每个行业的进口品的生产投入结构。为此,在把三大需求的产业支出结构转化为产业增加值结构前,须假设来自每个行业的进口品的生产投入结构与本国该行业的生产投入结构是完全相同的。

沿用表 0.1 给出的国家投入产出表的变量表示。从纵列看,有:

$$Q_j = \sum_{j'} M_{j'j} + V_j \tag{0.1}$$

用 $m_{j'j} = M_{j'j}/Q_j$ 表示第 j 个行业的生产投入中使用的第 j' 个行业所生产的产品占总投入的比重,用 $v_j = V_j/Q_j$ 表示第 j 个行业的生产投入中增加值投入占总投入的比重。根据投入产出表横列给出的产出需求结构,可以把投入产出关系写作矩阵的形式:

$$\begin{pmatrix} Q_1 \\ Q_2 \\ \vdots \\ Q_J \end{pmatrix} = \begin{pmatrix} M_{11} + M_{12} + \cdots + M_{1J} \\ M_{21} + M_{22} + \cdots + M_{2J} \\ \vdots \\ M_{J1} + M_{J2} + \cdots + M_{JJ} \end{pmatrix} + \begin{pmatrix} C_1 \\ C_2 \\ \vdots \\ C_J \end{pmatrix} + \begin{pmatrix} I_1 \\ I_2 \\ \vdots \\ I_J \end{pmatrix} + \begin{pmatrix} EX_1 \\ EX_2 \\ \vdots \\ EX_J \end{pmatrix} - \begin{pmatrix} IM_1 \\ IM_2 \\ \vdots \\ IM_J \end{pmatrix}$$

$$= \begin{pmatrix} m_{11} & m_{12} & \cdots & m_{1J} \\ m_{21} & m_{22} & \cdots & m_{2J} \\ & \ddots & \ddots & \\ m_{J1} & m_{J2} & \cdots & m_{JJ} \end{pmatrix} \begin{pmatrix} Q_1 \\ Q_2 \\ \vdots \\ Q_J \end{pmatrix} + \begin{pmatrix} C_1 \\ C_2 \\ \vdots \\ C_J \end{pmatrix} + \begin{pmatrix} I_1 \\ I_2 \\ \vdots \\ I_J \end{pmatrix} + \begin{pmatrix} EX_1 \\ EX_2 \\ \vdots \\ EX_J \end{pmatrix} - \begin{pmatrix} IM_1 \\ IM_2 \\ \vdots \\ IM_J \end{pmatrix} \tag{0.2}$$

用 $\mathbf{Q}, \mathbf{C}, \mathbf{I}, \mathbf{EX}, \mathbf{IM}$ 分别表示 $Q_j, C_j, I_j, EX_j, IM_j$ 构成的列向量($J \times 1$ 矩阵),定义 $\mathbf{X} = \mathbf{EX} - \mathbf{IM}$,$X_j$ 为 X 列向量中的第 j 个元素,表示第 j 行业的净出口。注意到 $\mathbf{C}, \mathbf{I}, \mathbf{X}$ 实际上给出了三大需求的产业支出结构。用矩阵 $\mathbf{M}$($J \times J$ 矩阵)表示中间投入结构,满足:

$$\mathbf{M} = \begin{pmatrix} m_{11} & m_{12} & \cdots & m_{1J} \\ m_{21} & m_{22} & \cdots & m_{2J} \\ \vdots & \ddots & \ddots & \vdots \\ m_{J1} & m_{J2} & \cdots & m_{JJ} \end{pmatrix} \tag{0.3}$$

由此可以把(0.2)式写作：

$$Q = MQ + C + I + X \tag{0.4}$$

用 U 表示 $J \times J$ 单位矩阵，上式可以转化为：

$$Q = (U-M)^{-1}(C+I+X) = S(C+I+X) \tag{0.5}$$

其中，定义矩阵 $S = (U-M)^{-1}$，为 $J \times J$ 矩阵。用 $s_{jj'}$ 表示矩阵 S 第 j 行第 j' 列的元素。

(0.5)式给出了为满足在所有行业上的消费、投资或净出口所需要的每个行业的生产投入。为了理解这一点，考虑第 j 个行业的产出 Q_j。由(0.5)式知：

$$\begin{aligned} Q_j =\ & (s_{j1}C_1 + s_{j2}C_2 + \cdots + s_{jJ}C_J) + \\ & (s_{j1}I_1 + s_{j2}I_2 + \cdots + s_{jJ}I_J) + \\ & (s_{j1}X_1 + s_{j2}X_2 + \cdots + s_{jJ}X_J) \end{aligned} \tag{0.6}$$

上式实际上把第 j 个行业的产出 Q_j 分解到满足三大需求所需的投入上，即满足消费在第 1 个行业支出 C_1 所需的第 j 个行业投入 $s_{j1}C_1$，加上在第 2 个行业支出 C_2 所需的第 j 个行业投入 $s_{j2}C_2$，直到加上在第 J 个行业支出 C_J 所需的第 j 个行业投入 $s_{jJ}C_J$，即(0.6)式等号右边的第一行；满足投资在第 1 个行业支出 I_1 所需的第 j 个行业投入 $s_{j1}I_1$，加上在第 2 个行业支出 I_2 所需的第 j 个行业投入 $s_{j2}I_2$，直到加上在第 J 个行业支出 I_J 所需的第 j 个行业投入 $s_{jJ}I_J$，即(0.6)式等号右边的第二行；满足净出口在第 1 个行业支出 X_1 所需的第 j 个行业投入 $s_{j1}X_1$，加上在第 2 个行业支出 X_2 所需的第 j 个行业投入 $s_{j2}X_2$，直到加上在第 J 个行业支出 X_J 所需的第 j 个行业投入 $s_{jJ}X_J$，即(0.6)式等号右边的第三行。因此，通过矩阵 S，可以把消费、投资或净出口追踪到其所需要的每个行业的生产投入上。

设定矩阵 V（$J \times J$ 矩阵）为对角矩阵，其中对角线上第 j 个元素为第 j 个行业的生产投入中增加值投入所占比重 v_j。用 Y 表示 V_j 构成的列向量（$J \times 1$ 矩阵）。注意到 V_j 实际上是第 j 个行业所贡献的劳动和资本的增加值，在许多文献中直接使用增加值 V_j 来衡量行业产出，而不是这里的 Q_j。区别在于后者还包括了中间投入，这由(0.1)式可以清楚地看出。根据定义有：

$$Y = \begin{pmatrix} v_1 Q_1 \\ v_2 Q_2 \\ \vdots \\ v_J Q_J \end{pmatrix} = \begin{pmatrix} v_1 & 0 & \cdots & 0 \\ 0 & v_2 & \cdots & 0 \\ \vdots & & \ddots & \vdots \\ 0 & 0 & \cdots & v_J \end{pmatrix} \begin{pmatrix} Q_1 \\ Q_2 \\ \vdots \\ Q_J \end{pmatrix} = VQ \tag{0.7}$$

把(0.5)式代入上式,可以得到:
$$Y = VS(C+I+X) \quad (0.8)$$

(0.5)式给出了为满足在所有行业上的消费、投资或净出口所需要的每个行业的生产投入,这个投入乘以其中的增加值投入所占比重,就得到了消费、投资或净出口中每个行业贡献的增加值。这就是上式的经济含义。为了理解这一点,也可以考虑第 j 个行业的增加值 V_j。由上式知:

$$\begin{aligned} V_j = & (v_j s_{j1} C_1 + v_j s_{j2} C_2 + \cdots + v_j s_{jJ} C_J) + \\ & (v_j s_{j1} I_1 + v_j s_{j2} I_2 + \cdots + v_j s_{jJ} I_J) + \\ & (v_j s_{j1} X_1 + v_j s_{j2} X_2 + \cdots + v_j s_{jJ} X_J) \end{aligned} \quad (0.9)$$

上式实际上把第 j 个行业的增加值 V_j 分解到满足三大需求所需的增加值投入上,即满足消费在第 1 个行业支出 C_1 所需的第 j 个行业增加值投入 $v_j s_{j1} C_1$,加上在第 2 个行业支出 C_2 所需的第 j 个行业增加值投入 $v_j s_{j2} C_2$,直到加上在第 J 个行业支出 C_J 所需的第 j 个行业增加值投入 $v_j s_{jJ} C_J$,即(0.9)式等号右边的第一行;满足投资在第 1 个行业支出 I_1 所需的第 j 个行业增加值投入 $v_j s_{j1} I_1$,加上在第 2 个行业支出 I_2 所需的第 j 个行业增加值投入 $v_j s_{j2} I_2$,直到加上在第 J 个行业支出 I_J 所需的第 j 个行业增加值投入 $v_j s_{jJ} I_J$,即(0.9)式等号右边的第二行;满足净出口在第 1 个行业支出 X_1 所需的第 j 个行业增加值投入 $v_j s_{j1} X_1$,加上在第 2 个行业支出 X_2 所需的第 j 个行业增加值投入 $v_j s_{j2} X_2$,直到加上在第 J 个行业支出 X_J 所需的第 j 个行业增加值投入 $v_j s_{jJ} X_J$,即(0.9)式等号右边的第三行。

因此,通过矩阵 **VS**,可以把消费、投资或净出口追踪到其所需要的每个行业的增加值投入上。具体地,引入列向量 $\hat{\mathbf{C}}, \hat{\mathbf{I}}, \hat{\mathbf{X}}$($J \times 1$ 矩阵),分别满足:

$$\hat{\mathbf{C}} = \begin{pmatrix} \hat{C}_1 \\ \hat{C}_2 \\ \vdots \\ \hat{C}_J \end{pmatrix} = \mathbf{VSC} = \begin{pmatrix} v_1 s_{11} C_1 + v_1 s_{12} C_2 + \cdots + v_1 s_{1J} C_J \\ v_2 s_{21} C_1 + v_2 s_{22} C_2 + \cdots + v_2 s_{2J} C_J \\ \vdots \\ v_J s_{J1} C_1 + v_J s_{J2} C_2 + \cdots + v_J s_{JJ} C_J \end{pmatrix} \quad (0.10)$$

$$\hat{\mathbf{I}} = \begin{pmatrix} \hat{I}_1 \\ \hat{I}_2 \\ \vdots \\ \hat{I}_J \end{pmatrix} = \mathbf{VSI} = \begin{pmatrix} v_1 s_{11} I_1 + v_1 s_{12} I_2 + \cdots + v_1 s_{1J} I_J \\ v_2 s_{21} I_1 + v_2 s_{22} I_2 + \cdots + v_2 s_{2J} I_J \\ \vdots \\ v_J s_{J1} I_1 + v_J s_{J2} I_2 + \cdots + v_J s_{JJ} I_J \end{pmatrix} \quad (0.11)$$

$$\hat{\mathbf{X}} = \begin{pmatrix} \hat{X}_1 \\ \hat{X}_2 \\ \vdots \\ \hat{X}_J \end{pmatrix} = \mathbf{VSX} = \begin{pmatrix} v_1 s_{11} X_1 + v_1 s_{12} X_2 + \cdots + v_1 s_{1J} X_J \\ v_2 s_{21} X_1 + v_2 s_{22} X_2 + \cdots + v_2 s_{2J} X_J \\ \vdots \\ v_J s_{J1} X_1 + v_J s_{J2} X_2 + \cdots + v_J s_{JJ} X_J \end{pmatrix} \quad (0.12)$$

其中，$\hat{C}_j,\hat{I}_j,\hat{X}_j$ 分别由 **VSC**,**VSI**,**VSX** 计算得到，表示消费、投资和净出口的产业来源中，来自第 j 个行业的增加值投入。也就是说，列向量 $\hat{\mathbf{C}},\hat{\mathbf{I}},\hat{\mathbf{X}}$ 分别把消费、投资和净出口分解到每个行业的增加值投入上，从而指出了三大需求的产业增加值构成。

需要指出的是，列向量 $\hat{\mathbf{C}},\hat{\mathbf{I}}$ 或 $\hat{\mathbf{X}}$ 中所有元素之和分别等于列向量 $\mathbf{C},\mathbf{I}$ 或 $\mathbf{X}$ 中所有元素之和，也分别等于总消费、总投资和总净出口。这里只针对消费进行证明，即证明：

$$(1 \quad 1 \quad \cdots \quad 1) \times \hat{\mathbf{C}} = (1 \quad 1 \quad \cdots \quad 1) \times \mathbf{C} \quad (0.13)$$

其中，行向量 $(1 \quad 1 \quad \cdots \quad 1)$ 是 $1 \times J$ 矩阵。把 (0.10) 式代入，可知证明上式即等价于证明：

$$(1 \quad 1 \quad \cdots \quad 1) \times \mathbf{V} = (1 \quad 1 \quad \cdots \quad 1) \times (\mathbf{U} - \mathbf{M}) \quad (0.14)$$

上式中，等号左边可以进行如下计算：

$$(1 \quad 1 \quad \cdots \quad 1) \times \mathbf{V} = (1 \quad 1 \quad \cdots \quad 1) \times \begin{pmatrix} v_1 & 0 & \cdots & 0 \\ 0 & v_2 & \cdots & 0 \\ \vdots & \ddots & \ddots & \vdots \\ 0 & 0 & \cdots & v_J \end{pmatrix} \quad (0.15)$$

$$= (v_1 \quad v_2 \quad \cdots \quad v_J)$$

等号右边可以进行如下计算：

$$(1 \quad 1 \quad \cdots \quad 1) \times (\mathbf{U} - \mathbf{M}) = (1 \quad 1 \quad \cdots \quad 1) \begin{pmatrix} 1 - m_{11} & -m_{12} & \cdots & -m_{1J} \\ -m_{21} & 1 - m_{22} & \cdots & -m_{2J} \\ \vdots & \ddots & \ddots & \vdots \\ -m_{J1} & -m_{J2} & \cdots & 1 - m_{JJ} \end{pmatrix}$$

$$= \left(1 - \sum_j m_{j1} \quad 1 - \sum_j m_{j2} \quad \cdots \quad 1 - \sum_j m_{jJ}\right)$$

$$(0.16)$$

根据(0.1)式易知 $\sum_{j'} m_{j'j} + v_j = 1$，因此(0.15)和(0.16)式等号最右边是完全相同的，也即意味着(0.13)式成立。证毕。

注意到上述过程隐含假设了进口品的生产投入结构与国内同行业产品的生产投入结构是完全相等的。下面将放松这一假设，使用世界投入产出表给出的所有产品在所有国家的生产投入结构来更加准确地计算三大需求的产业增加值结构。

二、使用世界投入产出表的计算过程

根据世界投入产出表，可以知道特定国家的消费、投资、中间投入中进口品的生产国的生产投入结构，进而能将其追踪到其生产国的产业增加值上，而无须像使用国家投入产出表时那样增加假设。如果把所有国家都看成是一个整体，且不同国家的不同行业均是完全不同的行业，那么世界投入产出表就是世界作为一个"超级国家"的投入产出表，关于产业增加值结构的计算思路就与上一部分没有本质区别。只是当把三大需求的产业增加值结构加总到特定国家时，需要特别注意矩阵结构。下面给出详细的计算过程，其中，所有字母所表示的变量含义均重新定义，与上一部分并不相同。

用 N 表示世界投入产出表中的国家总数，J 表示行业总数。用 $n, n' \in \{1, 2, \cdots, N\}$ 区分国家，用 $j, j' \in \{1, 2, \cdots, J\}$ 区分行业。从世界投入产出表的中间投入看，用 Q_j^n 表示第 n 个国家第 j 个行业的产出，也等于该行业的总投入。用 $M_{jj'}^{nn'}$ 表示第 n 个国家第 j 个行业生产过程的中间投入中，所使用的第 n' 个国家第 j' 个行业生产的产品数量。用 V_j^n 表示第 n 个国家第 j 个行业生产过程的增加值投入。于是有：

$$Q_j^n = \sum_{n'} \sum_{j'} M_{jj'}^{nn'} + V_j^n \qquad (0.17)$$

用 $m_{jj'}^{nn'} = M_{jj'}^{nn'} / Q_j^n$ 表示第 n 个国家第 j 个行业生产投入中使用的第 n' 个国家第 j' 个行业生产的产品占总投入的比重，用 $v_j^n = V_j^n / Q_j^n$ 表示第 n 个国家第 j 个行业生产投入中增加值投入占总投入的比重。

用 $c_{j'}^{nn'}$ 和 $i_{j'}^{nn'}$ 分别表示第 n 个国家的消费和投资中，在第 n' 个国家第 j' 个行业的支出数量。根据投入产出表横列给出的产出需求结构，可以把投入产出关系写作矩阵的形式：

$$\begin{pmatrix} Q_1^1 \\ Q_2^1 \\ \vdots \\ Q_J^1 \\ Q_1^2 \\ Q_2^2 \\ \vdots \\ Q_J^2 \\ \vdots \\ Q_J^N \end{pmatrix} = \begin{pmatrix} M_{11}^{11} + M_{21}^{11} + \cdots + M_{J1}^{11} + M_{11}^{21} + M_{21}^{21} + \cdots + M_{J1}^{21} + \cdots + M_{J1}^{N1} \\ M_{12}^{11} + M_{22}^{11} + \cdots + M_{J2}^{11} + M_{12}^{21} + M_{22}^{21} + \cdots + M_{J2}^{21} + \cdots + M_{J2}^{N1} \\ \vdots \\ M_{1J}^{11} + M_{2J}^{11} + \cdots + M_{JJ}^{11} + M_{1J}^{21} + M_{2J}^{21} + \cdots + M_{JJ}^{21} + \cdots + M_{JJ}^{N1} \\ M_{11}^{12} + M_{21}^{12} + \cdots + M_{J1}^{12} + M_{11}^{22} + M_{21}^{22} + \cdots + M_{J1}^{22} + \cdots + M_{J1}^{N2} \\ M_{12}^{12} + M_{22}^{12} + \cdots + M_{J2}^{12} + M_{12}^{22} + M_{22}^{22} + \cdots + M_{J2}^{22} + \cdots + M_{J2}^{N2} \\ \vdots \\ M_{1J}^{12} + M_{2J}^{12} + \cdots + M_{JJ}^{12} + M_{1J}^{22} + M_{2J}^{22} + \cdots + M_{JJ}^{22} + \cdots + M_{JJ}^{N2} \\ \vdots \\ M_{1J}^{1N} + M_{2J}^{1N} + \cdots + M_{JJ}^{1N} + M_{1J}^{2N} + M_{2J}^{2N} + \cdots + M_{JJ}^{2N} + \cdots + M_{JJ}^{NN} \end{pmatrix} +$$

$$\begin{pmatrix} c_1^{11} + c_1^{21} + \cdots + c_1^{N1} \\ c_2^{11} + c_2^{21} + \cdots + c_2^{N1} \\ \vdots \\ c_J^{11} + c_J^{21} + \cdots + c_J^{N1} \\ c_1^{12} + c_1^{22} + \cdots + c_1^{N2} \\ c_2^{12} + c_2^{22} + \cdots + c_2^{N2} \\ \vdots \\ c_J^{12} + c_J^{22} + \cdots + c_J^{N2} \\ \vdots \\ c_J^{1N} + c_J^{2N} + \cdots + c_J^{NN} \end{pmatrix} + \begin{pmatrix} i_1^{11} + i_1^{21} + \cdots + i_1^{N1} \\ i_2^{11} + i_2^{21} + \cdots + i_2^{N1} \\ \vdots \\ i_J^{11} + i_J^{21} + \cdots + i_J^{N1} \\ i_1^{12} + i_1^{22} + \cdots + i_1^{N2} \\ i_2^{12} + i_2^{22} + \cdots + i_2^{N2} \\ \vdots \\ i_J^{12} + i_J^{22} + \cdots + i_J^{N2} \\ \vdots \\ i_J^{1N} + i_J^{2N} + \cdots + i_J^{NN} \end{pmatrix} \quad (0.18)$$

用 $\mathbf{C}^n$ 和 $\mathbf{I}^n$ 分别表示 $c_{j'}^{nn'}$ 和 $i_{j'}^{nn'}$ 先按照行业 j' 再按照国家 n' 排列构成的列向量（$NJ \times 1$ 矩阵）。用 $\mathbf{Q}$ 表示 Q_j^n 先按照行业 j 再按照国家 n 排列构成的列向量（$NJ \times 1$ 矩阵）。用矩阵 $\mathbf{M}$（$NJ \times NJ$ 矩阵）表示中间投入结构，满足：

$$\mathbf{M} = \begin{pmatrix} m_{11}^{11} & m_{21}^{11} & \cdots & m_{J1}^{11} & m_{11}^{21} & m_{21}^{21} & \cdots & m_{J1}^{21} & \cdots & m_{J1}^{N1} \\ m_{12}^{11} & m_{22}^{11} & \cdots & m_{J2}^{11} & m_{12}^{21} & m_{22}^{21} & \cdots & m_{J2}^{21} & \cdots & m_{J2}^{N1} \\ \vdots & & \ddots & & & & \ddots & & \ddots & \vdots \\ m_{1J}^{11} & m_{2J}^{11} & \cdots & m_{JJ}^{11} & m_{1J}^{21} & m_{2J}^{21} & \cdots & m_{JJ}^{21} & \cdots & m_{JJ}^{N1} \\ m_{11}^{12} & m_{21}^{12} & \cdots & m_{J1}^{12} & m_{11}^{22} & m_{21}^{22} & \cdots & m_{J1}^{22} & \cdots & m_{J1}^{N2} \\ m_{12}^{12} & m_{22}^{12} & \cdots & m_{J2}^{12} & m_{12}^{22} & m_{22}^{22} & \cdots & m_{J2}^{22} & \cdots & m_{J2}^{N2} \\ \vdots & & \ddots & & & & \ddots & & \ddots & \vdots \\ m_{1J}^{12} & m_{2J}^{12} & \cdots & m_{JJ}^{12} & m_{1J}^{22} & m_{2J}^{22} & \cdots & m_{JJ}^{22} & \cdots & m_{JJ}^{N2} \\ \vdots & & \ddots & & & & \ddots & & \ddots & \vdots \\ m_{1J}^{1N} & m_{2J}^{1N} & \cdots & m_{JJ}^{1N} & m_{1J}^{2N} & m_{2J}^{2N} & \cdots & m_{JJ}^{2N} & \cdots & m_{JJ}^{NN} \end{pmatrix} \quad (0.19)$$

由此可以进一步把(0.18)式化简为:

$$\mathbf{Q} = \mathbf{MQ} + \mathbf{C}^1 + \mathbf{C}^2 + \cdots + \mathbf{C}^N + \mathbf{I}^1 + \mathbf{I}^2 + \cdots + \mathbf{I}^N \quad (0.20)$$

用 $\mathbf{U}$ 表示 $NJ \times NJ$ 单位矩阵,(0.20)式可以转化为:

$$\begin{aligned} \mathbf{Q} &= (\mathbf{U} - \mathbf{M})^{-1}(\mathbf{C}^1 + \mathbf{C}^2 + \cdots + \mathbf{C}^N + \mathbf{I}^1 + \mathbf{I}^2 + \cdots + \mathbf{I}^N) \\ &= \mathbf{S}(\mathbf{C}^1 + \mathbf{C}^2 + \cdots + \mathbf{C}^N + \mathbf{I}^1 + \mathbf{I}^2 + \cdots + \mathbf{I}^N) \end{aligned} \quad (0.21)$$

其中,定义矩阵 $\mathbf{S} = (\mathbf{U} - \mathbf{M})^{-1}$,为 $NJ \times NJ$ 矩阵。(0.21)式的经济含义与(0.5)式是相同的,即通过矩阵 $\mathbf{S}$,可以把特定国家的消费和投资追踪到其所需要的每个国家每个行业的生产投入上。

设定矩阵 $\mathbf{V}$($NJ \times NJ$ 矩阵)为对角矩阵,其中,对角线上的元素为第 n 个国家第 j 个行业生产投入中增加值投入占总投入的比重 v_j^n,并且先按照行业 j 再按照国家 n 排列。用 $\mathbf{Y}$ 表示行业增加值 V_j^n 先按照行业 j 再按照国家 n 排列构成的列向量($NJ \times 1$ 矩阵)。于是有:

$$\mathbf{Y} = \mathbf{VQ} \quad (0.22)$$

把(0.21)式代入(0.22)式,可以得到:

$$\mathbf{Y} = \mathbf{VS}(\mathbf{C}^1 + \mathbf{C}^2 + \cdots + \mathbf{C}^N + \mathbf{I}^1 + \mathbf{I}^2 + \cdots + \mathbf{I}^N) \quad (0.23)$$

(0.23)式的经济含义与(0.8)式是相同的。(0.21)式给出了为满足特定国家在所有行业上的消费或投资,所需要的每个国家每个行业的生产投入,把这个投入乘以其中的增加值投入所占比重,就得到了这个国家消费和投资中每个国家每个行业贡献的增加值。也就是说,通过矩阵 $\mathbf{VS}$,可以把特定国家的消费和投资追踪到其所需要的每个国家每个行业的增加值投入上。

具体地,引入列向量 $\widetilde{\mathbf{C}}^n$ 和 $\widetilde{\mathbf{I}}^n$(均为 $NJ \times 1$ 矩阵),分别满足:

$$\tilde{\mathbf{C}}^n = \mathbf{VSC}^n = \begin{pmatrix} \hat{c}_1^{n1} \\ \hat{c}_2^{n1} \\ \vdots \\ \hat{c}_J^{n1} \\ \hat{c}_1^{n2} \\ \hat{c}_2^{n2} \\ \vdots \\ \hat{c}_J^{n2} \\ \vdots \\ \hat{c}_J^{nN} \end{pmatrix}, \quad \tilde{\mathbf{I}}^n = \mathbf{VSI}^n = \begin{pmatrix} \hat{i}_1^{n1} \\ \hat{i}_2^{n1} \\ \vdots \\ \hat{i}_J^{n1} \\ \hat{i}_1^{n2} \\ \hat{i}_2^{n2} \\ \vdots \\ \hat{i}_J^{n2} \\ \vdots \\ \hat{i}_J^{nN} \end{pmatrix} \quad (0.24)$$

其中，$\hat{c}_{j'}^{nn'}$ 和 $\hat{i}_{j'}^{nn'}$ 分别由 $\mathbf{VSC}^n$ 和 $\mathbf{VSI}^n$ 计算得来，表示第 n 个国家的消费和投资的产业来源中，来自第 n' 个国家第 j' 个行业的增加值投入。也就是说，列向量 $\tilde{\mathbf{C}}^n$ 和 $\tilde{\mathbf{I}}^n$ 分别把第 n 个国家的消费和投资分解到每个国家每个行业的增加值投入上。注意到列向量 $\tilde{\mathbf{C}}^n$ 和 $\tilde{\mathbf{I}}^n$ 均是先按照行业排列再按照国家排列的。

为了构造出特定国家消费和投资的产业增加值构成，需要把该国的消费和投资从产业来源上分解到每个行业的增加值投入上。根据列向量 $\tilde{\mathbf{C}}^n$ 和 $\tilde{\mathbf{I}}^n$，把来自所有国家第 j' 行业的增加值投入加总，即为第 n 个国家的消费和投资中，来自第 j' 行业的总增加值投入，将其记作 $\hat{C}_{j'}^n$ 和 $\hat{I}_{j'}^n$，满足：

$$\hat{C}_{j'}^n = \sum_{n'} \hat{c}_{j'}^{nn'}, \quad \hat{I}_{j'}^n = \sum_{n'} \hat{i}_{j'}^{nn'} \quad (0.25)$$

从(0.25)式可以看出，特定国家(第 n 个国家)的消费和投资中来自某个行业(任一 j' 行业)的增加值投入，实际上来源于所有国家在该行业贡献的增加值（把 $\hat{c}_{j'}^{nn'}$ 和 $\hat{i}_{j'}^{nn'}$ 按照国家 $n' \in \{1, 2, \cdots, N\}$ 加总）。把 $\hat{C}_{j'}^n$ 和 $\hat{I}_{j'}^n$ 按照行业 j' 排列构成的列向量记作 $\hat{\mathbf{C}}^n$ 和 $\hat{\mathbf{I}}^n$（均为 $J \times 1$ 矩阵），满足：

$$\hat{\mathbf{C}}^n = \begin{pmatrix} \hat{C}_1^n \\ \hat{C}_2^n \\ \vdots \\ \hat{C}_J^n \end{pmatrix}, \quad \hat{\mathbf{I}}^n = \begin{pmatrix} \hat{I}_1^n \\ \hat{I}_2^n \\ \vdots \\ \hat{I}_J^n \end{pmatrix} \quad (0.26)$$

把 V_j^n 按照行业 j 排列构成的列向量记作 $\mathbf{Y}^n$（为 $J \times 1$ 矩阵），满足：

$$\mathbf{Y}^n = \begin{pmatrix} V_1^n \\ V_2^n \\ \vdots \\ V_J^n \end{pmatrix} \tag{0.27}$$

把第 n 个国家第 j 个行业的增加值 V_j^n 减去用于国内消费和投资的部分 $\hat{C}_j^n$ 和 $\hat{I}_j^n$，即为该国净出口中来自第 j 个行业的增加值 $\hat{X}_j^n$，满足：

$$\hat{X}_j^n = V_j^n - \hat{C}_j^n - \hat{I}_j^n \tag{0.28}$$

把 $\hat{X}_j^n$ 按照行业 j 排列构成的列向量记作 $\hat{\mathbf{X}}^n$（为 $J \times 1$ 矩阵）。由上式知：

$$\hat{\mathbf{Y}}^n = \hat{\mathbf{C}}^n + \hat{\mathbf{I}}^n + \hat{\mathbf{X}}^n \tag{0.29}$$

通过以上步骤，就利用世界投入产出表得到了特定国家三大需求的产业增加值结构，由 $\hat{\mathbf{C}}^n$、$\hat{\mathbf{I}}^n$ 和 $\hat{\mathbf{X}}^n$ 分别给出。

第一章 价格效应与收入效应

引 言

本章介绍解释宏观经济结构转型的两个基本理论,即供给侧技术进步推动形成的价格效应和需求侧收入增长拉动形成的收入效应,并相应介绍常用的相关建模方法。第一节和第二节分别介绍结构转型模型中刻画消费者选择和生产者选择的常用建模方式;第三节以一个基本的两部门一般均衡模型来展示价格效应和收入效应的理论机制,并把这个基本模型用于量化中国从农业到非农业的经济结构转型过程,初步介绍理论模型的量化分析方法。宏观经济可以抽象为产品与服务市场和生产要素市场两个市场,其均衡由供给和需求共同决定。价格效应和收入效应直接影响了产品与服务市场的供给结构和需求结构,进而决定了结构转型。在本章的理论框架中,暂时不考虑生产要素结构,生产要素市场上只有劳动一种要素。

学习目标

1. 牢固掌握消费者选择的建模方式。
2. 牢固掌握生产者选择的建模方式。
3. 牢固掌握结构转型静态模型。

关键术语

替代弹性,收入弹性,产出弹性,要素收入份额,规模报酬,常替代弹性效用函数,常替代弹性生产函数,价格效应,收入效应,一般均衡

第一节 消费者最优化问题

在结构转型理论模型中,通常使用代表性消费者最大化效用的最优化选择刻画宏观经济的消费结构。本节以较常使用的常替代弹性(Constant Elasticity of Substitution，CES)效用函数为例,说明消费者最优化问题的建模方式和求解过程,并定义和解释替代弹性与收入弹性等相关重要概念及其性质。

一、拉格朗日方法

在求解本书中的很多模型时,往往需要借助求解带有约束的最优化问题的拉格朗日方法,这里先简单介绍这一方法。拉格朗日方法主要处理如下最优化问题:

$$\max_{x_1,x_2,\cdots,x_N} f(x_1,x_2,\cdots,x_N) \tag{1.1}$$

其中,符号 max 表示最大化,下标为要最优选择的变量 $x_1, x_2, \cdots, x_N$。如无特别说明,本书均以此形式表示类似内容。最大化目标函数 f 受以下 M 个等式和 K 个不等式约束:

$$\begin{aligned} g_1(x_1,x_2,\cdots,x_N) &= 0 \\ g_2(x_1,x_2,\cdots,x_N) &= 0 \\ &\cdots \\ g_M(x_1,x_2,\cdots,x_N) &= 0 \end{aligned} \tag{1.2}$$

$$\begin{aligned} h_1(x_1,x_2,\cdots,x_N) &\geqslant 0 \\ h_2(x_1,x_2,\cdots,x_N) &\geqslant 0 \\ &\cdots \\ h_K(x_1,x_2,\cdots,x_N) &\geqslant 0 \end{aligned} \tag{1.3}$$

其中,函数 g_m ($m \in \{1,2,\cdots,M\}$)和 h_k ($k \in \{1,2,\cdots,K\}$)是变量 $x_1, x_2, \cdots, x_N$ 的函数。

需要注意的是,上述最优化问题具有一般性。虽然有时目标函数是求解最小值,或者约束条件不是大于等于零而是小于等于零,但只要给相应表达式加上负号,总可以转化为求解目标函数最大值或受到的约束条件大于等于零,即总是可以转化为上述最优化问题。

求解上述带有约束的最优化问题,需要使用所谓的库恩-塔克(Kuhn-Tucker)定理,即如果存在最优解 $(x_1^*, x_2^*, \cdots, x_N^*)$,那么就存在变量 λ_m ($m \in \{1, 2, \cdots, M\}$)和非负变量 μ_k ($k \in \{1,2,\cdots,K\}$)满足如下两个条件:

一是一阶最优性条件。对于任意的 $n = 1, 2, \cdots, N$,有:

$$\frac{\partial f(x_1^*, x_2^*, \cdots, x_N^*)}{\partial x_n} + \sum_m \lambda_m \frac{\partial g_m(x_1^*, x_2^*, \cdots, x_N^*)}{\partial x_n} +$$

$$\sum_k \mu_k \frac{\partial h_k(x_1^*, x_2^*, \cdots, x_N^*)}{\partial x_n} = 0 \tag{1.4}$$

其中,符号 Σ 是求和符号(本书如无特别说明,均以此表示)。

二是松弛条件。对于任意的 $k = 1, 2, \cdots, K$, 有:

$$\mu_k h_k(x_1^*, x_2^*, \cdots, x_N^*) = 0, \mu_k \geqslant 0, h_k(x_1^*, x_2^*, \cdots, x_N^*) \geqslant 0 \tag{1.5}$$

本书只介绍如何使用方法,略去关于方法本身的数学证明。应用库恩－塔克定理,即可以使用拉格朗日方法来求解上述最优化问题。具体地,给每个等式约束(1.2)式赋予一个拉格朗日乘子 λ_m ($m \in \{1, 2, \cdots, M\}$),给每个不等式约束(1.3)式赋予一个拉格朗日乘子 μ_k ($k \in \{1, 2, \cdots, K\}$),由此定义拉格朗日方程:

$$\Lambda = f(x_1, x_2, \cdots, x_N) + \sum_m \lambda_m g_m(x_1, x_2, \cdots, x_N) + \sum_k \mu_k h_k(x_1, x_2, \cdots, x_N) \tag{1.6}$$

注意到 Λ 实际上是 $(x_1, x_2, \cdots, x_N)$、拉格朗日乘子 $(\lambda_1, \lambda_2, \cdots, \lambda_M)$ 和 $(\mu_1, \mu_2, \cdots, \mu_K)$ 的函数。于是一阶最优性条件变为对于任意的 $n = 1, 2, \cdots, N$, 有

$$\frac{\partial \Lambda(x_1^*, x_2^*, \cdots, x_N^*)}{\partial x_n} = 0 \tag{1.7}$$

通过定义拉格朗日方程,上述最优化问题的解由 $(x_1^*, x_2^*, \cdots, x_N^*)$、$(\lambda_1, \lambda_2, \cdots, \lambda_M)$ 和 $(\mu_1, \mu_2, \cdots, \mu_K)$ 这 $N + M + K$ 个变量决定。一阶最优性条件(1.7)式给出了 N 个方程,松弛条件给出了 K 个方程,再加上等式约束(1.2)式给出的 M 个方程,合计 $N + M + K$ 个方程。这 $N + M + K$ 个方程也就决定了最优化问题的解。

需要注意以下两点。首先,求解上述最优化问题,是把所有拉格朗日乘子看作一个未知数,连同最优解 $(x_1^*, x_2^*, \cdots, x_N^*)$ 一起求解出来。因此,仅使用一阶最优性条件是不够的,在求解的过程中需要注意使用到等式约束(1.2)式。较常采用的一个求解思路是设法消去拉格朗日乘子,然后利用等式约束(1.2)式求解出来。其次,这里只给出了库恩－塔克定理的必要条件而不是充分条件,其充分条件还需要涉及拉格朗日方程的二阶条件。这意味着上述方法所给出的解未必全是最优化问题的解。但是在一般性的经济学模型中,通常设定边际

产量或者边际效用递减,线性等式或线性不等式约束都能够保证库恩-塔克定理的二阶条件也是成立的。因此,在使用中只要模型采用较为普遍的经济学设定,就可以直接使用上述方法,而无须验证二阶条件。

二、问题与求解

考虑一个代表性消费者的效用最大化问题。该消费者购买 J 个种类的消费品。每类消费品的消费数量是 c_j,下标 $j \in \{1,2,\cdots,J\}$ 用于区分消费品种类,种类是离散变量。根据需要,也用下标 $j' \in \{1,2,\cdots,J\}$ 区分消费品种类,以区别于下标 j 表示的消费品。消费这些消费品将为其带来效用 C,效用函数满足:

$$C = \left(\sum_j \omega_j^{1/\varepsilon} c_j^{(\varepsilon-1)/\varepsilon} \right)^{\varepsilon/(\varepsilon-1)} \quad (1.8)$$

其中,符号 Σ 是按照下标 j 进行求和的符号(本书如无特别说明,均以此表示)。参数 $0 < \omega_j < 1$ 为常数,满足 $\sum_j \omega_j = 1$;参数 $\varepsilon > 0$ 为常数,且 $\varepsilon \neq 1$。

每类消费品的价格为 p_j,总收入或总消费支出为 E。消费者面临预算约束:$\sum_j p_j c_j = E$。消费者效用最大化问题是预算约束下,通过选择每类消费品的消费数量最大化效用,即 $\max_{c_j} C$。

经济学模型通常是为了展示外生变量与内生变量的因果关系。外生变量就是模型接受为给定的变量,即不在模型内决定的变量,模型本身并不解释这些变量如何决定,是模型之外的因素生成了这些变量,这些变量构成了模型的基本环境。内生变量就是模型需要解释的变量,是模型内部可以生成的变量。在给定外生变量后,模型本身可以决定这些内生变量,二者之间构成了因果关系。对于消费者来说,消费品价格和总消费支出均不是自己选择的变量,而是该问题的外生变量;消费者只选择每类消费品的消费数量,这是该问题的内生变量。

很多模型把消费品种类看成是无穷多但有界的,通常设定消费品种类是连续的,用 $j \in [0, J]$ 表示,即这一区间中的任一实数代表一类消费品。此时效用函数和预算约束方程可以写作积分的形式:$C = \left(\int_0^J \omega_j^{1/\varepsilon} c_j^{(\varepsilon-1)/\varepsilon} dj \right)^{\varepsilon/(\varepsilon-1)}$ 和 $\int_0^J p_j c_j dj = E$。无论是采用离散形式还是连续形式区分消费品种类,效用最大化问题的解的性质都是完全等价的。这里只讨论离散形式的情形。

运用上一部分的拉格朗日方法求解效用最大化问题。引入预算约束方程对应的拉格朗日乘子 λ，定义拉格朗日方程：

$$\Psi = \left(\sum_j \omega_j^{1/\varepsilon} c_j^{(\varepsilon-1)/\varepsilon} \right)^{\varepsilon/(\varepsilon-1)} + \lambda \left(E - \sum_j p_j c_j \right)$$

一阶最优性条件是对于任意的 c_j，满足 $\partial \Psi / \partial c_j = 0$。经过计算后，可以得到：

$$C^{1/\varepsilon} \omega_j^{1/\varepsilon} c_j^{-1/\varepsilon} = \left(\sum_j \omega_j^{1/\varepsilon} c_j^{(\varepsilon-1)/\varepsilon} \right)^{1/(\varepsilon-1)} \omega_j^{1/\varepsilon} c_j^{-1/\varepsilon} = \lambda p_j \quad (1.9)$$

注意到 (1.9) 式对于任意的 j 均成立，也就给出了 J 个等式，加上预算约束方程，这 $J+1$ 个等式就给出了 J 个种类的消费品数量 c_j 和拉格朗日乘子 λ 这 $J+1$ 个待定变量。下一步，可以先设法消去拉格朗日乘子 λ。对于任意的 j' 和特定的 j，把对应的 (1.9) 式等号左右两边相除，可以得到：

$$\frac{p_{j'} c_{j'}}{p_j c_j} = \frac{\omega_{j'}}{\omega_j} \left(\frac{p_j}{p_{j'}} \right)^{1-\varepsilon} \quad (1.10)$$

把 (1.10) 式对所有的 j' 加总，得到：

$$\frac{E}{p_j c_j} = \frac{\sum_{j'} p_{j'} c_{j'}}{p_j c_j} = \frac{\sum_{j'} \omega_{j'} p_{j'}^{1-\varepsilon}}{\omega_j p_j^{1-\varepsilon}} \quad (1.11)$$

于是，消费者对第 j 类消费品的消费数量为：

$$c_j = \frac{\omega_j p_j^{1-\varepsilon}}{\sum_{j'} \omega_{j'} p_{j'}^{1-\varepsilon}} \frac{E}{p_j} \quad (1.12)$$

由此求解出消费者的效用最大化问题的解，即给定消费者的总消费支出和面临的各类消费品价格，根据 (1.12) 式可以计算出效用最大时的消费数量。

上述消费者效用最大化问题具有一些特殊的性质，常用于经济学模型特别是宏观经济结构转型模型。接下来我们依次讨论外生变量价格和外生变量总支出的影响。

三、替代弹性与相对价格

本部分关注外生变量价格的影响。先定义任意两个消费品的替代弹性为边际效用之比每变动一个百分点，会导致消费数量之比变动几个百分点。不失一般性的，以消费品 $j=1$ 和 $j=2$ 为例。根据定义，这两个消费品的替代弹性为：

$$-\frac{\mathrm{d}\log(c_1/c_2)}{\mathrm{d}\log(\mathrm{MU}_1/\mathrm{MU}_2)} = -\frac{\mathrm{d}\log(c_1/c_2)}{\mathrm{d}\log(p_1/p_2)} \quad (1.13)$$

上式中 $MU_j = \partial C/\partial c_j$ 表示边际效用。上式之所以成立，是因为效用最大化问题的最优解满足边际效用之比等于价格之比。比如上述效用最大化问题中，最优性条件(1.9)式就体现了这一关系。注意，上式用到了关于自然对数 log 函数的一些性质，即对于任意变量 z，有 $d\log z = dz/z$。其中，dz 表示变量 z 的微小变动，于是 dz/z 就表示变量 z 的变动率。因此，等号右边 $d\log(p_1/p_2)$ 就表示相对价格 p_1/p_2 变动几个百分点，$d\log(c_1/c_2)$ 就表示相对数量变动几个百分点，二者相除就表示相对价格每变动一个百分点，会导致相对数量变动几个百分点，这体现了替代弹性的经济含义。

如果两类消费品的相对价格 p_1/p_2 上升，那么通常而言两类消费品的相对数量 c_1/c_2 就会下降，或者说，消费者用相对价格更低的消费品 2 去替代了相对价格更高的消费品 1。但是，这并不意味着相对于消费品 2，消费者在消费品 1 上的相对支出就会下降，因为相对支出是相对价格 p_1/p_2 与相对数量 c_1/c_2 之积。虽然相对价格上升，但是相对数量却会下降，因此相对支出的变化就取决于二者的变动幅度哪个更大。由(1.13)式可知，替代弹性实际上就衡量了相对价格变动一个百分点，相对数量变动几个百分点。(1.13)式中包含一个负号，是因为二者的变动方向相反，加入负号才能保证计算出的替代弹性是正数。如果替代弹性大于 1，就意味着相对价格上升一个百分点，相对数量的下降幅度将超过一个百分点，那么相对价格上升的消费品的相对支出就会下降。这实际上就反映了由于替代弹性较大，消费者能够大幅使用相对价格下降的消费品去替代相对价格上升的消费品，导致相对价格上升的消费品的相对数量更大幅度地下降，造成了相对支出随之下降。

反之，如果替代弹性小于 1，就意味着相对价格上升一个百分点，相对数量的下降幅度将小于 1 个百分点，那么相对价格上升的消费品的相对支出就会上升。这实际上就反映了由于替代弹性较小，消费者难以使用相对价格下降的消费品去替代相对价格上升的消费品，导致相对价格上升的消费品不会大幅被替代，其相对数量也就不会大幅下降，从而使得其相对支出由于相对价格的上升而上升。因此，替代弹性体现了两类消费品相互替代的强弱程度。

回到上述效用最大化问题，由(1.10)式可知：

$$\frac{c_1}{c_2} = \frac{\omega_1}{\omega_2}\left(\frac{p_1}{p_2}\right)^{-\varepsilon} \tag{1.14}$$

由于参数 $\varepsilon > 0$，(1.14)式可以清楚地说明相对价格 p_1/p_2 上升后，相对数

量 c_1/c_2 将会下降。把(1.14)式左右两边同时取自然对数,并求微分,可以得到:

$$-\frac{\mathrm{dlog}(c_1/c_2)}{\mathrm{dlog}(p_1/p_2)} = \varepsilon \qquad (1.15)$$

注意到这里选择消费品 1 和消费品 2 只是为了表达直观,对于任意两类消费品,上式均是成立的。因此,上述效用最大化问题中两类消费品的替代弹性就是常数参数 ε。正因为如此,通常把该效用函数称为常替代弹性效用函数。根据替代弹性的经济含义,如果两类消费品的相对价格上升,那么这两类消费品相对支出的变化方向就取决于替代弹性,这可以由(1.10)式清楚地展示。如果消费品 j' 和消费品 j 的相对价格 $p_{j'}/p_j$ 上升,那么当替代弹性 $\varepsilon > 1$ 时,$1 - \varepsilon < 0$,于是两类消费品的相对支出 $p_{j'}c_{j'}/p_j c_j$ 就会下降;反之,当替代弹性 $\varepsilon < 1$ 时,$1 - \varepsilon > 0$,于是两类消费品的相对支出 $p_{j'}c_{j'}/p_j c_j$ 就会上升。根据前文的分析,这一理论结果的经济含义也就比较直观了。相对价格上升的消费品将会被相对价格下降的消费品替代,这种替代性的强弱决定了其相对支出的变动方向。如果替代弹性较大,那么其相对支出就会由于相对数量更大幅度的下降而下降;如果替代弹性较小,那么其相对支出就会由于相对价格更大幅度的上升而上升。

四、收入弹性与复合消费品

现在关注外生变量总收入或总支出的影响。把(1.9)式等号左右两边乘以 c_j 后按照 j 加总,可以得到:

$$\lambda E = \sum_j \lambda p_j c_j = \sum_j C^{1/\varepsilon} \omega_j^{1/\varepsilon} c_j^{(\varepsilon-1)/\varepsilon} = C^{1/\varepsilon} \sum_j \omega_j^{1/\varepsilon} c_j^{(\varepsilon-1)/\varepsilon} = C \qquad (1.16)$$

拉格朗日乘子的经济含义可以由(1.16)式给出。变量 C 是消费者支出 E 之后可以获得的效用,那么平均而言,消费者每获得一单位效用,将要花费的支出就是 $E/C = \lambda^{-1}$。因此,拉格朗日乘子的倒数实际上就是平均获得每单位效用要花费的支出。进一步地,可以把效用 C 视为一种复合消费品,即由不同种类的消费品按照常替代弹性的形式复合而成,每消费一单位这种复合消费品,就能带来一单位的效用。那么 E/C 也就可以视为消费每单位这种复合消费品所要花费的支出,其实也就是这种复合消费品的价格。把这个价格记作 P,则有 $P = \lambda^{-1}$,拉格朗日乘子的倒数也衡量了复合消费品的价格。由(1.9)式可以得到:

$$c_j = \frac{\omega_j C}{\lambda^\varepsilon p_j^\varepsilon} = \frac{\omega_j P^\varepsilon C}{p_j^\varepsilon} \qquad (1.17)$$

将上式代入(1.8)式有：

$$C = \left(\sum_j \omega_j \left(\frac{P}{p_j}\right)^{\varepsilon-1} C^{(\varepsilon-1)/\varepsilon}\right)^{\varepsilon/(\varepsilon-1)} = \left(\sum_j \omega_j p_j^{1-\varepsilon}\right)^{\varepsilon/(\varepsilon-1)} P^\varepsilon C \quad (1.18)$$

化简(1.18)式，可以得到：

$$P = \left(\sum_j \omega_j p_j^{1-\varepsilon}\right)^{1/(1-\varepsilon)} \quad (1.19)$$

这就得出了复合消费品的价格的表达式，这一价格是不同种类消费品价格的加总或复合，只是这种加总或复合是非线性的，形式上类似于常替代弹性效用函数的形式。由此可知，在常替代弹性效用函数下，消费者把 E 的总收入按照 p_j 的价格用于购买 J 类消费品 c_j，相当于以 P 的价格购买复合消费品 C，获得的效用即为 C。利用这一性质，可以简化很多更复杂的效用最大化问题。

比如，如果消费者选择两个时期的消费，时期用下标 $t \in \{1,2\}$ 来区分。两期在消费品 j 的消费数量分别是 c_{j1} 和 c_{j2}，效用满足 $V\left(\left(\sum_j \omega_j^{1/\varepsilon} c_{j1}^{(\varepsilon-1)/\varepsilon}\right)^{\varepsilon/(\varepsilon-1)}, \left(\sum_j \omega_j^{1/\varepsilon} c_{j2}^{(\varepsilon-1)/\varepsilon}\right)^{\varepsilon/(\varepsilon-1)}\right)$。其中，符号 V 表示效用函数，其取值取决于两个部分，每个部分对应为每一期 J 类消费品按照常替代弹性效用函数刻画的效用。消费者在两期的总支出仍为 E，面临的消费品的价格可以有变化，分别为 p_{j1} 和 p_{j2}。于是，消费者的预算约束方程为 $\sum_j p_j c_{j1} + \sum_j p_j c_{j2} = E$。消费者在预算约束下，通过选择两期的消费 c_{j1} 和 c_{j2} 最大化效用。

根据复合消费品的性质，求解这一问题可以分两步。第一步，把每一期的所有种类消费品组合成为复合消费品 C_t，消费者在给定复合消费品价格的前提下，选择每一期复合消费品的数量来最大化效用 $V(C_1, C_2)$，所受的预算约束为 $P_1 C_1 + P_2 C_2 = E$。其中，复合消费品的价格满足 $P_t = \left(\sum_j \omega_j p_{jt}^{1-\varepsilon}\right)^{1/(1-\varepsilon)}$。第二步，给定第一步选择的每一期复合消费品的支出 $E_t = P_t C_t$，消费者分别选择每一期各个种类消费品的数量来最大化每一期的效用 $C_t = \left(\sum_j \omega_j^{1/\varepsilon} c_{jt}^{(\varepsilon-1)/\varepsilon}\right)^{\varepsilon/(\varepsilon-1)}$，所受的预算约束为 $\sum_j p_j c_{jt} = E_t$。注意到这一步的效用最大化问题中，每一期的支出 E_t 是给定的，已经由第一步计算得到。

以此类推，无论是选择两期还是多期，或者在同一期选择多个复合消费品，只要一部分消费品先以常替代弹性的效用函数形式组合，进而影响效用，那么都可以先把这部分消费品视为一类复合消费品。消费者先选择这一复合消费品的数量，再选择这部分消费品中每类消费品的数量来组合成为复合消费品。

现在来考虑总收入或总支出变化的情况。收入提高后,消费者的效用就会随之提高。根据(1.19)式,复合消费品的价格只与各个种类消费品的价格 p_j 相关,与支出 E 无关,因此消费者获得的效用或者说购买的复合消费品数量不但与其收入正相关,而且是正比例关系。

根据(1.10)式,任意两类消费品的支出之比只与价格相关,与收入无关。这意味着每一类消费品的支出份额与收入无关,即随着收入的增长,消费者在每类消费品上的支出也会同比例增长。为了清楚地展示这一点,可以把(1.12)式转化为:

$$\frac{p_j c_j}{E} = \frac{p_j c_j}{PC} = \frac{\omega_j p_j^{1-\varepsilon}}{\sum_{j'} \omega_{j'} p_{j'}^{1-\varepsilon}} = \omega_j \left(\frac{p_j}{P}\right)^{1-\varepsilon} \tag{1.20}$$

可以看到,在消费品 j 上的支出份额,实际上等于价格的函数 $\omega_j p_j^{1-\varepsilon}$ 在复合价格的函数 $P^{1-\varepsilon}$ 中所占的比重。

每一类消费品的消费支出份额与收入无关,也就说明其数量与收入成正比例关系。定义需求收入弹性为收入每提高一个百分点,需求量将会提高几个百分点。由(1.12)式可知,每一类消费品的消费数量与收入同比例变化,因此需求收入弹性均为1,即:

$$\frac{\mathrm{d}\log c_j}{\mathrm{d}\log E} = 1 \tag{1.21}$$

这一性质是由效用函数的形式决定的,满足这一性质的效用函数也被称为位似偏好或位似效用。在位似偏好下,消费者的消费支出结构与其收入无关,这意味着只要偏好相同且面临的产品价格相同,经济中不同收入的消费者的消费结构就都是完全相同的。正是因为这个性质,很多模型可以用一个代表性消费者来模拟整个经济的消费决策。这个代表性消费者拥有所有收入,其在每一类消费品上的支出刚好等于所有人单独决定在该类消费品上的支出之和。当然,有时也可以假定这个代表性消费者拥有平均收入,那么其在每一类消费品上的支出就是所有人的平均支出。

五、几个特殊的效用函数

考虑常替代弹性效用函数,现在知道参数 ε 表示消费品的替代弹性。当 $\varepsilon \to \infty$,即替代弹性无限大时,易知效用函数变为:

$$C = \sum_j c_j \tag{1.22}$$

此时效用函数变为线性函数，这说明任意两类消费品之间都是完全替代的。比如，减少一单位任意种类的消费品数量，都可以相应增加一单位的其他消费品的数量，来保持效用水平不变。因此，完全替代实际上就是替代弹性无限大的情形。在线性效用函数下，由于各类消费品之间可以完全替代，消费者只会购买价格最低的消费品。假设第 k 类消费品的价格最低，于是消费者的最优选择为 $c_k = E/p_k$，对于 $j \neq k$ 的消费品，$c_j = 0$。

当 $\varepsilon \to 0$，即替代弹性无穷小时，令 c_k/ω_k 表示 c_j/ω_j 中的最小值，于是有：

$$\lim_{\varepsilon \to 0} \log C = \lim_{\varepsilon \to 0} \frac{\varepsilon}{\varepsilon - 1} \log\left(\sum_j c_j \left(\frac{c_j}{\omega_j}\right)^{-1/\varepsilon}\right) \tag{1.23}$$

运用洛必达法则可以得到：

$$\lim_{\varepsilon \to 0} \log C = \lim_{\varepsilon \to 0} \frac{\sum_j c_j \left(\frac{c_j}{\omega_j}\right)^{-1/\varepsilon} \log\left(\frac{c_j}{\omega_j}\right)}{\sum_j c_j \left(\frac{c_j}{\omega_j}\right)^{-1/\varepsilon}} \tag{1.24}$$

把(1.24)式的分子、分母同时除以 c_k/ω_k，可以得到 $\lim_{\varepsilon \to 0} \log C = \log(c_k/\omega_k)$，即：

$$C = \frac{c_k}{\omega_k} = \min\left\{\frac{c_1}{\omega_1}, \frac{c_2}{\omega_2}, \cdots, \frac{c_J}{\omega_J}\right\} \tag{1.25}$$

其中，min 表示取最小值。此时效用函数变为里昂惕夫（Leontief）效用函数，即消费品之间是完全互补的。比如，只增加某一种类消费品的数量而不增加其他种类消费品的数量，效用也不会增加。为了提高效用，必须同时等比例增加所有种类的消费品的数量，也就是这些消费品互相补充和组合才能带来效用。因此，完全互补实际上就是替代弹性无限小的情形。

在里昂惕夫效用函数下，消费者的最优选择是从第 1 类到第 J 类的消费品数量成固定比例，满足 $c_1:c_2:\cdots:c_J = \omega_1:\omega_2:\cdots:\omega_J$。由此可知，消费者的消费结构满足：

$$\frac{p_j c_j}{E} = \frac{\omega_j p_j}{\sum_{j'} \omega_{j'} p_{j'}} \tag{1.26}$$

(1.26)式即为(1.20)式在 $\varepsilon \to 0$ 时的形式。

当 $\varepsilon = 1$，即替代弹性为 1 时，可知：

$$\lim_{\varepsilon \to 1} \log C = \lim_{\varepsilon \to 1} \frac{\log\left(\sum_j \omega_j^{1/\varepsilon} c_j^{(\varepsilon-1)/\varepsilon}\right)}{(\varepsilon - 1)/\varepsilon} = \lim_{\varepsilon \to 1} \frac{\sum_j \omega_j^{1/\varepsilon} c_j^{(\varepsilon-1)/\varepsilon} - 1}{(\varepsilon - 1)/\varepsilon} = \sum_j \omega_j \log\left(\frac{c_j}{\omega_j}\right)$$

$$\tag{1.27}$$

注意到(1.27)式同样应用了洛必达法则。(1.27)式等价于：

$$C = \prod_j c_j^{\omega_j} \tag{1.28}$$

其中，符号 $\prod$ 是按照下标 j 进行求积的符号（如无特别说明，本书均以此表示）。

注意到从(1.27)式到(1.28)式，省略了只包含 ω_j 的项，因为效用值本身扩大或缩小固定比例，并不影响消费者的选择。此时，效用函数变为所谓的柯布-道格拉斯（Cobb-Douglas）效用函数，这一效用函数就是替代弹性为 1 的情形。柯布-道格拉斯效用函数也可以写成自然对数效用函数，即：

$$C = \sum_j \omega_j \log c_j \tag{1.29}$$

无论是选择柯布-道格拉斯效用函数(1.28)式还是选择自然对数效用函数(1.29)式，都不影响效用最大化问题的解，二者通常是可以通用的。进一步地，此时可知效用最大化问题的最优解满足：

$$\frac{p_j c_j}{E} = \omega_j \tag{1.30}$$

此时，消费者在消费品 j 上的支出比重就是常数 ω_j。这意味着消费者的消费结构是不变的，与价格和收入均无关。因此，在设定模型时采用柯布-道格拉斯效用函数或自然对数效用函数，相当于隐含假设这一性质是成立的，使用这些效用函数就无法解释消费结构的变化趋势。

第二节　生产者最优化问题

在结构转型理论模型中，通常使用代表性生产者最大化利润或最小化成本的最优化选择来刻画宏观经济的生产结构。生产者是企业或厂商的统称，本书将生产者、企业或厂商等统称为生产者。本节以较常使用的常替代弹性（CES）生产函数为例，说明生产者最优化问题的建模方式和求解过程，并定义和解释要素替代弹性、规模报酬和要素收入份额等相关重要概念及其性质。

一、问题与求解

假定生产者租用资本、雇用劳动进行生产，即使用资本和劳动这两类生产要素。当投入生产的资本是 K、劳动是 L 时，生产者生产的产出 Y 由以下生产函数给出：

$$Y = (\alpha_K^{1/\sigma} K^{(\sigma-1)/\sigma} + \alpha_L^{1/\sigma} L^{(\sigma-1)/\sigma})^{\sigma/(\sigma-1)} \tag{1.31}$$

其中，参数 $0 < \alpha_K, \alpha_L < 1$ 为常数，满足 $\alpha_K + \alpha_L = 1$；参数 $\sigma > 0$ 为常数，且 $\sigma \neq 1$。

生产要素价格，也就是资本租金和劳动工资分别用 R 和 W 表示；产出价格用 P 表示。给定这些价格，生产者最优化选择可以分别由两个问题来刻画。一是利润最大化问题，即生产者决定租用资本和雇用劳动的数量，从而根据生产函数确定产出，来最大化利润。生产者利润就是生产者出售产出获得的收入与生产者使用要素支出的成本之差，于是利润最大化问题可以写作如下形式：$\max_{K,L,Y} PY - RK - WL$，受(1.31)式约束。二是成本最小化问题，即生产者决定租用资本和雇用劳动的数量，在达到给定产出 $\bar{Y}$ 的前提下，使得要素成本支出最小。这一问题可以写作如下形式：$\min_{K,L} RK + WL$，受(1.32)式约束：

$$(\alpha_K^{1/\sigma} K^{(\sigma-1)/\sigma} + \alpha_L^{1/\sigma} L^{(\sigma-1)/\sigma})^{\sigma/(\sigma-1)} = \bar{Y} \quad (1.32)$$

求解利润最大化问题。令每个生产要素的一阶导数为零就给出了最优解的必要条件，即：

$$P (\alpha_K^{1/\sigma} K^{(\sigma-1)/\sigma} + \alpha_L^{1/\sigma} L^{(\sigma-1)/\sigma})^{1/(\sigma-1)} \alpha_K^{1/\sigma} K^{-1/\sigma} = R \quad (1.33)$$

$$P (\alpha_K^{1/\sigma} K^{(\sigma-1)/\sigma} + \alpha_L^{1/\sigma} L^{(\sigma-1)/\sigma})^{1/(\sigma-1)} \alpha_L^{1/\sigma} L^{-1/\sigma} = W \quad (1.34)$$

从理论上来讲，上面这两个方程就决定了资本 K 和劳动 L 这两个待定变量。但实际上并非如此，接下来我们会就此进行讨论。在任意一个方程中，给定生产要素价格，就决定了生产者需求对应的生产要素数量，即生产要素的需求数量是价格的函数，这也被称为要素需求函数。

求解成本最小化问题。可以引入约束方程(1.32)式对应的拉格朗日乘子 λ，写成相应的拉格朗日方程如下：

$$\Psi = RK + WL + \lambda [\bar{Y} - (\alpha_K^{1/\sigma} K^{(\sigma-1)/\sigma} + \alpha_L^{1/\sigma} L^{(\sigma-1)/\sigma})^{\sigma/(\sigma-1)}] \quad (1.35)$$

关于两类生产要素的一阶最优性条件分别为：

$$\lambda (\alpha_K^{1/\sigma} K^{(\sigma-1)/\sigma} + \alpha_L^{1/\sigma} L^{(\sigma-1)/\sigma})^{1/(\sigma-1)} \alpha_K^{1/\sigma} K^{-1/\sigma} = R \quad (1.36)$$

$$\lambda (\alpha_K^{1/\sigma} K^{(\sigma-1)/\sigma} + \alpha_L^{1/\sigma} L^{(\sigma-1)/\sigma})^{1/(\sigma-1)} \alpha_L^{1/\sigma} L^{-1/\sigma} = W \quad (1.37)$$

(1.36)和(1.37)式加上约束方程就给出了资本 K、劳动 L 和拉格朗日乘子 λ 这三个待定变量。

二、规模报酬、产出价格与生产成本

把生产要素数量同时变化到原来的 z 倍（$z > 0$ 为任意实数），如果产出也会随之变化到原来的 z 倍，那么就称生产函数是规模报酬不变的；如果产出变化

到原来的 z 倍以上,就称生产函数是规模报酬递增的;反之,如果产出变化到原来的 z 倍以下,就称生产函数是规模报酬递减的。

生产函数(1.31)式是规模报酬不变的生产函数,因为如果把资本 K 和劳动 L 同时变化到原来的 z 倍,即生产要素变为 zK 和 zL,代入(1.31)式计算出的产出是原来产出的 z 倍。当生产函数是规模报酬不变的时候,生产者最优化问题具有一些特殊的性质。下面以生产函数(1.31)式为例来说明,但需要记住这些性质并不局限于该生产函数,对于所有规模报酬不变的生产函数都是成立的,也可以用类似的方法来证明。

把(1.33)和(1.34)式等号两边分别乘以资本 K、劳动 L 后加总,可以得到:

$$RK + WL = P\left(\alpha_K^{1/\sigma} K^{(\sigma-1)/\sigma} + \alpha_L^{1/\sigma} L^{(\sigma-1)/\sigma}\right)^{1/(\sigma-1)} \left(\alpha_K^{1/\sigma} K^{(\sigma-1)/\sigma} + \alpha_L^{1/\sigma} L^{(\sigma-1)/\sigma}\right) = PY \tag{1.38}$$

等号左边的 RK、WL 是生产者向资本提供者和劳动提供者的支付,通常称为资本收入和劳动收入。(1.38)说明资本收入和劳动收入之和与生产者收入是相等的。或者说,生产者收入可以分为资本收入和劳动收入两部分,除此无他。在利润最大化问题的最优选择下,生产者获得的利润为零。这一利润通常被称为经济利润,有别于会计上的生产者利润,后者可以视为资本收入 RK。

把(1.33)和(1.34)式等号两边相除,可以得到:

$$\frac{K}{L} = \frac{\alpha_K}{\alpha_L} \left(\frac{R}{W}\right)^{-\sigma} \triangleq k \tag{1.39}$$

生产者选择的资本和劳动之比(也被定义为劳均产出)由资本租金和劳动工资之比来决定。对于生产者来说,生产要素价格,也就是资本租金和劳动工资都是给定的,这意味着如果有很多个生产相同产品的生产者在做最优化选择,并且每个生产者面临的生产要素价格都是相同的,那么每个生产者选择的资本和劳动之比都是满足(1.39)式的。把这一比值记作 k,注意,k 只是生产要素价格的函数,并不取决于生产者的产出或生产要素的数量。

用下标 $j \in \{1, 2, \cdots, J\}$ 区分生产者,J 为生产者数量。对于生产者 j,其产出满足:

$$Y_j = \left(\alpha_K^{1/\sigma} (kL_j)^{(\sigma-1)/\sigma} + \alpha_L^{1/\sigma} L_j^{(\sigma-1)/\sigma}\right)^{\sigma/(\sigma-1)} = \left(\alpha_K^{1/\sigma} k^{(\sigma-1)/\sigma} + \alpha_L^{1/\sigma}\right)^{\sigma/(\sigma-1)} L_j \tag{1.40}$$

(1.40)式意味着所有生产者的产出与劳动之比也是相同的。由(1.39)和(1.40)式还可以知道,任意两个生产者之间,产出之比、资本之比和劳动之比都是完全相同的,这意味着无论是用产出还是用资本或劳动,都可以衡量生产者的规模。因此,可以用一个代表性生产者来模拟所有生产者,这个生产者使用所有生产者的资本和劳动,其规模是所有生产者的加总,资本和产出分别满足:

$$\sum_{j=1}^{J} K_j = \sum_{j=1}^{J} k L_j = k \sum_{j=1}^{J} L_j \tag{1.41}$$

$$\sum_{j=1}^{J} Y_j = \sum_{j=1}^{J} (\alpha_K^{1/\sigma} k^{(\sigma-1)/\sigma} + \alpha_L^{1/\sigma})^{\sigma/(\sigma-1)} L_j = (\alpha_K^{1/\sigma} k^{(\sigma-1)/\sigma} + \alpha_L^{1/\sigma})^{\sigma/(\sigma-1)} \sum_{j=1}^{J} L_j \tag{1.42}$$

这也是为什么很多模型在刻画生产部门时,可以用一个代表性生产者来模拟整个生产部门的生产决策。把(1.39)式分别代入(1.33)和(1.34)式,得到:

$$P (\alpha_K^{1/\sigma} k^{(\sigma-1)/\sigma} + \alpha_L^{1/\sigma})^{1/(\sigma-1)} \alpha_K^{1/\sigma} k^{-1/\sigma} = R \tag{1.43}$$

$$P (\alpha_K^{1/\sigma} k^{(\sigma-1)/\sigma} + \alpha_L^{1/\sigma})^{1/(\sigma-1)} \alpha_L^{1/\sigma} = W \tag{1.44}$$

(1.43)和(1.44)式中,资本 K 和劳动 L 完全被消去,这意味着仅用这两式无法决定资本和劳动的数量。事实上,单看以上两式,满足(1.43)式的劳均产出 k 并不必然满足(1.44)式,满足(1.44)式的劳均产出 k 也不必然满足(1.43)式。但只要劳均产出 k 满足(1.39)式,以上两式就可以同时成立,且也是利润最大化问题的解。而利润最大化问题的解只要求劳均产出满足(1.39)、(1.43)或(1.44)式,并不能确定生产者的最优产出、资本或劳动。为了确定生产者的资本和劳动的数量,必须先给出生产者的规模,即生产者的产出。如果生产者的产出是 Y,那么由(1.31)式可知生产者选择的劳动和资本数量分别为:

$$L = (\alpha_K^{1/\sigma} k^{(\sigma-1)/\sigma} + \alpha_L^{1/\sigma})^{-\sigma/(\sigma-1)} Y \tag{1.45}$$

$$K = k (\alpha_K^{1/\sigma} k^{(\sigma-1)/\sigma} + \alpha_L^{1/\sigma})^{-\sigma/(\sigma-1)} Y \tag{1.46}$$

为了理解上述结果,由(1.33)和(1.34)式可知:

$$K = \frac{\alpha_K P^\sigma}{R^\sigma} Y \tag{1.47}$$

$$L = \frac{\alpha_L P^\sigma}{W^\sigma} Y \tag{1.48}$$

把(1.47)和(1.48)式代入(1.31)式,得到:

$$Y = \left(\alpha_K^{1/\sigma} \left(\frac{\alpha_K P^\sigma}{R^\sigma} \right)^{(\sigma-1)/\sigma} + \alpha_L^{1/\sigma} \left(\frac{\alpha_L P^\sigma}{W^\sigma} \right)^{(\sigma-1)/\sigma} \right)^{\sigma/(\sigma-1)} Y \tag{1.49}$$

化简后可以得到:

$$P = (\alpha_K R^{1-\sigma} + \alpha_L W^{1-\sigma})^{1/(1-\sigma)} \tag{1.50}$$

(1.50)式意味着生产者生产的产品价格是生产要素价格的组合。但是对于生产者来说,产品价格也是接受为给定的变量,并非生产者自己选择的变量。因此,要使生产者的利润最大化问题有解,产品价格和生产要素价格必须满足(1.50)式。如果这些价格不满足(1.50)式,那么产品价格一定会调整,直到等于(1.50)式给出的值。

为了更好地理解这一点,可以借助成本最小化问题的最优性条件。把(1.36)和(1.37)式等号两边乘以资本 K、劳动 L 后加总,可以得到:

$$RK + WL = \lambda \left(\alpha_K^{1/\sigma} K^{(\sigma-1)/\sigma} + \alpha_L^{1/\sigma} L^{(\sigma-1)/\sigma} \right)^{1/(\sigma-1)} \left(\alpha_K^{1/\sigma} K^{(\sigma-1)/\sigma} + \alpha_L^{1/\sigma} L^{(\sigma-1)/\sigma} \right)$$
$$= \lambda \overline{Y} \tag{1.51}$$

(1.51)式说明为了生产产出 $\overline{Y}$,生产者必须支付成本 $\lambda \overline{Y}$,平均来看,生产每单位产出需要的成本就是 λ。因此,拉格朗日乘子的经济含义就是平均生产成本。由(1.36)和(1.37)式得到:

$$K = \frac{\alpha_K \lambda^\sigma}{R^\sigma} \overline{Y}, \quad L = \frac{\alpha_L \lambda^\sigma}{W^\sigma} \overline{Y} \tag{1.52}$$

把(1.52)式代入约束方程,得到:

$$\overline{Y} = \left(\alpha_K^{1/\sigma} \left(\frac{\alpha_K \lambda^\sigma}{R^\sigma} \right)^{(\sigma-1)/\sigma} + \alpha_L^{1/\sigma} \left(\frac{\alpha_L \lambda^\sigma}{W^\sigma} \right)^{(\sigma-1)/\sigma} \right)^{\sigma/(\sigma-1)} \overline{Y} \tag{1.53}$$

化简后可以得到:

$$\lambda = (\alpha_K R^{1-\sigma} + \alpha_L W^{1-\sigma})^{1/(1-\sigma)} \tag{1.54}$$

(1.54)式意味着生产者生产的平均成本是生产要素的组合,并且只由要素价格决定,与生产规模 $\overline{Y}$ 没有关系。注意到(1.54)式给出的生产成本与(1.50)式给出的产品价格是完全相等的。这是因为,生产者利润最大化问题实际上可以写作 $\max_Y PY - \lambda Y$,即生产者选择产出 Y,获得收入 PY,就必须支付生产成本 λY。或者说每生产一单位产出,可以获得收入 P,但必须支付成本 λ。

如果产品价格 P 大于生产成本 λ,生产者就会获得正利润,并且规模越大,利润越高,那么生产者就会无限地扩大产出,或者说会有更多的生产者进入该市场生产。给定有限的产品需求,这必然会导致产品价格下降。这一过程直到 $P = \lambda$ 才会停止。如果产品价格 P 小于生产成本 λ,生产者就会获得负利润,并且规模越大,亏损越多,那么生产者就不会生产,退出该市场。产品供给大幅下降,必然会导致产品价格上升。这一过程也会直到 $P = \lambda$ 才停止。因此,完全竞争市场下,如果企业生产函数是规模报酬不变的,那么产品价格必然需要满足(1.50)式,也只有满足(1.50)式,生产者利润才为零,此时(1.39)、(1.43)或(1.44)式所决定的劳均产出 k 也是相等的。

三、生产要素的替代弹性、产出弹性与收入份额

资本和劳动这两个生产要素的替代弹性通常被定义为边际产出之比每变动一个百分点,会导致要素数量之比变动几个百分点,即:

$$-\frac{\mathrm{dlog}(K/L)}{\mathrm{dlog}(\mathrm{MPK/MPL})} = -\frac{\mathrm{dlog}(K/L)}{\mathrm{dlog}(R/W)} \quad (1.55)$$

(1.55)式中用 $\mathrm{MPK} = \partial Y/\partial K$ 和 $\mathrm{MPL} = \partial Y/\partial L$ 分别表示资本和劳动的边际产出。(1.55)式中的等号之所以成立,是因为利润最大化问题的最优解满足要素的边际产出之比等于要素的价格之比。比如,在上述利润最大化问题中,最优性条件(1.33)和(1.34)式相除就体现了这一关系。

生产要素替代弹性的经济含义可以由(1.55)式等号右边来体现。如果资本和劳动的相对价格 R/W 下降,那么一般而言,资本和劳动之比 K/L 就会上升,或者说,生产者用相对价格更低的资本去替代相对价格更高的劳动。这可以由(1.39)式看出。但是这并不意味着资本收入份额就会上升。资本收入份额是资本收入占总收入的比重,即 $(RK)/(PY)$;劳动收入份额是劳动收入占总收入的比重,即 $(WL)/(PY)$。根据(1.38)式,资本收入份额与劳动收入份额之和为1。资本收入份额是否变动,和资本收入与劳动收入之比的变动完全一致,而后者由这两个生产要素相对价格之比和相对数量之比相乘得到。虽然生产要素相对价格 R/W 下降,但是相对数量 K/L 却会上升,因此资本与劳动的收入之比的变化就取决于二者的变动幅度哪个更大。由(1.55)式可知,替代弹性实际上就衡量了相对价格变动一个百分点,会导致相对数量变动几个百分点。式中包含了一个负号,是因为二者的变动方向相反,加入负号才能保证计算出的替代弹性是正数。

如果替代弹性大于1,就意味着资本与劳动的相对价格下降一个百分点,资本与劳动相对数量上升的幅度将超过一个百分点,那么相对价格下降的资本的收入份额就会上升。这实际上就反映了由于替代弹性较大,生产者能够大幅使用相对价格下降的资本去替代相对价格上升的劳动,导致相对价格下降的资本的相对数量更大幅度地上升,造成资本收入份额上升。近半个世纪以来,部分主要经济体呈现出资本收入份额上升、劳动收入份额下降的普遍趋势。对此的

一种解释就是技术进步降低了资本相对于劳动的价格,使生产者用资本替代劳动,如果二者的替代弹性较大,就会形成这一趋势。

反之,如果替代弹性小于 1,就意味着资本与劳动的相对价格下降一个百分点,资本与劳动相对数量上升的幅度将小于一个百分点,那么相对价格下降的资本的收入份额就会下降。这实际上就反映了由于替代弹性较小,生产者难以使用相对价格下降的资本去替代相对价格上升的劳动,导致相对价格上升的劳动不会大幅被替代,其相对数量也就不会大幅下降,从而使得劳动收入份额由于相对价格的上升而上升。以上就是替代弹性的经济含义,本质上体现了两类生产要素相互替代的强弱程度。

回到上述利润最大化问题,把(1.39)式等号左右两边同时取自然对数并求微分,可以得到:

$$-\frac{\mathrm{d}\log(K/L)}{\mathrm{d}\log(R/W)} = \sigma \tag{1.56}$$

因此,资本和劳动的替代弹性就是常数参数 σ。正因为如此,通常把该生产函数定义为常替代弹性生产函数,参数 σ 就表示了资本与劳动之间的替代弹性。

根据替代弹性的经济含义,如果资本与劳动的相对价格上升,那么资本收入份额与劳动收入份额的变化方向就取决于替代弹性。这可以借助模型清楚地看出,把(1.39)式等号两边同时乘以资本与劳动的相对价格,可以得到:

$$\frac{RK}{WL} = \frac{\alpha_K}{\alpha_L}\left(\frac{R}{W}\right)^{1-\sigma} \tag{1.57}$$

如果资本与劳动的相对价格下降,即等号右边 R/W 下降,那么当替代弹性 $\sigma > 1$ 时,资本和劳动的相对收入 $(RK)/(WL)$ 就会上升,即资本收入份额上升、劳动收入份额下降;反之,当替代弹性 $\sigma < 1$ 时,资本和劳动的相对收入 $(RK)/(WL)$ 就会下降,即资本收入份额下降、劳动收入份额上升。根据前文的分析,这一理论结果的经济含义也就比较直观了。相对价格下降的资本将会替代相对价格上升的劳动,这种替代性的强弱决定了其相对收入的变动方向。如果替代弹性较大,那么资本收入份额就会由于其相对数量更大幅度的上升而上升;如果替代弹性较小,那么劳动收入份额就会由于其相对价格更大幅度的上升而上升。

生产要素的产出弹性被定义为生产要素投入每变动一个百分点,会导致产出变动几个百分点。根据定义,常替代弹性生产函数中资本产出弹性 θ_K 和劳动

产出弹性 θ_L 分别为：

$$\theta_K = \frac{\mathrm{d}\log Y}{\mathrm{d}\log K} = \frac{\alpha_K^{1/\sigma} K^{(\sigma-1)/\sigma}}{\alpha_K^{1/\sigma} K^{(\sigma-1)/\sigma} + \alpha_L^{1/\sigma} L^{(\sigma-1)/\sigma}} = \frac{\alpha_K^{1/\sigma} K^{(\sigma-1)/\sigma}}{Y^{(\sigma-1)/\sigma}} = \alpha_K \left(\frac{R}{P}\right)^{1-\sigma} \quad (1.58)$$

$$\theta_L = \frac{\mathrm{d}\log Y}{\mathrm{d}\log L} = \frac{\alpha_L^{1/\sigma} L^{(\sigma-1)/\sigma}}{\alpha_K^{1/\sigma} K^{(\sigma-1)/\sigma} + \alpha_L^{1/\sigma} L^{(\sigma-1)/\sigma}} = \frac{\alpha_L^{1/\sigma} L^{(\sigma-1)/\sigma}}{Y^{(\sigma-1)/\sigma}} = \alpha_L \left(\frac{W}{P}\right)^{1-\sigma} \quad (1.59)$$

（1.58）和（1.59）式中最后一个等号推导使用了（1.47）和（1.48）式。与（1.33）和（1.34）式联立，可以得到：

$$\frac{RK}{PY} = \theta_K, \quad \frac{WL}{PY} = \theta_L \quad (1.60)$$

（1.60）式意味着生产要素收入份额等于其产出弹性。于是也有 $\theta_K + \theta_L = 1$。由（1.58）—（1.60）式也可知，生产要素收入份额的变化受生产要素相对价格 R/W 变化的影响，且影响方向取决于生产要素之间的替代弹性 σ。

通常用生产要素收入份额或相对数量来衡量生产要素的密集程度。如果劳动收入份额相对较高，就称生产过程是劳动密集型的，此时也意味着劳动产出弹性较大；如果资本收入份额相对较高，就称生产过程是资本密集型的，此时也意味着资本产出弹性较大。本书第二章还会对此进行讨论。

需要指出的是，在常替代弹性生产函数中，不同于要素替代弹性是常数，要素产出弹性并不是常数。因为此时要素产出弹性等于要素收入份额，而要素收入份额的变动又与要素相对价格相关。也可以说，要素产出弹性的变化源自要素相对价格的变化，而变化方向又取决于要素替代弹性。比如，如果生产过程的资本密集程度提高，那么可能就是由于资本与劳动的相对价格下降，并且资本与劳动的替代弹性较大，导致资本产出弹性和资本收入份额提高。

四、几个特殊的生产函数

回到常替代弹性生产函数，现在知道参数 σ 表示资本与劳动的替代弹性。当 $\sigma \to \infty$，即替代弹性无限大时，可以得到生产函数：$Y = K + L$。此时生产函数变为线性函数，说明生产要素之间是完全替代的。比如，减少一单位劳动，都可以相应增加一单位资本，来保持产出水平不变。因此，完全替代实际上就是替代弹性无限大的情形。此时，企业只使用价格最小的要素进行生产。

当 $\sigma \to 0$，即替代弹性无穷小时，可以得到生产函数：

$$Y = \min\left\{\frac{K}{\alpha_K}, \frac{L}{\alpha_L}\right\} \quad (1.61)$$

(1.61)式的推导过程与前文关于替代弹性为零的效用函数的推导完全一致,在此不再赘述。此时,生产函数变为里昂惕夫生产函数,即生产要素之间是完全互补的。比如,只增加资本而不增加劳动,产出也不会增加。为了提高产出,必须以 $\alpha_K:\alpha_L$ 的比例增加资本和劳动投入,也就是资本和劳动互相补充和组合才能提高产出。因此,完全互补实际上就是替代弹性无限小的情形。

当 $\sigma=1$,即替代弹性为 1 时,可以得到生产函数:

$$Y = \alpha_K^{-\alpha_K}\alpha_L^{-\alpha_L}K^{\alpha_K}L^{\alpha_L} \tag{1.62}$$

(1.62)式的推导过程与前文关于替代弹性为 1 的效用函数的推导完全一致,在此不再赘述。此时,生产函数变为柯布-道格拉斯生产函数,这一生产函数就是替代弹性为 1 的情形。进一步得到:

$$\frac{RK}{PY} = \theta_K = \alpha_K, \quad \frac{WL}{PY} = \theta_L = \alpha_L \tag{1.63}$$

此时,参数 α_K 和 α_L 实际上分别等于资本产出弹性和劳动产出弹性,也是资本收入份额和劳动收入份额。这也意味着要素收入份额是不变的常数,因此在设定模型时采用柯布-道格拉斯生产函数,相当于隐含假设这一性质是成立的。那么,使用这一生产函数就无法解释要素收入份额变化的现象。

由(1.50)式可知,此时产出价格满足:

$$P = R^{\alpha_K}W^{\alpha_L} \tag{1.64}$$

可以看到,产出价格是生产要素价格按照柯布-道格拉斯函数的形式组合而成的。需要指出的是,在很多模型中,生产函数(1.62)式有时被直接简写为 $Y=K^{\alpha_K}L^{\alpha_L}$。此时按照前文的推导过程,易知产出价格满足:$P = \alpha_K^{-\alpha_K}\alpha_L^{-\alpha_L}R^{\alpha_K}W^{\alpha_L}$。注意,此时产出价格并非(1.64)式的形式。因此,有时为了得到(1.64)式这种更加简洁的产出价格形式,模型往往需要使用(1.62)式的生产函数。这一点区别也适用于前文常替代弹性效用函数中复合消费品的价格。在使用柯布-道格拉斯效用函数或生产函数进行量化分析时应当特别注意。

五、更一般形式的生产函数

上述生产者最优化问题的生产函数中,生产者只投入资本和劳动这两类生产要素进行生产。在很多模型中,生产者除了投入生产要素进行生产,还会投入原材料、能源等多种中间品;资本也可能会区分为多种类型,比如把土地单独作为一种生产要素;劳动也可区分为多种类型,比如按照劳动力技能来区分。此时,生产函数的投入中就不仅是资本和劳动这两类生产要素了,而是更多种类的投入,因此需要针对更一般形式的生产函数做一些设定。较为常见的是采用以下两种方式。

第一种方式是继续沿用常替代弹性生产函数,把包括生产要素和中间品在内的所有投入都视作不同的投入,但相互之间的替代弹性均是相等的常数。比如,假设生产者使用的投入有 J 类,用下标 $j \in \{1, 2, \cdots, J\}$ 区分。第 j 类投入的数量为 x_j,注意,x_j 可以是资本或劳动等生产要素,也可以是中间品。产出 Q 由以下生产函数来决定:

$$Q = \left(\sum_j \alpha_j^{1/\sigma} x_j^{(\sigma-1)/\sigma} \right)^{\sigma/(\sigma-1)} \tag{1.65}$$

其中,参数 $\sigma > 0$ 为常数,参数 $0 < \alpha_j < 1$ 为常数,满足 $\sum_j \alpha_j = 1$。很多模型把投入品种类看成是无穷多但有界的,或者说投入品种类是连续的。通常设定投入品种类 $j \in [0, J]$,即这一区间中的任一实数都代表了一类投入品。此时生产函数可以写作积分形式: $Q = \left(\int_0^J \alpha_j^{1/\sigma} x_j^{(\sigma-1)/\sigma} dj \right)^{\sigma/(\sigma-1)}$。无论是采用离散形式还是连续形式来区分投入品种类,生产者最优化问题的解的性质都是完全等价的。这里只讨论离散形式的情形。

仍然可以用一个代表性生产者来模拟所有生产者的生产和决策。用 p_j 表示第 j 类投入的价格,P 表示产出价格,重复前文关于利润最大化问题和成本最小化问题的求解与分析,可知前文得到的主要性质依然成立。生产者获得的总收入等于总成本,经济利润依然为零,即 $PQ = \sum_j p_j x_j$。产出价格等于单位产出的生产成本,是所有投入品价格的组合,满足 $P = \lambda = \left(\sum_j \alpha_j p_j^{1-\sigma} \right)^{1/(1-\sigma)}$。其中,变量 λ 是成本最小化问题的拉格朗日乘子,表示平均生产成本。任意两类投入 j 和 j' 的收入比重满足:

$$\frac{p_j x_j}{p_{j'} x_{j'}} = \frac{\alpha_j}{\alpha_{j'}} \left(\frac{p_j}{p_{j'}} \right)^{1-\sigma} \tag{1.66}$$

因此,参数 σ 就是任意两类投入的替代弹性,这意味着此时生产函数隐含假设了所有投入两两之间的替代弹性均是相等的常数。每类投入的收入份额等于其产出弹性 θ_j,满足:

$$\theta_j = \frac{\mathrm{d}\log Q}{\mathrm{d}\log x_j} = \frac{p_j x_j}{PQ} = \frac{\alpha_j^{1/\sigma} x_j^{(\sigma-1)/\sigma}}{\sum_{j'=1}^J \alpha_{j'}^{1/\sigma} x_{j'}^{(\sigma-1)/\sigma}} = \frac{\alpha_j^{1/\sigma} x_j^{(\sigma-1)/\sigma}}{Q^{(\sigma-1)/\sigma}} \tag{1.67}$$

在 $\sigma = 1$ 时,生产函数变为柯布-道格拉斯生产函数,即 $Q = \prod_{j=1}^J \alpha_j^{-\alpha_j} x_j^{\alpha_j}$。

此时，第 j 类投入的收入份额和产出弹性均等于参数 α_j，即：

$$\frac{p_j x_j}{PQ} = \theta_j = \alpha_j \tag{1.68}$$

产出价格也是所有投入价格按照柯布-道格拉斯函数的形式组合而成的，即：$P = \prod_{j=1}^{J} p_j^{\alpha_j}$。

第二种方式是使用嵌套常替代弹性生产函数，把投入品分成若干大类，每个大类内的所有小类的投入品之间的替代弹性是相等的常数，但不同大类的这一替代弹性可以有差别。每个大类内的所有小类先生产出中间品，这些中间品再以常替代弹性的形式生产最终品。

比如，可以把投入品按照中间品和生产要素分为两大类。中间品一共有 J 小类，用下标 $j \in \{1, 2, \cdots, J\}$ 区分，第 j 类中间品的数量用 m_j 来表示。这些中间品按照常替代弹性生产函数的形式生产出复合中间品 M，满足 $M = \left(\sum_{j=1}^{J} \alpha_{mj}^{1/\sigma_m} m_j^{(\sigma_m-1)/\sigma_m} \right)^{\sigma_m/(\sigma_m-1)}$。其中，参数 $\sigma_m > 0$ 为常数，参数 $0 < \alpha_{mj} < 1$ 为常数，满足 $\sum_j \alpha_{mj} = 1$。生产要素一共有 K 小类，用下标 $k \in \{1, 2, \cdots, K\}$ 区分，第 k 类生产要素的数量用 y_k 表示。这些生产要素按照常替代弹性生产函数的形式生产出增加值 Y，满足 $Y = \left(\sum_{k=1}^{K} \alpha_{yk}^{1/\sigma_y} y_k^{(\sigma_y-1)/\sigma_y} \right)^{\sigma_y/(\sigma_y-1)}$。其中，参数 $\sigma_y > 0$ 为常数，参数 $0 < \alpha_{yk} < 1$ 为常数，满足 $\sum_k \alpha_{yk} = 1$。复合中间品和增加值再按照常替代弹性生产函数的形式生产最终品 Q，满足 $Q = \left(\alpha_M^{1/\sigma} M^{(\sigma-1)/\sigma} + \alpha_Y^{1/\sigma} Y^{(\sigma-1)/\sigma} \right)^{\sigma/(\sigma-1)}$。其中，参数 $0 < \alpha_M, \alpha_Y < 1$ 为常数，满足 $\alpha_M + \alpha_Y = 1$；参数 $\sigma > 0$ 为常数。

根据常替代弹性生产函数的性质，求解生产者利润最大化问题或者成本最小化问题，可以分解为两个子问题来简化求解过程。第一个子问题是求解生产最终品的最优化问题。用 P_M 表示复合中间品 M 的价格，这一价格等于其平均生产成本，是所有中间品的价格 p_{mj} 的组合，满足 $P_M = \left(\sum_{j=1}^{J} \alpha_{mj} p_{mj}^{1-\sigma_m} \right)^{1/(1-\sigma_m)}$。用 P_Y 表示增加值 Y 的价格，这一价格等于其平均生产成本，是所有生产要素的价格 p_{yk} 的组合，满足 $P_Y = \left(\sum_{k=1}^{K} \alpha_{yk} p_{yk}^{1-\sigma_y} \right)^{1/(1-\sigma_y)}$。在最终品生产的最优化问题中，可以把所有的中间品投入都看成是复合中间品 M，把所有的生产要素都看成是增加值 Y，其价格均已决定，即由所有中间品和生产要素的价格复合形成。生产者只需选择复合中间品 M 和增加值 Y 的数量，这一问题实际上就是只有两类投入的常替代弹性生产函数时的最优化问题。相关性质和前文完全一致，在此不再赘述。

用 P 表示最终品 Q 的价格，此时有 $PQ = P_M M + P_Y Y$。此式体现了增加值的经济含义，即生产过程是生产要素与中间品结合进行生产的过程，而增加值就是产出相对于中间品投入所增加的部分。

第二个子问题是分别求解生产复合中间品的最优化问题和生产增加值的最优化问题。对于生产复合中间品的最优化问题，生产者选择每类中间品的投入数量 m_j；对于生产增加值的最优化问题，生产者选择每类生产要素的投入数量 y_k。每个问题实际上就是多个投入的常替代弹性生产函数时的最优化问题。相关性质和前文完全一致，在此不再赘述。

此时易知，每类中间品两两之间在生产复合中间品时的替代弹性为 σ_m，每类生产要素两两之间在生产增加值时的替代弹性为 σ_y，复合中间品和增加值之间的替代弹性为 σ，这些替代弹性均为常数。需要注意的是，任一类中间品和任一类生产要素之间的替代弹性并不是常数。

这个例子只是说明嵌套常替代弹性生产函数的形式。事实上，有些模型中还可以有更多大类的分类方式，比如不仅分成生产要素和中间品两大类，生产要素还可以分成资本和劳动两大类，资本或劳动内部还有异质性的资本或劳动；中间品还可以分成不同产业的中间品大类，每个产业的中间品大类内部还有不同种类的中间品。有的模型也可以有更多层次的嵌套方式，比如不同技能的劳动力按照常替代弹性的形式组合成为复合劳动力，复合劳动力再和资本按照常替代弹性的形式组合成为增加值，增加值再和复合中间品按照常替代弹性的形式组合成为最终品。但是无论这些生产函数看似多么复杂，都可以在每个常替代弹性的形式中对应生成一个子问题，这可以简化求解过程，也便于理解其中的经济机制。

第三节　结构转型静态模型

这一节应用前文的建模方式，构建一个结构转型静态一般均衡模型，模型包括两个产业部门和一种生产要素，由此解释经济结构转型的价格效应和收入效应理论，并以中国农业向非农业的转型过程为例，介绍把模型用于定量分析的方法。

一、模型框架

模型的产品市场和要素市场均是完全竞争市场。生产方面分为两个产业部门,分别由一个代表性生产者雇用劳动进行生产,产出全部用于消费;需求方面由一个代表性家庭提供劳动,获得劳动工资,家庭把这些收入用于购买两个产业部门的产品来消费。模型的一般均衡是指产品市场和要素市场出清。产品市场出清是指每个产业部门供给的产出等于该产业的消费需求,要素市场出清是指家庭供给的劳动等于两个产业部门需求的劳动。以下具体说明。

生产方面分为两个产业部门,分别用下标 $j \in \{1, 2\}$ 来表示。产业部门 j 由一个代表性生产者雇用劳动 L_j 进行生产,产出为 Y_j。假设该生产者采用线性生产技术,生产函数满足:

$$Y_j = A_j L_j \tag{1.69}$$

其中,变量 A_j 表示该产业部门的劳动生产率。生产者在完全竞争市场中以 W 的劳动工资雇用劳动,以 P_j 的产品价格出售产品。生产者选择雇用的劳动数量,从而决定产出数量,并使其利润达到最大,即 $\max_{L_j} P_j Y_j - W L_j$。对于完全竞争市场中的生产者来说,无论是劳动工资还是产品价格,都是外生给定的,生产者选择劳动数量,即要素需求,进而决定产出,即产品供给。求解生产者的利润最大化问题,得到关于劳动数量的一阶最优性条件:

$$P_j A_j = W \tag{1.70}$$

需求方面由一个代表性家庭来刻画。这个家庭在劳动力市场上提供劳动 L,获得工资收入 WL。家庭把这些收入全部用于购买两个产业部门的产品来消费,消费量分别记为 C_1 和 C_2。因此,家庭的预算约束方程为:

$$P_1 C_1 + P_2 C_2 = WL \tag{1.71}$$

消费两个产业部门的产品能够给家庭带来效用 C,效用函数满足:

$$C = \left[\omega_1^{1/\varepsilon} (C_1 + \overline{C}_1)^{(\varepsilon-1)/\varepsilon} + \omega_2^{1/\varepsilon} (C_2 + \overline{C}_2)^{(\varepsilon-1)/\varepsilon} \right]^{\varepsilon/(\varepsilon-1)} \tag{1.72}$$

其中,参数 $\varepsilon > 0$ 为常数。参数 $0 < \omega_j < 1$ 为常数,满足 $\omega_1 + \omega_2 = 1$。参数 $\overline{C}_j$ 为常数。家庭在完全竞争市场中以 W 的劳动工资获得收入,以 P_j 的产品价格购买产品。家庭选择每个产业部门产品的消费量,使其效用达到最大。对于家庭来说,无论是劳动工资还是产品价格,都是外生给定的。并且这里假定家庭的劳动供给也是外生的,于是劳动收入对于家庭来说也是外生的。因此,家庭选择消费量,即产品需求。求解家庭带有预算约束的效用最大化问题。注意到

这一问题与第一节消费者最优化问题是高度类似的,只是效用函数中包含了参数 $\overline{C}_j$。通常相对简便的处理方式是使用换元法,即定义 $\widetilde{C}_j = C_j + \overline{C}_j$。于是家庭效用最大化问题变为:

$$\max_{\widetilde{C}_j} C = \left[\omega_1^{1/\varepsilon} \widetilde{C}_1^{(\varepsilon-1)/\varepsilon} + \omega_2^{1/\varepsilon} \widetilde{C}_2^{(\varepsilon-1)/\varepsilon} \right]^{\varepsilon/(\varepsilon-1)} \quad (1.73)$$

所受的约束为:

$$P_1 \widetilde{C}_1 + P_2 \widetilde{C}_2 = WL + P_1 \overline{C}_1 + P_2 \overline{C}_2 \quad (1.74)$$

对于家庭而言,(1.74)式的等号右边均是外生的,可以视为一个外生变量。家庭只需选择 $\widetilde{C}_j$,其效用最大化问题与第一节消费者最优化问题完全一致。通过类似的求解过程,可以得到:

$$\frac{\omega_1^{1/\varepsilon} \widetilde{C}_1^{-1/\varepsilon}}{\omega_2^{1/\varepsilon} \widetilde{C}_2^{-1/\varepsilon}} = \frac{P_1}{P_2} \quad (1.75)$$

联立(1.74)和(1.75)式,即可解出给定收入和价格条件下的消费量 $\widetilde{C}_j$,也就解出了 C_j。

一般均衡模型通常要求产品市场和要素市场同时达到均衡,即产品价格和要素价格自由调整,使得产品市场和要素市场供求相等。这里,产品市场均衡是指每个产业部门供给的产出等于该产业的消费需求,要素市场均衡是指家庭供给的劳动等于两个产业部门需求的劳动,即:

$$Y_j = C_j \quad (1.76)$$
$$L = L_1 + L_2 \quad (1.77)$$

虽然对于完全竞争市场中的企业和家庭来说,价格是外生的从而无法选择,但整个模型的一般均衡条件决定了所有的价格,也就是说价格均是内生的。

模型的外生变量是企业的劳动生产率 A_j 和家庭的劳动供给总量 L,内生变量是两个产业部门中产品市场的数量 Y_j、C_j 与价格 P_j,要素市场的数量 L_j 和价格 W,合计9个内生变量。这9个内生变量由(1.69)、(1.70)、(1.75)、(1.76)、(1.77)这8个等式共同决定。8个等式在理论上是无法决定9个内生变量的,这是因为还没有定义计价物。根据一般均衡原理,所有价格等比例变化并不会改变一般均衡时的数量大小,因此可以将某一个产品或要素的价格作为计价物,标准化为1。这里可以把劳动工资作为计价物,标准化为1,即 $W = 1$。此时,可以把模型的内生变量视为8个,由上述8个等式决定。如果外生变量发生变化,那么这8个等式决定的内生变量也会随之发生变化,特别是劳动和产出在两个部门的比重会随之变化,这就是结构转型过程。下面将从理论上进行详细分析。

二、理论分析

(一) 结构转型的定义

模型中的结构转型是指两个产业部门的就业比重或产出比重发生变化。就业比重定义为 $x_j^l = L_j/L$。产出比重定义为 $x_j^y = P_j Y_j/(P_1 Y_1 + P_2 Y_2)$。总产出应是两个产业部门的产出加总,但两个不同产品在实际数量上是无法加总或比较的,此时需要使用价格。比如,农业生产的苹果数量无法直接加上工业生产的计算机数量,而是需要用苹果数量乘以苹果价格与计算机数量乘以计算机价格相加。对应到模型上,两个产业部门的产出数量 Y_1 和 Y_2 是不能直接相加的,而是需要乘以对应的价格后再相加。

每一期使用当期价格加总所计算的总产出即为名义产出。如果每一期都使用某一特定期的价格来加总,由此计算出的总产出即为实际产出。这一特定期通常称为基期,其价格被称为不变价格。因此,简言之,名义产出是用当期价格计算的产出,实际产出是用基期价格也就是不变价格计算的产出。由于实际产出涉及选择基期价格的问题,因此通常更常使用的产出比重是用名义产出计算的比重,也就是名义产出比重。

把(1.70)式等号两边同时乘以 L_j 后,再把两个产业部门所对应的等式相除,可以得到:

$$\frac{L_1}{L_2} = \frac{P_1 Y_1}{P_2 Y_2} \qquad (1.78)$$

(1.78)式意味着两个产业部门的就业之比与名义产出之比相等,或者说产业部门的就业比重等于产出比重,即 $x_j^l = x_j^y$。此时,同一产业部门的就业比重和产出比重是同向变动的。

(二) 产品相对价格

将两个产业部门所对应的(1.70)式相除,得到 $P_1/P_2 = A_2/A_1$。此式意味着两个产业部门的产品价格与劳动生产率呈反比。劳动生产率提高得更快的产业部门,其产品相对价格将会下降。比如,如果产业部门1的劳动生产率 A_1 比产业部门2的劳动生产率 A_2 提高得更快,即 A_2/A_1 下降,那么产业部门1的产品相对价格 P_1/P_2 就会随之下降。

从经济含义上看，随着产业部门劳动生产率的提高，生产同一种单位产品所需的劳动投入就会下降，于是单位生产成本就会下降。在完全竞争市场中，企业生产成本越低，产品价格也就越低。比如，如果生产手机的劳动生产率快速提高，每部手机的生产成本就会下降，那么手机的价格就会下降。

影响劳动生产率的因素通常包括全要素生产率和资本劳动比两类。这可以由柯布-道格拉斯生产函数来展现。假设企业租用资本 K_j 和雇用劳动 L_j 进行生产，生产函数满足 $Y_j = B_j K_j^{\alpha_j} L_j^{1-\alpha_j}$。其中，参数 $0 < \alpha_j < 1$ 是常数，变量 B_j 为全要素生产率。在上式等号两边同时除以 L_j，得到劳动生产率满足 $A_j = Y_j / L_j = B_j k_j^{\alpha_j}$。其中，变量 $k_j = K_j / L_j$ 为资本劳动比。可以看出，全要素生产率 B_j 提高，或者资本劳动比 k_j 提高，都会使劳动生产率 A_j 提高。事实上，模型采用线性生产函数只是一种简化方式，直接把劳动生产率作为模型外生变量。但在经济含义上，需要知道劳动生产率的提高既源自全要素生产率的提高，也源自资本劳动比的提高。

全要素生产率提高，通常可能是因为生产要素的配置效率得到改进，即资本或劳动这些生产要素被配置到边际产出更高的行业或地区，也可能是因为生产技术的进步。在很多模型中，通常直接使用全要素生产率来度量技术水平，此时全要素生产率提高或者劳动生产率提高，反映的就是技术进步的过程。技术进步更快（B_j 增长更快）的产业部门，产品相对价格就会下降。资本劳动比提高，其实就是资本增长快于劳动增长，使得平均来看每单位劳动使用的资本变得更多。资本增长过程也称资本积累过程，资本劳动比提高也称资本深化过程。因此资本深化过程实际上就是快于劳动增长的资本积累过程，这一过程提高了劳动生产率。资本深化更快（使 $k_j^{\alpha_j}$ 增长得更快）的产业部门，产品相对价格就会下降。

技术进步更快的产业部门，产品相对价格下降，可能不同于很多人的直观感受。因为高科技产品通常会定价很高，或者说新技术催生出的新产品可能在市场上具有垄断力量，于是定价就会较高。比如，新一代手机的定价高于之前的手机，似乎技术进步提高了产品价格。事实上，这是因为新产品的价格与旧产品的价格并不具有可比性，而技术进步降低了相对价格所针对的是同一款产品。比如，技术进步催生了新一代手机，这会使得同一款旧手机的价格下降，应当关注的是同一款手机的价格而不是比较不同型号手机的价格。反过来说，劳动生产率提高得更慢的产业部门，其产品的相对价格就会上升。比如，服务业的技术进步或者劳动生产率的提高通常是较慢的,导致服务相对于制造品或农产品的价格更高,比如教育和医疗服务等。因此,相对价格提高的产业,其技术进步或者劳动生产率提高的速度可能更慢,而不是更快。

（三）结构转型的动因机制

由(1.74)式和(1.75)式,可以得到：

$$\frac{P_1 \widetilde{C}_1}{P_2 \widetilde{C}_2} = \frac{\omega_1}{\omega_2} \left(\frac{P_1}{P_2}\right)^{1-\varepsilon} \tag{1.79}$$

$$\frac{P_j C_j}{P_1 C_1 + P_2 C_2} = \frac{\omega_j P_j^{1-\varepsilon}}{\omega_1 P_1^{1-\varepsilon} + \omega_2 P_2^{1-\varepsilon}} \left(1 + \frac{P_1 \overline{C}_1 + P_2 \overline{C}_2}{WL}\right) - \frac{P_j \overline{C}_j}{WL} \tag{1.80}$$

(1.80)式决定了总消费中产业部门 j 的产品消费支出的占比,即消费结构或消费的产业构成。由(1.76)和(1.78)式可知,消费结构决定了产业的产出比重和就业比重。因此,分析消费结构的变化,也就可以得出影响结构转型的两种经济力量,即价格效应和收入效应。

价格效应是指产业产出的相对价格变化推动结构转型的理论机制。为了清楚地展示这一机制,先令 $\overline{C}_j = 0$,于是(1.79)和(1.80)式变为：

$$\frac{P_1 C_1}{P_2 C_2} = \frac{\omega_1}{\omega_2} \left(\frac{P_1}{P_2}\right)^{1-\varepsilon} \tag{1.81}$$

$$\frac{P_j C_j}{P_1 C_1 + P_2 C_2} = \frac{\omega_j P_j^{1-\varepsilon}}{\omega_1 P_1^{1-\varepsilon} + \omega_2 P_2^{1-\varepsilon}} \tag{1.82}$$

可以看到,两个产业部门的产品相对价格变化影响了消费结构。以产业部门1的产品相对价格 P_1/P_2 下降为例。此时产业部门1的产品相对数量 C_1/C_2 将会上升。这一结论比较容易理解。因为家庭使用相对价格更低的产品去替代相对价格更高的产品,使得前者的相对数量上升。进一步地,产业部门1的产品相对价格 P_1/P_2 下降,而产品相对数量 C_1/C_2 上升,使得其产品相对支出 $P_1 C_1/P_2 C_2$ 可能上升也可能下降。由(1.81)式可知,这取决于参数 ε 是否大于1。根据前文的讨论可知,参数 ε 衡量了两个产业部门的产品在消费中的替代弹性。

如果两个产业部门的产品替代弹性较小($\varepsilon > 1$),那么产业部门1的产品相对支出 $P_1 C_1/P_2 C_2$ 就会上升。这是因为,产品替代弹性大意味着相对价格更低的产品更容易替代相对价格更高的产品,家庭就会较大幅度地提高产业部门

1 的产品消费数量,去替代产业部门 2 的产品消费数量。于是,产业部门 1 的产品相对数量 C_1/C_2 的上升幅度就会较大,超过其产品相对价格 P_1/P_2 的下降幅度,使得其产品相对支出 P_1C_1/P_2C_2 上升。反之,如果两个产业部门的产品替代弹性较小($\varepsilon < 1$),那么产业部门 1 的产品相对支出 P_1C_1/P_2C_2 就会下降。这是因为,此时两个产业部门的产品难以相互替代,家庭就难以使用相对价格更低的产业部门 1 的产品,去替代相对价格更高的产业部门 2 的产品。因此,产业部门 1 的产品相对数量 C_1/C_2 的上升幅度就会小于其产品相对价格 P_1/P_2 的下降幅度,使得其产品相对支出 P_1C_1/P_2C_2 下降。由(1.81)式可知,产业部门 1 的产品相对支出 P_1C_1/P_2C_2 与其产品消费支出比重同向变化,也取决于产品的相对价格和产品的替代弹性。

以上分析是在 $\overline{C}_j = 0$ 的条件下讨论的,这是一种简化分析。如果 $\overline{C}_j \neq 0$,那么上述的经济机制依然成立。因为比较(1.79)和(1.81)式,相对价格变化影响了(1.81)式等号右边的部分,实际上这一部分也在(1.79)式的等号右边。当然严格说来,此时参数 ε 并非两个产业部门产品 C_j 之间的替代弹性,而是 $\widetilde{C}_j$ 之间的替代弹性,但是在使用中一般将二者通用,且并不影响对经济机制的解释。

收入效应是指收入和消费增长拉动结构转型的理论机制。为了清楚地展示这一机制,可以把(1.80)式写作:

$$\frac{P_1C_1}{P_1C_1+P_2C_2} = \frac{\omega_1 P_1^{1-\varepsilon}}{\omega_1 P_1^{1-\varepsilon}+\omega_2 P_2^{1-\varepsilon}} + \frac{\omega_1 P_1^{1-\varepsilon}}{\omega_1 P_1^{1-\varepsilon}+\omega_2 P_2^{1-\varepsilon}}\frac{P_2\overline{C}_2}{WL} - \frac{\omega_2 P_2^{1-\varepsilon}}{\omega_1 P_1^{1-\varepsilon}+\omega_2 P_2^{1-\varepsilon}}\frac{P_1\overline{C}_1}{WL}$$

(1.83)

$$\frac{P_2C_2}{P_1C_1+P_2C_2} = \frac{\omega_2 P_2^{1-\varepsilon}}{\omega_1 P_1^{1-\varepsilon}+\omega_2 P_2^{1-\varepsilon}} + \frac{\omega_2 P_2^{1-\varepsilon}}{\omega_1 P_1^{1-\varepsilon}+\omega_2 P_2^{1-\varepsilon}}\frac{P_1\overline{C}_1}{WL} - \frac{\omega_1 P_1^{1-\varepsilon}}{\omega_1 P_1^{1-\varepsilon}+\omega_2 P_2^{1-\varepsilon}}\frac{P_2\overline{C}_2}{WL}$$

(1.84)

可以看到,由于 $\overline{C}_j \neq 0$,收入 WL 的增长影响了消费结构。考虑到包含 $\overline{C}_1$ 和 $\overline{C}_2$ 的表达式是对称的,以 $\overline{C}_1 \neq 0$ 且 $\overline{C}_2 = 0$ 为例进行说明。如果 $\overline{C}_1 > 0$ 且 $\overline{C}_2 = 0$,那么(1.83)式等号右边相当于在第一项的基础上减去了一个正项。随着收入的增长,这个被减去的一项将会下降,使得等号右边上升。于是即使相对价格不变,收入增长也会提高产业部门 1 的消费比重。类似地,(1.84)式等号右边相当于在第一项的基础上加上了一个正项。随着收入的增长,这个被加上的一项将会下降,使得等号右边下降。于是即使相对价格不变,收入增长也会降低产业部门 2 的消费比重。因此,随着收入的增长,产业部门 1 的产品消费比重上升,产业部门 2 的产品消费比重下降,这就意味着产业部门 1 的产品需求收入弹性大于 1。因为产品需求收入弹性是指收入每提高一个百分点,产品需求提高几个百分点。在价格不变的情况下,产品消费比重提高说明产品需求提高的幅度大于收入的涨幅,其需求收入弹性也就大于 1。

如果 $\overline{C}_1 < 0$ 且 $\overline{C}_2 = 0$,那么(1.83)式等号右边相当于在第一项的基础上加上了一个正项。随着收入的增长,这个被加上的一项将会下降,使得等号右边下降。于是即使相对价格不变,收入增长也会降低产业部门 1 的消费比重。类似地,(1.84)式等号右边相当于在第一项的基础上减去了一个正项。随着收入的增长,这个被减去的一项将会下降,使得等号右边上升。于是即使相对价格不变,收入增长也会提高产业部门 2 的消费比重。因此,随着收入的增长,产业部门 1 的产品消费比重下降,产业部门 2 的产品消费比重上升,这就意味着产业部门 1 的产品需求收入弹性小于 1。

如果 $\overline{C}_2 \neq 0$ 且 $\overline{C}_1 = 0$,那么上述经济机制对于两个产业部门的产品消费比重也是适用的。这里需要注意的是,以上分析关注的只是两个产业部门的产品消费比重,无论这些比重如何变化,通常都认为两个产业部门的产品均是正常品,也就是说,随着收入的增长,两个产业部门的产品消费数量都会上升,只是上升的快慢有别而已。

总之,参数 $\overline{C}_j$ 的取值体现了产业部门 j 的产品需求收入弹性的大小。当 $\overline{C}_j < 0$ 时,产业部门 j 的产品需求收入弹性小于 1,其产品消费比重随着收入的增长而下降。通常效用函数要求 $\tilde{C}_j = C_j + \overline{C}_j > 0$。为了保证这一点,就要求 $C_j > -\overline{C}_j$,即产业部门 j 的产品消费水平 C_j 需要高于最低水平 $-\overline{C}_j$。因此,此时参数 $\overline{C}_j$ 的经济含义就是其绝对值表示产业部门 j 的产品最低消费水平。农业的 $\overline{C}$ 通常是小于零的,此时 $\overline{C}$ 的绝对值就表示最低农产品消费水平,即满足基本温饱的生存线水平。这也同时意味着农产品的需求收入弹性是小于 1 的,即伴随着收入的增长,虽然农产品消费的绝对数量会提高,但相对比重将会下降。当 $\overline{C}_j > 0$ 时,产业部门 j 的产品需求收入弹性大于 1,其产品消费比重随着收入的增长而上升。此时即使产业部门 j 的产品消费水平 $C_j = 0$,效用函数中关于产业部门 j 的部分 $\tilde{C}_j = \overline{C}_j > 0$,也能为家庭带来效用。因此,此时参数 $\overline{C}_j$ 的经济含义就是产业部门 j 的产品自有消费水平,也可以理解为在市场交易之外或家庭内部生产的消费水平。下文的定量分析将会发现,服务业的 $\overline{C}$ 通常是大于零的,此时 $\overline{C}$ 就表示家庭自有服务,即家庭内部没有在市场交易的服务,比如家庭内部养育和教育子女、家务劳动创造的服务等。这也同时意味着服务的需求收入弹性是大于 1 的,即伴随着收入的增长,服务消费的绝对数量会更快提高,导致其相对比重上升。

当然严格说来,仅凭参数 $\overline{C}_j$ 是否大于零,无法直接判断产业部门 j 的产品需求收入弹性是否大于 1。比如,如果 $\overline{C}_1 > 0$ 且 $\overline{C}_2 > 0$,那么产业部门 j 的产品消费比重就未必会随着收入的增长而上升。在两个产业部门的理论模型中,为了区分产品需求收入弹性,可以直接设定一个产业部门的 $\overline{C}$ 等于零,此时另一个产业部门的 $\overline{C}$ 是否大于零就直接决定了两个产业部门的产品需求收入弹性。此外,不同产业部门的 $\overline{C}_j$ 的符号可能是有区别的。比如在农业、工业和服务业三个产业部门的模型中,农业的 $\overline{C}$ 大于零,服务业的 $\overline{C}$ 小于零,再直接设定工业的 $\overline{C}$ 等于零,也可以仅从参数 $\overline{C}_j$ 判断出农业的产品需求收入弹性小于 1,服务业的产品需求收入弹性大于 1。

由于引入了 $\overline{C}_j$,不同产业部门的产品需求收入弹性可以不等于 1,这意味着消费结构也会受到收入的影响。在第一节的讨论中,如果不存在 $\overline{C}_j$,那么消费结构与收入无关,此时的偏好被称为位似偏好。与之对应,如果消费结构与收入相关,或者说收入变化会导致消费结构变化,那么就称偏好为非位似偏好。因此,这里的效用函数就是一个典型的非位似偏好,其中的 $\overline{C}_j$ 有时也被称为非位似项。当 $\varepsilon \to 1$ 时,效用函数可以转化为 $C = \omega_1 \log(C_1 + \overline{C}_1) + \omega_2 \log(C_2 + \overline{C}_2)$。这在形式上类似于自然对数型效用函数,只不过引入了非位似项以刻画不同产品需求收入弹性的区别。这一效用函数被称为 Stone-Geary 型效用函数,而引入了非位似项的常替代弹性效用函数也被称为扩展 Stone-Geary 型效用函数。注意到 Stone-Geary 型效用函数只模型化了拉动结构转型的收入效应,价格效应则由于替代弹性为 1 而没有被纳入,设定这一效用函数实际上相当于做了这一假设。

由于生产方面供给侧的劳动生产率变化决定了相对价格变化,价格效应通常也被认为是体现了推动结构转型的供给侧因素。根据价格效应,技术进步越快的产业部门,其产出价格就会越快下降,在产业之间的替代弹性较小时,其比重就会由于产出相对价格的下降而下降。由于总体经济的技术进步速度是各个产业部门技术进步速度以产业比重为权重的平均,技术进步越快的产业部门的比重反而会下降,就会使总体经济的技术进步随之放缓,进而拖累经济增长,这一情形被称为"鲍莫尔病"(Baumol's Disease)。注意到鲍莫尔病发生的一个前提是产业之间的产品替代弹性相对较小。沿用鲍莫尔病的称谓,价格效应有时也被称为鲍莫尔效应。

由于收入效应的基础是不同产业部门的产品需求收入弹性有差别,这意味着即使价格不变,在不同收入水平下,人们对不同产品的消费需求偏好也有差别,因此收入效应通常也被认为是体现了拉动结构转型的需求侧因素。消费中农产品或食品类支出所占比重被称为恩格尔系数(Engel's Coefficient)。恩格尔系数会随着收入的增长而逐渐下降,这一规律被称为恩格尔法则(Engel's Law)。把恩格尔系数和收入画入二维平面图中,就会得到向右下方倾斜的恩格尔曲线(Engel Curve),体现了恩格尔法则。恩格尔法则实际上是收入效应的一个体现,沿用其称谓,收入效应有时也被称为恩格尔效应。

(四)一般均衡的解

把企业的一阶最优性条件和市场出清条件代入家庭的一阶最优性条件,可以求解出一般均衡下的产业结构。具体地,此时(1.79)式转化为:

$$\frac{A_1 L_1 + \overline{C}_1}{A_2 L_2 + \overline{C}_2} = \frac{\omega_1}{\omega_2}\left(\frac{A_1}{A_2}\right)^{\varepsilon} \quad (1.85)$$

再把劳动力市场出清条件代入(1.85)式,可以得到:

$$x_1^l = x_1^y = \frac{\omega_1 A_2^{1-\varepsilon}}{\omega_1 A_2^{1-\varepsilon} + \omega_2 A_1^{1-\varepsilon}}\left(1 + \frac{\overline{C}_1}{A_1 L} + \frac{\overline{C}_2}{A_2 L}\right) - \frac{\overline{C}_1}{A_1 L} \quad (1.86)$$

$$x_2^l = x_2^y = \frac{\omega_2 A_1^{1-\varepsilon}}{\omega_1 A_2^{1-\varepsilon} + \omega_2 A_1^{1-\varepsilon}}\left(1 + \frac{\overline{C}_1}{A_1 L} + \frac{\overline{C}_2}{A_2 L}\right) - \frac{\overline{C}_2}{A_2 L} \quad (1.87)$$

给定模型的外生变量,即给定企业劳动生产率 A_j 和家庭劳动供给总量 L,代入(1.86)和(1.87)式可以直接计算出两个产业部门的就业比重和产出比重,这就是该模型一般均衡的解。(1.86)和(1.87)式也可以清楚地展示出前文分析的价格效应和收入效应。价格效应体现在两式等号最右边第一项的变化上。

因为两个产业部门劳动生产率之比的变化决定了产品价格之比的变化。收入效应体现在两式等号最右边包含 $\overline{C_j}$ 的项的变化上。因为随着劳动生产率 A_j 的提高,分母 A_jL 将会提高,直接影响到就业比重和产出比重,影响方向取决于 $\overline{C_j}$ 的正负。

当然,无论是影响结构转型的价格效应还是收入效应,或者说无论是供给侧因素还是需求侧因素,归根结底都来自劳动生产率的变化。因为没有劳动生产率的变化,也就没有相对价格的变化或者收入的增长。劳动生产率一方面影响了不同产业部门的产品相对价格,通过价格效应导致产业结构发生变化;另一方面影响了收入增长,通过收入效应导致产业结构发生变化。这就是影响结构转型的两股基本经济力量。

三、定量应用

理论模型通常刻画了外生变量影响内生变量的经济机制。这一经济机制是否符合现实经济,在现实经济中影响程度有多高,需要把理论模型与现实数据相结合,使用基于现实数据的数值模拟方法对理论模型进行定量评估。具体地,首先基于现实数据设定外生变量取值。然后校准或估计模型参数取值,使模型中的一些变量与现实数据相符,这通常被称为参数校准或参数估计过程。一旦外生变量和参数确定,就可以通过模型直接计算出内生变量,得出内生变量的模型预测值。如果预测值与现实经济中的内生变量取值相符,模型较好地拟合了现实经济,那么就说明模型所刻画的理论机制或许可以解释内生变量的变化。如果预测值与现实经济中的内生变量差别较大,那么模型就无法解释现实经济中内生变量的变化,或者说影响内生变量的一些关键机制没有纳入模型中。在拟合好现实经济后,可以通过对理论模型进行反事实数值模拟,评估具体某个外生变量对内生变量的影响。比如改变该外生变量取值后重新通过模型预测内生变量,其预测值变化就能够反映出该外生变量的影响。

(一)模型调整

具体到本节所说的模型,把两个产业部门分别对应为农业和非农业,用下标 $j=1$ 和 $j=2$ 分别表示农业和非农业。模型刻画了劳动生产率对农业比重和非农业比重的影响,可以用于定量评估劳动生产率对中国农业向非农业转型的影响。现实数据中,中国农业和非农业的产品价格之比与劳动生产率之比并不相等,与理论模型并不一致。这主要是因为模型隐含假设了农业和非农业的劳动工资相等,并且生产函数是线性生产技术。通常在完全竞争劳动力市场中,不同产业部门的工资应当是相等的,否则劳动力就会从工资更低的产业流向工资更高的产业,缩小工资差距直到工资相等。为了更好地拟合数据,假设农业和非农业的劳动工资并不相等,(1.70)式变为 $P_j A_j = W_j$。两个产业部门劳动工资之比用 ξ 来表示,即 $\xi = W_1/W_2$。变量 ξ 可以用来衡量劳动力市场摩擦程度,也被称为劳动力市场摩擦因子。因为在完全竞争的劳动力市场中,应当有 $\xi = 1$,但如果劳动力市场有摩擦,则会导致 $\xi \neq 1$。变量 ξ 与 1 的差别越大,则劳动力市场摩擦程度越高。变量 ξ 是模型的外生变量,即模型之外被决定的变量,模型本身并不解释劳动力市场摩擦程度由什么决定,而是把变量 ξ 的取值接受为给定。

此时易知 $P_1/P_2 = \xi A_2/A_1$,农业和非农业的产品价格之比不但取决于劳动生产率之比,还取决于劳动力市场摩擦因子。由于家庭部门除了收入变为 $W_1 L_1 + W_2 L_2$,其效用最大化问题并没有本质的变化,一阶最优性条件依然成立。重新求解一般均衡的解,可以得到:

$$x_1^l = \frac{\omega_1 A_2^{1-\varepsilon}}{\omega_1 A_2^{1-\varepsilon} + \xi^\varepsilon \omega_2 A_1^{1-\varepsilon}} \left(1 + \frac{\overline{C}_1}{A_1 L} + \frac{\overline{C}_2}{A_2 L}\right) - \frac{\overline{C}_1}{A_1 L} \quad (1.88)$$

$$x_2^l = \frac{\xi^\varepsilon \omega_2 A_1^{1-\varepsilon}}{\omega_1 A_2^{1-\varepsilon} + \xi^\varepsilon \omega_2 A_1^{1-\varepsilon}} \left(1 + \frac{\overline{C}_1}{A_1 L} + \frac{\overline{C}_2}{A_2 L}\right) - \frac{\overline{C}_2}{A_2 L} \quad (1.89)$$

$$x_1^y = \frac{P_1 Y_1}{P_1 Y_1 + P_2 Y_2} = \frac{W_1 L_1}{W_1 L_1 + W_2 L_2} = \frac{\xi x_1^l}{\xi x_1^l + x_2^l} \quad (1.90)$$

给定模型的外生变量,即给定企业劳动生产率 A_j、家庭劳动供给总量 L 和劳动力市场摩擦因子 ξ,利用(1.88)和(1.89)式可以直接计算出农业和非农业的就业比重,再代入(1.90)式即可直接计算出农业和非农业的产出比重。

(二)数据构造和参数估计

把模型对应到 1978—2018 年的中国现实经济。首先使用中国国家统计局数据构造模型的外生变量,即企业劳动生产率 A_j、家庭劳动供给总量 L 和劳动力市场摩擦因子 ξ。数据时间跨度为 1978—2018 年,模型可以模拟改革开放 40 年的农业向非农业的转型过程,每一年设定为模型中的每一期。

用中国统计数据中的第一产业表示农业,第二和第三产业表示非农业。三次产业的划分是全球较为常用的分类方式。其中,第一产业包括农、林、牧、渔业;第二产业包括工业和建筑业,工业又包括采矿业、制造业、电力、热力、燃气及水的生产和供应业三大门类;第三产业即为服务业,包括批发和零售业、交通运输、仓储和邮政业、住宿和餐饮业、金融业、房地产业、租赁和商务服务业、教育、卫生和社会工作、公共管理、社会保障和社会组织等。中国还把农、林、牧、渔业中的农、林、牧、渔专业及辅助性活动,采矿业中的开采专业及辅助性活动,以及制造业中的金属制品、机械和设备修理业计入第三产业。因此,第一产业、第二产业、第三产业大致上对应于农业、工业和建筑业、服务业。根据需要,可以把第二产业和第三产业视为非农生产部门,与第一产业的农业生产部门对应;也可以把第一产业和第二产业视为货物生产部门,与第三产业的服务生产部门对应。在三次产业内部,又可以继续细分更多的行业。虽然行业分类已经形成了较为通用的国际标准,但相关数据相对三次产业而言仍然不够丰富,而且中国的行业分类标准也与国际标准有所差别。

中国国家统计局公布了三次产业的名义增加值和增加值指数数据。名义增加值衡量了模型中的名义产出,由于是名义值,可以进行直接加总,因此,第一产业的名义增加值就是农业的名义产出,第二和第三产业的名义增加值之和就是非农业的名义产出。增加值指数是按照不变价格(1978年=100)构造出的,反映了当年实际产出数量相当于1978年实际产出数量的多少倍。比如,2018年第一产业增加值指数为556,意味着2018年第一产业的实际产出数量是1978年的5.56倍。使用名义增加值和增加值指数的数据,就可以计算农业和非农业的价格和实际产出。首先计算三次产业的名义增加值与1978年名义增加值之比,即为三次产业的名义产出增长因子;再计算三次产业的增加值指数与1978年增加值指数之比,即为三次产业的实际产出增长因子。把三次产业的名义产出增长因子除以三次产业的实际产出增长因子,就是三次产业的价格增长因子,即对于第一、第二或者第三产业来说,z 年价格相对于1978年的增长因子,可以按照下式计算:

z 年价格增长因子 = (z 年名义增加值/1978年名义增加值)/
(z 年增加值指数/1978年增加值指数)

把三次产业在1978年的价格都设定为1,则以后每一年的价格都直接等于价格增长因子。把每一年的名义增加值除以价格,就可以计算出以1978年不变价格计算的实际产出,即对于第一、第二或者第三产业来说,z 年实际产出可以按照下式计算:

z 年实际产出 = z 年名义增加值/z 年价格

第一产业以 1978 年(即基期年)不变价格计算的实际产出就是农业的实际产出,第二和第三产业以 1978 年不变价格计算的实际产出之和就是非农业的实际产出。再把农业和非农业的名义产出分别除以实际产出,就可以计算出农业和非农业的价格,其中 1978 年的农业和非农业价格均为 1。

中国国家统计局公布三次产业的就业人数,但由于几次数据调整只调整了 1990 年以后的就业人数,导致 1990 年就业总量比 1989 年高出 17.0%。Holz(2006)基于中国国家统计局全国人口普查数据和三次产业就业比重,调整了 1990 年之前的就业数据,使得就业总量增长较为合理,且三次产业就业比重与中国国家统计局数据一致。[①] 因此,1978—1989 年三次产业就业数据取自 Holz(2006),1990 年及以后就业数据取自中国国家统计局。第一产业就业人数就是农业的就业人数,第二和第三产业就业人数之和就是非农业的就业人数,三次产业就业人数之和就是劳动供给总量。

为了定量计算时的便利,可以把 1978 年劳动供给总量标准化为 1,所有年的劳动供给总量与 1978 年劳动供给总量之比作为模型中每一期的外生劳动供给总量 L。为此,还需要把所有年的农业和非农业的名义产出、实际产出及就业人数全部除以 1978 年劳动供给总量,再与模型的相应变量对应起来。最后,根据(1.69)式计算出模型中每一期外生劳动生产率 A_j,进而计算出劳动力市场摩擦因子 ξ。

现在需要设定模型参数取值,这些参数均来自效用函数。参数 $\overline{C}_j$ 使得两个产业部门的产品消费需求收入弹性可以有差别,从而使得收入效应可以发挥作用,而且仅仅引入一个参数 $\overline{C}_j$ 就可以达到这一目标,因此这里直接设定 $\overline{C}_2 = 0$。考虑到 $\omega_2 = 1 - \omega_1$,模型中待设定的参数实际上是 $\varepsilon, \omega_1, \overline{C}_1$ 这三个参数。可以运用非线性估计方法估计参数。由前文可知:

$$x_1^y = \frac{\omega_1 P_1^{1-\varepsilon}}{\omega_1 P_1^{1-\varepsilon} + (1-\omega_1) P_2^{1-\varepsilon}} \left(1 + \frac{P_1 \overline{C}_1}{P_1 Y_1 + P_2 Y_2}\right) - \frac{P_1 \overline{C}_1}{P_1 Y_1 + P_2 Y_2} \quad (1.91)$$

(1.91)式等号左边是农业的产出比重 x_1^y,等号右边包括农业和非农业的价格 P_j 与总名义产出 $P_1 Y_1 + P_2 Y_2$,这些变量的数据均已构造出。给定参数 $\varepsilon, \omega_1, \overline{C}_1$ 的取值,把价格 P_j 与总名义产出 $P_1 Y_1 + P_2 Y_2$ 的每一年数据代入(1.91)式

[①] Holz, Carsten, 2006, "Measuring Chinese Productivity Growth, 1952-2005", Working Paper.

等号右边,就可以计算出模型预测的农业产出比重。因此,通过调整参数 ε, ω_1, $\overline{C}_1$ 的取值,使得 1978—2018 年每一年根据(1.91)式预测的农业产出比重与现实数据的差值的平方和最小,即可得到拟合效果最好的参数 ε, ω_1, $\overline{C}_1$。这一调整过程可以借助非线性最小二乘估计方法,使用 Stata 等软件实现。借助理论模型的部分方程构建参数估计方程,再使用线性或非线性估计方法进行估计,这一过程被称为结构化估计方法,这些参数估计方程也被称为结构化方程。结构化估计是确定模型参数的主要方式之一。

表 1.1 给出了估计结果。可以看到,农业和非农业产出的替代弹性 ε 为 1.673,大于 1。这是因为农业的产品价格相对于非农业是持续上升的,根据前文提及的价格效应,当农业和非农业产出的替代弹性小于 1 时,农业的产出比重应当上升;而当替代弹性大于 1 时,农业的产出比重才会下降。现实数据中农业产出比重持续下降,因此估计出的替代弹性大于 1,也是与理论相符的。需要注意的是,产业之间的产出替代弹性通常小于 1,而中国农业和非农业替代弹性大于 1,可能是由于模型过于简化,直接用消费偏好来刻画农业产出和非农业产出的相对需求。参数 $\overline{C}_1$ 的估计值为 -193.9,说明农业的产品需求收入弹性低于非农业,与多数研究一致。1978 年农业产出为 217.4,这意味着最低生存线的农业产出相当于 1978 年农业产出的 89.2%(193.9/217.4),也较为符合现实。

表 1.1 模型参数估计结果

参数	估计值
ε	1.673**
	(0.049)
ω_1	0.139**
	(0.042)
$\overline{C}_1$	-193.9***
	(0.000)

注:括号内为 P 值,***、**、* 分别表示在 1%、5% 和 10% 的水平上显著。

需要注意的是,这里只是对(1.91)式中的参数进行结构化估计,在估计中直接使用了价格的数据,通过调整参数来使(1.91)式预测的农业产出比重与现实数据相符。但是对整个一般均衡模型来说,价格是内生变量,因此在非线性估计中根据(1.91)式计算的预测值并不是整个一般均衡模型的预测值,后者需由(1.88)式计算得到,这就是下面的数值模拟与这里的参数估计的区别。

（三）数值模拟

把前文构造的每一年的外生变量和参数全部代入(1.88)—(1.90)式,可以计算出模型预测的农业和非农业的就业比重和产出比重。把这些外生变量和参数决定的模型定义为基准模型。图1.1给出了1978—2018年中国农业就业比重和产出比重的模型预测值和现实数据。虽然基准模型预测的农业比重与现实数据有所差别,但基准模型基本上再现了农业比重的下降趋势,整体拟合程度较好。

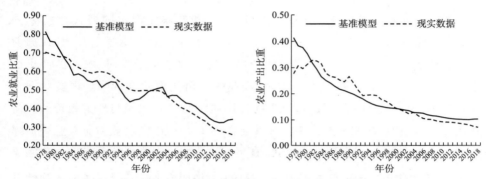

图1.1　1978—2018年中国农业向非农业的转型过程的基准模拟结果

采用反事实模拟的方法可以评估外生变量对内生变量的影响。以劳动生产率为例。如果把劳动生产率固定为1978年的取值,重新代入模型,就可以重新计算出劳动生产率恒定情况下的农业比重。所谓反事实,就是指劳动生产率并不是现实数据中的增长路径,而是保持了恒定。基准模型与反事实模拟相比,基准模型中只有劳动生产率由恒定变为增长,而其他外生变量和参数均取值相同。因此,基准模型中农业比重与反事实模拟的差别,就是由劳动生产率增长所导致的,也就捕捉了劳动生产率的影响。

图1.2对比了反事实模拟与基准模型的农业比重。可以看到,无论是固定农业劳动生产率还是固定非农业生产率,农业就业比重和产出比重都会明显上升。这说明基准模型中两个产业部门劳动生产率的提高均导致农业比重下降。并且非农业劳动生产率恒定的情况下,农业比重上升的幅度更大,说明非农业劳动生产率降低农业比重的影响更大。

根据前文的理论分析,非农业劳动生产率提高后,一方面导致非农业产品相对价格下降,在产品替代弹性大于1时,将降低农业比重;另一方面导致总收入提高,收入效应也将降低农业比重。农业劳动生产率提高后,一方面导致农业产品相对价格下降,在产品替代弹性大于1时,价格效应将提高农业比重;另

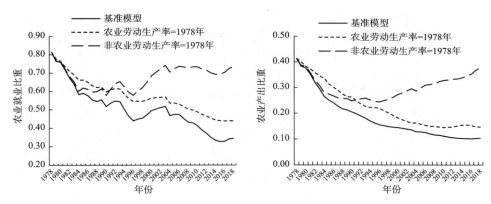

图 1.2　1978—2018 年中国农业向非农业转型过程的反事实模拟结果

一方面导致总收入提高，收入效应将降低农业比重。根据反事实模拟结果，农业劳动生产率提高整体上降低了农业比重，说明收入效应强于价格效应，起着主导作用。但农业劳动生产率的价格效应毕竟部分抵消了收入效应的影响，加之劳动生产率整体提高的幅度小于非农业劳动生产率整体提高的幅度，使其对农业比重的影响程度低于对非农业劳动生产率的影响程度。

本章小结

　　本章介绍并解释了宏观经济结构转型的价格效应和收入效应这两个基本理论及其常用建模方式。不同生产部门产出的需求或供给的相对比例可以刻画宏观经济结构，但相对比例又是消费者或生产者选择的结果。对此，宏观经济结构转型理论通常用消费者最大化效用和生产者最大化利润或最小化成本等最优化问题进行模型化。本章以常替代弹性效用函数来刻画消费者偏好，以常替代弹性生产函数来刻画生产者技术，这是宏观经济结构转型理论常用的函数设定。本章介绍了消费者和生产者的最优化问题的建模与求解，并详细解释了替代弹性、收入弹性、产出弹性、要素收入份额等重要变量的经济含义。之后本章以一个基本的结构转型静态一般均衡模型，把消费者最优化问题刻画的需求结构和生产者最优化问题刻画的供给结构纳入同一个理论框架，既介绍了一般均衡的基本建模方式，也从中展示了影响结构转型的价格效应和收入效应这两个基本理论机制。最后，本章对该结构转型静态模型进行量化分析，用于解释中国从农业向非农业的转型过程，以此为例介绍理论模型的量化分析方法。通过本章的学习，读者可以了解宏观经济结构转型理论的基本理论，并掌握一些重要经济变量的概念及其建模方法。

阅读资料

本章第三节介绍的影响结构转型的价格效应和收入效应这两个基本理论机制分别源自 Ngai & Pissarides（2007）和 Kongsamut et al.（2001）。Ngai & Pissarides（2007）提出了不同生产部门非平衡的技术进步推动结构转型的价格效应机制，但他们的模型中没有纳入非位似偏好和收入效应；Kongsamut et al.（2001）把 Stone-Geary 型非位似偏好引入结构转型模型中，提出了收入效应机制，但他们的模型并没有考虑价格效应。把价格效应和收入效应同时纳入结构转型模型中，已经成为结构转型领域研究的普遍设定。虽然本章介绍的结构转型静态模型相对简化，但也同时纳入了这两个基本理论机制。上述文献及相关的其他重要文献列举如下。

［1］郭凯明、杭静、徐亚男，2020：《劳动生产率、鲍莫尔病效应与区域结构转型》，《经济学动态》第 4 期。

［2］郭凯明、黄静萍，2020：《劳动生产率提高、产业融合深化与生产性服务业发展》，《财贸经济》第 11 期。

［3］颜色、郭凯明、段雪琴，2021：《老龄化、消费结构与服务业发展》，《金融研究》第 2 期。

［4］Alvarez-Cuadrado, F., and M. Poschke, 2011, "Structural Change Out of Agriculture：Labor Push versus Labor Pull", *American Economic Journal：Macroeconomics*, 3(3), 127-158.

［5］Baumol, W. J., 1967, "Macroeconomics of Unbalanced Growth：The Anatomy of the Urban Crises", *American Economic Review*, 57(3), 415-426.

［6］Dennis, B. N., and T. B. Iscan, 2009, "Engel versus Baumol：Accounting for Structural Change Using Two Centuries of U.S. Data", *Explorations in Economic History*, 46(2), 186-202.

［7］Duarte, M., and D. Restuccia, 2010, "The Role of the Structural Transformation in Aggregate Productivity", *Quarterly Journal of Economics*, 125(1), 129-173.

［8］Duarte, M., and D. Restuccia, 2020, "Relative Prices and Sectoral Productivity", *Journal of the European Economic Association*, 18(3), 1400-1443.

［9］Duernecker, G., B. Herrendorf, and Á. Valentinyi, 2023, "Structural Change within the Service Sector and the Future of Cost Disease", *Journal of the European Economic Association*, https://doi.org/10.1093/jeea/jvad030.

［10］Duernecker, G., and M. Sanchez-Martinez, 2023, "Structural Change and Productivity Growth in the Europe-Past, Present and Future", *European Economic Review*, 151, https://doi.org/10.1016/j.euroecorev.2022.104329.

［11］Gollin, D., R. Jedwab, and D. Vollrath, 2016, "Urbanization with and without Industrialization", *Journal of Economic Growth*, 21(1), 35-70.

［12］Kongsamut, P., S. Rebelo, and D. Xie, 2001, "Beyond Balanced Growth", *Review of*

Economic Studies, 68(4), 869-882.

[13] Lewis, W. A., 1954, "Economic Development with Unlimited Supplied of Labour", *Manchester School*, 22, 139-191.

[14] Ngai, L. R., and C. A. Pissarides, 2007, "Structural Change in a Multisector Model of Growth", *American Economic Review*, 97(1), 429-443.

[15] Porzio, T., F. Rossi, and G. Santangelo, 2022, "The Human Side of Structural Transformation", *American Economic Review*, 112(8), 2774-2814.

[16] Samaniego, R. M., and J. Y. Sun, 2016, "Productivity Growth and Structural Transformation", *Review of Economic Dynamics*, 21, 266-285.

[17] Üngör M., 2017, "Productivity Growth and Labor Reallocation", *Review of Economic Dynamics*, 24, 25-42.

[18] Vollrath, D., 2009, "The Dual Economy in Long-Run Development", *Journal of Economic Growth*, 14(4), 287-312.

📝 练习与思考

1. 一个代表性消费者收入为 E，分别以 p_a, p_m, p_s 的价格把收入全部用于购买农产品 c_a、制造品 c_m 和服务 c_s，效用 C 满足：

$$C = \log(c_a - \overline{C}) + \gamma \log\{[\omega^{1/\varepsilon} c_m^{(\varepsilon-1)/\varepsilon} + (1-\omega)^{1/\varepsilon} c_s^{(\varepsilon-1)/\varepsilon}]^{\varepsilon/(\varepsilon-1)}\}$$

其中，参数 $\overline{C} > 0, 0 < \omega < 1, \varepsilon > 0, \gamma > 0$ 均为常数。

（1）写出消费者效用最大化问题，并求解消费者在农产品、制造品和服务上的消费比重。

（2）把效用视为复合消费品，用 P 表示其价格，将其表示为 p_a, p_m, p_s 的函数。

（3）在价格保持不变的前提下，分析收入 E 提高后，农产品、制造品和服务上的消费比重会如何变化，并做出解释。在制造品和服务上的消费支出的相对比重是否会变化？并做出解释。

2. 一个代表性生产者以工资 W 雇用劳动 L，以租金 R_e 和 R_s 分别租用机器设备 K_e 和建筑设施 K_s 进行生产，产出 Y 满足：

$$Y = \{[\alpha^{1/\sigma} L^{(\sigma-1)/\sigma} + (1-\alpha)^{1/\sigma} K_e^{(\sigma-1)/\sigma}]^{\sigma/(\sigma-1)\cdot(\rho-1)/\rho} + K_s^{(\rho-1)/\rho}\}^{\rho/(\rho-1)}$$

其中，参数 $\sigma > 0, \rho > 0$ 和 $0 < \alpha < 1$ 均为常数。产出价格为 P。

（1）写出生产者利润最大化问题和成本最小化问题，并求解劳动、机器设备和建筑设施的投入数量。

(2) 把产出价格 P 表示为工资 W、租金 R_e 和 R_s 的函数。

(3) 在工资和机器设备租金不变的情况下,分析建筑设施的租金 R_s 提高后,劳动收入占总产出的比重、机器设备收入占总产出的比重会如何变化,并做出解释。

3. 考虑如下结构转型静态一般均衡模型。经济中有 L 个完全相同的消费者,每个消费者购买 J 个种类的消费品。每个消费者在第 j 类消费品的消费数量是 c_j,这里用 $j = \{1, 2, \cdots, J\}$ 区分消费品种类。每个消费者的效用 C 满足:

$$C = \left[\sum_j \omega_j^{1/\varepsilon} (c_j + \bar{c}_j)^{(\varepsilon-1)/\varepsilon} \right]^{\varepsilon/(\varepsilon-1)}$$

其中,参数 $0 < \omega_j < 1$ 为常数,满足 $\sum_j \omega_j = 1$;参数 $\varepsilon > 0$ 和 $\bar{c}_j$ 均为常数。

(1) 消费品 c_j 的价格为 p_j,消费者的工资收入为 W,全部用于消费,求解消费者在消费品 c_j 上的消费支出比重。

(2) 消费品 c_j 由生产部门 j 生产。该生产部门由一个代表性生产者以工资 W 雇用劳动 L_j,采用线性生产技术进行生产,产出 Y_j 满足:

$$Y_j = A_j L_j$$

其中,变量 A_j 表示技术参数。注意到产出 Y_j 的价格也为 p_j。产品市场和劳动力市场完全出清,满足 $Y_j = c_j L$,$L = \sum_j L_j$。结合问题(1)的结果,求解生产部门 j 的就业比重 L_j/L。

4. 考虑如下结构转型静态一般均衡模型。模型的生产方面分为中间品生产部门和最终品生产部门。中间品生产部门分为制造业、生产性服务业和其他服务业这三个生产部门,分别用下标 $j \in \{m, x, s\}$ 区分。每个中间品生产部门由一个代表性生产者以工资 W_j 雇用劳动 L_j,以线性生产技术生产,产出 Y_j 满足 $Y_j = A_j L_j$。其中,变量 A_j 表示技术参数。中间品产出价格为 P_j。用 ξ_j 表示生产性服务业与产业部门 j 的工资之比,即 $\xi_j = W_x/W_j$。最终品生产部门分为两个生产部门,分别生产货物和服务,用下标 $k \in \{M, S\}$ 区分。货物生产部门使用制造业生产的中间品 Y_m 和生产性服务业生产的中间品 Y_{xM},生产产出 Q_M;服务生产部门使用生产性服务业生产的中间品 Y_{xS} 和其他服务业生产的中间品 Y_s,生产产出 Q_S。生产性服务业产出用于生产货物或生产服务,即 $Y_{xM} + Y_{xS} = Y_x$。最终品生产部门由一个代表性生产者在完全竞争市场下购买中间品生产,生产函数满足:

$$Q_M = \left[\alpha_M^{1/\sigma_M} Y_m^{(\sigma_M-1)/\sigma_M} + (1 - \alpha_M)^{1/\sigma_M} Y_{xM}^{(\sigma_M-1)/\sigma_M} \right]^{\sigma_M/(\sigma_M-1)}$$

$$Q_S = \left[\alpha_S^{1/\sigma_S} Y_s^{(\sigma_S-1)/\sigma_S} + (1 - \alpha_S)^{1/\sigma_S} Y_{xS}^{(\sigma_S-1)/\sigma_S} \right]^{\sigma_S/(\sigma_S-1)}$$

其中,参数 $0 < \alpha_k < 1$ 为常数,参数 $\sigma_k > 0$ 为常数,代表两类中间品在生产最终品时的替代弹性。最终品价格为 D_k。

模型的需求方面由一个代表性家庭来刻画。该家庭在劳动力市场上提供劳动,获得的工资收入全部用于购买货物 C_M 与服务 C_S,即 $D_M C_M + D_S C_S = W_m L_m + W_x L_x + W_s L_s$。家庭从两类最终品的消费中获得效用 C,效用函数满足 $C = [\omega^{1/\varepsilon}(C_M + \gamma)^{(\varepsilon-1)/\varepsilon} + (1-\omega)^{1/\varepsilon} C_S^{(\varepsilon-1)/\varepsilon}]^{\varepsilon/(\varepsilon-1)}$。其中,参数 $0 < \omega < 1$ 为常数,参数 $\varepsilon > 0$ 和 $\gamma \neq 0$ 为常数。家庭在预算约束下最大化效用。

最终品市场和劳动力市场完全出清,满足 $Q_k = C_k$,$L_m + L_x + L_s = 1$。这里,把家庭供给的劳动总量标准化为 1。

(1) 给定技术参数 A_j 和劳动力市场摩擦因子 ξ_j,求解生产性服务业的就业比重和产出比重。

(2) 分析生产性服务业技术参数 A_x 提高后,生产性服务业比重和制造业比重会如何变化,并做出解释。

5. 用结构转型理论模型对中国产业结构转型进行量化分析。

(1) 把本章第三节结构转型静态模型中的两个生产部门对应为制造业和服务业,解释改革开放以来中国服务业比重的变化趋势。

(2) 用第 1 题的模型来刻画消费者选择,并假设农产品、制造品和服务分别由农业、制造业和服务业雇用劳动,以线性生产技术进行生产。建立并求解静态一般均衡模型,并以此模型解释改革开放以来中国农业、制造业和服务业比重的变化趋势。

第二章　要素结构与结构转型

📈 引言 ◀◀◀

本章介绍解释要素结构影响宏观经济结构转型的主要理论。生产要素是直接影响产出、可以被持续使用的生产投入，不同于在生产过程中被完全消耗或转换的中间投入。生产要素通常分为资本和劳动两类。土地也是一种生产要素，根据研究需要，可以视为资本的一种，也可以与资本、劳动并列为不同的生产要素。资本、劳动与土地等要素都有异质性，还可以继续划分为不同类别的要素，如把资本分为机器设备、建筑设施和无形资产，把劳动分为高技能劳动和低技能劳动等。除了资本、劳动和土地，中国政府把技术、管理、知识和数据也视为生产要素。要素结构是指不同生产要素的相对供给数量，比较典型的要素结构变化是资本深化过程，即资本相对劳动更快增长，使资本劳动比上升的过程。本章第一节以资本深化为例，展示要素结构影响结构转型的理论机制。由于资本深化过程受储蓄和投资影响，储蓄又与家庭选择密切相关，第二节介绍把储蓄行为和资本深化内生化的跨期优化问题的建模方式与模拟方法，第三节将其推广为包含三个产业部门的结构转型动态模型，以此量化中国三大产业结构转型过程。第四节以一个简单的理论模型，介绍新结构经济学关于要素结构变化推动产业发展呈现倒 U 形雁行模式的核心理论机制。本章的理论分析表明，生产要素供给结构变化后，要素相对价格就会改变，进而影响产品和服务市场的供给结构与需求结构。本章的理论机制既适用于分析资本和劳动的相对数量变化的影响，也适用于分析异质性资本、异质性劳动和其他类型要素的相对数量变化等更加复杂的要素结构变化的影响。

📈 学习目标 ◀◀◀

1. 牢固掌握资本深化影响结构转型的理论机制。
2. 牢固掌握跨期优化问题的建模方式。
3. 牢固掌握结构转型动态模型。

关键术语 ◀◀◀

资本深化,要素结构,跨期替代弹性,稳态,转移动态路径,索洛增长模型,拉姆齐模型

第一节 资本深化与结构转型

资本和劳动之比提高的资本深化是较为常见的要素结构变化过程,这一节以此为例,介绍要素结构影响结构转型的理论机制,并通过数值模拟展示这一影响在定量上是否显著。这一节的理论模型并不局限于资本深化,任意要素之间相对数量衡量的要素结构变化,都会通过类似的理论机制影响结构转型。也就是说,把资本和劳动替换为任意两个要素,这一节的理论依然可以成立。这一节的理论模型是索洛(Solow)增长模型的扩展,其中,储蓄率是外生变量,下文将利用拉姆齐(Ramsey)模型的建模方式,把储蓄率内生化。

一、比较静态分析方法

在构建具体理论模型前,这里先介绍进行理论分析时常用的比较静态分析方法。经济学模型给出了外生变量与内生变量的因果关系,如果外生变量改变了,内生变量就很可能随之变化,而变化的方向和程度就可以借助比较静态分析方法进行理论分析。

以同时决定三个内生变量的模型为例。这个模型要决定三个内生变量,一定需要三个方程,这三个方程构成了一个三维系统。假设这个模型的内生变量是 x,y,z,外生变量有 J 个,记作 $v_j(j \in \{1,2,\cdots,J\})$。内生变量由以下三个方程决定:

$$f(x,y,z,v_1,v_2,\cdots,v_J) = 0 \tag{2.1}$$

$$g(x,y,z,v_1,v_2,\cdots,v_J) = 0 \tag{2.2}$$

$$h(x,y,z,v_1,v_2,\cdots,v_J) = 0 \tag{2.3}$$

如果任意一个外生变量 v_j 发生变化,那么上面三个方程所决定的内生变量 x,y,z 也可能会随之发生变化。这些内生变量对外生变量的反应程度由 dx/dv_j, dy/dv_j, dz/dv_j 刻画,这可以由比较静态分析方法推导得出。

首先,对(2.1)—(2.3)式求全微分,可以分别得到:

$$df = \frac{\partial f}{\partial x}dx + \frac{\partial f}{\partial y}dy + \frac{\partial f}{\partial z}dz + \frac{\partial f}{\partial v_1}dv_1 + \frac{\partial f}{\partial v_2}dv_2 + \cdots + \frac{\partial f}{\partial v_J}dv_J = 0 \quad (2.4)$$

$$dg = \frac{\partial g}{\partial x}dx + \frac{\partial g}{\partial y}dy + \frac{\partial g}{\partial z}dz + \frac{\partial g}{\partial v_1}dv_1 + \frac{\partial g}{\partial v_2}dv_2 + \cdots + \frac{\partial g}{\partial v_J}dv_J = 0 \quad (2.5)$$

$$dh = \frac{\partial h}{\partial x}dx + \frac{\partial h}{\partial y}dy + \frac{\partial h}{\partial z}dz + \frac{\partial h}{\partial v_1}dv_1 + \frac{\partial h}{\partial v_2}dv_2 + \cdots + \frac{\partial h}{\partial v_J}dv_J = 0 \quad (2.6)$$

把以上三式联立，可以写作行列式的形式，即：

$$\begin{pmatrix} \frac{\partial f}{\partial x} & \frac{\partial f}{\partial y} & \frac{\partial f}{\partial z} \\ \frac{\partial g}{\partial x} & \frac{\partial g}{\partial y} & \frac{\partial g}{\partial z} \\ \frac{\partial h}{\partial x} & \frac{\partial h}{\partial y} & \frac{\partial h}{\partial z} \end{pmatrix} \begin{pmatrix} dx \\ dy \\ dz \end{pmatrix} = - \begin{pmatrix} \frac{\partial f}{\partial v_1} \\ \frac{\partial g}{\partial v_1} \\ \frac{\partial h}{\partial v_1} \end{pmatrix} dv_1 - \begin{pmatrix} \frac{\partial f}{\partial v_2} \\ \frac{\partial g}{\partial v_2} \\ \frac{\partial h}{\partial v_2} \end{pmatrix} dv_2 - \cdots - \begin{pmatrix} \frac{\partial f}{\partial v_J} \\ \frac{\partial g}{\partial v_J} \\ \frac{\partial h}{\partial v_J} \end{pmatrix} dv_J \quad (2.7)$$

之后，为了得到任意一个外生变量 v_j 的影响，需要令其他外生变量的变化为零，否则如果其他外生变量也发生变化，内生变量的变化就不仅是来自 v_j 了。因此，令所有 $j' \neq j$ 的外生变量的变化 $dv_{j'} = 0$。此时把(2.7)式等号左右两边同时除以 dv_j，有：

$$\begin{pmatrix} \frac{\partial f}{\partial x} & \frac{\partial f}{\partial y} & \frac{\partial f}{\partial z} \\ \frac{\partial g}{\partial x} & \frac{\partial g}{\partial y} & \frac{\partial g}{\partial z} \\ \frac{\partial h}{\partial x} & \frac{\partial h}{\partial y} & \frac{\partial h}{\partial z} \end{pmatrix} \begin{pmatrix} \frac{dx}{dv_j} \\ \frac{dy}{dv_j} \\ \frac{dz}{dv_j} \end{pmatrix} = - \begin{pmatrix} \frac{\partial f}{\partial v_j} \\ \frac{\partial g}{\partial v_j} \\ \frac{\partial h}{\partial v_j} \end{pmatrix} \quad (2.8)$$

由于给定外生变量后内生变量也就确定了，而且函数 f, g, h 对任意一个内生变量或外生变量的偏导数也是这些所有变量的函数，这意味着这些偏导数也就确定了。因此，(2.8)式中等号左右两边的偏导数实际上是已知的，未知数就是 $dx/dv_j, dy/dv_j, dz/dv_j$。这实际上就给出了关于这三个未知数的线性方程组，利用克莱姆法则(Cramer's Rule)就可以求解出这三个未知数。

这里只是以三维系统为例说明比较静态分析方法，实际上无论是一维系统、二维系统还是高维系统，即无论是一个、两个还是很多个内生变量，都可以用比较静态分析方法的步骤来计算外生变量对内生变量的影响，即先进行全微分，之后再通过克莱姆法则求解线性方程组。

二、模型框架

回到引入资本深化的结构转型模型。模型的生产方面分为两个中间品生产部门和一个最终品生产部门。两个中间品生产部门分别由一个代表性生产者租用资本、雇用劳动进行生产,产出用于生产最终品;最终品生产部门由一个代表性生产者购买两类中间品进行生产,产出用于最终需求,即消费或投资。需求方面由一个代表性家庭提供资本和劳动,获得资本租金和劳动工资。家庭把这些收入的一部分进行储蓄,储蓄用于购买最终品进行投资,另一部分购买最终品进行消费。模型的一般均衡体现为产品市场和要素市场出清。产品市场出清又分为中间品市场出清和最终品市场出清,中间品市场出清是指每类中间品生产者供给的中间品等于最终品生产者需求的对应种类中间品,最终品市场出清是指最终品生产者供给的最终品等于投资和消费所需求的最终品。下文将把产品市场出清条件直接代入模型中。要素市场出清是指两类中间品生产部门使用的资本之和与劳动之和等于家庭部门提供的总资本和总劳动。

具体地,用下标 $j \in \{1,2\}$ 区分两个中间品生产部门。每个中间品生产部门生产者的生产函数满足柯布-道格拉斯型技术,形式上为:

$$Y_j = A_j K_j^{\alpha_j} L_j^{1-\alpha_j} \tag{2.9}$$

其中,变量 Y_j、K_j 和 L_j 分别表示生产部门 j 的产出、资本和劳动,变量 A_j 表示全要素生产率;参数 $0 < \alpha_j < 1$ 为常数,表示资本产出弹性或资本收入份额。注意到两个中间品生产部门的资本产出弹性可以有差别,因此参数 α_j 用下标 j 进行了区分。用 P_j、R 和 W 分别表示中间品价格、资本租金和劳动工资,于是中间品生产者利润最大化问题的一阶最优性条件为:

$$R = \alpha_j P_j A_j K_j^{\alpha_j - 1} L_j^{1-\alpha_j}, \quad W = (1-\alpha_j) P_j A_j K_j^{\alpha_j} L_j^{-\alpha_j} \tag{2.10}$$

最终品生产部门生产者购买两类中间品 Y_j,采用常替代弹性技术生产最终品 Q,形式上满足:

$$Q = \left[\omega^{1/\sigma} Y_1^{(\sigma-1)/\sigma} + (1-\omega)^{1/\sigma} Y_2^{(\sigma-1)/\sigma} \right]^{\sigma/(\sigma-1)} \tag{2.11}$$

其中,参数 $0 < \omega < 1$ 为常数,参数 $\sigma > 0$ 为常数,表示两类中间品的替代弹性。注意到最终品生产只使用中间品,而没有资本或劳动的直接投入,因此这一生产过程并不会贡献增加值。

最终品可以用于消费或投资。选择最终品作为计价物,其价格标准化为1,于是最终品生产者利润最大化问题的一阶最优性条件为:

$$[\omega^{1/\sigma} Y_1^{(\sigma-1)/\sigma} + (1-\omega)^{1/\sigma} Y_2^{(\sigma-1)/\sigma}]^{1/(\sigma-1)} \omega^{1/\sigma} Y_1^{-1/\sigma} = P_1 \quad (2.12)$$

$$[\omega^{1/\sigma} Y_1^{(\sigma-1)/\sigma} + (1-\omega)^{1/\sigma} Y_2^{(\sigma-1)/\sigma}]^{1/(\sigma-1)} (1-\omega)^{1/\sigma} Y_2^{-1/\sigma} = P_2 \quad (2.13)$$

需求方面,家庭是资本和劳动的所有者,以及每一期提供资本 K 和劳动 L,获得资本租金 RK 和劳动工资 WL,家庭把所有这些收入的 s 比例用于储蓄,剩余 $1-s$ 比例用于消费。劳动 L 是外生变量,可以随着时间的推移而发生变化,也可以保持不变。家庭储蓄形成了投资,投资用于购买新的资本品,进而积累下一期的资本 K',即:

$$K' = (1-\delta)K + s(RK + WL) \quad (2.14)$$

需要指出的是,家庭的总收入 $RK + WL$ 和储蓄 $s(RK + WL)$ 均是名义变量,而投资和资本均是实际变量。但是由于最终品作为计价物,投资品和消费品的价格也均为 1,因此储蓄的名义量 $s(RK + WL)$ 就等于投资的实际量。由(2.9)—(2.13)式易知:$s(RK + WL) = sQ$,储蓄为总产出的 s 比例,因此这里的理论模型实际上是把索洛增长模型拓展为多部门模型。

生产要素市场出清,即:

$$K_1 + K_2 = K, \quad L_1 + L_2 = L \quad (2.15)$$

三、理论分析

这里的模型的一个重要性质是在每一期给定了状态变量,即资本总量 K 和劳动总量 L,每一期内所有的内生变量就随之被决定,与其他时期的变量没有直接关系。为了看清这一点,注意到只有(2.14)式是动态方程,给出了不同时期变量之间的关系,而其他所有等式都只给出了同一时期内的变量之间的关系。除了(2.14)式,(2.9)—(2.15)式中共 11 个等式,共同决定了每一期内的 11 个内生变量,即生产要素数量 K_j、L_j 和价格 R、W,中间品数量 Y_j 和价格 P_j,以及最终品数量 Q。如果已知这些内生变量,那么由(2.14)式就可以求解出下一期的资本总量。因此,这里的模型并没有改变索洛增长模型可以通过逐期递归求解出动态转移路径的性质。具体地,给定第 1 期的资本和劳动,通过(2.9)—(2.13)式和(2.15)式可以求解出第 1 期所有生产要素、中间品、最终品的数量和价格,进而通过(2.14)式求解出第 2 期的资本。由第 2 期的资本和劳动,也可以同样利用相同的等式求解出第 2 期所有生产要素、中间品、最终品的数量和价格,进而求解出第 3 期的资本。以此类推,就可以把以后所有时期的内生变量全部递归求解出来。

如果劳动和技术在某一期后保持恒定,那么经过足够长时期的动态演化,模型必然会收敛到稳态。用 Z^* 表示稳态下变量 Z 的取值,那么只需把(2.14)式替换为:

$$\delta K^* = s(R^* K^* + W^* L^*) \qquad (2.16)$$

把(2.9)—(2.13)式和(2.15)式中的所有变量全部替换为其稳态值,再加入(2.16)式,这 12 个方程就可以给出稳态下所有内生变量的取值。所有变量在稳态保持恒定,也就不存在结构转型过程。这里主要关注向稳态收敛的转移动态路径。转移动态路径是指变量从第 1 期的初始状态向稳态收敛的动态变化过程。

由于每一期所有内生变量都取决于当期的状态变量资本和劳动,资本和劳动发生变化,内生变量也就随之发生变化,这就导致了结构转型过程。这里主要关注资本深化的影响。在模型转移动态过程中,资本逐渐积累,通常也快于劳动增长,这里可以把资本深化直接作为外生条件。为了刻画资本深化过程,不妨标准化劳动 L 始终为 1,此时资本 K 也表示资本劳动比,资本 K 的增长也就是资本深化过程。

只有中间品生产部门才直接使用资本和劳动进行生产,贡献增加值,因此两个中间品生产部门也可以直接对应到现实经济中的两个产业,其相对比重变化就反映了结构转型过程。定义 $x^k = K_1/K$ 和 $x^l = L_1/L$ 分别为生产部门 1 的资本比重和就业比重,$x^y = P_1 Y_1/(P_1 Y_1 + P_2 Y_2)$ 为生产部门 1 的产出比重。如果这三个变量发生变化,就意味着两个生产部门的相对比重发生变化,这就是结构转型过程。给定每一期的资本 K,这些变量均可以随之求解,通过分析状态变量资本 K 的增长如何影响 x^k、x^l 和 x^y,就可以展示资本深化影响结构转型的理论机制。由(2.10)式可以得到:

$$\frac{\alpha_2 K_1}{\alpha_1 K_2} = \frac{P_1 Y_1}{P_2 Y_2}, \frac{(1-\alpha_2) L_1}{(1-\alpha_1) L_2} = \frac{P_1 Y_1}{P_2 Y_2} \qquad (2.17)$$

把 x^k、x^l 和 x^y 代入(2.17)式,可以得到:

$$\frac{\alpha_2 x^k}{\alpha_1 (1-x^k)} = \frac{(1-\alpha_2) x^l}{(1-\alpha_1)(1-x^l)} \qquad (2.18)$$

$$\frac{\alpha_2 x^k}{\alpha_1 (1-x^k)} = \frac{x^y}{1-x^y} \qquad (2.19)$$

(2.18)和(2.19)式表明,x^k、x^l 和 x^y 这三个比重同方向变化,一个生产部门比重扩大,其产出比重、资本比重和就业比重都会同时扩大。并且易知,$x^k > x^l \Leftrightarrow \alpha_1 > \alpha_2$。也就是说,如果一个生产部门的资本产出弹性或者资本收入份额相对另一个生产部门更大,那么这个生产部门的资本比重就会大于就业比重,换句话说,资本劳动比也会更高。通常这一生产部门就被称为资本密集型产业部门,相应地,另一个生产部门就被称为劳动密集型产业部门。不失一般性地,假设生产部门 1 是资本密集型产业,生产部门 2 是劳动密集型产业,即 $\alpha_1 > \alpha_2$。

由(2.12)和(2.13)式可以得到:

$$\frac{P_1 Y_1}{P_2 Y_2} = \left(\frac{\omega}{1-\omega}\right)^{1/\sigma} \left(\frac{Y_1}{Y_2}\right)^{(\sigma-1)/\sigma} \tag{2.20}$$

把(2.9)式代入,化简后可以得到:

$$\frac{(x^k)^{1-\alpha_1 \frac{\sigma-1}{\sigma}}}{(1-x^k)^{1-\alpha_2 \frac{\sigma-1}{\sigma}}} = \frac{\alpha_1}{\alpha_2} \left(\frac{\omega}{1-\omega}\right)^{1/\sigma} \left(\frac{A_1}{A_2}\right)^{(\sigma-1)/\sigma} \frac{(x^l)^{(1-\alpha_1)\frac{\sigma-1}{\sigma}}}{(1-x^l)^{(1-\alpha_2)\frac{\sigma-1}{\sigma}}} K^{(\alpha_1-\alpha_2)\frac{\sigma-1}{\sigma}} \tag{2.21}$$

给定每一期的资本 K 和全要素生产率 A_j,(2.18)和(2.21)式共同决定了资本密集型产业的资本比重 x^k 和劳动比重 x^l,再代入(2.19)式即可计算出产出比重 x^y。按照前文介绍的分析步骤,对(2.18)和(2.21)式进行比较静态分析,就可以得到资本深化(K 增长)对结构转型(x^k 和 x^l 变化)的影响。

由于(2.18)和(2.21)式在数学表达上多采用指数形式,把这两个式子先取自然对数后再进行比较静态分析,在计算求解过程中会更加简便,而且不会改变比较静态分析的结果,由此分别得到:

$$\frac{\mathrm{d}\log x^k}{1-x^k} = \frac{\mathrm{d}\log x^l}{1-x^l} \tag{2.22}$$

$$\left[\left(1-\alpha_1 \frac{\sigma-1}{\sigma}\right)(1-x^k) + \left(1-\alpha_2 \frac{\sigma-1}{\sigma}\right)x^k\right]\frac{\mathrm{d}\log x^k}{1-x^k}$$
$$= \left[(1-\alpha_1)(1-x^l) + (1-\alpha_2)x^l\right]\frac{\sigma-1}{\sigma}\frac{\mathrm{d}\log x^l}{1-x^l} + (\alpha_1-\alpha_2)\frac{\sigma-1}{\sigma}\mathrm{d}\log K \tag{2.23}$$

把(2.22)式代入(2.23)式,整理后得到:

$$\left[1+(\sigma-1)(\alpha_1-\alpha_2)(x^k-x^l)\right]\frac{\mathrm{d}\log x^k}{1-x^k} = (\sigma-1)(\alpha_1-\alpha_2)\mathrm{d}\log K \tag{2.24}$$

由于 $x^k > x^l \Leftrightarrow \alpha_1 > \alpha_2$,且这几个参数均小于 1,易知 $0 < (\alpha_1-\alpha_2)(x^k-x^l) < 1$,因此必有 $1+(\sigma-1)(\alpha_1-\alpha_2)(x^k-x^l) > 0$。于是,由(2.19)、(2.22)和

(2.24)式可知:

$$\frac{\mathrm{dlog}x^k}{\mathrm{dlog}K} > 0 \Leftrightarrow \frac{\mathrm{dlog}x^l}{\mathrm{dlog}K} > 0 \Leftrightarrow \frac{\mathrm{dlog}x^y}{\mathrm{dlog}K} > 0 \Leftrightarrow (\sigma - 1)(\alpha_1 - \alpha_2) > 0 \quad (2.25)$$

由于生产部门1是资本密集型产业部门,即 $\alpha_1 > \alpha_2$,因此(2.25)式意味着伴随着资本深化,资本密集型产业部门的比重变化方向取决于资本密集型产业部门和劳动密集型产业部门之间的产出替代弹性 σ。当两个产业部门的产出替代弹性小于1时,资本深化会降低资本密集型产业部门的比重;反之,当两个产业部门产出替代弹性大于1时,资本深化会提高资本密集型产业部门的比重。根据第一章的分析,消费结构变化中价格效应的影响方向取决于产品替代弹性,这里资本深化对结构转型的影响方向也取决于产品替代弹性,实际上也是产生了价格效应。可以从两个角度理解资本深化如何影响产品相对价格,进而使价格效应发挥作用。

首先,可以考虑生产要素价格对产品价格的影响。根据第一章的推导可知,产业部门产品价格与生产要素价格的关系为:

$$P_j = \frac{R^{\alpha_j} W^{1-\alpha_j}}{A_j \alpha_j^{\alpha_j} (1-\alpha_j)^{1-\alpha_j}} \quad (2.26)$$

由此可知,生产部门的相对价格和生产要素的相对价格相关,满足 $P_1/P_2 \propto (R/W)^{\alpha_1-\alpha_2}$。随着资本的深化,资本相对劳动更加丰裕,资本相对劳动价格 R/W 就会下降。如果产业部门1更加密集地使用资本($\alpha_1 > \alpha_2$),那么产业部门1的产品相对价格 P_1/P_2 就会下降。

其次,还可以考虑实际产出对产品价格的影响。由(2.20)式可知,两个产业部门产品的相对价格取决于相对供给的变化,即:

$$\frac{P_1}{P_2} = \left(\frac{\omega}{1-\omega}\right)^{1/\sigma} \left(\frac{A_1 K_1^{\alpha_1} L_1^{1-\alpha_1}}{A_2 K_2^{\alpha_2} L_2^{1-\alpha_2}}\right)^{-1/\sigma} \quad (2.27)$$

试想资本深化即 K 增加后,把资本按照原有比例分配到两个产业部门,即 K_1 和 K_2 等比例提高。由于产业部门1更加密集地使用资本($\alpha_1 > \alpha_2$),资本产出弹性更大,产业部门1的产出就会更大幅度地上升,实际产出之比 Y_1/Y_2 就会上升,其相对价格 P_1/P_2 就会下降。

总之,以上两个角度都有助于理解随着资本的深化,资本密集型产业部门的产出相对价格也会下降。之后的经济机制就与第一章介绍的价格效应完全一致了。在产品替代弹性较小时,资本密集型产业部门的比重会由于产出相对价格更大幅度的下降而下降;在产品替代弹性较大时,资本密集型产业部门的比重会由于实际产出更大幅度的上升而上升。

把这一结论进一步引申。如果工农业的资本密集程度高于服务业,而工农产品与服务的替代弹性又较小,那么资本深化的过程就会降低工农业比重,而提高服务业比重。如果工业内部不同行业的产品替代弹性较大,那么资本深化的过程就会提高工业内部资本密集型行业的比重,从而使得工业部门从劳动密集型产业转向资本密集型产业。

最后在理论上还需要解释两点。首先,这里的模型还可以用于分析技术进步的影响。两个产业部门相对技术水平 A_1/A_2 发生变化,也会导致相对价格发生变化,这与第一章劳动生产率影响产品相对价格的经济机制完全一致。影响方向也取决于两个产业部门的产品替代弹性。其次,这里的模型也可以不引入最终品生产部门,而假设家庭直接购买两个生产部门的产品进行消费或投资,而且消费和投资的结构完全相同。也就是说,可以把(2.11)式视作消费或投资的函数,所有结论不会有本质的改变。这是两种形式上有差别但本质上并无差别的建模方式,根据研究问题可以有针对性地进行选择。

四、定量模拟

这里通过数值模拟来展示资本深化对结构转型的影响。两个产业部门全要素生产率和劳动总量全部固定为1,第1期的资本也设定为1,因此结构转型的变化只反映了资本深化的影响。储蓄率和投资率设定为0.4,折旧率设定为0.1。两个产业部门资本产出弹性 α_1 和 α_2 分别设定为0.75和0.25,即生产部门1是资本密集型产业,生产部门2是劳动密集型产业。参数 ω 取值为0.5。首先设定参数 σ 为0.5来模拟产品替代弹性小的情形,之后设定参数 σ 为2来模拟产品替代弹性大的情形。给定模型参数和每一期的资本,以解方程组的方式进行模拟,可以求解出当期的资本比重 x^k、劳动比重 x^l 和产出比重 x^y,进而计算当期产出和下一期资本,逐期递归就可以计算从转移动态路径到稳态的所有相关变量。由于50期以后经济已基本收敛到稳态,因此结构转型过程主要发生在前50期。图2.1汇报了前50期资本密集型产业的资本比重、就业比重和产出比重的变化趋势。

可以看到,资本深化对资本密集型产业部门比重的影响方向与理论分析是一致的。如图2.1的(a)所示,在产品替代弹性小于1时,资本深化会降低资本密集型产业的比重;如图(b)所示,在产品替代弹性大于1时,资本深化会提高

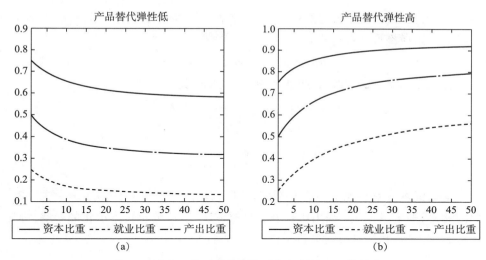

图 2.1 资本深化对资本密集型产业部门比重的影响

资本密集型产业的比重,并且这一影响在定量上较为显著。如图(a)所示,在产品替代弹性小于 1 时,从第 1 期到第 50 期资本密集型产业比重的下降幅度都超过 10 个百分点;如图(b)所示,在产品替代弹性大于 1 时,从第 1 期到第 50 期资本密集型产业比重的上升幅度都超过 15 个百分点。当然,图中资本深化的影响在定量上较为显著,一方面是由于资本深化的速度较快,平均每期的增长速度超过 5%,另一方面也是由于两个产业部门资本产出弹性差别较大。现实经济中,资本深化的速度可能较慢,产业之间资本产出弹性的差别往往也比较有限,因此资本深化的影响程度可能会有所下降。

五、进一步的讨论

前文所说的模型中,两个中间品生产部门采用柯布-道格拉斯型技术,区别在于使用资本或劳动的密集程度或者说资本或劳动的产出弹性存在差别,但资本和劳动之间的替代弹性均为 1。这里把两个中间品生产部门的生产技术拓展为更一般形式的常替代弹性型,并且资本和劳动的替代弹性可以有所区别,由此可以推导出资本深化影响结构转型的另一种理论机制。

假设每个中间品生产部门生产者的生产函数满足:

$$Y_j = \left[\alpha_j^{1/\rho_j} K_j^{(\rho_j-1)/\rho_j} + (1-\alpha_j)^{1/\rho_j} L_j^{(\rho_j-1)/\rho_j} \right]^{\rho_j/(\rho_j-1)} \quad (2.28)$$

其中,参数 $0 < \alpha_j < 1$ 为常数;参数 $\rho_j > 0$ 为常数,表示资本和劳动的替代弹性,两个生产部门可以有所差别。模型的其他设定与前文均保持一致。当 $\rho_j \to 1$

时,即为前文所说的模型。用 θ_j^K 和 θ_j^L 分别表示资本和劳动的产出弹性,可知生产者的一阶最优性条件满足:

$$RK_j = \theta_j^K P_j Y_j, \quad WL_j = \theta_j^L P_j Y_j \tag{2.29}$$

由(2.20)、(2.28)和(2.29)式可以进一步得到:

$$\left(\frac{\alpha_1}{1-\alpha_1}\right)^{1/\rho_1}\left(\frac{K_1}{L_1}\right)^{-1/\rho_1} = \left(\frac{\alpha_2}{1-\alpha_2}\right)^{1/\rho_2}\left(\frac{K_2}{L_2}\right)^{-1/\rho_2} \tag{2.30}$$

$$\frac{K_1^{1/\rho_1}}{K_2^{1/\rho_2}} = \frac{\alpha_1^{1/\rho_1}}{\alpha_2^{1/\rho_2}}\left(\frac{\omega_1}{\omega_2}\right)^{1/\sigma}\frac{Y_1^{1/\rho_1 - 1/\sigma}}{Y_2^{1/\rho_2 - 1/\sigma}} \tag{2.31}$$

给定资本 K 和劳动 L,(2.30)和(2.31)式决定了资本和劳动在两个生产部门的比重,即 x^K 和 x^L。运用比较静态分析方法,可以分析资本深化的影响。具体地,对(2.30)和(2.31)式进行全微分,可以得到:

$$\begin{pmatrix} \frac{1}{\rho_1}(1-x^L) + \frac{1}{\rho_2}x^L & -\left[\frac{1}{\rho_1}(1-x^K) + \frac{1}{\rho_2}x^K\right] \\ \left[\frac{1}{\rho_1}(1-x^L) + \frac{1}{\rho_2}x^L\right] - \left[\left(\frac{1}{\rho_1}-\frac{1}{\sigma}\right)\theta_1^L(1-x^L) + \left(\frac{1}{\rho_2}-\frac{1}{\sigma}\right)\theta_2^L x^L\right] & -\left[\left(\frac{1}{\rho_1}-\frac{1}{\sigma}\right)\theta_1^K(1-x^K) + \left(\frac{1}{\rho_2}-\frac{1}{\sigma}\right)\theta_2^K x^K\right] \end{pmatrix}$$

$$\begin{pmatrix} \frac{\mathrm{d}\log x^L}{1-x^L} \\ \frac{\mathrm{d}\log x^K}{1-x^K} \end{pmatrix} = \begin{pmatrix} \frac{1}{\rho_1}-\frac{1}{\rho_2} \\ \left(\frac{1}{\rho_1}-\frac{1}{\sigma}\right)\theta_1^K - \left(\frac{1}{\rho_2}-\frac{1}{\sigma}\right)\theta_2^K \end{pmatrix} \mathrm{d}\log K \tag{2.32}$$

进而求解出:

$$\frac{\mathrm{d}\log x^L/(1-x^L)}{\mathrm{d}\log K} = \frac{1}{\Delta}\left[\left(\frac{1}{\rho_1}-\frac{1}{\sigma}\right)\frac{1}{\rho_2}\theta_1^K - \left(\frac{1}{\rho_2}-\frac{1}{\sigma}\right)\frac{1}{\rho_1}\theta_2^K\right] \tag{2.33}$$

$$\frac{\mathrm{d}\log x^K/(1-x^K)}{\mathrm{d}\log K} = \frac{1}{\Delta}\left[\left(\frac{1}{\rho_1}-\frac{1}{\sigma}\right)\frac{1}{\rho_2}\theta_2^L - \left(\frac{1}{\rho_2}-\frac{1}{\sigma}\right)\frac{1}{\rho_1}\theta_1^L\right] \tag{2.34}$$

其中,引入变量 Δ,满足:

$$\Delta = \frac{1}{\rho_1}\frac{1}{\rho_2}(\theta_1^L - \theta_2^L)(x^L - x^K) + \frac{1}{\sigma}\left\{\frac{1}{\rho_1}\left[\theta_1^L(1-x^K) + \theta_2^K(1-x^L)\right] + \frac{1}{\rho_2}(\theta_1^K x^L + \theta_2^K x^K)\right\}$$

由(2.29)式易知:$\theta_1^L > \theta_2^L \Leftrightarrow x^L > x^K$,于是有 $\Delta > 0$。由此可知:

$$\frac{\mathrm{d}\log x^L}{\mathrm{d}\log K} > 0 \Leftrightarrow \left(\frac{1}{\rho_1}-\frac{1}{\sigma}\right)\frac{1}{\rho_2}\theta_1^K > \left(\frac{1}{\rho_2}-\frac{1}{\sigma}\right)\frac{1}{\rho_1}\theta_2^K \tag{2.35}$$

$$\frac{\mathrm{d}\log x^K}{\mathrm{d}\log K} > 0 \Leftrightarrow \left(\frac{1}{\rho_2}-\frac{1}{\sigma}\right)\frac{1}{\rho_1}\theta_2^L > \left(\frac{1}{\rho_1}-\frac{1}{\sigma}\right)\frac{1}{\rho_2}\theta_1^L \tag{2.36}$$

(2.35)和(2.36)式表明,随着资本的深化(K提高),结构转型方向(x^K和x^L的变化方向)取决于两个生产部门内部资本和劳动的替代弹性ρ_j和产出弹性θ_j^K与θ_j^L的差别,以及两个生产部门产出之间的替代弹性σ。为了理解(2.35)和(2.36)式背后的经济含义,可以考虑以下两种特殊情形。

特殊情形1:$\rho_1 = \rho_2 = 1$,此时两个生产部门内部资本和劳动的替代弹性为1,(2.35)和(2.36)式变为:

$$\frac{\mathrm{d}\log x^L}{\mathrm{d}\log K} > 0 \Leftrightarrow \frac{\mathrm{d}\log x^K}{\mathrm{d}\log K} > 0 \Leftrightarrow (\sigma - 1)(\theta_1^K - \theta_2^K) > 0 \qquad (2.37)$$

注意到此时资本和劳动的产出弹性$\theta_j^K = \alpha_j$和$\theta_j^L = 1 - \alpha_j$,其差别决定了相对而言哪个生产部门是资本密集型的,哪个是劳动密集型的。不失一般性地,假设$\alpha_1 > \alpha_2$,即相对而言生产部门1是资本密集型产业。这就是前文讨论的两个生产部门的技术是柯布-道格拉斯型的情形。随着资本的深化,资本密集型产业相对价格下降,将会产生价格效应,即劳动和资本在两个生产部门的流动方向取决于两个生产部门之间的替代弹性。如果这一替代弹性较小,那么由于资本密集型产业产出相对价格下降,劳动和资本将会流向劳动密集型产业;如果这一替代弹性较大,那么由于资本密集型产业的产出更大幅度地替代劳动密集型产业的产出,劳动和资本将会流向资本密集型产业。

特殊情形2:$\rho_2 = \sigma = 1$,此时两个生产部门之间的产出替代弹性为1,生产部门2内部资本和劳动替代弹性为1,(2.35)和(2.36)式变为:

$$\frac{\mathrm{d}\log x^L}{\mathrm{d}\log K} < 0 \Leftrightarrow \frac{\mathrm{d}\log x^K}{\mathrm{d}\log K} > 0 \Leftrightarrow \rho_1 > 1 \qquad (2.38)$$

随着资本的深化,资本相对劳动更加丰裕,资本租金相对劳动工资将会下降,促使生产者使用资本替代劳动。于是,资本和劳动的流动方向取决于两个生产部门在资本和劳动的替代弹性上的差别。如果生产部门1内部资本和劳动的替代弹性相对较大($\rho_1 > 1$),那么资本深化就会促使该生产部门更大幅度地用资本替代劳动,于是其资本比重提高,就业比重下降;如果生产部门1内部资本和劳动的替代弹性相对较小($\rho_1 < 1$),那么资本就会流向生产部门2去替代劳动,使得劳动流向生产部门1。

这一节以资本深化为例,详细介绍了要素结构影响结构转型的两个主要经济机制,这两个机制产生影响都是由于要素结构变化后,相对数量上升的某类要素的相对价格就会下降。这就使得一方面,更加密集使用该要素的生产部门的生产成本会下降,进而降低其产出相对价格,由此产生价格效应,促使不同生产部门之间相互替代,推动结构转型,其影响方向就取决于不同生产部门的要素密集程度及其产出之间的替代弹性。另一方面,生产要素之间替代弹性更大的生产部门,就会更大幅度地使用该要素去替代其他要素,促使该要素在该生产部门的比重上升,而其他要素则会流向其他生产部门,其影响方向就取决于不同生产部门在要素替代弹性上的差别。因此,要素结构变化既会促使不同生产部门的产出之间相互替代,也会促使生产部门内部要素之间相互替代,这两个经济机制都可以用这里的理论模型进行刻画。

第二节 跨期动态优化问题

上一节的理论模型采用了索洛增长模型框架,设定储蓄率为外生变量,储蓄形成了投资,进而决定了资本深化过程。这一节介绍基本的拉姆齐模型及其数值模拟方法,并将其用于中国宏观经济进行量化分析。拉姆齐模型通过引入跨期动态优化问题,把储蓄内生化,其框架可以用于构建结构转型动态模型。跨期优化问题可以分为离散时间和连续时间两类,区别是表示时间的变量是离散的 $\{0,1,2,\cdots,\infty\}$ 还是连续的 $(0,\infty)$。离散时间的动态模型更加易于进行数值模拟,也更常见,本书以离散时间模型为主进行讨论,部分模型根据建模需要也会使用连续时间。

一、两期储蓄问题

假设一个人的生存分为年轻期和年老期两期。处于年轻期的个人获得收入 m,并把收入的一部分用于消费 c_1,另一部分用于储蓄 s。处于年老期的个人退休,获得储蓄连本带利的回报 $(1+r)s$,其中,r 表示利率,决定了储蓄回报率。个人把年老期的收入全部用于消费 c_2。因此,个人预算约束方程为:

$$c_1 + s = m, \quad c_2 = (1+r)s \tag{2.39}$$

个人在两期获得的总效用 c 取决于两期的消费,形式上满足:

$$c = \frac{c_1^{1-\sigma} - 1}{1 - \sigma} + \beta \frac{c_2^{1-\sigma} - 1}{1 - \sigma} \tag{2.40}$$

其中,参数 $\sigma > 0$ 为常数,参数 $0 < \beta < 1$ 为常数。效用函数(2.40)式是动态模型中较为典型的形式。首先,每一期消费 c_t 独立带来效用 $(c_t^{1-\sigma} - 1)/(1 - \sigma)$ 后再进行加总,说明每一期的效用实际上是可加的,或者说每一期消费的边际效用

与其他期的消费无关。其次,每一期效用采用了$(c_t^{1-\sigma}-1)/(1-\sigma)$的形式,这一效用函数是相对风险回避系数为常数的效用函数。下文即将说明,参数σ是跨期替代弹性的倒数。这一效用函数中包含的-1项本身是常数,不会影响最优化选择,因此很多模型直接去掉了-1项。但是,为了保证$\sigma \to 1$时该效用的极限存在,严格说来是应当保留的。当$\sigma \to 1$时,效用函数变为指数型$\log c_t$。再次,把两期效用加总成为总效用时,第二期的效用要乘以一个小于1的常数β后进行加总,这相当于给第二期的效用打了个折扣。这一设定说明把等量的两期效用放在一起看,第二期的效用是低于第一期的效用的。这个性质体现了所谓的时间偏好,即个人都是倾向于提前消费,等待消费的时间越长,消费所带来的效用的折扣也就越大。时间偏好可能来自延期消费带来的各种不确定性,也可能来自个人消费心理上缺乏耐心等因素,总之都使未来的效用在当期看来须打个折扣。参数β也被称为时间偏好因子,其取值越大,说明个人消费越有耐心,或者说越重视未来的消费;取值越小,说明个人越偏好尽早消费。

个人在预算约束下,通过选择两期的消费c_1,c_2和储蓄s来最大化效用,其中,个人收入m和利率r均是外生变量,个人无法选择。求解这一问题,可以直接应用拉格朗日方法,也可以先利用两个预算约束方程消去储蓄s。由(2.39)式可以得到:

$$c_1 + \frac{1}{1+r}c_2 = m \tag{2.41}$$

(2.41)式实际上体现了个人一生的预算约束,即一生创造的总收入m等于两期的消费。注意到一生的总收入只是m,储蓄连本带利的回报实际上只是从m中得来,不能重复计算。年老期的消费要乘以$(1+r)^{-1}$,即贴现到年轻期。由于储蓄有回报,年轻期的收入每存下1元,在年老期就能获得$1+r$元,即年老期的$1+r$元实际上相当于年轻期的1元。因此,在年老期花费c_2的收入去消费,在年轻期看来就相当于花费了$(1+r)^{-1}c_2$的收入。其中,所乘的一项$(1+r)^{-1}$被称为贴现率。如果把(2.41)式写作经典的预算约束方程,即$p_1c_1+p_2c_2=m$,那么第一期消费的价格实际上就是1,第二期消费的价格实际上就是贴现率$(1+r)^{-1}$,于是有$p_1/p_2=1+r$。由于储蓄有回报,为了在第二期消费1元,在年轻期只需储蓄少于1元就可以了,因此年老期消费的价格是低于年轻期消费的价格的。利率越高,储蓄回报率就越高,年老期消费的价格实际上也就越低,那么相对而言,年轻期消费的相对价格也就越高。求解效用最大化问

题,可以得到:

$$\frac{c_1}{c_2} = \beta^{-1/\sigma}(1+r)^{-1/\sigma} = \beta^{-1/\sigma}\left(\frac{p_1}{p_2}\right)^{-1/\sigma} \tag{2.42}$$

$$\frac{s}{m} = \frac{\beta^{1/\sigma}(1+r)^{(1-\sigma)/\sigma}}{1+\beta^{1/\sigma}(1+r)^{(1-\sigma)/\sigma}} \tag{2.43}$$

如果把年轻期的消费与收入之比看成是年轻期的消费率,储蓄与收入之比看成是年轻期的储蓄率,那么(2.43)式实际上就给出了储蓄率,由此可知跨期决策中影响储蓄率的主要因素。首先,如果时间偏好 β 取值上升,那么很容易知道年轻期储蓄率也会随之上升。这背后的经济含义比较直观。如果个人更重视未来的消费,更有耐心,那么储蓄率就会上升。其次,如果储蓄回报率也就是利率 r 提高,那么年轻期储蓄率并不必然会上升,也可能会下降。从(2.43)式看,此时储蓄率的变动方向取决于参数 σ。如果 $\sigma > 1$,那么储蓄率会随着利率 r 的提高而下降;如果 $\sigma < 1$,那么储蓄率会随着利率 r 的提高而上升。这背后的经济含义涉及跨期替代弹性的概念。由(2.42)式易知:

$$-\frac{\mathrm{dlog}(c_1/c_2)}{\mathrm{dlog}(p_1/p_2)} = \frac{1}{\sigma} \tag{2.44}$$

根据第一章的定义,(2.44)式实际上给出了两期消费之间的替代弹性。由于这一替代弹性衡量的是不同时期的消费的替代弹性,通常也被定义为跨期替代弹性。因此,(2.40)式效用函数隐含假设了跨期替代弹性是常数,即常数 σ 的倒数。

回到利率变化的影响。如果利率提高,那么年老期消费的价格就会下降,年轻期消费的相对价格就会提高,个人就会用年老期消费去替代年轻期消费。根据第一章的分析,如果跨期替代弹性小于1,即 $\sigma > 1$,意味着两期之间的消费难以替代,那么年轻期消费的相对数量的降幅就会较小,相对价格的增幅较大,因此年轻期消费的相对支出 $(p_1c_1)/(p_2c_2)$ 就会随之提高,导致年轻期的消费率上升,储蓄率下降。反之,如果跨期替代弹性大于1,即 $\sigma < 1$,意味着年老期消费比较容易替代年轻期消费,那么年轻期消费的相对数量的降幅就会较大,相对价格的增幅较小,因此年轻期消费的相对支出 $(p_1c_1)/(p_2c_2)$ 就会随之降低,导致年轻期的消费率下降,储蓄率上升。因此,只有当跨期替代弹性大于1时,储蓄率才会随着利率的提高而提高,此时个人才会大幅提高储蓄,用未来的消费去替代当下的消费。如果跨期替代弹性为1,即效用函数为自然对数型或柯布-道格拉斯型,储蓄率就不会受到利率的影响,这是采用自然对数型或柯

布-道格拉斯型效用函数时隐含的假设。事实上,(2.40)式效用函数与下式同向变动:

$$\left(\frac{1}{1+\beta}c_1^{1-\sigma} + \frac{\beta}{1+\beta}c_2^{1-\sigma}\right)^{1/(1-\sigma)} \tag{2.45}$$

求解(2.40)式效用最大化,等价于求解(2.45)式最大化,其实也就可以用(2.45)式作为效用函数。注意到(2.45)式即为常替代弹性效用函数,替代弹性为 $1/\sigma$。

二、拉姆齐模型

(一)建立与求解

考虑一个基本的拉姆齐模型。整个经济的储蓄和投资行为用一个代表性个体的最优化选择来模拟。用下标 $t \in \{1,2,\cdots,\infty\}$ 表示时期。模型的时间 t 是从第1期开始的,这是为了在后续数值模拟时撰写程序代码更加便利。虽然不同于一些模型的时间 t 是从第0期开始的,但二者之间并无本质区别。个体在每一期都持有资本 K_t,提供劳动 L_t,采用 A_t 的技术创造产出 Y_t。生产函数满足柯布-道格拉斯型,即:

$$Y_t = A_t K_t^\alpha L_t^{1-\alpha} \tag{2.46}$$

其中,参数 $0 < \alpha < 1$ 为常数。个体把每一期生产的产出中的一部分用于当期消费 C_t,剩余的部分 $Y_t - C_t$ 作为储蓄形成了投资,增加了下一期的资本。在每一期期末,资本中的 δ 部分会在当期的使用过程中损耗掉,即资本折旧。因此,每一期的资本增量为上一期的投资与折旧之差,即:

$$K_{t+1} = (1-\delta)K_t + A_t K_t^\alpha L_t^{1-\alpha} - C_t \tag{2.47}$$

注意到(2.47)式是一个递归方程,即对于所有的 $t \in \{1,2,\cdots,\infty\}$ 均成立,因此(2.47)式实际上对应的是无穷多的约束方程。每一期的资本并不由当期的变量所决定,而是取决于上一期的变量,即对于当期的个体来说,是前定的状态,这种性质的变量通常被称为状态变量。与之不同的是,每一期的消费在当期就可以决定,并且影响了下一期的状态变量资本,这种性质的变量通常被称为控制变量。因此,该递归方程给出了每一期的控制变量如何决定下一期的状态变量。

个体生存无穷期,也可以理解为个体关心以后每一期的效用,因此个体的目标是最大化从第1期到无穷期的消费所带来的效用,形式上满足:

$$\sum_{t=1}^{\infty} \beta^{t-1} \frac{C_t^{1-\sigma} - 1}{1 - \sigma} \tag{2.48}$$

其中,参数 $0 < \beta < 1$ 为常数,参数 $\sigma > 0$ 为常数。根据前文的分析可知,(2.48)式中每一期消费带来的效用都是可分的,形式上采用了相对风险回避系数为常数的效用函数。参数 β 表示时间偏好因子,而且距离当下越远的消费,所带来的效用的折扣越大。参数 σ 是跨期替代弹性的倒数。

个体在第 1 期的资本 K_1 是给定的,或者说是模型外生的,除此以外,每一期的技术 A_t 和劳动 L_t 也均是外生变量。个体选择第 2 期以后的所有资本 K_{t+1} 和第 1 期以后的所有消费 C_t,在方程(2.47)式的约束下,最大化一生效用(2.48)式。这是一个无穷期的跨期最优化问题,求解方法是首先考虑个体只存活到 T 期的跨期最优化问题,只需把每一期的消费都看成是一类消费品,应用拉格朗日方法求解即可。之后将所有最优性条件中的 T 都趋近于无穷,即可得到无穷期的跨期最优化问题。

具体地,首先考虑个体只存活到 T 期。通常要求个体不能无限借贷,即到了 T 期的期末,其持有的资本 K_{T+1} 必须为非负数,即 $K_{T+1} \geq 0$。上式的约束也被称为非庞氏骗局条件。注意到此时(2.47)式的约束对于 $t \in \{1, 2, \cdots, T\}$ 均是成立的,因此有 T 个等式约束方程。给每个等式约束方程赋予一个拉格朗日乘子 λ_t($t \in \{1, 2, \cdots, T\}$),给非庞氏骗局条件的不等式约束赋予一个拉格朗日乘子 μ,可以写出拉格朗日方程:

$$\Psi = \sum_{t=1}^{T} \beta^{t-1} \frac{C_t^{1-\sigma} - 1}{1 - \sigma} + \sum_{t=1}^{T} \lambda_t [(1-\delta)K_t + A_t K_t^{\alpha} L_t^{1-\alpha} - C_t - K_{t+1}] + \mu K_{T+1}$$
(2.49)

关于消费 C_t 和资本 K_{t+1} 的一阶最优性条件为:

$$\beta^{t-1} C_t^{-\sigma} = \lambda_t, \quad \lambda_t = \lambda_{t+1}[(1-\delta) + \alpha A_{t+1} K_{t+1}^{\alpha-1} L_{t+1}^{1-\alpha}] \tag{2.50}$$

关于资本 K_{T+1} 的一阶最优性条件为:

$$\lambda_T = \mu \tag{2.51}$$

并且松弛条件成立,即:

$$\mu K_{T+1} = 0, \mu \geq 0, K_{T+1} \geq 0 \tag{2.52}$$

消去拉格朗日乘子 λ_t,得到:

$$C_t^{-\sigma} = \beta C_{t+1}^{-\sigma}[(1-\delta) + \alpha A_{t+1} K_{t+1}^{\alpha-1} L_{t+1}^{1-\alpha}] \tag{2.53}$$

(2.53)式给出了两期之间的控制变量消费的关系,通常被称为欧拉方程。

欧拉方程等式左边是 t 期少消费一单位带来的边际效用损失。这少消费的一单位使得 $t+1$ 期的资本多增加了一单位，从而在边际上使可供消费的收入提高了 $(1-\delta)+\alpha A_{t+1}K_{t+1}^{\alpha-1}L_{t+1}^{1-\alpha}$。把这些收入用于 $t+1$ 期的消费，所增加的效用即为 $C_{t+1}^{-\sigma}[(1-\delta)+\alpha A_{t+1}K_{t+1}^{\alpha-1}L_{t+1}^{1-\alpha}]$。当然在 t 期看来，还必须把这一增加的效用打个折扣 β。因此，欧拉方程等式右边是 t 期少消费一单位带来的边际效用改进。注意到欧拉方程对于 $t \in \{1,2,\cdots,T-1\}$ 才成立，因此只有 $T-1$ 个等式。把（2.50）和（2.51）式代入（2.52）式，得到：

$$\beta^{T-1}C_T^{-\sigma}K_{T+1}=0 \quad (2.54)$$

这一条件给出了终点时刻的资本约束条件，被称为横截性条件。

把（2.47）、（2.53）和（2.54）式联立，就是这一跨期最优化问题的解。注意到这一问题的内生变量是 K_{t+1} 和 C_t（$t \in \{1,2,\cdots,T\}$），即一共有 $2T$ 个内生变量，这些变量由 T 个预算约束方程（2.47）式、$T-1$ 个欧拉方程（2.53）式和横截性条件（2.54）式这 $2T$ 个等式共同决定，也就是说这些等式给出了资本和消费的动态演化过程。当然，也可以把（2.47）和（2.53）式看成是关于 K_{t+1} 和 C_t 的二维差分方程，而 K_1 的取值和横截性条件（2.54）式就给出了二维差分方程的限制条件。最后，为了求解无穷期的解，只需把（2.47）和（2.53）式全部递推到无穷期，令（2.54）式中的 $T \to \infty$ 即可。下文将利用拉姆齐模型框架构建结构转型动态模型，虽然模型更加复杂，但是求解方法并无本质区别。

（二）转移动态路径

上述拉姆齐模型的转移动态路径比索洛增长模型更加复杂。给定第 1 期的资本 K_1、每一期的技术 A_t 和劳动 L_t，那么资本和消费的动态演化过程由（2.47）、（2.53）和（2.54）式给出。当某一期后的技术水平恒定为 A、劳动恒定为 L 时，拉姆齐模型存在稳态。稳态是指模型所有的变量保持恒定不变的稳定状态。资本和消费在稳态时分别恒定为 K^* 和 C^*，即稳态下 $K_{t+1}=K_t=K^*$，$C_{t+1}=C_t=C^*$。代入（2.47）和（2.53）式可知稳态下的资本和消费满足：

$$K^*=\left[\frac{\alpha A}{1/\beta-(1-\delta)}\right]^{1/(1-\alpha)}L \quad (2.55)$$

$$C^*=\left\{A\left[\frac{\alpha A}{1/\beta-(1-\delta)}\right]^{\alpha/(1-\alpha)}-\delta\left[\frac{\alpha A}{1/\beta-(1-\delta)}\right]^{1/(1-\alpha)}\right\}L \quad (2.56)$$

第 1 期资本外生给定为 K_1，稳态资本是（2.55）式所决定的 K^*，二者并不相等。因此，拉姆齐模型所刻画的经济也须从初始状态经过转移动态路径收敛到稳态。可以证明的是,拉姆齐模型决定的转移动态路径(2.47)、(2.53)和(2.54)式能够保证经过足够长的动态演化过程,资本必定会从第 1 期的 K_1 收敛到稳态的 K^*。事实上,只要外生变量恒定不变,所有新古典增长模型所决定的经济通过转移动态过程,必定会收敛到稳态。新古典增长模型是指该模型使用的生产函数是规模报酬不变、边际产量递减的新古典生产函数,效用函数是边际效用递减的效用函数。这里略去技术性的证明过程。拉姆齐模型的转移动态无法像索洛增长模型那样通过递归的方式不断迭代计算出来。比如,根据(2.47)式,为了计算第 2 期的资本 K_2,已知第 1 期的 K_1 还不够,还必须知道第 1 期的 C_1。但第 1 期的 C_1 又无法通过(2.53)式给出,因为(2.53)式又包含了未知的 C_2。

给定外生变量后,模拟拉姆齐模型的转移动态路径,需要把(2.47)和(2.53)式代表的所有时期的方程联立在一起求解。具体地,由于计算机无法模拟无穷长的时期,所模拟的时期毕竟是有限的时期,此时 $T \to \infty$ 的横截性条件就无法使用。而且此时也不能用(2.54)式的横截性条件来替代,因为(2.54)式考虑的问题是有限期的最优化问题,并不是拉姆齐模型的无限期的最优化问题。为此,通常需要设定模拟的时期总数 T,并假设到了 T 期期末,经济已处于稳态。此时就可以把横截性条件变为这一假设,即:

$$K_{T+1} = K^* \qquad (2.57)$$

(2.57)式也可以用 $K_{T+1} = K_T$ 来代替,并不会影响模拟结果。模拟的时期总数 T 越长,模拟的转移动态路径越精确,但模拟的计算效率也越低。通常选择时期总数的方法是不断延长 T 的取值,在不同取值下都分别进行模拟,直到继续延长时期总数并不会显著改变研究所关注的时间区段的转移动态路径。一般来说,T 取值 200 或 300 基本都可以保证模型足够接近稳态。

由于确定了模拟的时期总数 T,因此资本和劳动的转移动态路径就由序列 K_{t+1} 和 C_t($t \in \{1, 2, \cdots, T\}$)来刻画,这也是模拟时要决定的内生变量,一共有 $2T$ 个变量。回到拉姆齐模型的最优性条件,(2.47)和(2.53)式给出了 $2T-1$ 个方程,加上(2.57)式,一共有 $2T$ 个方程。求解这些方程,就可以得到序列 K_{t+1} 和 C_t,这就是拉姆齐模型的转移动态路径。求解方法可以借助 MATLAB 软件实现。当然,由于这一拉姆齐模型较为简单,因此把(2.47)式代入(2.53)式后可以消去变量 C_t,从而可以进一步简化求解过程。

三、中国的储蓄率

这里用中国宏观经济数据来具体展示上述拉姆齐模型的数值模拟方法。把模型中的每一期对应到每一年,模拟 300 年的经济,其中第 1 期代表了 1978 年,前 41 期代表了 1978—2018 年的中国经济,第 300 期模型达到稳态。

首先构造外生变量。与第一章相同,1978—2018 年中国劳动总量数据取自国家统计局和 Holz(2006)。由此把模型中第 1 期的 L_1 标准化为 1,第 2—41 期的 L_t 取值等于所对应年份的劳动总量与 1978 年劳动总量之比。从第 42 期开始,每一期的劳动 L_t 保持不变,恒定为第 41 期的取值。

现实数据中并没有直接统计全要素生产率 A_t,通常把(2.46)式转化为 $A_t = Y_t / (K_t^\alpha L_t^{1-\alpha})$,在已知产出 Y_t、资本 K_t、劳动 L_t 和参数 α 的前提下,利用该式间接计算全要素生产率 A_t。这种间接计算全要素生产率的方法也被称为索洛余项法,即把全要素生产率视作产出中剔除资本和劳动的贡献后剩余的部分。

用实际 GDP 来衡量产出 Y_t。国家统计局公布 GDP 的名义值和指数(1978 年 = 100),按照与第一章相同的步骤计算得到实际 GDP 和价格。具体地,把 1978 年价格标准化为 1,用 z 年相对 1978 年的名义 GDP 增长因子与 GDP 指数增长因子相除,计算 z 年产出价格。用 z 年名义 GDP 与产出价格相除,计算 z 年实际 GDP。由此就可以计算出 1978—2018 年产出序列 Y_t。

国家统计局并不公布资本数据,但公布每年的投资数据,通常需要使用永续盘存法构造出资本数据。永续盘存法是利用当期投资与当期折旧之差等于下一期资本增量递归推出资本序列,即 $K_{t+1} = I_t + (1-\delta)K_t$。其中,$I_t$ 是投资,δ_t 是折旧率。因此,为了构造出资本序列,需要首先构造出投资序列。注意到投资 I_t 是实际量衡量的投资。国家统计局公布两个年度的投资数据。第一个年度投资数据是 GDP 支出法下的资本形成总额,包括固定资本形成总额和存货变动两类。当前中国资本形成总额中存货变动所占比重低于 5%,因此可以近似为固定资本形成总额,通常用资本形成总额或固定资本形成总额来衡量投资。但是这个投资数据只公布名义量,并不公布实际量。为了得到实际投资,需要构造投资价格数据。

第二个年度投资数据是全社会固定资产投资。全社会固定资产投资包括土地购置费、旧设备和旧建筑物购置费,但这些投资只是旧资本使用权或所有权的转移,并没有形成新的资本,因此这些投资都不算作宏观意义上的投资。并且,全社会固定资产投资不包括城镇和农村 500 万元以下项目的固定资产投资,不包括矿藏开发、计算机软件等无形资产投资,也不包括房屋销售收入和建造投资成本的差额,而这些投资中的大部分都应纳入宏观意义上的投资统计中。2004 年之前,中国全社会固定资产投资与固定资本形成总额非常接近,可以用于衡量投资,但 2004 年后与资本形成总额的差距显著扩大,当前二者之比已经接近于 2,不能直接用全社会固定资产投资这一指标来衡量投资了。全社会固定资产投资除了公布名义量,还会公布固定资产投资价格指数。这个价格指数有时被用于构造投资价格。但是由于全社会固定资产投资已经无法准确衡量投资,因此用其价格指数也可能无法准确衡量投资价格。

为此,这里选取资本形成总额作为投资的名义量。由于模型中产出既可以用于消费,也可以用于投资,也就是说,产出、消费和投资是同质产品,因此其价格也就完全一样。基于此,可以用已经计算出的产出价格作为投资价格。把投资的名义量除以投资价格,得到投资序列 I_t。使用各类资本的使用寿命和折旧数据,可以计算中国资本折旧率。不同方法不同数据下的估计值并不完全相同,但年折旧率基本在 0.05 至 0.15 之间,这里选择折旧率 $\delta = 0.1$。为了进行递归迭代,还需要给出第 1 期,也就是 1978 年的资本 K_1。永续盘存法通常使用第 1 期的实际投资、投资实际增速和折旧率来计算第 1 期的资本,即第 1 期资本为第 1 期实际投资除以折旧率与投资实际增速之和。为此,先计算 1978—2018 年实际投资的年平均增速,再计算第 1 期的资本 K_1。之后逐期迭代投资序列 I_t,就可以生成 1978—2018 年的资本序列 K_t。

关于参数 α,根据第一章的分析,这一参数实际上就是资本收入份额。中国资本收入份额可以使用收入法 GDP 计算。收入法 GDP 通常被分为劳动者报酬、营业盈余、生产税净额和固定资产折旧四项。其中第一项可以视为劳动收入,后三项加总可以视为资本收入,由此可以计算资本收入份额。但是,生产税净额也可能包括资本和劳动收入,因此也可以把劳动者报酬、营业盈余和固定资产折旧这三项加总,计算劳动者报酬在其中的占比,并将其作为劳动收入份额,而营业盈余和固定资产折旧之和在这三项之和中的占比,将其作为资本收入份额。国家统计局并不直接给出全国范围内的收入法 GDP 数据,但可以从三个渠道间接计算得到。一是国家统计局每年公布各省区的收入法 GDP,将所有省区数据加总,就可以得到全国数据。二是国家统计局每隔几年会公布全国投入产出表,表中汇报每个行业增加值的收入分配数据,将所有行业数据加总,也可以得到全国数据,但投入产出表并不是每年都统计的。三是国家统计局每年公布资金流量表,表中汇报全国层面的劳动者报酬数据,但从 1992 年以后才有资金流量表数据。使用以上三种方法计算出的中国资本收入份额并不是恒定不变的,在 20 世纪末开始呈现上升趋势后又在最近十年内缓慢下降,但是整体上在 50%附近。因此,这里选择资本产出弹性 $\alpha = 0.5$。

使用 1978—2018 年每一年的产出 Y_t、资本 K_t 和劳动 L_t,可以计算每一年的 A_t。由此把模型中第 1 期的 A_1 标准化为 1,第 2—41 期的 A_t 取值等于所对应年份的全要素生产率与 1978 年全要素生产率之比。假定从第 42 期起,第一个 30 年,每一年的 A_t 按照 1978—2018 年的年均增速,即 3.6%的速度逐年提高;第二个 30 年,每一年的 A_t 按照 1978—2018 年年均增速的一半,即 1.8%的速度逐年提高;此后,所有年份的 A_t 保持不变,恒定为第 101 期的取值。

可以看到,模型外生变量中的 L_t 和 A_t 序列已通过数据构造并标准化后得到。从模型的第 42 期起,就没有相应的数据来构造,此时需要做出进一步的假设。这里假设劳动保持恒定,全要素生产率的增速逐渐递减到零。一般来说,只要假设外生变量序列之后在合理范围内相对小幅变化,然后达到恒定不变,无论具体假设什么变化路径,都不会显著影响前 41 期,特别是更早时期的转移动态模拟结果。最后一个待定的外生变量是模型第 1 期的资本 K_1。改变这个变量的取值,模型第 1 期的储蓄率就会发生变化。因此,可以不断调整这个变量的取值,直到模型第 1 期的储蓄率与数据中 1978 年的储蓄率相等。这一方法就是校准方法。校准方法通常是调整待定的外生变量或参数,使得模型达到校准目标,即使得特定变量的模型预测值与现实数据相等。这里的校准对象就是第 1 期的外生资本,校准目标就是第 1 期也就是 1978 年的储蓄率。

参数校准或外生变量校准时,有几个带校准的参数或外生变量,就要求有几个校准目标。也就是说,调整这几个参数或外生变量,使得模型预测的同样数量的部分变量与现实数据完全相等。注意到参数校准与参数估计有所区别,但并无本质差异。参数估计相当于拟合目标数量大于参数数量,于是选取的参数值只能使模型预测的部分变量与现实数据的差别最小;而参数校准相当于拟合目标等于参数数量,于是选取的参数值可以使模型预测的部分变量与现实数据完全相等。比如在上一章第三节估计消费偏好时,要估计的偏好参数只有 3 个,但拟合目标是 1978—2018 年农业产出比重,也就是 41 个拟合目标,因此这

3个参数只能使模型预测的这41个年份的农业产出比重与现实数据的差别的平方和最小。再比如,这里待校准的参数或外生变量为第1期的资本这1个变量,拟合目标也只有第1期的储蓄率这1个变量,因此第1期资本的取值可以使模型中第1期的储蓄率等于现实数据。

在国家统计局的支出法 GDP 中,GDP 被分为最终消费支出、资本形成总额、货物和服务净出口。用最终消费支出占 GDP 比重计算出消费率,1减去这一消费率即为储蓄率。注意到模型中储蓄等于投资,但现实数据中由于存在货物和服务贸易净出口,储蓄和投资并不相等。因此,现实数据中储蓄率并不等于投资率,而模型中储蓄率即为投资率,这一特征可能会造成模型和数据的储蓄率不完全匹配。

时间偏好因子 β 和跨期替代弹性倒数 σ 被广泛用于宏观经济的动态模型中,时间偏好因子取值基本在 0.95 至 0.99 左右,跨期替代弹性倒数 σ 取值在 0.5 至 2.0 之间,这里选择 $\beta = 0.96$,$\sigma = 1$。

给定以上的外生变量和参数,使用(2.47)、(2.53)和(2.57)式就可以计算转移动态路径了。具体地,首先使用(2.55)式直接计算稳态资本。之后把(2.47)式代入(2.53)式,消去序列 C_t,得到:

$$\left(\frac{(1-\delta)K_{t+1} + A_{t+1}K_{t+1}^{\alpha}L_{t+1}^{1-\alpha} - K_{t+2}}{(1-\delta)K_t + A_t K_t^{\alpha} L_t^{1-\alpha} - K_{t+1}} \right)^{\sigma} = \beta[(1-\delta) + \alpha A_{t+1} K_{t+1}^{\alpha-1} L_{t+1}^{1-\alpha}] \quad (2.58)$$

最后把 $K_2, K_3, \cdots, K_{301}$ 这300个变量作为未知数,运用 MATLAB 软件直接求解300个方程构成的方程组就可以解出这些未知数。这300个方程就是欧拉方程(2.58)式给出的299个方程,加上终点条件(2.57)式。在使用 MATLAB 软件解方程时,还需要给出初值以便于 MATLAB 求解。这里初值选择的是资本从第1期匀速增长到最后一期的稳态,这是一种常见的初值选择方法。解出资本的动态路径后,逐期代入(2.47)式就可以计算出消费的动态路径。由此可以计算每一期的储蓄率 $s_t = 1 - (C_t / A_t K_t^{\alpha} L_t^{1-\alpha})$。注意到模型中的储蓄率实际上也是投资率。

图2.2把1978—2018年中国储蓄率的模型预测值与现实数据做了对比。可以看到,1978年储蓄率的模型预测值等于现实数据,这是因为第1期资本的校准目标即为此。整体上看,模型基本上能够生成中国30%以上的高储蓄率,但是在具体年份的波动上,拟合存在一些误差。在20世纪,模型中储蓄率的波动趋势与数据还比较一致,但模型无法生成21世纪最初十年储蓄率的快速上

升。尽管 2010 年以后模型中的储蓄率也和数据一样呈现了持续下降趋势,但二者的差距始终保持在 5 个百分点以上。事实上,21 世纪以来中国投资率也呈现了类似储蓄率的快速上升之后下降的趋势。如果把模型中的储蓄率看成是投资率,那么模型也无法很好地拟合投资率的这一变动趋势。因此,这里所采用的拉姆齐模型可以部分解释中国的高储蓄率现象,但无法解释 21 世纪以来中国储蓄率和投资率的急剧波动现象。这说明在模型之外,还存在没有考虑的重要因素,这些因素影响了 21 世纪以来中国储蓄率和投资率的波动。

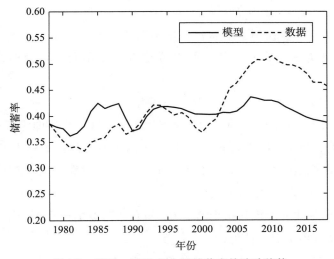

图 2.2　1978—2018 年中国储蓄率的波动趋势

第三节　结构转型动态模型

这一节把基本的拉姆齐模型拓展为多部门模型,建立一个结构转型动态模型。基本的拉姆齐模型中生产方面只有一个部门,这一节模型将设定农业、工业和服务业三个产业部门,对应为第一、第二和第三产业,并以此解释中国三次产业结构转型过程。相对于索洛增长模型,拉姆齐模型通过引入家庭部门动态跨期最优化问题来内生化储蓄和投资,但影响结构转型的价格效应和收入效应,以及资本深化的影响等理论机制并没有本质变化。

一、模型框架

模型使用离散时间,用下标 $t \in \{1, 2, 3, \cdots\}$ 来区分时期。生产方面分为三个产业部门,用下标 $j \in \{a, m, s\}$ 进行区分,分别对应于农业、工业和服务业。每个产业部门由一家代表性企业在完全竞争市场上租用资本 K_{jt}、雇用劳动 L_{jt},以柯布-道格拉斯技术生产产出 Y_{jt},形式上满足:

$$Y_{jt} = A_{jt} K_{jt}^{\alpha_j} L_{jt}^{1-\alpha_j} \tag{2.59}$$

其中,变量 A_{jt} 表示全要素生产率。参数 $0 < \alpha_j < 1$ 为常数,为资本产出弹性,在不同产业部门可以存在差别。用 P_{jt}、R_t 和 W_{jt} 分别表示产出价格、资本租金和劳动工资,于是企业利润最大化问题的一阶最优性条件为:

$$R_t = \alpha_j P_{jt} A_{jt} K_{jt}^{\alpha_j - 1} L_{jt}^{1-\alpha_j}, \quad W_{jt} = (1 - \alpha_j) P_{jt} A_{jt} K_{jt}^{\alpha_j} L_{jt}^{-\alpha_j} \tag{2.60}$$

注意到劳动工资使用了下标 j,说明不同产业部门的劳动工资可以有差别,这体现了劳动力市场存在摩擦。假定劳动力市场不同产业部门的劳动工资满足:

$$W_{jt} = \xi_{jt} W_{mt} \tag{2.61}$$

产业部门 j 与工业部门的劳动工资之比为 ξ_{jt},这一比值即为劳动力市场摩擦因子,衡量了产业部门之间的工资差距,可以随着时间的推移而发生变化,但是对于模型来说是外生变量。当 $\xi_{jt} = 1$ 时,所有工资差距消失,劳动力市场达到完全竞争。根据定义,有 $\xi_{mt} = 1$。

农业和服务业的产出只用于消费 C_{at} 和 C_{st},工业的产出用于消费 C_{mt} 或投资 I_t,即产品市场出清条件为:

$$Y_{at} = C_{at}, \quad Y_{mt} = C_{mt} + I_t, \quad Y_{st} = C_{st} \tag{2.62}$$

注意到模型中投资只来自工业部门的生产,因此没有用下标 j 来区分。于是,投资品价格即为工业产出价格。下一章还会进一步讨论投资内部也存在结构变化的情形。

需求方面由一个代表性家庭的动态跨期最优化问题来刻画。在每一期,家庭持有总资本 K_t,获得租金收入 $R_t K_t$;提供总劳动 L_t,并分配到三个产业部门中,即为每个产业部门提供劳动 L_{jt},从而获得劳动收入 $\sum_j W_{jt} L_{jt}$。家庭把总收入用于消费和储蓄。家庭以 P_{jt} 的价格购买三个产业部门生产的消费品 C_{jt},即总消费为 $\sum_j P_{jt} C_{jt}$。家庭把剩余收入储蓄起来,储蓄用于以 P_{mt} 的价格购买投资品 I_t,而投资又增加了家庭持有的总资本。因此,家庭约束方程为:

$$P_{mt} I_t + \sum_j P_{jt} C_{jt} = R_t K_t + \sum_j W_{jt} L_{jt} \tag{2.63}$$

$$K_{t+1} = (1 - \delta) K_t + I_t \tag{2.64}$$

其中,参数 $0 < \delta < 1$ 为常数,表示资本折旧率。假定家庭在第 1 期持有的总资本 K_1 是外生给定的。每一期,家庭从三个产业部门产品的消费 C_{jt} 中获得即期效用 C_t,满足扩展 Stone-Geary 型效用函数,即:

$$C_t = \left[\sum_j \omega_j^{1/\varepsilon} (C_{jt} + \overline{C}_j)^{(\varepsilon-1)/\varepsilon}\right]^{\varepsilon/(\varepsilon-1)} \quad (2.65)$$

其中,参数 $0 < \omega_j < 1$ 为常数,满足 $\sum_j \omega_j = 1$。参数 $\varepsilon > 0$ 为常数,近似于三个产业部门消费品的替代弹性。参数 $\overline{C}_j$ 为常数非位似项。假定家庭可以生存无穷期,目标是最大化从第 1 期到无穷期的消费所带来的一生效用,形式上满足 $\sum_{t=1}^{\infty} \beta^{t-1}(C_t^{1-\sigma} - 1)/(1-\sigma)$。其中,参数 $0 < \beta < 1$,参数 $\sigma > 0$ 为常数。给定第 1 期持有的总资本 K_1,以及每一期提供的劳动 L_{jt}、资本租金 R_t、劳动工资 W_{jt}、消费价格 P_{jt}、投资价格 P_{mt},家庭在(2.63)—(2.65)式的约束下,选择每一期的消费 C_{jt} 和投资 I_t,以及下一期持有的总资本 K_{t+1},来最大化一生效用。

每一期,生产要素市场出清,即家庭持有的总资本等于三个产业部门租用的资本之和,提供的总劳动等于三个产业部门雇用的劳动之和,即:

$$\sum_j K_{jt} = K_t, \quad \sum_j L_{jt} = L_t \quad (2.66)$$

二、动态一般均衡的解

模型动态一般均衡的求解难点在于家庭最优化问题。求解这一问题可以使用一个简便的方法。这一方法把家庭动态最优化问题分为同期的消费结构选择问题和跨期的储蓄选择问题这两个子问题分别求解,其基本原理我们在第一章已介绍。首先,给定每一期的总消费 $\sum_j P_{jt} C_{jt}$,家庭选择每一类消费品的数量 C_{jt} 最大化效用 C_t,等价于家庭选择 $\widetilde{C}_{jt} = C_{jt} + \overline{C}_j$ 最大化效用,只是约束方程变为 $\sum_j P_{jt} \widetilde{C}_{jt} = \sum_j P_{jt} C_{jt} + \sum_j P_{jt} \overline{C}_j$。注意到如果给定了每一期的总消费,上式等号右边也就给定了,家庭只是选择 $\widetilde{C}_{jt}$ 的数量。当期效用函数变为 $C_t = \left[\sum_j \omega_j^{1/\varepsilon} \widetilde{C}_{jt}^{(\varepsilon-1)/\varepsilon}\right]^{\varepsilon/(\varepsilon-1)}$。根据第一章的分析,求解这一问题等价于以 P_{Ct} 的价格购买复合消费品,即效用 C_t 满足:

$$P_{Ct} = \left(\sum_j \omega_j P_{jt}^{1-\varepsilon}\right)^{1/(1-\varepsilon)} \quad (2.67)$$

$$\sum_j P_{jt} \widetilde{C}_{jt} = P_{Ct} C_t \quad (2.68)$$

因此,家庭动态最优化问题的第一个子问题就是给定了家庭总消费,也就

给定了 $P_{Ct}C_t$，家庭选择 $\widetilde{C}_{jt}$ 最大化即期效用。这是一个同期的消费结构选择问题，易知此时消费结构满足：

$$\frac{P_{jt}\widetilde{C}_{jt}}{P_{Ct}C_t} = \frac{P_{jt}(C_{jt}+\overline{C}_j)}{P_{Ct}C_t} = \frac{\omega_j P_{jt}^{1-\varepsilon}}{P_{Ct}^{1-\varepsilon}} \tag{2.69}$$

注意到上述问题只是三类消费品数量的选择问题，并不涉及其他变量的选择。也就是说，只要每一期家庭把 $P_{Ct}C_t - \sum_j P_{jt}\overline{C}_j$ 的收入用于消费，家庭就能够获得当期效用 C_t。

因此，家庭的第二个子问题就是要把每一期收入的多少用于消费，同时储蓄多少，来最大化一生效用。此时约束方程为 $P_{mt}I_t + P_{Ct}C_t = R_t K_t + \sum_j W_{jt}L_{jt} + \sum_j P_{jt}\overline{C}_j$。注意到此时等号右边的 $\sum_j P_{jt}\overline{C}_j$ 对于家庭来说，只是外生变量序列，并非家庭选择的变量。家庭选择每一期的复合消费品 C_t 和投资 I_t，以及下一期持有的总资本 K_{t+1}，来最大化一生效用。这个子问题是一个跨期的储蓄选择问题，求解后得到欧拉方程：

$$\left(\frac{C_{t+1}}{C_t}\right)^\sigma = \beta \frac{P_{Ct}}{P_{Ct+1}} \frac{(1-\delta)P_{mt+1}+R_{t+1}}{P_{mt}} \tag{2.70}$$

可以看到，包含结构转型的拉姆齐模型求解过程中，可以把家庭动态最优化问题转化为两个子问题。在第一个子问题跨期的储蓄选择问题中，家庭只需选择每一期储蓄多少，同时也就决定了总消费是多少，可以看成是家庭只选择每一期的复合消费品这一种抽象的商品的数量，并不涉及每一个产业部门的产品消费数量选择。运用求解经典的拉姆齐模型的方法可以很容易解出这一问题。在第二个子问题同期的消费结构选择问题中，家庭就是在给定了总消费支出的情况下，来选择如何分配到具体的每一个产业部门的产品消费，这一问题也不再涉及其他变量或其他时期的选择。使用求解经典的效用最大化问题的方法可以很容易解出这一问题。

至此，模型的动态一般均衡解已被求解出。具体地，模型所有的外生变量为第 1 期的资本存量 K_1、每一期的全要素生产率序列 A_{jt}、劳动力市场摩擦因子序列 ξ_{jt} 和劳动力总量序列 L_t。模型所有 23 个内生变量序列为生产要素市场的资本数量 K_{t+1}、K_{jt}，劳动数量 L_{jt} 与相关价格 R_t、W_{jt}，产品市场的产出数量 Y_{jt}，消费数量 C_{jt}、C_t，投资数量 I_t 与相关价格 P_{jt}、P_{Ct}（$t \in \{1,2,3,\cdots\}$）。选择复合消费品作为计价物，其价格标准化为 1，即 $P_{Ct}=1$，因此只有 22 个内生变量序列待定。这 22 个内生变量序列由(2.59)—(2.62)、(2.64)—(2.70)式这 22 个等式决定。

为了简化数值模拟的求解过程,还可以对这 22 个等式进行进一步的推导。具体地,把 K_{t+1},C_{mt},P_{at},P_{mt},P_{st} 和 R_t 这 6 个内生变量序列视为待定变量。可以把其他内生变量 I_t,C_{at},C_{st},W_{jt},L_{jt} 直接表达为 K_{t+1},C_{mt},P_{at},P_{mt},P_{st} 和 R_t 的函数,即:

$$I_t = K_{t+1} - (1-\delta)K_t \tag{2.71}$$

$$C_{at} = \frac{\omega_a}{\omega_m}\left(\frac{P_{at}}{P_{mt}}\right)^{-\varepsilon}(C_{mt} + \overline{C}_m) - \overline{C}_a \tag{2.72}$$

$$C_{st} = \frac{\omega_s}{\omega_m}\left(\frac{P_{st}}{P_{mt}}\right)^{-\varepsilon}(C_{mt} + \overline{C}_m) - \overline{C}_s \tag{2.73}$$

$$W_{jt} = (1-\alpha_j)P_{jt}A_{jt}k_{jt}^{\alpha_j} \tag{2.74}$$

$$L_{at} = \frac{C_{at}}{A_{at}k_{at}^{\alpha_a}},\ L_{mt} = \frac{C_{mt}+I_t}{A_{mt}k_{mt}^{\alpha_m}},\ L_{st} = \frac{C_{st}}{A_{st}k_{st}^{\alpha_s}} \tag{2.75}$$

其中,变量 $k_{jt} = K_{jt}/L_{jt}$ 表示产业部门 j 的劳均资本,满足 $k_{jt} = (\alpha_j A_{jt} P_{jt}/R_t)^{1/(1-\alpha_j)}$。把欧拉方程转化为:

$$\left[\frac{\sum_j P_{jt+1}(C_{jt+1}+\overline{C}_j)}{\sum_j P_{jt}(C_{jt}+\overline{C}_j)}\right]^\sigma = \beta\frac{(1-\delta)P_{mt+1}+R_{t+1}}{P_{mt}} \tag{2.76}$$

(2.76)式加上(2.61)、(2.66)、(2.67)、(2.69)式一共 6 个等式,共同决定了 K_{t+1},C_{mt},P_{at},P_{mt},P_{st} 和 R_t 这 6 个内生变量序列。因此,通过数值模拟求解动态转移路径,就是利用这 6 个等式求解出 6 个内生变量序列。其他内生变量序列都可以由这 6 个内生变量序列直接计算得出。

当然,与求解基本的拉姆齐模型的转移动态路径一样,由于欧拉方程给出的是前后两期之间的变量关系,因此欧拉方程生成的等式会比模拟的总时期数量少一个。或者说由于数值模拟的是有限期数的转移动态路径,因此无法使用 $t\to\infty$ 的横截性条件。总之,为了计算模型转移动态,需要进一步假设在一定时期以后,所有的外生变量均保持恒定。因此模型一定会经过足够长的时间收敛到稳态,即在模拟的最后一期的期末,资本总量等于稳态值。这就要求在模拟转移动态之前,首先应当求解出稳态水平,这与模拟基本的拉姆齐模型的转移动态路径是完全相同的。

稳态下,所有变量均保持恒定,将变量的下标 t 去掉来表示其稳态值。此时

(2.71)式变为：$I = \delta K$。

其他变量之间的关系仍然成立。把(2.61)、(2.66)、(2.67)、(2.69)、(2.76)式中所有变量的下标 t 均去掉，就可以求解出稳态下的 K, C_m, P_a, P_m, P_s 和 R。

三、数据构造和参数校准

下面把模型用于定量分析中国三次产业结构转型过程。将模型中广义上的农业、工业和服务业视为三次产业，即第一、第二和第三产业。三次产业增加值加总就等于总增加值，即 GDP；三次产业就业人数加总就等于总就业人数。在数值模拟之前，需要使用数据构造出模型的外生变量，即每一期的全要素生产率序列 A_{jt}、劳动力市场摩擦因子序列 ξ_{jt} 和劳动力总量序列 L_t。同时还需要进行参数校准，即设定参数 α_j, δ, σ, β, ε, ω_j, $\overline{C}_j$ 的取值。

首先，构造出三次产业的产出、劳动和资本数据，并以此计算三次产业的全要素生产率。按照前文的数据处理方法，根据中国国家统计局公布的历年三次产业的名义增加值和增加值指数数据，可以计算出三次产业的实际增加值和价格，将名义增加值、实际增加值和价格对应为名义产出、实际产出和价格。根据中国国家统计局公布的历年三次产业的就业数据，加上 Holz(2006) 的调整，可以构造出三次产业的就业人数和总就业人数的数据。总就业人数直接作为模型中劳动力总量 L_t 的取值。数据的时间跨度是 1978—2018 年合计 41 年，模型中的每一期对应为数据中的每一年。

关于三次产业的资本没有直接的统计数据，需要间接计算。使用中国国家统计局公布的历年最终资本形成总额数据作为投资，采用永续盘存法构造出总资本数据。但是，最终资本形成总额数据并没有分三次产业的相关数据，因此无法分别采用永续盘存法构造出三次产业的资本数据。全社会固定资产投资有分到三次产业甚至更细分行业的数据，一种可行的方式是按照三次产业固定资产投资占总固定资产投资的比重，把资本形成总额数据分解到三次产业。但是全社会固定资产投资数据并非宏观经济意义上的投资，使用这种方法可能会有很大的偏差。

这里选择使用另一种方法，即在数据缺失时，增加对于数据的假设，以便构造出缺失的数据。假设(2.60)式在现实中也是成立的，即资本可以在产业部门之间自由流动。由此可知 $R_t = \left(\sum_j \alpha_j P_{jt} Y_{jt} \right) / K_t$。上式中，变量 $P_{jt} Y_{jt}$ 即为三次产业的名义产出，已经构造得到，分子即为总体经济的资本收入。变量 K_t 为总资本,基于最终资本形成总额数据采用永续盘存法计算得出,其中年折旧率仍然取10%,即 $\delta = 0.1$。通过上式,用总体经济的资本收入除以资本,可以首先计算每一年的资本租金 R_t,之后就可以计算三次产业的资本了。但在此之前,还须设定参数 α_j 的取值。

参数 α_j 衡量了三次产业的资本产出弹性,即资本收入份额。投入产出表不但提供了总的收入法 GDP,即把总增加值分解为劳动者报酬、营业盈余、生产税净额和固定资产折旧等四项,而且也把更细分行业的增加值做了同样的分解。把其中的劳动者报酬一项视为劳动收入,其余三项加总视为资本收入,用资本收入除以产业增加值,即可得到三次产业的资本收入份额。使用中国国家统计局公布的1990—2017年的所有投入产出表,把这些计算结果取算术平均数,作为模型中参数 α_j 的取值,由此得到 $\alpha_a = 0.089$,$\alpha_m = 0.619$,$\alpha_s = 0.547$。基于这些参数以及三次产业名义产出和总资本数据,即可计算出每一年的资本租金 R_t,之后由 $K_{jt} = \alpha_j P_{jt} Y_{jt}/R_t$ 直接计算出三次产业的资本数据。需要再次强调的是,上述过程相当于假设(2.60)式是成立的,即在缺失数据的情况下假设模型的部分方程是正确设定的,或者说与现实数据的差别并不会产生显著影响。

把三次产业的产出、资本和就业数据,加上参数 α_j 的取值全部代入(2.59)式,可以直接计算出历年三次产业的全要素生产率序列 A_{jt}。把三次产业的产出和就业数据,加上参数 α_j 的取值全部代入(2.60)式,可以计算出历年三次产业的劳动工资,再代入(2.61)式,即可计算出每一期的劳动力市场摩擦因子序列 ξ_{jt}。

关于消费偏好参数 ε,ω_j,$\overline{C}_j$,使用模型的部分方程进行结构化估计。虽然(2.69)式直接给出了消费结构,但是中国国家统计局并没有直接公布与之对应的消费结构数据,对此的详细讨论可以参见下一章。因此,这里把(2.62)式代入(2.69)式,进一步得到:

$$\frac{P_{at}Y_{at}}{\sum_j P_{jt}Y_{jt}} = \frac{\omega_a P_{at}^{1-\varepsilon}}{\sum_j \omega_j P_{jt}^{1-\varepsilon}}\left(1 - x_t + \frac{\sum_j P_{jt}\overline{C}_j}{\sum_j P_{jt}Y_{jt}}\right) - \frac{P_{at}\overline{C}_a}{\sum_j P_{jt}Y_{jt}} \quad (2.77)$$

$$\frac{P_{st}Y_{st}}{\sum_j P_{jt}Y_{jt}} = \frac{\omega_s P_{st}^{1-\varepsilon}}{\sum_j \omega_j P_{jt}^{1-\varepsilon}}\left(1 - x_t + \frac{\sum_j P_{jt}\overline{C}_j}{\sum_j P_{jt}Y_{jt}}\right) - \frac{P_{st}\overline{C}_s}{\sum_j P_{jt}Y_{jt}} \quad (2.78)$$

(2.77)和(2.78)式中,等号左边即为第一产业和第三产业的产出比重,已经构造得到;等号右边的变量 P_{jt} 为三次产业的产出价格,也已经构造得到,变量 $x_t = P_{mt}I_t/\sum_j P_{jt}Y_{jt}$ 为投资率,可以由资本形成总额占 GDP 比重直接计算。

关于上述方程的参数估计的原理是通过调整参数 ε，ω_j，$\overline{C}_j$ 的取值，使 1978—2018 年每一年根据（2.77）和（2.78）式等号右边预测的第一产业和第三产业的产出比重与现实数据的差值的平方和最小，即可得到拟合效果最好的参数 ε，ω_j，$\overline{C}_j$。与多数文献的做法一致，进一步假设 $\overline{C}_m = 0$，可以减少一个待估计的参数。

表 2.1 的第（1）列给出了估计结果。可以看到，三个产业产品的消费替代弹性为 0.015，非常接近于 0，并且不显著，意味着三次产业的消费品之间近乎完全互补。参数 ω_j 的估计值均在 1% 的水平上显著。参数 $\overline{C}_a < 0$，$\overline{C}_s > 0$，也均在 1% 的水平上显著，说明第一产业的产品消费需求收入弹性较小，第三产业的产品消费需求收入弹性较大。由于三个产业产品的消费替代弹性接近于 0，并且不显著，表中第（2）列直接设定其为 0，然后再重新估计其他参数。可以看到，此时其他参数的估计值与第（1）列的估计值差别很小，因此直接设定模型的消费需求偏好是里昂惕夫型非位似偏好，在定量上也不会有大的误差。不过，下文仍然取第（1）列的估计值用于数值模拟。

表 2.1 消费偏好参数估计结果

参数	（1）	（2）
ε	0.015	—
	(0.744)	—
ω_a	0.133 ***	0.132 ***
	(0.000)	(0.000)
ω_m	0.088 ***	0.082 ***
	(0.000)	(0.006)
ω_s	0.779 ***	0.786 ***
	(0.000)	(0.000)
$\overline{C}_a$	−519.167 ***	−438.428
	(0.001)	(0.170)
$\overline{C}_s$	3213.789 ***	3798.639 *
	(0.000)	(0.073)

注：括号内为 P 值，***、**、* 分别表示在 1%、5% 和 10% 的水平上显著。

再次强调，这里只是对模型的部分方程进行结构化估计，因此产业价格和总增加值直接使用了数据。但是在整个动态一般均衡模型中，这些变量也均是内生变量,因此数值模拟对产出比重的预测值并不是此时非线性估计中的预测值。

最后,设定时间偏好因子 $\beta = 0.95$,跨期替代弹性倒数 $\sigma = 1$。把以上参数取值所决定的模型定义为基准模型,表 2.2 总结了基准模型中的所有参数取值。

表 2.2 基准模型参数取值

参数	α_a	α_m	α_s	δ	β	σ
取值	0.089	0.619	0.547	0.1	0.95	1
参数	ε	ω_a	ω_m	ω_s	$\overline{C}_a$	$\overline{C}_m$	$\overline{C}_s$
取值	0.015	0.133	0.088	0.779	−519.2	0	3213.8

四、中国三次产业结构转型的模拟结果

模拟 1978 年之后 300 期的经济,即到第 300 期,经济达到了稳态水平。1978—2018 年这 41 期的外生变量序列已经构造得出,基于此生成 2018 年以后 259 期的外生变量序列,具体如下。关于三个产业的全要素生产率,计算 1978—2018 年三个产业全要素生产率的年均增速,得到第一、第二和第三产业全要素生产率的平均增速分别为 4.86%、2.78% 和 0.89%。假定 2018 年之后的 15 年三个产业的全要素生产率继续按照其年均增速增长,再之后的 15 年按照年均增速的一半增长,然后不再增长,保持恒定。关于总劳动供给,假定 2018 年以后每一年的总劳动供给保持恒定,始终为 2018 年的取值。关于劳动力市场摩擦因子,假定 2018 年之后的 30 年以每年相同的变化量收敛到 1,之后保持恒定,即 30 年以后劳动力市场摩擦因子消失。关于第 1 期的资本存量,采用校准的方式进行设定,即调整模型中的第 1 期资本存量取值,使第 1 期的投资率为 0.384,等于现实数据的取值。至此已构造出 300 期的所有外生变量序列,这些外生变量和表 2.2 中的参数所决定的模型被定义为基准模型。为了求解转移动态路径,首先求解出稳态,即令所有变量的取值均保持恒定。然后令第 300 期期末的资本等于稳态值,替代横截性条件作为终点条件,即可求解出转移动态路径。

图 2.3 汇报了基准模型前 41 期,也就是 1978—2018 年三个产业的就业比重和产出比重的变化趋势。可以看到,基准模型基本上再现了现实数据中 1978—2018 年第一产业比重下降、第三产业比重上升以及第二产业就业比重先

缓慢上升后有所下降和产出比重相对稳定后下降的趋势。尽管部分年份一些产业比重与现实数据的差距较大，但是整体上均在可以接受的范围内，在趋势上并没有偏离现实数据。

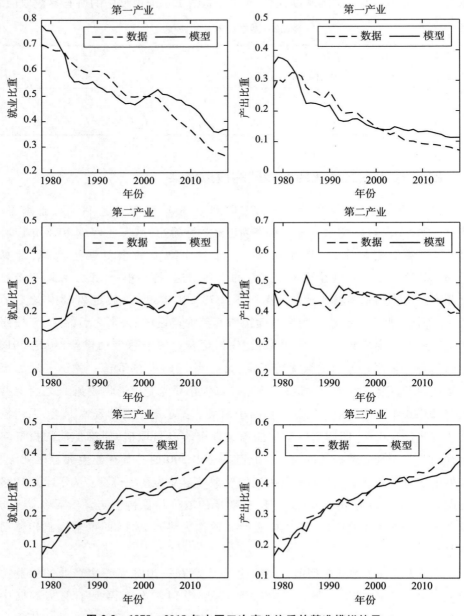

图 2.3　1978—2018 年中国三次产业比重的基准模拟结果

表 2.3 汇报了不同环境下 1978—2018 年三个产业比重的变化幅度。可以看到,基准模型中第一、第二和第三产业就业比重分别变化-41.1、10.0 和 31.1 个百分点,现实数据中分别变化-44.4、10.3 和 34.1 个百分点;基准模型中第一、第二和第三产业产出比重分别变化-24.3、-6.8 和 31.0 个百分点,现实数据中分别变化-20.5、-7.1 和 27.6 个百分点。基准模型和现实数据之间的差别均在 4 个百分点以内。

表 2.3 基准模型和现实数据中 1978—2018 年三个产业比重的变化幅度

	就业比重变化幅度			产出比重变化幅度		
	第一产业	第二产业	第三产业	第一产业	第二产业	第三产业
基准模型	-0.411	0.100	0.311	-0.243	-0.068	0.310
现实数据	-0.444	0.103	0.341	-0.205	-0.071	0.276

在基准模型的基础上进行反事实模拟,就可以评估特定外生变量对结构转型的影响。具体地,把特定外生变量始终固定在第 1 期的取值,其他外生变量仍然保持基准模型下的取值,重新进行数值模拟,此时的模拟结果与基准模型之间的差别,就反映了该外生变量的影响。因为此时的模拟结果之所以与基准模型有差别,就是由于该外生变量保持了恒定,如果该外生变量变化,就可以使得此时的模拟结果变化为基准模型下的模拟结果。这里按照这一方法,依次评估了三个产业全要素生产率的影响。图 2.4 汇报了这三个反事实模拟的结果。可以看到,在第一产业全要素生产率保持恒定时,第一产业比重大幅高于基准模型,第二和第三产业比重大幅低于基准模型,说明第一产业全要素生产率显著降低了第一产业比重,同时显著提高了第二和第三产业比重。在第二产业全要素生产率保持恒定时,第一产业比重会下降,第二产业比重会上升,第三产业产出比重基本稳定,但就业比重有所上升。这意味着第二产业全要素生产率降低了第二产业比重,同时提高了第一产业比重。在第三产业全要素生产率保持恒定时,第一产业比重会下降,第三产业比重会上升,意味着第三产业全要素生产率降低了第三产业比重,同时提高了第一产业比重,但影响相对有限。从影响程度上看,中国三个产业结构转型中,第一产业全要素生产率的影响最大,其次是第二产业全要素生产率,影响最小的是第三产业全要素生产率。

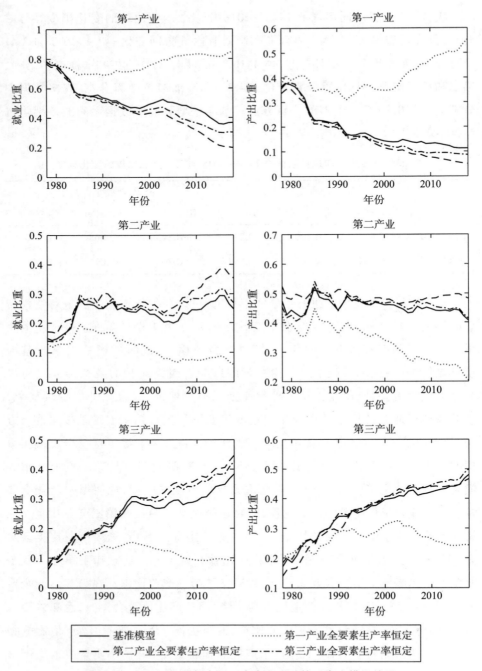

图 2.4 1978—2018 年中国三次产业比重的反事实模拟结果

第四节　新结构经济学基本模型

随着一个经济体的不断发展,不仅三次产业相对比重会表现出"库兹涅茨事实"发展规律,而且产业内部结构也会发生趋势性变化。无论是用就业占制造业总就业的比重衡量,还是用增加值占制造业总增加值的比重衡量,制造业内部各个细分产业所占比重会随着经济的发展呈现出先上升后下降的倒U形趋势。并且资本密集度越高的细分产业,其比重达到峰值的时间越晚。因此,在任意一段时期内,一个经济体制造业内部资本密集度相对较低的细分产业比重会持续下降,资本密集度高的细分产业比重会持续上升,而资本密集度处于中等水平的细分产业比重会呈现先上升后下降的倒U形趋势。这也被称为产业发展的"雁行模式"——形容产业如大雁成V字阵型飞行般的发展模式。新结构经济学指出,要素结构变化是推动形成雁行模式的产业结构转型趋势的主要因素,为理解要素结构和结构转型的关系提供了新的理论视角,是对产业结构转型理论的一大发展。

新结构经济学提出,一个经济体在每个时点上的经济结构内生于给定的要素结构,要素结构发生变化,与之相适应、相匹配的最优产业也会随之发生变化,于是呈现新产业兴起、旧产业收缩的产业结构转型过程。新结构经济学理论虽然也纳入了资本深化后资本和劳动相对价格下降,进而推动资本密集型产业替代劳动密集型产业的经济机制,但这个过程是每个资本密集度更高的细分产业依次替代资本密集度更低的细分产业的持续的产业结构转型过程,表现出产业内部的生产结构随着要素结构的变化而长期持续转型、特定产业比重呈现倒U形发展的雁阵模式。这一理论有力推动了经济结构转型理论的发展。下面以一个静态一般均衡模型展示新结构经济学关于要素结构影响经济结构转型的主要理论机制。

一、模型框架

用一个代表性家庭来刻画需求方面,该家庭无弹性地为生产提供劳动L和资本K。资本劳动比K/L反映了要素结构,其上升即为资本深化过程。

生产方面以一个最终品生产部门和潜在无穷多的中间品生产部门来刻画,每个中间品生产部门生产一类产品,可以对应为一个细分产业,中间品和细分产业在模型中是一一对应、可以通用的。最终品 C 由所有中间品 c_n（用下标 n，$n' \in \{0, 1, 2, \cdots\}$ 区分产品和产业）复合而成，形式上满足：

$$C = \sum_n \lambda^n c_n \tag{2.79}$$

其中，参数 $\lambda > 1$ 为常数，λ^n 衡量了第 n 类产品在生产最终品时的生产率。把最终品作为计价物，价格标准化为 1。最终品生产是一个线性可加的生产函数，意味着中间品之间替代弹性为无穷大，是完全替代的关系。

用 k_n 和 l_n 表示第 n 类产品生产所使用的资本和劳动。特别地，第 0 类产品只使用劳动进行生产，其生产函数为：

$$c_0 = l_0 \tag{2.80}$$

第 $n \geq 1$ 类产品同时使用资本 k_n 和劳动 l_n 进行生产，其生产函数为：

$$c_n = \min\left\{\frac{k_n}{a^n}, l_n\right\} \tag{2.81}$$

其中，参数 $a > 1$ 为常数。(2.81) 式中的生产函数意味着资本和劳动在生产 c_n 时是完全互补的，资本劳动比即资本密集度始终为 a^n。因此，n 越大的细分产业的资本劳动比越高，其资本密集度也就越高。再由 (2.79) 式可知，资本密集度越高的产业在生产最终品时的生产率也越高。为了避免始终只有资本密集度最高的产品被生产的极端情形，假设 $a > \lambda$。

用 r 和 w 分别表示资本租金和劳动工资，用 p_n 表示第 n 类产品的价格。每生产 1 单位第 0 类产品，就需要 1 单位劳动，于是其单位生产成本恒为劳动工资 w，完全竞争市场下其价格等于单位生产成本，即 $p_0 = w$。每生产 1 单位第 $n \geq 1$ 类产品，就需要 a^n 单位资本和 1 单位劳动，于是其单位生产成本恒为 $a^n r + w$，完全竞争市场下其价格等于单位生产成本，即对于 $n \geq 1$，有 $p_n = a^n r + w$。

家庭获得资本收入和劳动收入 $rK + wL$，将其全部用于购买最终品 C 进行消费，即：

$$C = rK + wL \tag{2.82}$$

资本和劳动等要素市场出清，满足：

$$\sum_n k_n = K, \quad \sum_n l_n = L \tag{2.83}$$

二、理论分析

这里关注资本深化如何改变各个细分产业比重，从而展示要素结构变化对结构转型的影响机制。根据 (2.79) 式，最终品生产部门每使用 1 单位第 n 类中间品进行生产,就可以带来 λ^n 单位的新增产出,而每单位中间品的使用成本即为其价格 p_n,因此如果最终品生产部门使用第 n 类中间品进行生产,其单位生产成本就为 p_n/λ^n。最终品生产部门只会选择单位生产成本最低的中间品生产,易于证明的是,只有最多两类中间品被同时用于生产最终品,并且这两类中间品是相邻的。

在任意时刻,只有第 n 类和第 $n+1$ 类中间品来生产最终品,其单位生产成本应当是相等的,并且均低于使用其他种类中间品的单位生产成本。因此,如果 $n \geq 1$,那么有:

$$\frac{a^n r + w}{\lambda^n} = \frac{a^{n+1} r + w}{\lambda^{n+1}} \tag{2.84}$$

此时资本和劳动的相对成本满足:

$$\frac{r}{w} = \frac{\lambda - 1}{a^n(a - \lambda)} \tag{2.85}$$

如果 $n = 0$,那么有:

$$w = \frac{ar + w}{\lambda} \tag{2.86}$$

此时资本和劳动的相对成本满足:

$$\frac{r}{w} = \frac{\lambda - 1}{a} \tag{2.87}$$

进一步假设 $a - 1 > \lambda$,此时易于验证的是,对于任意第 $n' < n$ 类或第 $n' > n+1$ 类中间品,有 $p_{n'}/\lambda^{n'} > p_n/\lambda^n$,即其他种类中间品的单位生产成本均高于第 n 类和第 $n+1$ 类中间品,也就不会被用于生产,因此经济中只有第 n 个和第 $n+1$ 个产业在生产。于是要素市场出清条件(2.83)式变为:

$$c_n + c_{n+1} = L \tag{2.88}$$

当 $n \geq 1$ 时,有:

$$a^n c_n + a^{n+1} c_{n+1} = K \tag{2.89}$$

当 $n = 0$ 时,有:

$$ac_1 = K \tag{2.90}$$

联立(2.85)、(2.87)—(2.90)式,可以求解出模型一般均衡如下。

当资本劳动比 $K/L < a$ 时,资本和劳动的相对成本满足(2.87)式,只有第 0 个和第 1 个产业在生产,其产出分别为:

$$c_0 = L - K/a, \quad c_1 = K/a \tag{2.91}$$

总产出为：

$$C = L + \frac{K}{a}(\lambda - 1) \qquad (2.92)$$

当 $a^n \leq K/L \leq a^{n+1}$ 时，资本和劳动的相对成本满足(2.85)式，只有第 n 个（$n \geq 1$）或第 $n+1$ 个产业在生产，其产出分别为：

$$c_n = \frac{a^{n+1}L - K}{(a-1)a^n}, \quad c_{n+1} = \frac{K - a^n L}{(a-1)a^n} \qquad (2.93)$$

总产出为：

$$C = \frac{(\lambda-1)\lambda^n K}{(a-1)a^n} + \frac{\lambda^n(a-\lambda)L}{a-1} \qquad (2.94)$$

由一般均衡的决定方程(2.91)—(2.94)式可知，随着资本的深化，即总体经济资本劳动比 K/L 上升，只有资本密集度（即 a^n）最接近这一比值的两个细分产业在生产，并且每个细分产业（$n \geq 1$）的产出都会呈现从零开始逐渐上升，然后逐渐下降到零的倒 U 形趋势，最终被资本密集度更高的细分产业所取代。比如，在 $K/L < a^{n-1}$（$n \geq 2$）时，第 n 个细分产业的产出始终为零。随着资本的深化使 $a^{n-1} \leq K/L \leq a^n$，第 n 个细分产业开始生产，产出为正值，满足 $c_n = \frac{K - a^{n-1}L}{(a-1)a^{n-1}}$，这一时期随着资本 K 的增加其产出持续上升。资本进一步深化使 $a^n \leq K/L \leq a^{n+1}$，第 n 个细分产业的产出满足 $c_n = \frac{a^{n+1}L - K}{(a-1)a^n}$，虽然仍为正值，但这一时期随着资本 K 的增加而会持续下降，直到 $K/L = a^{n+1}$ 时降至零。在 $K/L > a^{n+1}$ 后，第 n 个细分产业的产出又始终为零了。因此，第 n 个细分产业在 $a^{n-1} \leq K/L \leq a^{n+1}$ 时期内其产出都会呈现倒 U 形发展趋势，峰值出现在 $K/L = a^n$（即总体经济资本劳动比等于该细分产业资本密集度）时，这就是雁行模式的产业结构转型趋势。

上述结果体现了要素结构决定与其相适应的产业结构的经济机制，这是新结构经济学有别于其他结构转型理论的主要特征。具体地，虽然资本密集度更高（n 更高）的细分产业的生产率（λ^n 随着 n 的提高而提高）更高，但其生产技术所需的资本和劳动的要素投入比（a^n 随着 n 的提高而提高）也更高。如果总体经济资本劳动比还相对较低，资本更加稀缺，资本租金相对劳动工资而言就会较高，那么使用资本密集度更高的生产技术虽然带来了更高的生产率，但生产成本的上涨幅度会大于生产率的提高幅度，此时这种生产技术就不会被应用,更适宜要素结构的细分产业是使用资本密集度相对较低的生产技术的细分产业。随着资本的深化提高了总体经济资本劳动比,资本相对劳动的使用成本就会降低,于是采用更高资本密集度的细分产业进行生产,其生产成本的上涨幅度就会低于生产率的提高幅度,与更高资本劳动比相适应的细分产业就是更高资本密集度的细分产业。

总之,一个经济体生产不同种类或不同细分产业的产品时可以使用资本密集度不同的生产方式,这些种类或细分产业的产品之间的替代弹性较大。当资本深化使资本相对劳动变得越来越便宜时,资本密集度更高的生产技术或产品就会替代资本密集度更低的生产技术或产品,或者说一个资本密集度高的细分产业会由于其相对成本或相对价格更低而去替代旧的资本密集度低的细分产业,因此这个细分产业的比重就会逐渐上升。但持续的资本深化又会促使这个细分产业最终被另一个资本密集程度更高的细分产业(其相对成本或相对价格更快下降)所替代,其比重就会转为下降。对于每个细分产业来说,随着资本的深化就会呈现倒 U 形发展趋势。因此,要素结构决定了经济选择具有相适宜资本密集度的产业,随着要素结构的变化,相适宜的产业也会持续动态演化,其资本密集度会随着资本劳动比的上升而提高,进而推动产业结构持续转型。

本章小结

本章介绍了要素结构影响宏观经济结构转型的基本理论及建模方式。要素结构转型,即要素相对数量变化改变了不同要素之间的相对价格,既改变了要素密集程度存在差别的不同产业之间的产出相对价格,产生价格效应,也促使要素替代弹性存在差别的不同产业内部的要素相互替代,这两个经济机制都会推动结构转型。本章以资本深化为例详细展示了相关理论机制,但相关建模方式和经济含义也同样适用于其他类型的要素结构变化,并且不仅局限于两个生产部门,也可从中拓展出多个生产部门多个生产要素的理论模型。由于资本积累来自储蓄形成的投资,本章还介绍了把储蓄和投资内生化的拉姆齐模型,特别是重点介绍了拉姆齐模型转移动态路径的定量模拟方法。把拉姆齐模型拓展到多个生产部门,就可以构建结构转型动态模型。本章介绍了一个包含三次产业结构转型的拉姆齐模型,并以此对中国产业结构转型进行量化分析,详细说明数值模拟的具体过程。此外,本章以一个静态一般均衡模型，介绍了新结构经济学关于要素结构推动结构转型的主要经济机制，这为理解要素结构对结构转型的影响提供了重要的理论视角。通过本章的学习，读者可以了解要素结构影响结构转型的基本理论，并掌握多部门动态一般均衡模型的建模与量化方法。

阅读资料

本章第一节介绍的资本深化影响结构转型的基本理论源自 Acemoglu & Guerrieri（2008）和 Alvarez-Cuadrado et al.（2017）。Acemoglu & Guerrieri（2008）提出，由于不同生产部门的资本密集程度或劳动密集程度存在差别，资本深化也会产生价格效应推动结构转型。Alvarez-Cuadrado et al.（2017）提出，由于不同生产部门内部资本和劳动的替代弹性存在差别，资本深化会促使不同生产部门内部要素之间不同程度的替代，进而推动结构转型。本章第三节介绍的结构转型动态模型与 Buera & Kaboski（2009）类似，他们评估了基本的结构转型动态模型对美国三次产业结构转型的解释力。本章第四节介绍的新结构经济学模型来自 Ju et al.（2015）模型的简化版本，他们构建了新结构经济学要素结构推动结构转型的基本理论模型。上述文献及相关的其他重要文献列举如下。

［1］郭凯明，2019：《人工智能发展、产业结构转型升级与劳动收入份额变动》，《管理世界》第 7 期。

［2］郭凯明、杭静、颜色，2020：《资本深化、结构转型与技能溢价》，《经济研究》第 9 期。

［3］郭凯明、王钰冰、龚六堂，2023：《劳动供给转变、有为政府作用与人工智能时代开启》，《管理世界》第 6 期。

［4］郭凯明、颜色、杭静，2020：《生产要素禀赋变化对产业结构转型的影响》，《经济学（季刊）》第 4 期。

［5］廖俊敏、王韡、徐朝阳，2023：《产业结构变迁过程中的人力资本效应》，《经济学（季刊）》第 4 期。

［6］王勇、沈仲凯，2018：《禀赋结构、收入不平等与产业升级》，《经济学（季刊）》第 2 期。

［7］颜色、郭凯明、杭静，2022：《中国人口红利与产业结构转型》，《管理世界》第 4 期。

［8］Acemoglu, D., and V. Guerrieri, 2008, "Capital Deepening and Non-balanced Economic Growth", *Journal of Political Economy*, 116(3), 467–498.

［9］Alvarez-Cuadrado, F., N. V. Long, and M. Poschke, 2017, "Capital-Labor Substitution, Structural Change, and Growth", *Theoretical Economics*, 12(3), 1229–1266.

［10］Alvarez-Cuadrado, F., N. V. Long, and M. Poschke, 2018, "Capital-Labor Substitution, Structural Change and the Labor Income Share", *Journal of Economic Dynamics and Control*, 87, 206–231.

[11] Buera, F. J., and J. P. Kaboski, 2009, "Can Traditional Theories of Structural Change Fit the Data?", *Journal of the European Economic Association*, 7(2-3), 469-477.

[12] Cao, K. H., and J. A. Birchenall, 2013, "Agricultural Productivity, Structural Change, and Economic Growth in Post-reform China", *Journal of Development Economics*, 104(3), 165-180.

[13] Caselli, F., and W. J. Coleman II, 2001, "The U.S. Structural Transformation and Regional Convergence: A Reinterpretation", *Journal of Political Economy*, 109(3), 584-616.

[14] Echevarria, C., 1997, "Changes in Sectoral Composition Associated with Economic Growth", *International Economic Review*, 38(2), 431-452.

[15] Guo, K., J. Hang, and S. Yan, 2022, "Structural Change and the Skill Premium", *Structural Change and Economic Dynamics*, 62, 247-261.

[16] Hansen, G. D., and E. C. Prescott, 2002, "Malthus to Solow", *American Economic Review*, 92(4), 1205-1217.

[17] Herrendorf, B., and Á. Valentinyi, 2012, "Which Sectors Make Poor Countries so Unproductive", *Journal of the European Economic Association*, 10(2), 323-341.

[18] Ju, J., J. Y. Lin, and Y. Wang, 2015, "Endowment Structures, Industrial Dynamics, and Economic Growth", *Journal of Monetary Economics*, 2015, 76, 244-263.

[19] Leukhina, O. M., and S. J. Turnovsky, 2016, "Population Size Effects in the Structural Development of England", *American Economic Journal: Macroeconomics*, 8(3), 195-229.

[20] Storesletten, K., B. Zhao, and F. Zilibotti, 2019, "Business Cycle during Structural Change: Arthur Lewis's Theory from a Neoclassical Perspective", NBER Working Paper, 26181.

[21] Wingender, A. M., 2015, "Skill Complementarity and the Dual Economy", *European Economic Review*, 74, 269-285.

练习与思考

1. 拓展第一节的理论模型框架。假设两个中间品生产部门的生产者使用资本 K_j、土地 N_j 和劳动 L_j 三种要素进行生产，技术满足柯布-道格拉斯型：$Y_j = A_j K_j^{\alpha_j^K} N_j^{\alpha_j^N} L_j^{\alpha_j^L}$。其中，参数 $0 < \alpha_j^K, \alpha_j^N, \alpha_j^L < 1$ 为常数，分别表示资本、土地和劳动的产出弹性，满足 $\alpha_j^K + \alpha_j^N + \alpha_j^L = 1$。资本、土地和劳动的使用成本分别为 R、V 和 W。代表性家庭分别把收入的 s^K 和 s^N 比例用于积累资本和土地，剩余部分用于消费。模型的其他设定保持不变。每一期资本、土地和劳动的总量分别为 K，N 和 L。

（1）写出该模型一般均衡的决定方程。

（2）随着土地 N 的增加，资本、土地和劳动在两个生产部门的配置比重将会如何变化？用价格效应理论进行解释。

（3）如果资本 K 和土地 N 等比例增加，资本、土地和劳动在两个生产部门的配置比重将会如何变化？用价格效应理论进行解释。

2. 推导证明（2.29）—（2.36）式。

3. 拓展第一节的理论模型框架。假设两个中间品生产部门的生产者使用建筑设施 K_j^S、机器设备 K_j^E 和劳动 L_j 三种要素进行生产，技术满足嵌套常替代弹性形式：

$$Y_j = A_j \left\{ \alpha_j^{\frac{1}{\rho_j}} (K_j^S)^{\frac{\rho_j-1}{\rho_j}} + (1-\alpha_j)^{\frac{1}{\rho_j}} \left[\beta_j^{\frac{1}{\sigma_j}} (K_j^E)^{\frac{\sigma_j-1}{\sigma_j}} + (1-\beta_j)^{\frac{1}{\sigma_j}} (L_j)^{\frac{\sigma_j-1}{\sigma_j}} \right]^{\frac{\sigma_j}{\sigma_j-1} \cdot \frac{\rho_j-1}{\rho_j}} \right\}^{\frac{\rho_j}{\rho_j-1}}$$

其中，参数 $0 < \alpha_j, \beta_j < 1$，$\rho_j > 0$ 和 $\sigma_j > 0$ 均为常数。建筑设施、机器设备和劳动的使用成本分别为 R^S、R^E 和 W。代表性家庭分别把收入的 s^S 和 s^E 比例用于积累建筑设施和机器设备，剩余部分用于消费。模型的其他设定保持不变。每一期建筑设施、机器设备和劳动的总量分别为 K^S、K^E 和 L。

（1）写出该模型一般均衡的决定方程。

（2）随着建筑设施 K^S 的增加，劳动在两个生产部门的配置比重会如何变化？解释其经济含义。

（3）随着机器设备 K^E 的增加，劳动在两个生产部门的配置比重会如何变化？解释其经济含义。

4. 考虑带有投资调整成本的拉姆齐模型。一个代表性个体最大化其一生的效用，即：

$$\max_{C_t, K_{t+1}} \sum_{t=0}^{\infty} \beta^t \frac{C_t^{1-\theta} - 1}{1 - \theta}$$

受约束于：$C_t + X_t = AK_t^\alpha$，$K_{t+1} = (1-\delta)K_t + BX_t^\gamma K_t^{1-\gamma}$。其中，下标 t 是离散变量，表示时期，参数 $0 < \alpha < 1$，$0 < \beta < 1$，$\theta > 0$，$0 < \delta < 1$，$0 < \gamma < 1$ 均为常数，变量 C_t 为消费，K_t 为资本，K_0 给定，X_t 为投资，A 和 B 均为常数。

（1）求解关于 C_t 和 K_{t+1} 的动态方程。

（2）求解 C_t 和 K_t 的稳态值。

5. 考虑如下动态一般均衡模型。生产方面由一家代表性企业租用资本和雇用劳动采用柯布-道格拉斯型生产技术生产产出，满足 $Y_t = AK_t^\alpha H_t^{1-\alpha}$。其中，下标 t 表示时期；变量 Y_t 表示产出，A 表示全要素生产率，K_t 表示资本，H_t 表示劳动小时数；参数 $0 < \alpha < 1$ 为常数。需求方面由一个代表性家庭刻画，该家庭在 t

期有 N_t 个劳动者,其人口规模以外生给定的速度 n_t-1 扩大,即 $n_t=N_{t+1}/N_t$。家庭向企业提供劳动和资本以获得劳动工资和资本租金。用变量 w_t 表示劳动工资,变量 r_t 表示资本租金,则家庭预算约束满足 $C_t+X_t=w_tH_t+r_tK_t$。其中,变量 C_t 表示家庭消费,变量 X_t 表示家庭储蓄。家庭一生的效用满足 $\sum_{t=0}^{\infty}\beta^t N_t[\log c_t+\gamma\log(T-h_t)]$。其中,变量 $c_t=C_t/N_t$ 表示人均消费水平,参数 T 是外生给定的每个人的时间禀赋,变量 $h_t=H_t/N_t$ 是人均劳动小时数,于是 $T-h_t$ 表示每个人享受的闲暇时间,可以带来效用。参数 $0<\beta<1$ 为常数,参数 $\gamma>0$ 为常数。家庭储蓄形成投资,增加了下一期其持有的资本,即 $K_{t+1}=(1-\delta)K_t+X_t$。其中,变量 K_{t+1} 表示下一期资本,参数 $0<\delta<1$ 是资本折旧率,初始资本 K_0 外生给定。

(1) 求解家庭一生效用最大化问题的最优解。

(2) 求解动态一般均衡的决定方程,并计算稳态水平的储蓄率。

6. 考虑如下一个跨期动态最优化问题:

$$\max_{c_{1t},c_{2t},C_t,K_{t+1}} \sum_{t=0}^{\infty}\beta^t\frac{C_t^{1-\sigma}-1}{1-\sigma}$$

受约束于:

$$C_t=(\omega_1^{\frac{1}{\varepsilon}}c_{1t}^{\frac{\varepsilon-1}{\varepsilon}}+\omega_2^{\frac{1}{\varepsilon}}c_{2t}^{\frac{\varepsilon-1}{\varepsilon}})^{\frac{\varepsilon}{\varepsilon-1}}$$

$$p_{1t}c_{1t}+p_{2t}c_{2t}+p_{2t}I_t=r_tK_t+w_t$$

$$I_t=K_{t+1}-(1-\delta)K_t$$

其中,下标 t 是离散变量,表示时期。参数 $0<\beta<1,\sigma>0,\varepsilon>0,0<\delta<1$, $\omega_1,\omega_2>0$ 均为常数。变量 C_t 为复合消费,变量 c_{1t} 和 c_{2t} 分别表示对生产部门1和生产部门2的产品的消费数量,p_{1t} 和 p_{2t} 分别为其价格。变量 K_t 表示资本,r_t 和 w_t 分别为资本租金和劳动工资。变量 I_t 表示投资数量,由生产部门2进行生产,于是其价格也为 p_{2t}。求解决定消费和资本 $c_{1t},c_{2t},C_t,K_{t+1}$ 动态路径的方程。

7. 考虑如下结构转型动态一般均衡模型。模型的生产方面分为中间品生产部门和最终品生产部门。中间品生产部门分为制造业、生产性服务业和其他服务业这三个生产部门,分别用下标 $j\in\{m,x,s\}$ 区分。每个中间品生产部门由一个代表性生产者以租金 R 和工资 W 租用资本 K_j 和雇用劳动 L_j,以柯布-道格拉斯型生产技术生产,产出满足 $Y_j=A_jK_j^{\alpha_j}L_j^{1-\alpha_j}$。其中,变量 A_j 表示全要素生产率,参数 $0<\alpha_j<1$ 为常数。中间品产出价格为 P_j。最终品生产部门分为两个生产部门,分别生产货物和服务,用下标 $k\in\{M,S\}$ 区分。货物生产部门使用制造业生产的中间品 Y_m 和生产性服务业生产的中间品 Y_{xM},服务生产部门

使用生产性服务业生产的中间品 Y_{xS} 和其他服务业生产的中间品 Y_s。生产性服务业产出用于生产货物或生产服务,即 $Y_{xM} + Y_{xS} = Y_x$。最终品生产部门由一个代表性生产者在完全竞争市场下购买中间品生产,生产函数满足:

$$Q_M = [\alpha_M^{1/\sigma_M} Y_m^{(\sigma_M-1)/\sigma_M} + (1-\alpha_M)^{1/\sigma_M} Y_{xM}^{(\sigma_M-1)/\sigma_M}]^{\sigma_M/(\sigma_M-1)}$$

$$Q_S = [\alpha_S^{1/\sigma_S} Y_s^{(\sigma_S-1)/\sigma_S} + (1-\alpha_S)^{1/\sigma_S} Y_{xS}^{(\sigma_S-1)/\sigma_S}]^{\sigma_S/(\sigma_S-1)}$$

其中,参数 $0 < \alpha_k < 1$ 为常数,参数 $\sigma_k > 0$ 为常数,代表两类中间品在生产最终品时的替代弹性。最终品价格为 D_k。最终品中,货物用于消费 C_M 或投资 I,服务用于消费 C_S,即市场出清条件为 $Q_M = C_M + I$,$Q_S = C_S$。

模型的需求方面由一个存活无穷期的代表性家庭刻画。该家庭获得租金和工资的全部收入,将其用于储蓄、货物消费 C_M 或服务消费 C_S,储蓄用于投资,形成下一期的资本,即:

$$D_M C_M + D_S C_S + D_M I = RK + WL, \quad K' = (1-\delta)K + I$$

其中,K' 表示下一期的资本,参数 $0 < \delta < 1$ 为折旧率。家庭从两类最终品的消费中获得即期效用 C,效用函数满足 $C = [\omega^{1/\varepsilon}(C_M + \gamma)^{(\varepsilon-1)/\varepsilon} + (1-\omega)^{1/\varepsilon} C_S^{(\varepsilon-1)/\varepsilon}]^{\varepsilon/(\varepsilon-1)}$。其中,参数 $0 < \omega < 1$ 为常数,参数 $\varepsilon > 0$ 和 $\gamma \neq 0$ 为常数。即期效用加总形成一生效用 $\sum_t \beta^t \log C_t$,其中,$0 < \beta < 1$ 为常数,下标 t 是离散变量,表示时期。家庭最大化其一生效用。

资本和劳动力市场完全出清,满足 $K_m + K_x + K_s = K$,$L_m + L_x + L_s = 1$。这里,把家庭供给的劳动总量标准化为 1。

(1) 写出该模型一般均衡的决定方程。

(2) 简化家庭部门设定,假设最终品相对需求满足 $Q_M/Q_S = \omega/(1-\omega) \cdot (D_M/D_S)^{-\varepsilon}$,生产部门设定保持不变。在这一假设下,分析资本深化(即 K 增加)后,资本和劳动在制造业、生产性服务业和其他服务业的配置比重会如何变化,并解释其经济含义。

8. 用结构转型模型对中国产业结构转型进行量化分析。

(1) 把本章第三节的结构转型动态模型改写为两个产业部门,分别对应为资本密集型产业和劳动密集型产业。以资本收入份额为标准,利用投入产出数据把中国不同行业归类到这两个产业。用该理论模型解释中国资本密集型和劳动密集型产业相对比重的变化趋势。

(2) 把第 7 题的模型对应到中国经济,将服务业行业分别归类为生产性服务业和其他服务业,拟合中国生产性服务业比重的变化趋势。

第三章 需求结构与结构转型

引言

本章介绍解释需求结构影响宏观经济结构转型的主要理论。需求结构是指宏观经济总需求的内部构成,既包括消费、投资和净出口三大需求的相对比重,也包括三大需求内部的产业构成。为了衡量消费、投资和净出口三大需求内部的产业构成,可以使用其产业支出结构或产业增加值结构等指标。本章第一节介绍一个需求结构与供给结构的核算框架,展示需求结构影响供给结构的理论机制,并以中国为例核算三次产业结构转型过程。第二节介绍几种常用的非位似偏好,这是把消费结构内生化的建模方式,并使用中国消费增加值结构数据估计和分析这些偏好设定。第三节把内生投资结构引入结构转型动态模型,模型中消费结构、投资结构和三次产业结构均为内生,之后把理论模型与中国现实经济相结合,解释中国三次产业结构转型过程。本章从需求结构中的消费与投资结构存在显著差别并呈现趋势性变化的特征事实出发,介绍内生化消费结构和投资结构的建模方式,以此建立需求结构影响供给结构的理论模型。

学习目标

1. 牢固掌握需求的产业支出结构与增加值结构。
2. 一般掌握几种常用的非位似偏好。
3. 牢固掌握投资结构内生的结构转型模型。

关键术语

产业支出结构,产业增加值结构,集约边际效应,广延边际效应,跨期可加总型偏好,非位似常替代弹性偏好,价格无关扩展线性偏好,投资品生产技术结构

第一节 需求结构与供给结构的核算

这一节介绍一个产业结构转型核算框架,把以三次产业结构衡量的供给结构分解到需求结构,展示需求结构转型通过集约边际效应和广延边际效应对产业结构转型的影响,并以中国为例进行定量分析。

一、产业结构转型核算框架

(一) 需求结构与产业结构

假设经济分为农业、工业和服务业三个产业部门,分别用下标 $j, j' \in \{a, m, s\}$ 进行区分,其中,a 表示农业,m 表示工业,s 表示服务业。三个产业部门的产出 Y_j 用增加值来衡量,可以用于消费、生产投资品或者出口,即:

$$Y_j = C_j + I_j + X_j \tag{3.1}$$

其中,变量 C_j 和 I_j 分别是用于消费和生产投资品的产业部门 j 的产品,变量 X_j 表示产业部门 j 的净出口。注意到由于 C_j 和 I_j 中也包括进口品,这里的 X_j 应为净出口而不是出口。在对结构转型模型进行定量分析时,是使用三大需求的产业支出结构,还是产业增加值结构,取决于模型中设定的产出的经济含义。这里产业部门的产出是用增加值衡量的,那么对于该产业部门产出的消费需求、投资需求和出口需求也应当使用增加值进行衡量。

用变量 P_j 表示产出价格,于是产业部门 j 的产出比重 $y_j = P_j Y_j / \sum_{j'} P_{j'} Y_{j'}$。产出比重 y_j 的变化就衡量了产业结构转型过程。由上式,产出比重 y_j 满足:

$$y_j = \frac{P_j C_j}{\sum_{j'} P_{j'} C_{j'}} \frac{\sum_{j'} P_{j'} C_{j'}}{\sum_{j'} P_{j'} Y_{j'}} + \frac{P_j I_j}{\sum_{j'} P_{j'} I_{j'}} \frac{\sum_{j'} P_{j'} I_{j'}}{\sum_{j'} P_{j'} Y_{j'}} + \frac{P_j X_j}{\sum_{j'} P_{j'} X_{j'}} \frac{\sum_{j'} P_{j'} X_{j'}}{\sum_{j'} P_{j'} Y_{j'}}$$
$$= \varphi_j^c \mu_C + \varphi_j^I \mu_I + \varphi_j^x \mu_X \tag{3.2}$$

其中,变量 $\varphi_j^c, \varphi_j^I, \varphi_j^x$ 分别表示从产品的增加值来源构成衡量消费、投资和净出口中产业部门 j 所占比重,变量 μ_C, μ_I, μ_X 分别表示消费率、投资率和净出口率,满足:

$$\varphi_j^c = \frac{P_j C_j}{\sum_{j'} P_{j'} C_{j'}}, \quad \varphi_j^I = \frac{P_j I_j}{\sum_{j'} P_{j'} I_{j'}}, \quad \varphi_j^x = \frac{P_j X_j}{\sum_{j'} P_{j'} X_{j'}} \tag{3.3}$$

$$\mu_C = \frac{\sum_j P_j C_j}{\sum_j P_j Y_j}, \quad \mu_I = \frac{\sum_j P_j I_j}{\sum_j P_j Y_j}, \quad \mu_X = \frac{\sum_j P_j X_j}{\sum_j P_j Y_j} \tag{3.4}$$

易知 $\mu_C + \mu_I + \mu_X = 1$。变量 $\varphi_j^C, \varphi_j^I, \varphi_j^X$ 的变化也就反映了以产业增加值来源构成衡量的消费结构、投资结构与净出口结构的转型过程。变量 $\varphi_j^C, \varphi_j^I, \varphi_j^X$ 和 μ_C, μ_I, μ_X 的变化就衡量了需求结构的变化。

由(3.3)式可以看到,产业部门 j 的产出比重由其在消费中所占比重、在投资中所占比重、在净出口中所占比重(即 $\varphi_j^C, \varphi_j^I, \varphi_j^X$)分别以消费率、投资率和净出口率(即 μ_C, μ_I 和 μ_X)为权重加总得到。因此,产业部门 j 的产出比重变化可以被分解为产业部门 j 在消费、投资和净出口中的比重变化(即 φ_j^C、φ_j^I 和 φ_j^X 的变化),以及消费率、投资率和净出口率的变化(即 μ_C、μ_I 和 μ_X 的变化)。前者的影响体现在消费、投资和净出口内部的结构变化上,可以称为集约边际效应;后者的影响体现在消费、投资和净出口相对比重的变化上,可以称为广延边际效应。

这就给出了需求结构影响供给结构的经济机制。从集约边际效应上看,消费、投资和净出口的产品生产过程中,均需要使用三个产业部门的产出(即增加值)。如果消费、投资或净出口对某个产业部门的产出的需求提高,那么就会拉动该产业部门扩张。这一渠道的影响程度取决于消费率、投资率或净出口率的大小。比如,如果消费中对服务业增加值的需求提高,就会拉动服务业发展,导致其产出扩张。消费率越高,这一渠道的影响也就越大。再比如,如果净出口中对工业增加值的需求提高,就会拉动工业产出扩张。净出口率越高,这一渠道的影响也就越大。

从广延边际效应上看,消费、投资和净出口的产业增加值来源构成是不同的,如果其中一种需求对某个产业部门的产出的相对需求更高,那么这一需求所占比重提高,就会拉动该产业部门扩张。这一渠道的影响程度取决于消费、投资和净出口的产业增加值来源构成的差异化程度。设想如果消费、投资和净出口的产业增加值来源构成完全相同,那么无论消费率、投资率或净出口率如何变化,都不会影响对三个产业部门的产出的相对需求变化。比如,如果投资中对工业增加值的需求高于消费和净出口,那么投资率提高,就会拉动工业发展,导致其产出扩张。工业增加值在投资中所占比重与在消费和净出口中所占比重的差别越大,这一渠道的影响也就越大。再比如,如果消费中对服务业增加值的需求高于投资和净出口,那么消费率提高,就会拉动服务业产出扩张。服务业增加值在消费中所占比重与在投资和净出口中所占比重的差别越大,这一渠道的影响也就越大。

（二）三种核算方法

用 z' 表示变量 z 变化后的取值。由(3.2)式易知：

$$y'_j = \varphi_j^{C\prime}\mu'_C + \varphi_j^{I\prime}\mu'_I + \varphi_j^{X\prime}\mu'_X \tag{3.5}$$

用(3.5)式减去(3.2)式可知，可以有三种方法把产业部门 j 的产出比重变化 $y'_j - y_j$ 分解为集约边际效应与广延边际效应，依次如下。

核算方法一为：

$$y'_j - y_j = (\varphi_j^{C\prime} - \varphi_j^C)\mu_C + (\varphi_j^{I\prime} - \varphi_j^I)\mu_I + (\varphi_j^{X\prime} - \varphi_j^X)\mu_X + \\ (\mu'_C - \mu_C)\varphi_j^{C\prime} + (\mu'_I - \mu_I)\varphi_j^{I\prime} + (\mu'_X - \mu_X)\varphi_j^{X\prime} \tag{3.6}$$

(3.6)式中，等号右边第一行的三项依次为集约边际效应对消费、投资和净出口的影响，三者之和即衡量了集约边际效应的影响；第二行的三项依次为广延边际效应对消费、投资和净出口的影响，三者之和即衡量了广延边际效应的影响。把集约边际效应和广延边际效应对消费的影响加总，即为消费渠道的影响，同样地，两种效应对投资或净出口的影响之和，即为投资渠道或净出口渠道的影响。注意到由于 $\mu_C + \mu_I + \mu_X = \mu'_C + \mu'_I + \mu'_X = 1$，当 $\varphi_j^{C\prime} = \varphi_j^{I\prime} = \varphi_j^{X\prime}$ 时，广延边际效应为零。也就是说，如果产业部门 j 在消费、投资和净出口中的比重完全相等，那么无论消费、投资和净出口的比重如何变化，都不会影响产业部门 j 的产出比重。

核算方法二为：

$$y'_j - y_j = (\varphi_j^{C\prime} - \varphi_j^C)\mu'_C + (\varphi_j^{I\prime} - \varphi_j^I)\mu'_I + (\varphi_j^{X\prime} - \varphi_j^X)\mu'_X + \\ (\mu'_C - \mu_C)\varphi_j^C + (\mu'_I - \mu_I)\varphi_j^I + (\mu'_X - \mu_X)\varphi_j^X \tag{3.7}$$

与(3.6)式类似，(3.7)式中，等号右边第一行的三项依次为集约边际效应对消费、投资和净出口的影响，第二行的三项依次为广延边际效应对消费、投资和净出口的影响。同样地，也可以加总得到集约边际效应或广延边际效应的影响，以及消费渠道、投资渠道或净出口渠道的影响。当 $\varphi_j^C = \varphi_j^I = \varphi_j^X$ 时，这一核算方法计算的广延边际效应为零。

核算方法三为：

$$y'_j - y_j = (\varphi_j^{C\prime} - \varphi_j^C)\mu_C + (\varphi_j^{I\prime} - \varphi_j^I)\mu_I + (\varphi_j^{X\prime} - \varphi_j^X)\mu_X + \\ (\mu'_C - \mu_C)\varphi_j^C + (\mu'_I - \mu_I)\varphi_j^I + (\mu'_X - \mu_X)\varphi_j^X + \\ (\varphi_j^{C\prime} - \varphi_j^C)(\mu'_C - \mu_C) + (\varphi_j^{I\prime} - \varphi_j^I)(\mu'_I - \mu_I) + (\varphi_j^{X\prime} - \varphi_j^X)(\mu'_X - \mu_X) \tag{3.8}$$

(3.8)式中，等号右边第一行的三项依次为集约边际效应对消费、投资和净出口的影响,三者之和即衡量了集约边际效应的影响;第二行的三项依次为广延边际效应对消费、投资和净出口的影响,三者之和即衡量了广延边际效应的影响;第三行的三项依次为集约边际效应与广延边际效应对消费、投资和净出口的交互效应,三者之和即衡量了交互效应的影响。把集约边际效应、广延边际效应和交互效应对消费的影响加总,即为消费渠道的影响,同样地,三种效应在投资或净出口的影响之和,即为投资渠道或净出口渠道的影响。

需要注意的是,由(3.6)—(3.8)式易知,消费渠道、投资渠道或净出口渠道的加总结果在三种核算方法下都是完全相等的。第三种核算方法下的集约边际效应与第一种核算方法下的集约边际效应的影响完全相等,第三种核算方法下的广延边际效应与第二种核算方法下的广延边际效应的影响完全相等,而只有第三种核算方法才会产生交互影响。

二、中国三次产业结构转型核算

(一)中国需求结构与产业结构的变化

这里以中国产业结构转型为例,对需求结构对于供给结构的影响进行核算,关注消费渠道、投资渠道或净出口渠道中影响中国产业结构转型的主导渠道是哪个。

为此,首先需要使用数据把(3.6)—(3.8)式等号左右两边的所有变量全部构造出来。注意到由于产业部门的产出 Y_j 是用增加值衡量的,产业部门 j 在消费、投资和净出口中使用的数量 C_j、I_j 和 X_j 也均是用增加值衡量的。这里直接使用 1981—2014 年中国消费、投资和净出口的分产业增加值构成数据,该数据的详细计算过程可以参考本书导论部分的论述。如前所述,这些数据由 CIP、WIOD2013、WIOD2016 这三个数据库汇总构造得出。仍然用第一产业、第二产业和第三产业分别衡量农业、工业和服务业。为保持一致,三个产业部门的产出比重也由这三个数据库计算得出,与中国国家统计局公布的数据会有所差别。表 3.1 汇报了相关指标的变化情况。

表 3.1　1981—2014 年中国的需求结构与产业结构　　(单位:百分比)

		比重大小			比重变化	
		1981	2000	2014	1981—2014	2000—2014
产出比重(y_j)	农业	32.5	15.2	9.5	−23.0	−5.7
	工业	45.5	45.8	44.2	−1.3	−1.6
	服务业	22.0	39.0	46.3	24.3	7.3

(单位:百分比)(续表)

		比重大小			比重变化	
		1981	2000	2014	1981—2014	2000—2014
消费的产业增加值构成(φ_j^C)	农业	40.7	18.8	13.7	−27.1	−5.1
	工业	32.8	34.6	27.2	−5.5	−7.4
	服务业	26.5	46.6	59.1	32.6	12.5
投资的产业增加值构成(φ_j^I)	农业	17.2	7.6	5.0	−12.2	−2.5
	工业	70.5	64.9	61.3	−9.2	−3.5
	服务业	12.3	27.6	33.7	21.4	6.1
净出口的产业增加值构成(φ_j^X)	农业	−85.2	25.3	10.4	95.6	−15.0
	工业	100.0	57.2	51.3	−48.6	−5.8
	服务业	85.2	17.5	38.3	−46.9	20.8
总需求结构	消费率	66.5	62.1	48.6	−17.9	−13.5
	投资率	33.1	34.3	45.7	12.5	11.4
	净出口率	0.3	3.6	5.7	5.4	2.2

可以看到,1981—2014年,中国农业产出比重下降了23.0个百分点,工业产出比重微降1.3个百分点,服务业产出比重上升了24.3个百分点。从消费和投资的产业增加值构成上看,也呈现了相同的趋势,因此集约边际效应在消费和投资渠道上都是降低了农业和工业比重,提高了服务业比重。净出口的产业增加值构成的变化很大,主要是由于1981年净出口总额相对较小,导致其产业增加值构成中三个产业所占比重差别太大,农业、工业和服务业的净出口率分别达到总净出口的−85.2%、100.0%和85.2%。当然,这也可能是由于使用单个国家的CIP数据库计算出的净出口存在一定的误差。1981—2014年,中国消费率下降了17.9个百分点,投资率和净出口率分别上升了12.5和5.4个百分点。从消费和投资的产业增加值比较上看,投资的产业来源构成中工业增加值所占比重显著高于消费,消费的产业来源构成中服务业增加值所占比重显著高于投资。因此,消费率下降与投资率上升所产生的广延边际效应均会提高工业比重,降低服务业比重。

（二）产业结构转型核算结果

基于已经构造的数据，分别按照（3.6）—（3.8）式给出的三种方法，对 1981—2014 年中国产业结构转型过程进行核算，分别汇报于表 3.2 至表 3.4。可以看到，尽管三种核算方法的定量结果有所差别，但主要结论基本是一致的。

表 3.2　1981—2014 年中国产业结构转型核算结果（方法一）（单位：百分比）

		农业				
	产出比重变化	−23.0				
集约边际效应	消费渠道	−18.0		集约边际效应	−21.7
	投资渠道	−4.0	加总	广延边际效应	−1.3
	净出口渠道	0.3			
广延边际效应	消费渠道	−2.4		消费渠道	−20.4
	投资渠道	0.6	加总	投资渠道	−3.4
	净出口渠道	0.6		净出口渠道	0.9
		工业				
	产出比重变化	−1.3				
集约边际效应	消费渠道	−3.7		集约边际效应	−6.9
	投资渠道	−3.0	加总	广延边际效应	5.6
	净出口渠道	−0.2			
广延边际效应	消费渠道	−4.9		消费渠道	−8.5
	投资渠道	7.7	加总	投资渠道	4.6
	净出口渠道	2.8		净出口渠道	2.6
		服务业				
	产出比重变化	24.3				
集约边际效应	消费渠道	21.7	加总	集约边际效应	28.6
	投资渠道	7.1		广延边际效应	−4.3
	净出口渠道	−0.2			
广延边际效应	消费渠道	−10.6	加总	消费渠道	11.1
	投资渠道	4.2		投资渠道	11.3
	净出口渠道	2.1		净出口渠道	1.9

表 3.3　1981—2014 年中国产业结构转型核算结果（方法二）（单位：百分比）

农业					
	产出比重变化	−23.0			
集约边际效应	消费渠道	−13.2	加总	集约边际效应	−13.3
	投资渠道	−5.6		广延边际效应	−9.7
	净出口渠道	5.5			
广延边际效应	消费渠道	−7.3	加总	消费渠道	−20.4
	投资渠道	2.2		投资渠道	−3.4
	净出口渠道	−4.6		净出口渠道	0.9
工业					
	产出比重变化	−1.3			
集约边际效应	消费渠道	−2.7	加总	集约边际效应	−9.6
	投资渠道	−4.2		广延边际效应	8.3
	净出口渠道	−2.8			
广延边际效应	消费渠道	−5.9	加总	消费渠道	−8.5
	投资渠道	8.8		投资渠道	4.6
	净出口渠道	5.4		净出口渠道	2.6
服务业					
	产出比重变化	24.3			
集约边际效应	消费渠道	15.8	加总	集约边际效应	22.9
	投资渠道	9.8		广延边际效应	1.4
	净出口渠道	−2.7			
广延边际效应	消费渠道	−4.7	加总	消费渠道	11.1
	投资渠道	1.5		投资渠道	11.3
	净出口渠道	4.6		净出口渠道	1.9

表 3.4　1981—2014 年中国产业结构转型核算结果（方法三）（单位：百分比）

农业					
	产出比重变化	−23.0			
集约边际效应	消费渠道	−18.0	加总	集约边际效应	−21.7
	投资渠道	−4.0		广延边际效应	−9.7
	净出口渠道	0.3		交互影响	8.4

（单位：百分比）（续表）

		农业				
广延边际效应	消费渠道	−7.3	加总	消费渠道	−20.4
	投资渠道	2.2		投资渠道	−3.4
	净出口渠道	−4.6		净出口渠道	0.9
交互效应		8.4			

		工业			
	产出比重变化	−1.3			
集约边际效应	消费渠道	−3.7	加总	集约边际效应	−6.9
	投资渠道	−3.0		广延边际效应	8.3
	净出口渠道	−0.2		交互影响	−2.8
广延边际效应	消费渠道	−5.9	加总	消费渠道	−8.5
	投资渠道	8.8		投资渠道	4.6
	净出口渠道	5.4		净出口渠道	2.6
交互效应		−2.8			

		服务业			
	产出比重变化	24.3			
集约边际效应	消费渠道	21.7	加总	集约边际效应	28.6
	投资渠道	7.1		广延边际效应	1.4
	净出口渠道	−0.2		交互影响	−5.7
广延边际效应	消费渠道	−4.7	加总	消费渠道	11.1
	投资渠道	1.5		投资渠道	11.3
	净出口渠道	4.6		净出口渠道	1.9
交互效应		−5.7			

第一，在农业产出比重下降的过程中，集约边际效应和消费渠道起着主导作用，导致农业产出比重大幅下降了 23.0 个百分点。具体地，集约边际效应降低了农业产出比重 21.7 或 13.3 个百分点，消费渠道降低了农业产出比重 20.4 个百分点，其他效应或渠道的影响相对有限。第二，集约边际效应和消费渠道较大幅度降低了工业产出比重，但广延边际效应、投资渠道与净出口渠道

又提高了工业产出比重,导致工业产出比重仅微降 1.3 个百分点。具体地,集约边际效应降低了工业产出比重 6.9 或 9.6 个百分点,但广延边际效应相应提高了工业产出比重 5.6 和 8.3 个百分点,抵消了集约边际效应的大部分影响。消费渠道降低了工业产出比重 8.5 个百分点,但投资渠道和净出口渠道分别提高了工业产出比重 4.6 和 2.6 个百分点,也抵消了消费渠道的大部分影响。第三,在服务业产出比重的上升过程中,集约边际效应起着主导影响,消费渠道和投资渠道的影响都非常显著,共同导致服务业产出比重大幅上升了 24.3 个百分点。具体地,集约边际效应提高了服务业产出比重 28.6 或 22.9 个百分点,广延边际效应的影响相对有限。消费渠道和投资渠道的影响相当,分别提高了服务业产出比重 11.1 和 11.3 个百分点,而净出口渠道的影响相对有限。此外,在第三种核算方法下,集约边际效应和广延边际效应的交互影响相对有限。因此,解释中国产业结构转型,如果关注的是农业比重变化,那么可以重点分析集约边际效应或消费渠道的影响因素;如果关注的是工业比重变化,那么广延边际效应、投资渠道和净出口渠道的影响因素同样不可忽视;如果关注的是服务业比重变化,那么可以重点分析集约边际效应或消费渠道与投资渠道的影响因素。

表 3.5 给出了 2000—2014 年中国产业结构转型核算结果。可以看到,表 3.5 的结果与表 3.1 至表 3.4 的结果基本是一致的。在农业产出比重 5.7 个百分点的下降中,集约边际效应和消费渠道仍然起着主导作用。集约边际效应降低了农业产出比重 4.5 或 4.6 个百分点,消费渠道降低了 5.0 个百分点。集约边际效应和消费渠道仍然较大幅度地降低了工业比重,集约边际效应降低了工业产出比重 5.5 或 6.0 个百分点,消费渠道降低了 8.3 个百分点。但是由于广延边际效应同时提高了工业产出比重 3.9 或 4.4 个百分点,投资和净出口渠道分别提高了工业产出比重 5.8 和 0.9 个百分点,最终使得工业产出比重仅微降 1.6 个百分点。在服务业产出比重 7.3 个百分点的上升中,集约边际效应和投资渠道起着主导作用。集约边际效应大幅提高了服务业比重 10.6 或 10.1 个百分点,但被广延边际效应小幅抵消了 3.3 或 2.8 个百分点。需要注意的是,与 1981—2014 年整个时期所不同的是,在 2000—2014 年这一时期,消费渠道对服务业产出比重的影响相对有限,投资渠道成为主导,提高了服务业比重 5.9 个百分点。

表 3.5　2000—2014 年中国产业结构转型核算结果　　（单位：百分比）

指标	方法一	方法二	方法三
农业产出比重变化		−5.7	
集约边际效应	−4.6	−4.5	−4.6
广延边际效应	−1.1	−1.1	−1.1
交互影响	—	—	0.1
消费渠道		−5.0	
投资渠道		−0.3	
净出口渠道		−0.3	
工业产出比重变化		−1.6	
集约边际效应	−6.0	−5.5	−6.0
广延边际效应	4.4	3.9	3.9
交互影响	—	—	0.5
消费渠道		−8.3	
投资渠道		5.8	
净出口渠道		0.9	
服务业产出比重变化		7.3	
集约边际效应	10.6	10.1	10.6
广延边际效应	−3.3	−2.8	−2.8
交互影响	—	—	−0.6
消费渠道		−0.2	
投资渠道		5.9	
净出口渠道		1.6	

第二节　消费偏好与结构转型

前两章的理论模型均使用扩展 Stone-Geary 型效用函数来模型化非位似偏好，展示了非位似偏好如何通过收入效应影响结构转型。但是在定量上，扩展 Stone-Geary 型偏好设定意味着不同产业的产品需求收入弹性随着收入的增长而趋同于 1，因此收入效应的大小随着收入的增长而逐渐递减到零。这一节介绍其他几种形式的非位似偏好,在这些偏好设定下,收入效应始终可以对结构转型产生重要影响,在定性和定量上都有着不同于扩展 Stone-Geary 型偏好的性质。为进行对比,本章先简要回顾扩展 Stone-Geary 型偏好的设定,之后分别介绍跨期可加总型偏好(Intertemporal Aggregable Preference, IA)和价格无关扩展线性偏好(Price-Independent Generalized Linearity Preference, PIGL)、非位似常替代弹性偏好(Nonhomothetic Constant-Elasticity-of-Substitution Preference)等其他非位似偏好。在介绍每类偏好时,模型所使用的参数符号不尽相同。

一、几种常用的非位似偏好

(一) 扩展 Stone-Geary 型偏好

考虑一个代表性消费者购买 J 类消费品,每类消费品用下标 $j, j' = \{1, 2, \cdots, J\}$ 区分,其价格用 P_j 表示。当消费者购买每类消费品的数量为 C_j 时,其效用 C 满足:

$$C = \left[\sum_{j=1}^{J} \omega_j^{1/\sigma} (C_j - \overline{C}_j)^{(\sigma-1)/\sigma} \right]^{\sigma/(\sigma-1)} \tag{3.9}$$

其中,$0 < \omega_j < 1$,$\sigma > 0$ 和 $\overline{C}_j$ 均为常数。消费者面临预算约束方程:

$$E = \sum_j P_j C_j \tag{3.10}$$

其中,变量 E 表示消费总支出,P_j 表示消费品价格。求解效用最大化问题,知复合消费品 C 的价格 $P = E/C$ 和消费结构 $\theta_j = P_j C_j / E$ 满足:

$$P = \left(\sum_j \omega_j P_j^{1-\sigma} \right)^{1/(1-\sigma)} \tag{3.11}$$

$$\theta_j = \frac{\omega_j P_j^{1-\sigma}}{\sum_{j'} \omega_{j'} P_{j'}^{1-\sigma}} \left(1 - \frac{\sum_{j'} P_{j'} \overline{C}_{j'}}{E} \right) + \frac{P_j \overline{C}_j}{E} \tag{3.12}$$

(3.12)式纳入了价格效应和收入效应影响消费结构转型的理论机制。并且,随着消费总支出 E 的增加,非位似项 $\overline{C}_j$ 的影响在减弱,即收入效应的大小在递减。(3.12)式等号左右两边的变量均有对应的数据,采用非线性最小二乘方法就可以估计等式中的参数。

(二) 跨期可加总型偏好和价格无关扩展线性偏好

用 $\mathbf{P} = (P_1, P_2, \cdots, P_J)$ 表示所有类型消费品价格形成的向量。当消费者的总支出为 E 时,其间接效用函数满足如下形式:

$$v(E, \mathbf{P}) = \frac{1-\varepsilon}{\varepsilon} \left(\frac{E}{B(\mathbf{P})} - A(\mathbf{P}) \right)^{\varepsilon} - D(\mathbf{P}) \tag{3.13}$$

其中，函数 $A(\mathbf{P})$、$B(\mathbf{P})$ 和 $D(\mathbf{P})$ 分别满足：

$$B(\mathbf{P}) = \left(\sum\nolimits_j \omega_j P_j^{1-\sigma}\right)^{1/(1-\sigma)} \tag{3.14}$$

$$A(\mathbf{P}) = \frac{\sum\nolimits_j P_j \overline{C}_j}{B(\mathbf{P})} \tag{3.15}$$

$$D(\mathbf{P}) = \frac{(1-\varepsilon)\nu}{\gamma}\left[\left(\frac{\left(\sum\nolimits_j \theta_j P_j^{1-\varphi}\right)^{1/(1-\varphi)}}{B(\mathbf{P})}\right)^{\gamma} - 1\right] \tag{3.16}$$

其中，参数 $0 < \varepsilon < 1, \sigma > 0, \omega_j \geq 0, \sum\nolimits_j \omega_j = 1, \overline{C}_j \leq C_j, \nu \geq 0, \varphi > 0, \sum\nolimits_j \theta_j = 1$，$\theta_j \geq 0$。(3.13)式给出的偏好被称为跨期可加总型偏好。跨期可加总的性质是指不同收入的消费者的动态最优化问题中，欧拉方程的形式都是完全一致的。这意味着存在一个代表性消费者，其跨期选择可以刻画出总体经济所有消费者的跨期选择之和，而不依赖于收入在同一期内如何分配。对(3.13)式运用罗伊恒等式，可以得到消费者支出 C_j 和支出份额 $\eta_j = P_j C_j / E$ 满足：

$$C_j = -\frac{\partial v(E, \mathbf{P})/\partial P_j}{\partial v(E, \mathbf{P})/\partial E} = A_j(\mathbf{P})B(\mathbf{P}) + \frac{B_j(\mathbf{P})}{B(\mathbf{P})}E + \frac{D_j(\mathbf{P})}{v_E(E, \mathbf{P})} \tag{3.17}$$

$$\eta_j = \frac{A_j(\mathbf{P})B(\mathbf{P})P_j}{E} + \frac{B_j(\mathbf{P})P_j}{B(\mathbf{P})} + \frac{D_j(\mathbf{P})B(\mathbf{P})P_j}{(1-\varepsilon)E}\left(\frac{E}{B(\mathbf{P})} - A(\mathbf{P})\right)^{1-\varepsilon} \tag{3.18}$$

其中，函数 $A_j(\mathbf{P})$、$B_j(\mathbf{P})$ 和 $D_j(\mathbf{P})$ 分别表示 $A(\mathbf{P})$、$B(\mathbf{P})$ 和 $D(\mathbf{P})$ 对价格 P_j 的偏导数，函数 $v_E(E, \mathbf{P})$ 表示 $v(E, \mathbf{P})$ 对支出 E 的偏导数。基于价格和支出的相关数据，可以采用可行广义非线性最小二乘法估计(3.18)式中的参数。注意到跨期可加总型偏好可以简化为两类常用的偏好。如果 $\nu = 0$，那么消费者的支出结构满足：

$$\eta_j = \frac{\omega_j P_j^{1-\sigma}}{\sum\nolimits_{j'} \omega_{j'} P_{j'}^{1-\sigma}}\left(1 - \frac{\sum\nolimits_{j'} P_{j'} \overline{C}_{j'}}{E}\right) + \frac{P_j \overline{C}_j}{E} \tag{3.19}$$

这就是扩展 Stone-Geary 型偏好，(3.19)和(3.12)式完全等价，$B(\mathbf{P})$ 为复合消费品价格。

如果 $A(\mathbf{P}) = 0$，那么消费者的支出结构满足：

$$\eta_j = \frac{B_j(\mathbf{P})P_j}{B(\mathbf{P})} + \frac{D_j(\mathbf{P})B(\mathbf{P})^{\varepsilon}P_j E^{-\varepsilon}}{(1-\varepsilon)} \tag{3.20}$$

这就满足价格无关扩展线性偏好的形式。所谓扩展线性偏好，是指不同收入的消费者对同一类型消费品的支出结构都是特定收入函数的线性形式。如果这一特定收入函数只与收入相关,与价格无关,那么就是价格无关扩展线性偏好。在价格无关扩展线性偏好下,所有消费者加总后的支出结构,总可以由一个代表性消费者的支出结构来刻画,这个代表性消费者的偏好形式不变,只是收入只由所有消费者的收入分布决定。当(3.20)式中 $\varepsilon = 1$ 时,此时的偏好即为 Gorman 偏好的一种。Gorman 偏好是指间接效用函数是收入的线性函数,或者说支出函数是效用的线性函数。此时每类消费品的支出都是收入的线性函数,即无论收入在所有消费者之间如何分配,都不会影响加总后的消费支出。

特别地,价格无关扩展线性偏好有时直接被写作一种特殊形式,其间接效用函数(3.13)式写作:

$$v(E, \mathbf{P}) = \frac{1}{\varepsilon} \left(\frac{E}{\prod_j P_j^{\omega_j}} \right)^{\varepsilon} - \sum_j \nu_j \log P_j \tag{3.21}$$

其中,参数 $\varepsilon > 0, \omega_j \geq 0, \sum_j \omega_j = 1, \sum_j \nu_j = 0$。由罗伊恒等式知支出份额满足:

$$\eta_j = \omega_j + \nu_j \left(\frac{E}{\prod_j P_j^{\omega_j}} \right)^{-\varepsilon} \tag{3.22}$$

当 $\nu_j > 0$ 时,支出份额随着收入的增长而下降,此时消费品 j 的需求收入弹性小于1;反之,当 $\nu_j < 0$ 时,支出份额随着收入的增长而上升,此时消费品 j 的需求收入弹性大于1。当所有的 $\nu_j = 0$ 时,效用函数即为柯布-道格拉斯型效用函数。

(三)非位似常替代弹性偏好

1. 偏好设定与消费需求

考虑消费者效用 C 由如下隐函数决定:

$$\sum_{j=1}^{J} \omega_j^{1/\sigma} \left(\frac{C_j}{C^{\varepsilon_j}} \right)^{(\sigma-1)/\sigma} = 1 \tag{3.23}$$

其中,参数 $\sigma \in (0,1) \cup (1, \infty)$,$\omega_j > 0$ 和 $\varepsilon_j > 0$ 均为常数。注意到当 $\varepsilon_j = 1$ 时,效用函数即为常替代弹性效用函数。求解消费者支出最小化问题,可以得到其消费结构。定义拉格朗日方程:

$$\Psi = \sum_j P_j C_j + \lambda \left[1 - \sum_j \omega_j^{1/\sigma} \left(\frac{C_j}{C^{\varepsilon_j}} \right)^{(\sigma-1)/\sigma} \right] \tag{3.24}$$

其中,变量 λ 为拉格朗日乘子。关于 C_j 的一阶最优性条件为:

$$P_j = \frac{\sigma - 1}{\sigma} \lambda \omega_j^{1/\sigma} C_j^{-1/\sigma} C^{(1-\sigma)\varepsilon_j/\sigma} \tag{3.25}$$

由(3.25)式易知,消费品数量满足:

$$C_j = \left(\frac{\sigma - 1}{\sigma} \lambda\right)^\sigma \omega_j P_j^{-\sigma} C^{(1-\sigma)\varepsilon_j} \tag{3.26}$$

把(3.25)式等号两边同时乘以 C_j 并加总后得到:

$$E = \sum_j P_j C_j = \frac{\sigma - 1}{\sigma} \lambda \left(\sum_j \omega_j^{1/\sigma} C_j^{(\sigma-1)/\sigma} C^{(1-\sigma)\varepsilon_j/\sigma}\right) = \frac{\sigma - 1}{\sigma} \lambda \tag{3.27}$$

把(3.26)和(3.27)式代入(3.23)式,可以得到:

$$E^{1-\sigma} = \sum_j \omega_j P_j^{1-\sigma} C^{(1-\sigma)\varepsilon_j} \tag{3.28}$$

$$\theta_j = \frac{P_j C_j}{E} = \frac{\omega_j P_j^{1-\sigma} C^{(1-\sigma)\varepsilon_j}}{\sum_{j'} \omega_{j'} P_{j'}^{1-\sigma} C^{(1-\sigma)\varepsilon_{j'}}} = \frac{\omega_j P_j^{1-\sigma} C^{(1-\sigma)\varepsilon_j}}{E^{1-\sigma}} \tag{3.29}$$

(3.28)和(3.29)式共同给出了希克斯需求或马歇尔需求。具体地,给定效用 C 和价格 P_j,通过(3.28)式可知最小支出 E,代入(3.29)式即可知希克斯需求 $C_j(C, P_j)$;给定支出 E 和价格 P_j,通过(3.28)式可知最大效用 C,代入(3.29)式即可知马歇尔需求 $C_j(E, P_j)$。

2. 偏好性质

由(3.26)式易知,任意两个消费品数量之比满足:

$$\frac{C_j}{C_{j'}} = \frac{\omega_j}{\omega_{j'}} \left(\frac{P_j}{P_{j'}}\right)^{-\sigma} C^{(1-\sigma)(\varepsilon_j - \varepsilon_{j'})} \tag{3.30}$$

由(3.30)式可知:

$$\frac{\partial \log(C_j/C_{j'})}{\partial \log(P_j/P_{j'})} = -\sigma \tag{3.31}$$

$$\frac{\partial \log(C_j/C_{j'})}{\partial \log C} = (1-\sigma)(\varepsilon_j - \varepsilon_{j'}) \tag{3.32}$$

可以看到,参数 σ 即为任意两类消费品的替代弹性,这一替代弹性为常数。消费结构对复合消费品数量的弹性为 $(1-\sigma)(\varepsilon_j - \varepsilon_{j'})$,也为常数,与效用大小 C 或支出大小 E 无关。将(3.28)式取自然对数后进行全微分,可以得到:

$$\mathrm{d}\log E = \sum_j \varepsilon_j \theta_j \mathrm{d}\log C = \overline{\varepsilon} \mathrm{d}\log C \tag{3.33}$$

其中,引入变量 $\overline{\varepsilon} = \sum_j \varepsilon_j \theta_j$,可以视为每类消费品对应的参数 ε_j 以其消费结构

θ_j 为权重的加权平均。将(3.29)式取自然对数后进行全微分,再代入(3.33)式,得到:

$$\frac{\mathrm{dlog}C_j}{\mathrm{dlog}E} = \sigma + (1-\sigma)\frac{\varepsilon_j}{\overline{\varepsilon}} \qquad (3.34)$$

(3.34)式给出了消费品 j 的需求收入弹性。随着收入的增长,消费品 j 的消费数量的变化幅度取决于参数 σ 和 ε_j。当 $\sigma < 1$ 时,参数 ε_j 相对其他消费品越大,其需求收入弹性越大;当 $\sigma > 1$ 时,参数 ε_j 相对其他消费品越小,其需求收入弹性越大。因此,只要不同消费品的参数 ε_j 存在差异,那么其需求收入弹性就不相等,消费结构就会随着收入的增长而变化,这就体现了非位似偏好性质。

虽然消费结构 θ_j 的变化改变了变量 $\overline{\varepsilon}$,进而也会影响需求收入弹性的大小,但需求收入弹性并不会随着收入的增长而趋向于1,也就是说,非位似偏好性质始终存在。因此,与扩展 Stone-Geary 型非位似偏好所不同的是,决定消费结构的收入效应不会随着收入的增长而趋于零,可能伴随着结构转型始终发挥重要作用。

把效用 C 视为复合消费品,其价格用 P 表示,满足 $E = PC$。代入(3.28)和(3.29)式得到:

$$P = \left[\sum_j \omega_j P_j^{1-\sigma} C^{(1-\sigma)(\varepsilon_j-1)}\right]^{1/(1-\sigma)} \qquad (3.35)$$

$$\theta_j = \omega_j \left(\frac{P_j}{P}\right)^{1-\sigma} C^{(1-\sigma)(\varepsilon_j-1)} = \omega_j \left(\frac{P_j}{P}\right)^{1-\sigma} \left(\frac{E}{P}\right)^{(1-\sigma)(\varepsilon_j-1)} \qquad (3.36)$$

3. 消费者动态最优化问题

在第二章结构转型动态模型的消费者动态最优化问题中,把消费者每一期的效用由扩展 Stone-Geary 型偏好替换为非位似常替代弹性偏好。具体地,消费者的预算约束仍为:

$$P_{mt}[K_{t+1} - (1-\delta)K_t] + \sum_j P_{jt}C_{jt} = R_t K_t + \sum_j W_{jt}L_{jt} \qquad (3.37)$$

每一期的即期效用 C_t 变为由如下隐函数确定:

$$\sum_{j=1}^{J} \omega_j^{1/\sigma}\left(\frac{C_{jt}}{C_t^{\varepsilon_j}}\right)^{(\sigma-1)/\sigma} = 1 \qquad (3.38)$$

消费者最大化其一生效用:$\sum_{t=1}^{\infty}\beta^{t-1}(C_t^{1-\sigma}-1)/(1-\sigma)$。求解该问题,仍然可以分为同期的消费结构选择问题和跨期的储蓄选择问题两个子问题。首先求解同期的消费结构选择问题。给定每一期的消费总支出 $E_t = \sum_j P_{jt} C_{jt}$，消费者选择 C_{jt}，最大化即期效用 C_t。遵循前文给出的求解过程，可以得出（3.28）和（3.29）式。（3.28）式意味着即期效用 C_t 是消费总支出 E_t 的函数，可以记作 $C(E_t)$。由（3.33）式可知：

$$\frac{\partial C_t}{\partial E_t} = \frac{C_t}{E_t \overline{\varepsilon}_t} \tag{3.39}$$

之后求解跨期的储蓄选择问题，可以得到：

$$\beta \left[(1-\delta) P_{mt+1} + R_{t+1} \right] C_{t+1}^{-\sigma} \frac{\partial C_{t+1}}{\partial E_{t+1}} = P_{mt} C_t^{-\sigma} \frac{\partial C_t}{\partial E_t} \tag{3.40}$$

把（3.39）式代入（3.40）式，欧拉方程可以转化为：

$$\beta \frac{(1-\delta) P_{mt+1} + R_{t+1}}{P_{mt}} \frac{C_{t+1}^{1-\sigma}}{C_t^{1-\sigma}} = \frac{E_{t+1} \overline{\varepsilon}_{t+1}}{E_t \overline{\varepsilon}_t} \tag{3.41}$$

（3.28）、（3.29）、（3.37）和（3.41）式共同给出了消费者动态最优化问题的解。这一问题的相关设定可以直接代入动态一般均衡模型中。

4. 偏好估计

将（3.29）式取自然对数后化简得到：

$$\log C = \frac{1}{\varepsilon_j} \left[\log\left(\frac{E}{P_j}\right) + \frac{1}{1-\sigma} \log \theta_j - \frac{1}{1-\sigma} \log \omega_j \right] \tag{3.42}$$

任选一类消费品作为基准消费品，用下标 b 表示。由（3.42）式可知：

$$\log \theta_j = (1-\sigma) \log\left(\frac{P_j}{P_b}\right) + (1-\sigma)\left(\frac{\varepsilon_j}{\varepsilon_b} - 1\right) \log\left(\frac{E}{P_b}\right) + \frac{\varepsilon_j}{\varepsilon_b} \log \theta_b + \log\left(\frac{\omega_j}{\omega_b^{\varepsilon_j/\varepsilon_b}}\right) \tag{3.43}$$

（3.43）式实际上给出了关于 θ_j 的 $J-1$ 个方程，与方程 $\sum_j \theta_j = 1$ 联立，就共同决定了 θ_j 的取值。注意到（3.43）式中 θ_j 的取值只取决于参数的比值 $\varepsilon_j/\varepsilon_b$ 和 $\omega_j/\omega_b^{\varepsilon_j/\varepsilon_b}$，与 ε_j 或 ω_j 的取值大小不直接相关。于是不失一般性地，令 $\varepsilon_b = 1, \omega_b = 1$，此时所有方程在形式上均没有变化。因为可以证明，把原偏好中的参数 $\varepsilon_j/\varepsilon_b$ 和 $\omega_j/\omega_b^{\varepsilon_j/\varepsilon_b}$ 分别替换为新的参数 ε_j 和 ω_j，对原效用 C 进行调整，使得 $\omega_b^{1/(1-\sigma)} C^{\varepsilon_b}$ 等于新的效用 C，所有推导结果在形式上均没有变化。（3.43）式转化为：

$$\log \theta_j = (1-\sigma) \log\left(\frac{P_j}{P_b}\right) + (1-\sigma)(\varepsilon_j - 1) \log\left(\frac{E}{P_b}\right) + \varepsilon_j \log \theta_b + \log \omega_j \tag{3.44}$$

(3.44)式左右两边的变量均可以由数据获得,对其使用广义矩估计(Generalized Method of Moments,GMM)方法或可行广义非线性最小二乘估计方法进行非线性估计,就可以估计出方程中的所有参数,其中以每类消费品的价格作为工具变量。

二、定量应用：中国消费结构转型

这里分别在扩展 Stone-Geary 型偏好、价格无关扩展线性偏好、跨期可加总型偏好和非位似常替代弹性偏好四种偏好设定下,使用 1981—2014 年中国消费的三大产业增加值数据和增加值价格数据,拟合这一时期的消费结构转型过程,并通过反事实模拟评估价格效应和收入效应,比较不同偏好设定下两个效应的大小是否有显著区别。

首先使用可行广义非线性最小二乘法分别估计(3.12)和(3.18)式中的模型参数,确定模型化中国消费增加值结构的扩展 Stone-Geary 型偏好、价格无关扩展线性偏好和跨期可加总型偏好;之后使用广义矩估计方法估计(3.44)式中的模型参数,确定模型化中国消费增加值结构的非位似常替代弹性偏好,其中把工业消费品作为基准消费品。表 3.6 给出了中国消费偏好的估计结果。可以看到,扩展 Stone-Geary 型偏好下的替代弹性为 0.82,而非位似常替代弹性下的替代弹性为 0.14,明显低于前者。因此,采用非位似常替代弹性偏好设定时,影响消费结构转型的价格效应会强于采用扩展 Stone-Geary 型偏好设定的情形,而收入效应则会更弱。

表 3.6 中国消费偏好的估计结果

	扩展 Stone-Geary 型偏好	价格无关扩展线性偏好	跨期可加型偏好	非位似常替代弹性偏好
σ	0.82	0.30	0.00	0.14
	(0.21)	(0.21)	(.)	(0.10)
$\overline{C}_a$	243.82		261.54	
	(16.62)		(.)	
$\overline{C}_m$			208.73	
			(.)	
$\overline{C}_s$	−197.02		170.31	
	(79.69)		(.)	

（续表）

	扩展 Stone-Geary 型偏好	价格无关扩展线性偏好	跨期可加型偏好	非位似常替代弹性偏好
ω_a	0.09	0.00	0.03	44.69
	(0.01)	(0.00)	(0.01)	(10.02)
ω_m	0.34	0.48	0.41	
	(0.05)	(0.05)	(0.03)	
ω_s	0.58	0.52	0.56	0.84
	(0.04)	(0.05)	(0.04)	(0.13)
ε_a				0.21
				(0.06)
ε_s				1.01
				(0.04)
ϵ		0.64	0.54	
		(0.02)	(0.05)	
γ		0.64	0.54	
		(0.02)	(0.05)	
ν		30.68	1423.26	
		(7.36)	(10732.87)	
ψ		0.60	0.05	
		(.)	(0.34)	
θ_a		0.87	0.03	
		(0.11)	(0.01)	
θ_m		0.13	0.41	
		(0.11)	(0.03)	
θ_s		0.00	0.56	
		(.)	(0.03)	

注：括号内为异方差稳健标准误。

图3.1对四类偏好下的模型拟合值与现实数据进行了比较。四类偏好设定均较好拟合了中国消费结构转型过程。分别把四类不同偏好的模型拟合结果

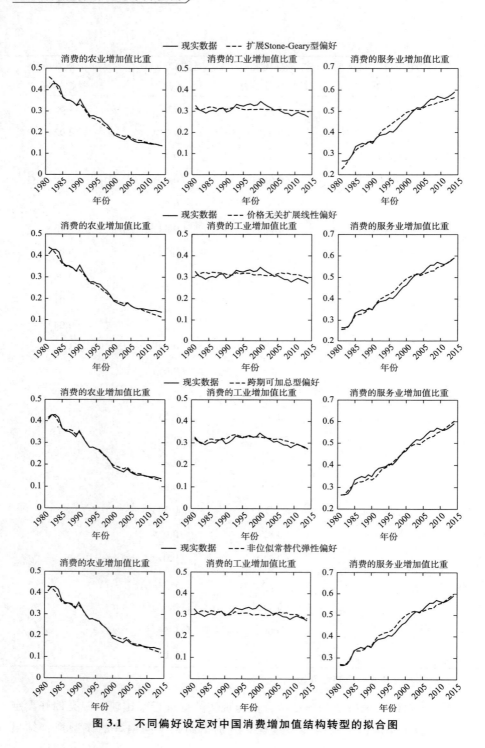

图 3.1 不同偏好设定对中国消费增加值结构转型的拟合图

设定为基准模型,对基准模型使用反事实模拟方法来分别评估价格效应和收入效应的大小。评估价格效应时,把三个产业增加值价格固定为1981年的取值,重新根据(3.12)、(3.18)、(3.28)和(3.29)式计算出消费中三个产业增加值比重,与基准模型的差别就反映了价格效应的影响;评估收入效应时,保持收入对于农业产出的购买力不变,即名义收入与农业价格之比始终固定为1981年的取值,重新根据(3.12)、(3.18)、(3.28)和(3.29)式计算出消费中三个产业增加值比重,与基准模型的差别就反映了收入效应的影响。

图3.2给出了不同消费偏好设定下的反事实模拟结果。在各个类型的偏好中,价格效应普遍提高了消费中的农业比重,降低了工业比重,对服务业比重的影响方向取决于偏好设定。价格效应在扩展 Stone-Geary 型偏好中对消费的工业比重和服务业比重的影响相对有限,但在价格无关扩展线性偏好和非位似常替代弹性偏好中的影响却非常显著。收入效应普遍降低了消费中的农业比重,提高了工业和服务业比重。收入效应在扩展 Stone-Geary 型偏好和跨期可加总型偏好中对消费的服务业比重的正向影响相对较大,在其他类型偏好中这一影

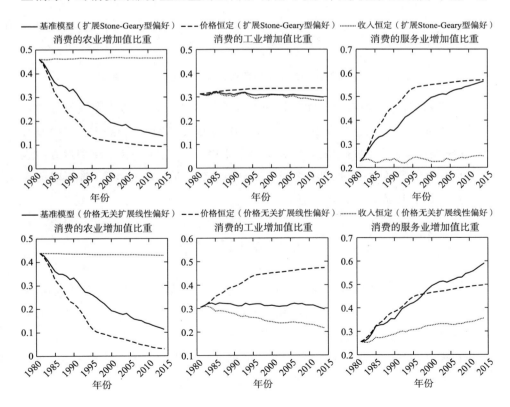

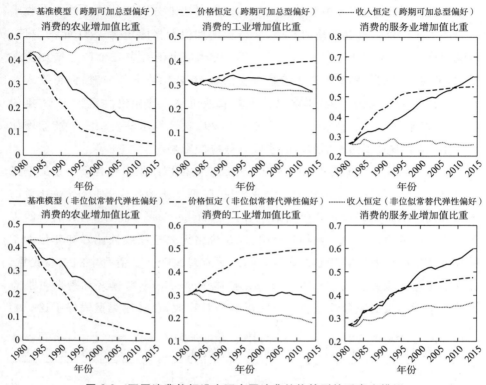

图 3.2 不同消费偏好设定下中国消费结构转型的反事实模拟

响有所下降;收入效应在价格无关扩展线性偏好和非位似常替代弹性偏好中对消费的工业比重的正向影响比较显著,但在其他类型偏好中这一影响相对有限,在跨期可加总型偏好中的影响先上升后下降。除了 Stone-Geary 型偏好中收入效应显著高于价格效应,其他类型偏好中价格效应也非常显著,对消费的工业比重的影响甚至高于收入效应。

第三节　投资结构与结构转型

这一节建立一个投资结构内生的结构转型模型,展示投资结构对产业结构转型的影响。模型中以农业、工业和服务业三个产业部门,或第一、第二和第三产业三个产业部门来刻画结构转型过程。这个模型设定沿用了第二章结构转型动态模型框架,但与之不同的是,引入了投资品生产部门来内生化投资结构。为了更好地匹配数据,允许产业部门层面存在进出口贸易。之后这一节将把理论模型与中国现实经济结合,重新估计消费偏好和投资品生产技术,以此解释中国三次产业结构转型过程。

一、模型框架

(一) 模型的建立与求解

由于模型基本沿用了第二章结构转型动态模型框架,这里将直接概述与之相同的设定,不再详述其依据或含义。仍然使用离散时间模型,用下标 $t \in \{1, 2, 3, \cdots\}$ 区分时期。生产方面分为三个产业部门和一个投资品生产部门。三个产业部门用下标 $j, j' \in \{a, m, s\}$ 区分,分别对应于农业、工业和服务业,或第一、第二和第三产业。每个产业部门由一家代表性企业在完全竞争市场租用资本 K_{jt}、雇用劳动 L_{jt},生产产出 Y_{jt},形式上满足:

$$Y_{jt} = A_{jt} K_{jt}^{\alpha_j} L_{jt}^{1-\alpha_j} \tag{3.45}$$

其中,变量 A_{jt} 表示全要素生产率。参数 $0 < \alpha_j < 1$ 为常数,为资本产出弹性,在不同产业部门可以存在差别。用 P_{jt}、R_t 和 W_{jt} 分别表示产出价格、资本租金和劳动工资,于是中间品生产企业利润最大化问题的一阶最优性条件为:

$$R_t = \alpha_j P_{jt} A_{jt} K_{jt}^{\alpha_j - 1} L_{jt}^{1-\alpha_j}, \quad W_{jt} = (1 - \alpha_j) P_{jt} A_{jt} K_{jt}^{\alpha_j} L_{jt}^{-\alpha_j} \tag{3.46}$$

劳动力市场可以存在摩擦,假定不同产业部门的劳动工资满足:

$$W_{jt} = \xi_{jt} W_{mt} \tag{3.47}$$

其中,变量 ξ_{jt} 为劳动力市场摩擦因子,是外生变量,可以随时间的推移而发生变化。根据定义有 $\xi_{mt} = 1$。三个产业部门的产出用于消费 C_{jt}、生产投资品 I_{jt} 或净出口 X_{jt},即产品市场出清条件满足:

$$Y_{jt} = C_{jt} + I_{jt} + X_{jt} \tag{3.48}$$

注意到由于 Y_{jt} 是用增加值衡量的,这里的消费 C_{jt}、投资 I_{jt} 或净出口 X_{jt} 均使用增加值衡量,并且由于允许消费 C_{jt} 和投资 I_{jt} 中包含国外的增加值,变量 X_{jt} 表示净出口而不是出口。令 $z_{jt} = (C_{jt} + I_{jt}) / Y_{jt}$ 表示产业部门 j 的国内需求比重,这里设为外生变量。

投资品生产部门由一家代表性企业在完全竞争市场购买三个产业部门的产品 I_{jt} 作为中间投入,以常替代弹性技术生产投资品 I_t,形式上满足:

$$I_t = A_{It} \left[\theta_{at}^{1/\rho} I_{at}^{(\rho-1)/\rho} + \theta_{mt}^{1/\rho} I_{mt}^{(\rho-1)/\rho} + \theta_{st}^{1/\rho} I_{st}^{(\rho-1)/\rho} \right]^{\rho/(\rho-1)} \tag{3.49}$$

其中,参数 $\rho > 0$ 为常数,表示投资品生产部门生产过程中三个产业部门的产品的替代弹性。变量 A_{It} 表示投资品生产部门的全要素生产率。变量 $\theta_{jt} > 0$,满

足 $\sum_j \theta_{jt} = 1$。注意到这里的变量 θ_{jt} 不是常数,可以随时间的推移而发生变化,这一设定是为了更好地匹配数据。变量 θ_{jt} 的变化可以理解为一种技术变化,即投资品生产部门中间投入扩展型技术进步,也可以理解为一种产业融合效率变化,即投资品生产部门在使用三个产业部门增加值时的融合效率。下文将其统称为投资品生产技术结构变化。下一章将详细讨论技术结构和结构转型的关系。(3.49)式中并没有资本或劳动投入,也就没有新的增加值投入,这一设定可以较好地匹配投入产出表的数据结构。因为使用投入产出表计算的投资的产业增加值构成,也只是把投资分解到了不同行业的增加值,并没有给出投资品生产部门新的增加值投入。

用 P_{It} 表示投资品 I_t 的价格,于是投资品生产企业利润最大化问题 $\max_{I_{jt}, I_t} P_{It} I_t - \sum_j P_{jt} I_{jt}$ 的一阶最优性条件如下:

$$\frac{P_{jt} I_{jt}}{P_{It} I_t} = \frac{\theta_{jt} P_{jt}^{1-\rho}}{\sum_{j'} \theta_{j't} P_{j't}^{1-\rho}} \quad (3.50)$$

$$P_{It} = \frac{\left(\sum_j \theta_{jt} P_{jt}^{1-\rho}\right)^{1/(1-\rho)}}{A_{It}} \quad (3.51)$$

由(3.50)式易知 $\sum_j P_{jt} I_{jt} = P_{It} I_t$,考虑到产业部门生产投资品的投入 I_{jt} 均用增加值来衡量,(3.50)式实际上给出了投资的产业增加值构成的决定方程,即从产业来源构成上看,投资中有多少比例来自产业部门 j 的增加值。

需求方面由一个代表性家庭的动态跨期最优化问题来刻画。在每一期,家庭持有总资本 K_t,获得租金收入 $R_t K_t$;提供 1 单位的总劳动,并分配到三个产业部门中,即为每个产业部门提供劳动 L_{jt},从而获得劳动收入 $\sum_j W_{jt} L_{jt}$。家庭把总收入用于消费和储蓄。家庭以 P_{jt} 的价格购买三个产业部门生产的消费品 C_{jt},即总消费为 $\sum_j P_{jt} C_{jt}$。家庭把剩余收入储蓄起来。储蓄一部分用于以 P_{It} 的价格购买投资品 I_t,而投资又增加了家庭持有的总资本;另一部分用于对外净投资,与净出口总量 $\sum_j P_{jt} X_{jt}$ 相等。因此,家庭预算约束方程为:

$$P_{It} I_t + \sum_j P_{jt} C_{jt} + \sum_j P_{jt} X_{jt} = R_t K_t + \sum_j W_{jt} L_{jt} \quad (3.52)$$

$$K_{t+1} = (1 - \delta) K_t + I_t \quad (3.53)$$

其中,参数 $0 < \delta < 1$ 为常数。家庭在第 1 期持有的总资本 K_1 是外生给定的。在每一期,家庭从三个产业部门产品的消费 C_{jt} 上获得即期效用 C_t,形式上满足

扩展 Stone-Geary 型效用函数：

$$C_t = \Big[\sum_j \omega_j^{1/\varepsilon} (C_{jt} + \overline{C}_j)^{(\varepsilon-1)/\varepsilon} \Big]^{\varepsilon/(\varepsilon-1)} \quad (3.54)$$

其中，参数 $0 < \omega_j < 1$ 为常数，满足 $\sum_j \omega_j = 1$。参数 $\varepsilon > 0$ 为常数，衡量了三个产业部门消费品的替代弹性。参数 $\overline{C}_j$ 为常数，为非位似项。假定家庭可以生存无穷期，目标是最大化从第 1 期到无穷期的消费所带来的一生效用，形式上满足 $\sum_{t=1}^{\infty} \beta^{t-1}(C_t^{1-\sigma} - 1)/(1-\sigma)$。其中，参数 $0 < \beta < 1$ 为常数，表示时间偏好因子；参数 $\sigma > 0$ 为常数，表示跨期替代弹性的倒数。给定第 1 期持有的总资本 K_1、资本租金 R_t、劳动工资 W_{jt}、每个产业部门的产品价格 P_{jt}、投资价格 P_{It} 以及净出口总量 $\sum_j P_{jt} X_{jt}$，家庭在 (3.52)—(3.54) 式的约束下，选择每一期的消费 C_{jt} 和投资 I_t，以及下一期持有的总资本 K_{t+1}，来最大化一生效用。

把每一期的即期效用视为复合消费品，其价格设定为 P_{Ct}。家庭动态最优化问题的求解也可以转化为同期的消费结构选择问题和跨期的储蓄选择问题这两个子问题分别求解，这里不再赘述。此时，可以得到每一期复合消费品价格、消费结构和欧拉方程满足：

$$P_{Ct} = \Big(\sum_j \omega_j P_{jt}^{1-\varepsilon} \Big)^{1/(1-\varepsilon)} \quad (3.55)$$

$$\frac{P_{jt}(C_{jt} + \overline{C}_j)}{P_{Ct} C_t} = \frac{\omega_j P_{jt}^{1-\varepsilon}}{P_{Ct}^{1-\varepsilon}} \quad (3.56)$$

$$\Big(\frac{C_{t+1}}{C_t} \Big)^{\sigma} = \beta \frac{P_{Ct}}{P_{Ct+1}} \frac{(1-\delta) P_{It+1} + R_{t+1}}{P_{It}} \quad (3.57)$$

注意到对产业部门的消费 C_{jt} 使用增加值衡量，(3.56) 式实际上可以给出消费的产业增加值构成的决定方程，即从产业来源构成上看，消费中有多少比例来自产业部门 j 的增加值。

每一期，生产要素市场出清，即家庭持有的总资本等于三个产业部门租用的资本之和，家庭提供的总劳动等于三个产业部门雇用的劳动之和：

$$\sum_j K_{jt} = K_t, \quad \sum_j L_{jt} = 1 \quad (3.58)$$

（二）模型的化简

为了进行数值模拟定量分析，这里进一步对模型进行化简以便于求解出数值解。当然，这种化简方法并不是唯一的，这里只是以其中一种方法为例加以说明。选择复合消费品作为计价物，其价格 P_{Ct} 标准化为 1。把 K_{t+1}，C_{mt}，P_{at}，

P_{mt},P_{st} 和 R_t 这 6 个内生变量序列视为待定变量,其他内生变量均可以由这 6 个内生变量表示。具体地,由(3.53)式可知:

$$I_t = K_{t+1} - (1-\delta)K_t \tag{3.59}$$

投资品价格 P_{It} 由(3.51)式给出。由(3.46)、(3.50)、(3.56)式可知:

$$I_{jt} = \frac{\theta_{jt} P_{jt}^{1-\rho}}{\sum_{j'} \theta_{j't} P_{j't}^{1-\rho}} \frac{P_{It} I_t}{P_{jt}} \tag{3.60}$$

$$C_{at} = \frac{\omega_a}{\omega_m}\left(\frac{P_{at}}{P_{mt}}\right)^{-\varepsilon}(C_{mt}+\overline{C}_m) - \overline{C}_a \tag{3.61}$$

$$C_{st} = \frac{\omega_s}{\omega_m}\left(\frac{P_{st}}{P_{mt}}\right)^{-\varepsilon}(C_{mt}+\overline{C}_m) - \overline{C}_s \tag{3.62}$$

$$W_{jt} = (1-\alpha_j) P_{jt} A_{jt} k_{jt}^{\alpha_j} \tag{3.63}$$

其中,变量 $k_{jt} = K_{jt}/L_{jt}$ 表示产业部门 j 的劳均资本,由(3.46)式知其满足:

$$k_{jt} = \left(\frac{\alpha_j A_{jt} P_{jt}}{R_t}\right)^{1/(1-\alpha_j)} \tag{3.64}$$

代入(3.45)式,得到:

$$L_{jt} = \frac{C_{jt}+I_{jt}}{A_{jt} k_{jt}^{\alpha_j} z_{jt}} \tag{3.65}$$

因此,通过(3.59)—(3.65)式可以把内生变量 I_t,I_{jt},C_{at},C_{st},W_{jt},L_{jt} 直接表达为 K_{t+1},C_{mt},P_{at},P_{mt},P_{st} 和 R_t 的函数。把(3.56)式代入(3.57)式,可以把欧拉方程转化为:

$$\left(\frac{C_{mt+1}+\overline{C}_m}{C_{mt}+\overline{C}_m}\right)^{\sigma} = \beta\left(\frac{P_{mt+1}}{P_m}\right)^{-\sigma\varepsilon}\frac{(1-\delta)P_{It+1}+R_{t+1}}{P_{It}} \tag{3.66}$$

(3.66)式加上(3.47)、(3.55)和(3.58)式一共 6 个等式,共同决定了 K_{t+1},C_{mt},P_{at},P_{mt},P_{st} 和 R_t 这 6 个内生变量序列。因此,通过数值模拟求解动态转移路径,实际上就是利用这 6 个等式求解出 6 个内生变量序列。其他内生变量序列都可以由这 6 个内生变量序列直接计算得出。与第二章一致,这里仍然需要进一步假设模型经过足够长的时间将收敛到稳态,在模拟的最后一期的期末,资本总量等于稳态值。这就要求在模拟转移动态之前,首先应当求解出稳态水平。稳态下,所有变量均保持恒定,将变量的下标 t 去掉来表示其稳态值。此时(3.59)式变为 $I = \delta K$,其他变量之间的关系仍然成立。把(3.47)、(3.55)、(3.58)和(3.66)式中所有变量的下标 t 均去掉,就可以求解出稳态下的 K,C_m,

P_a、P_m、P_s 和 R。

二、数据构造和参数校准

把上述理论模型用于量化中国三次产业结构转型过程,为此需要首先构造数值模拟所需的外生变量和参数。把模型中的每一期对应为数据中的每一年,根据数据可得性,数据的时间跨度是 1981—2014 年合计 34 年。模型的外生变量包括每一期三个产业部门全要素生产率序列 A_{jt}、投资生产部门全要素生产率 A_{It} 和生产技术结构参数 θ_{jt}、劳动力市场摩擦因子序列 ξ_{jt},以及三个产业部门的国内需求比重 z_{jt}。需校准的参数包括 α_j、δ、σ、β、ε、ω_j、$\overline{C}_j$、ρ。

按照第二章的方法,根据中国国家统计局公布的历年三次产业的就业数据,加上 Holz(2006)的调整,构造出三次产业的就业人数数据和总就业人数。使用中国国家统计局公布的历年三次产业的名义增加值和增加值指数数据,可以计算出三次产业的实际增加值和价格,把名义增加值、实际增加值和价格对应为名义产出、实际产出和价格。把所有年份的价格均除以 1981 年的价格以把 1981 年的价格标准化为 1。把三次产业的名义增加值加总后得到总增加值,即名义 GDP。把名义 GDP 分别乘以中国国家统计局公布的消费率和投资率,得到总消费和总投资,均为名义值。使用已经构造出的 1981—2014 年中国消费和投资的分产业增加值构成数据,即 1981—1994 年数据取自 CIP,1995—1999 年数据取自 WIOD2013 数据,2000—2014 年数据取自 WIOD2016 数据。把总消费乘以消费中三个产业部门的增加值比重,得到消费中每个产业部门的增加值;把总投资乘以投资中三个产业部门的增加值比重,得到投资中每个产业部门的增加值。把消费和投资中来自特定产业部门的增加值加总后除以该产业部门的总增加值,得到该产业部门的国内需求比重 z_{jt}。

基于消费的产业增加值构成数据和三次产业部门的价格数据,使用模型的部分方程对消费偏好参数 ε、ω_j、$\overline{C}_j$ 进行结构化估计。由(3.56)式可以进一步得到:

$$\frac{P_{at}C_{at}}{\sum_j P_{jt}C_{jt}} = \frac{\omega_a P_{at}^{1-\varepsilon}}{\sum_j \omega_j P_{jt}^{1-\varepsilon}}\left(1+\frac{\sum_j P_{jt}\overline{C}_j}{\sum_j P_{jt}C_{jt}}\right) - \frac{P_{at}\overline{C}_a}{\sum_j P_{jt}C_{jt}} \quad (3.67)$$

$$\frac{P_{st}C_{st}}{\sum_j P_{jt}C_{jt}} = \frac{\omega_s P_{st}^{1-\varepsilon}}{\sum_j \omega_j P_{jt}^{1-\varepsilon}}\left(1+\frac{\sum_j P_{jt}\overline{C}_j}{\sum_j P_{jt}C_{jt}}\right) - \frac{P_{st}\overline{C}_s}{\sum_j P_{jt}C_{jt}} \quad (3.68)$$

(3.67)和(3.68)式中,等号左边为消费中第一产业和第三产业的增加值比重,已经构造得到。等号右边的变量 P_{jt} 为三次产业的产出价格,也已经构造得到。变量 $\sum_j P_{jt} C_{jt}$ 为消费支出,用已经构造出的总消费除以总就业人数得到。直接设定 $\bar{C}_m = 0$,然后借助可行广义非线性最小二乘估计方法,通过调整参数 ε, ω_j, $\bar{C}_j$ 的取值,使得1981—2014年每一年根据上面两式等号右边预测的消费中第一产业和第三产业的增加值比重与现实数据的差值的平方和最小,即可得到拟合效果最好的参数 ε, ω_j, $\bar{C}_j$。

表3.7第(1)列呈现了估计结果。可以看到,消费中三个产业增加值的替代弹性为0.819,小于但较为接近于1,说明三次产业的增加值之间有一定的替代性。参数 ω_j 的估计值均在1%的水平上显著。参数 $\bar{C}_a < 0$, $\bar{C}_s > 0$,分别在1%和10%的水平上显著,说明第一产业增加值的消费需求收入弹性较小,第三产业增加值的消费需求收入弹性较大。在表3.7第(2)列中,直接设定参数 $\bar{C}_a$ 和 $\bar{C}_s$ 为0,即设为位似偏好,然后再重新估计其他参数。此时替代弹性有所增大,并且赤池信息量准则(Akaike Information Criterion,AIC)和第二产业增加值比重的均方根误差均显著变大,说明这一设定对现实数据的拟合效果较差。因此,非位似偏好能够更加准确地刻画现实数据中消费的产业增加值构成的变化趋势。

表3.7 消费效用函数参数估计结果

参数	(1)	(2)
ε	0.819 ***	0.986 ***
	(3.84)	(19.67)
ω_a	0.0869 ***	0.252 ***
	(13.37)	(14.56)
ω_m	0.337 ***	0.310 ***
	(7.20)	(63.17)
ω_s	0.576 ***	0.438 ***
	(13.55)	(28.71)
$\bar{C}_a$	−243.8 ***	
	(−14.67)	
$\bar{C}_s$	197.0 *	
	(2.47)	

（续表）

参数	(1)	(2)
AIC	-365.7	-233.0
第一产业比重均方根误差	0.0139	0.0139
第二产业比重均方根误差	0.0169	0.0182
第三产业比重均方根误差	0.0214	0.0214

注：括号内为 t 值，***、**、* 分别表示在 1%、5% 和 10% 的水平上显著。

为了估计投资生产函数，进一步假设生产技术结构参数 θ_{jt} 以恒定速度变化，满足 Logistic 函数形式，于是有：

$$\log\theta_{at} - \log\theta_{mt} = \gamma_1 + \gamma_2 t, \quad \log\theta_{st} - \log\theta_{mt} = \gamma_3 + \gamma_4 t \quad (3.69)$$

其中，变量 $\gamma_1, \gamma_2, \gamma_3, \gamma_4$ 为常数。注意到当 $\gamma_2 = \gamma_4 = 0$ 时，参数 θ_{jt} 为常数。如果给定 $\gamma_1, \gamma_2, \gamma_3, \gamma_4$ 的取值，那么根据(3.69)式和 $\sum_j \theta_{jt} = 1$ 的限制条件，就可以计算出每一期的 θ_{jt}。借助可行广义非线性最小二乘估计方法，通过调整参数 ρ 和 $\gamma_1, \gamma_2, \gamma_3, \gamma_4$ 的取值，使得 1981—2014 年每一年根据(3.50)式等号右边预测的投资中第一产业和第三产业的增加值比重与现实数据的差值的平方和最小，即可得到拟合效果最好的参数 ρ 和 $\gamma_1, \gamma_2, \gamma_3, \gamma_4$。

表 3.8 第(1)列给出了估计结果。可以看到，投资中三个产业增加值的替代弹性为 0.260，低于消费中的替代弹性且更加接近于 0，说明三次产业的增加值之间的替代性较低，有一定的互补性。参数 γ_2 的估计值为负值，γ_4 的估计值为正值，说明投资生产技术结构变化使投资中第一产业增加值比重下降，第三产业增加值比重上升。在表 3.8 第(2)列中，直接设定参数 γ_2 和 γ_4 为 0，即此时 θ_{jt} 均为常数，然后再重新估计其他参数。可以看到，此时替代弹性显著增大，并且 AIC 和三次产业增加值比重的均方根误差均显著变大，说明这一设定对现实数据的拟合效果较差。因此，采用投资生产技术结构变化的设定才能更加准确地刻画现实数据中投资的产业增加值构成的变化趋势。从(3.50)式也可知，如果投资生产技术结构的参数保持恒定，那么投资的产业增加值构成变化只能来自三次产业相对价格的变化。这意味着仅靠价格效应无法解释投资的产业增加值构成变化。把表 3.8 的估计结果代入(3.69)式，再加上 $\sum_j \theta_{jt} = 1$ 的限制条件，可以计算每一期的 θ_{jt}。

表 3.8　投资生产函数参数估计结果

参数	（1）	（2）
ρ	0.260***	0.866***
	(7.07)	(28.55)
γ_1	−1.505***	0.120***
	(−57.90)	(14.16)
γ_2	−0.0583***	
	(−29.76)	
γ_3	−1.374***	0.369***
	(−34.62)	(23.05)
γ_4	0.00290**	
	(3.24)	
AIC	−390.2	−309.9
第一产业比重均方根误差	0.0107	0.0365
第二产业比重均方根误差	0.0157	0.0189
第三产业比重均方根误差	0.0212	0.0498

注：括号内为 t 值，***、**、* 分别表示在 1%、5% 和 10% 的水平上显著。

为了采用永续盘存法构造出总资本数据，还需要计算出投资价格。首先，使用世界银行 2016 年 11 月版 WDI 数据库的中国最终消费支出和资本形成总额的名义值（当年价，以本国货币衡量）除以实际值（不变价，以本国货币衡量），计算消费价格与投资价格。用投资价格除以消费价格，得到投资相对消费价格，并把每一年的取值除以 1981 年的取值，从而把 1981 年的相对价格标准化为 1。之后，把三次产业的价格数据代入（3.55）式，直接计算得到消费价格，把该价格乘以根据 WDI 计算出的投资相对价格，就可以得到投资价格。用名义总投资除以投资价格，得到以 1981 年价格衡量的实际投资。之后采用永续盘存法构造总资本数据，并利用（3.46）式计算出三次产业资本数据。其中，年折旧率 δ 仍然取 10%，三次产业的资本产出弹性仍然设定为 $\alpha_a = 0.089$，$\alpha_m = 0.619$，$\alpha_s = 0.547$。

把投资价格和三次产业的价格代入（3.51）式，可以计算出历年投资生产部门的全要素生产率序列 A_{It}。把三次产业的产出、资本和就业数据全部代入（3.45）式，可以计算出历年三次产业的全要素生产率序列 A_{jt}。把三次产业的产出和就业数据全部代入(3.46)式，可以计算出历年三次产业的劳动工资，再代入(3.47)式，可以计算出历年劳动力市场摩擦因子序列 ξ_{jt}。

最后，仍然设定时间偏好因子 $\beta = 0.95$，跨期替代弹性倒数 $\sigma = 1$。数值模拟时第 1 期的资本直接取自数据，由 1981 年总资本除以总就业人数得到。将以上参数取值所决定的模型定义为基准模型，表 3.9 总结了基准模型中的所有参数取值。

表 3.9　基准模型参数取值

参数	α_a	α_m	α_s	δ	β	σ	ρ
取值	0.089	0.619	0.547	0.1	0.95	1	0.260
参数	ε	ω_a	ω_m	ω_s	$\overline{C}_a$	$\overline{C}_m$	$\overline{C}_s$
取值	0.819	0.087	0.337	0.576	−243.8	0	197.0

三、中国三次产业结构转型的模拟结果

（一）基准模拟

这里模拟 1981 年后 300 期的经济，即到第 300 期，经济达到稳态水平。1981—2014 年这 34 期的外生变量序列已经构造得出，基于此生成 2014 年以后 266 期的外生变量序列，具体如下。关于三个产业的全要素生产率，计算出 1981—2014 年第一、第二和第三产业全要素生产率和投资品生产部门全要素生产率的年均增速分别为 5.0%、2.9%、0.8% 和 0.7%。假定 2014 年之后的 16 年三个产业全要素生产率和投资品生产部门全要素生产率继续按照其年均增速增长，之后不再增长，保持恒定。关于投资品生产部门技术结构参数，假定 2014 年以后保持恒定，不再变化。关于劳动力市场摩擦因子，假定 2014 年之后的 16 年以每年相同的变化量收敛到 1，之后保持恒定，即 2030 年以后劳动力市场摩擦消失。关于三个产业部门的国内需求比重，假定 2014 年之后均为 1，即产业层面贸易平衡。至此已经构造出 300 期的所有外生变量序列，这些外生变量和表 3.9 中参数所决定的模型被定义为基准模型。与第二章中的数值模拟方法相同，为了求解转移动态路径，首先求解出稳态，再令第 300 期期末的资本等于稳态值，替代横截性条件作为终点条件，即可以求解出转移动态路径。

图 3.3 汇报了基准模型前 34 期，也就是 1981—2014 年三个产业的就业比重和产出比重的变化趋势。可以看到，基准模型基本上再现了现实数据中 1981—2014 年中国第一产业比重下降、第三产业比重上升以及第二产业就业比

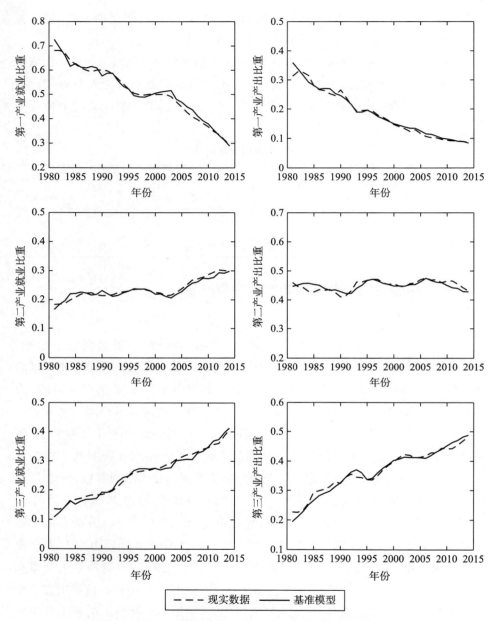

图 3.3　1981—2014 年中国三次产业结构转型的基准模拟结果

重相对稳定后上升而产出比重相对稳定后下降的趋势。与第二章没有考虑投资结构变化的模型相比，这里的基准模型对现实数据的拟合程度更好，无论是就业比重还是产出比重，基准模型与现实数据的差别都非常小。图 3.4 汇报了基准模型前34期,也就是1981—2014年消费和投资的产业增加值构成的变化趋势。可以看到,尽管现实数据中消费和投资的产业增加值构成相对基准模型波动更大,但基准模型也基本再现了消费和投资中第一产业增加值比重下降、第三产业增加值比重上升的趋势,与现实数据没有明显的分离。

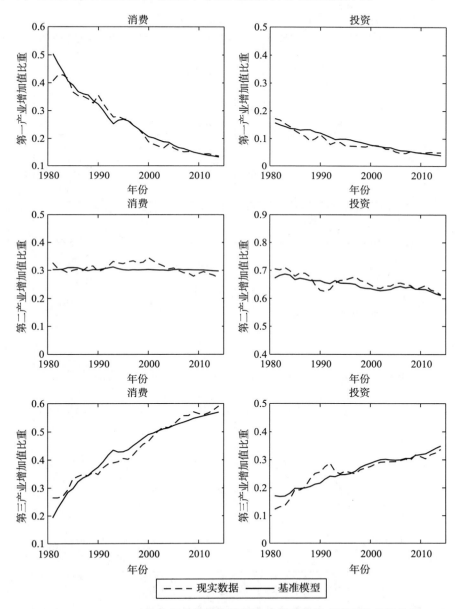

图3.4 1981—2014年中国消费和投资的产业增加值构成的基准模拟结果

（二）反事实模拟

这里在基准模型的基础上进行反事实模拟，来展示技术参数变化对结构转型的影响。首先关注三个产业全要素生产率提高的影响。为此分别把三个产业全要素生产率固定为 1981 年的取值，重新进行数值模拟。此时模拟结果与基准模型的差别就反映了每个产业全要素生产率提高的影响。

图 3.5 汇报了这三个反事实模拟下三个产业部门就业比重和增加值比重的

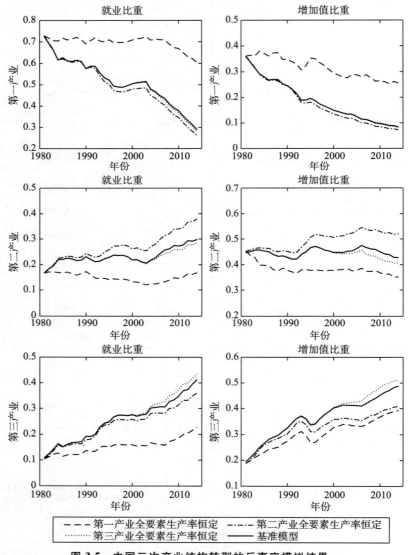

图 3.5 中国三次产业结构转型的反事实模拟结果一

变化趋势。在第一产业全要素生产率保持恒定时，第一产业比重大幅高于基准模型，第二产业和第三产业比重大幅低于基准模型，说明第一产业全要素生产率显著降低了第一产业比重，同时显著提高了第二产业和第三产业比重。在第二产业全要素生产率保持恒定时，第一产业和第三产业比重会下降，第二产业比重会上升。这意味着第二产业全要素生产率降低了第二产业比重，同时提高了第一产业和第三产业比重。在第三产业全要素生产率保持恒定时，第一产业和第二产业比重会下降，第三产业比重会上升，意味着第三产业全要素生产率降低了第三产业比重，同时提高了第一产业和第二产业比重，但影响相对有限。从影响程度上看，中国三个产业结构转型中，第一产业全要素生产率的影响最大，其次是第二产业全要素生产率，影响最小的是第三产业全要素生产率。这一结果与第二章的结果尽管有一些出入，但主要影响基本是一致的。

图 3.6 汇报了产业部门全要素生产率恒定的反事实模拟下，消费和投资的产业增加值构成的变化趋势。三个产业部门全要素生产率提高，对消费和投资中三个产业部门增加值比重的影响，与对总体经济三个产业部门比重的影响基本是一致的。并且，第一产业全要素生产率提高对消费的产业增加值构成的影响大于对投资的影响，但第二产业和第三产业全要素生产率提高对投资的产业增加值构成的影响大于对消费的影响。

现在关注投资品生产部门技术变化的影响。为此分别把投资品生产部门全要素生产率和投资生产技术结构参数固定为 1981 年的取值，重新进行数值模拟。图 3.7 汇报了这两个反事实模拟下三个产业部门就业比重和增加值比重的变化趋势。在投资生产部门全要素生产率恒定时，三个产业的就业比重和产出比重均没有明显变化，说明其对产业结构转型的影响非常有限。在投资生产技术结构恒定时，第一产业比重上升，第二产业和第三产业比重下降。这意味着投资生产技术结构变化降低了第一产业比重，提高了第二产业和第三产业比重，这一影响也是比较显著的。

图 3.8 汇报了投资生产部门技术参数恒定的反事实模拟下，消费和投资的产业增加值构成的变化趋势。投资生产部门全要素生产率提高，对消费和投资中三个产业部门增加值比重的影响也是非常有限的。而投资生产技术结构变化，主要影响的是投资的产业增加值构成，对消费的产业增加值构成几乎

没有影响。其较为显著地降低了投资中第一产业增加值比重，提高了第二产业和第三产业增加值比重，通过投资渠道，进一步影响了总体经济三个产业部门比重。

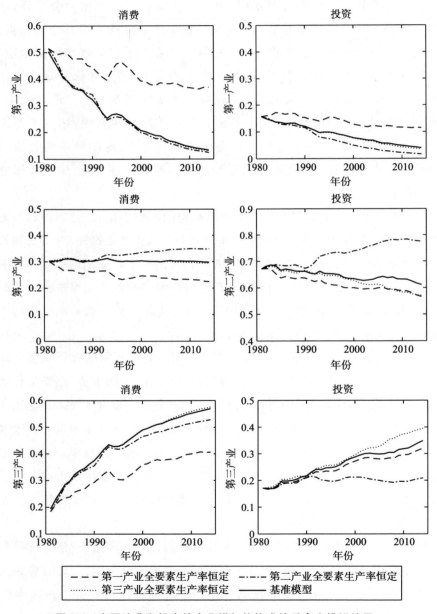

图 3.6 中国消费和投资的产业增加值构成的反事实模拟结果一

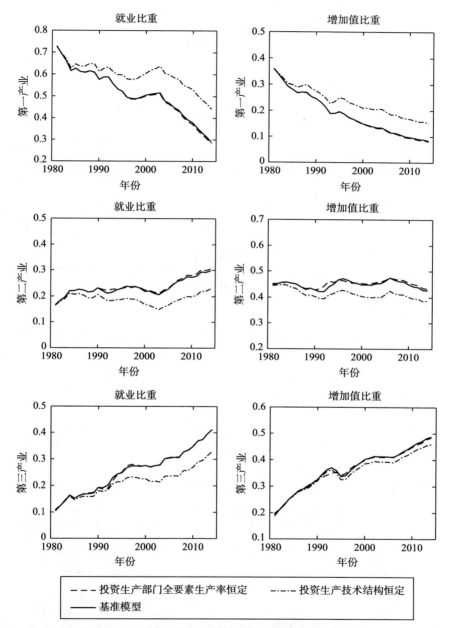

图 3.7 中国三次产业结构转型的反事实模拟结果二

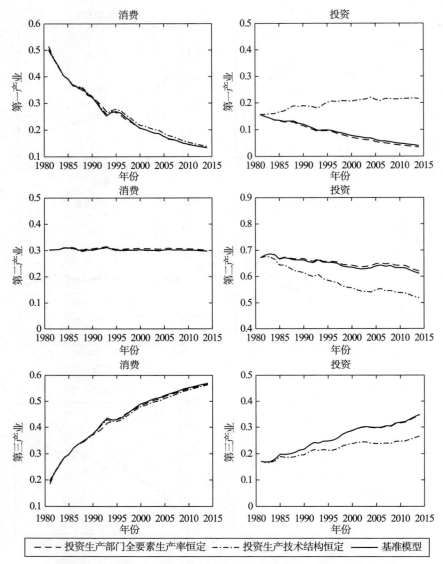

图 3.8 中国消费和投资的产业增加值构成的反事实模拟结果二

📖 本章小结

本章介绍需求结构影响宏观经济结构转型的基本理论及其建模方式。由于消费、投资和净出口的产业构成存在显著差别并呈趋势性变化，需求结构可以通过以下两个渠道影响结构转型。一是消费、投资和净出口的相对比重变化直接改变了不同产业部门的产品相对需求，这是广延边际效应渠道；

二是一些因素既可能通过影响消费结构进而影响需求结构和供给结构,也可能通过影响投资结构产生影响,在消费结构和投资结构这两个渠道上的影响程度和影响方向可能存在差别,这是集约边际效应渠道。本章首先介绍了需求结构影响供给结构的核算框架,这一框架可以把一个国家的供给结构转型过程分解到需求结构转型过程上。需求结构转型中消费结构转型和投资结构转型是两个非常典型的转型过程,本章详细介绍了将二者内生化的建模方式。消费结构转型过程可以用几种常用的非位似偏好进行刻画,投资结构转型过程可以用投资品生产部门的生产技术进行刻画。本章还介绍了把消费结构和投资结构同时内生化的理论模型,用这一模型可以更好地解释中国三次产业结构转型过程。通过本章的学习,读者可以了解需求结构影响结构转型的基本理论,并掌握内生化消费结构和投资结构的多种建模方式。

阅读资料

本章第一节介绍的核算框架化简自郭凯明和王钰冰(2022),他们给出了供给结构、需求结构和分配结构的结构转型核算框架。本章第二节关于刻画消费结构的非位似偏好的设定与估计来自 Herrendorf et al. (2013)、Boppart (2014)、Comin et al. (2021)、Alder et al. (2022)等文献。Herrendorf et al. (2013)估计了扩展 Stone-Geary 型偏好,Boppart (2014)将价格无关扩展线性偏好引入结构转型模型中,Comin et al. (2021)和 Alder et al. (2022)分别给出了非位似常替代弹性偏好和跨期可加总型偏好的基本设定并进行了定量估计,重新评估了推动结构转型的收入效应的影响程度。本章第三节给出的包含内生投资结构的结构转型模型来自 García-Santana et al. (2021)、Guo et al. (2021)、Herrendorf et al. (2021)等文献,他们首次提出了投资结构转型对结构转型也具有重要影响。上述这些文献及相关的其他重要文献列举如下。

[1] 郭凯明、杭静、牛梦琦,2024:《收入分配演化、人力资本积累与产业结构转型》,《数量经济技术经济研究》第 3 期。

[2] 郭凯明、王钰冰,2022:《供需结构优化、分配结构演化与 2035 年共同富裕目标展望》,《中国工业经济》第 1 期。

[3] 郭凯明、王钰冰、杭静,2022:《产业融合效率、投资结构优化与商业服务发展》,《财贸经济》第 3 期。

[4] 郭凯明、余靖雯、吴泽雄,2018:《投资、结构转型与劳动生产率增长》,《金融研究》第 8 期。

[5] 渠慎宁、李鹏飞、吕铁,2018:《"两驾马车"驱动延缓了中国产业结构转型?——基

于多部门经济增长模型的需求侧核算分析》,《管理世界》第 1 期。

[6] 颜色、郭凯明、杭静,2018:《需求结构变迁、产业结构转型和生产率提高》,《经济研究》第 12 期。

[7] Alder, S., T. Boppart, and A. Müller, 2022, "A Theory of Structural Change That Can Fit the Data", *American Economic Journal*: *Macroeconomics*, 14(2), 160-206.

[8] Boppart, T., 2014, "Structural Change and the Kaldor Facts in a Growth Model with Relative Price Effects and Non-Gorman Preferences", *Econometrica*, 82(6), 2167-2196.

[9] Chen X., G. Pei, Z. Song, and F. Zilibotti, 2023, "Tertiarization Like China", *Annual Review of Economics*, 15, 485-512.

[10] Comin, D., D. Lashkari, and M. Mestieri, 2021, "Structural Change with Long-Run Income and Price Effects", *Econometrica*, 89(1), 311-374.

[11] Cravino, J., A. Levchenko, and M. Rojas, 2022, "Population Aging and Structural Transformation", *American Economic Journal*: *Macroeconomics*, 14(4), 479-498.

[12] Fan, T., M. Peters, and F. Zilibotti, 2023, "Growing Like India—the Unequal Effects of Service-Led Growth", *Econometrica*, 91(4), 1457-1494.

[13] Fang, L., and B. Herrendorf, 2021, "High-Skilled Services and Development in China", *Journal of Development Economics*, 151, https://doi.org/10.1016/j.jdeveco.2021.102671.

[14] Foellmi, R., and J. Zweimüller, 2008, "Structural Change, Engel's Consumption Cycles and Kaldor's Facts of Economic Growth", *Journal of Monetary Economics*, 55(7), 1317-1328.

[15] García-Santana, M., J. Pijoan-Mas, and L. Villacorta, 2021, "Investment Demand and Structural Change", *Econometrica*, 89(6), 2751-2785.

[16] Guo, K., J. Hang, and S. Yan, 2021, "Servicification of Investment and Structural Transformation: The Case of China", *China Economic Review*, 67, https://doi.org/10.1016/j.chieco.2021.101621.

[17] Herrendorf, B., R. Rogerson, and Á. Valentinyi, 2013, "Two Perspectives on Preferences and Structural Transformation", *American Economic Review*, 103(7), 2752-2789.

[18] Herrendorf, B., R. Rogerson, and Á. Valentinyi, 2021, "Structural Change in Investment and Consumption—A Unified Analysis", *Review of Economic Studies*, 88(3), 1311-1346.

[19] Hori, T., M. Ikefuji, and K. Mino, 2015, "Conformism and Structural Change", *International Economic Review*, 56(3), 939-961.

[20] Hubmer, J., 2023, "The Race Between Preferences and Technology", *Econometrica*, 91(1), 227-261.

[21] León-Ledesma, M., and A. Moro, 2020, "The Rise of Services and Balanced Growth in Theory and Data", *American Economic Journal*: *Macroeconomics*, 12(4), 109-146.

[22] Liu, Y., 2017, "The Impact of Income Distribution on Structural Transformation: The Role of Extensive Margin", *Economic Modelling*, 64, 357-364.

[23] Matsuyama, K., 2023, "Non-CES Aggregators: A Guided Tour", *Annual Review of Economics*, 15, 235-265.

[24] Yao, W., and Xiaodong Zhu, 2021, "Structural Change and Aggregate Employment Fluctuations in China", *International Economic Review*, 62(1), 65-100.

练习与思考

1. OECD 的跨国投入产出数据库(ICIO)和亚洲开发银行的多区域投入产出数据库(MRIO)提供了更长期的世界投入产出表数据,使用本书导论的附录介绍的方法计算中国消费和投资的产业增加值构成,并对中国需求结构的变化趋势进行分解核算。

2. 使用中国需求结构对资本密集型产业和劳动密集型产业的比重变化过程进行核算。

(1) 以资本收入份额为标准,利用投入产出数据把中国不同行业归类到资本密集型产业和劳动密集型产业。

(2) 计算中国消费和投资中资本密集型产业增加值比重和劳动密集型产业增加值比重。

(3) 利用第一节介绍的核算框架,把资本密集型产业或劳动密集型产业比重变化定量分解到消费和投资中两个产业增加值比重变化、消费率变化和投资率变化等因素的贡献上。

3. 考虑一个代表性个体的效用最大化问题。该个体拥有 1 单位时间禀赋,把其中 l 时间用于享受闲暇,剩余 L 时间用于劳动,即 $l+L=1$。用 W 表示工资率。家庭获得劳动收入 WL,分别以 P_1 和 P_2 的价格全部用于购买制造品 C_1 和服务 C_2,即预算约束方程满足:

$$P_1 C_1 + P_2 C_2 = WL$$

家庭从消费中获得效用 C,满足非位似常替代弹性偏好:

$$(\omega_1 C^{\varepsilon_1})^{1/\sigma} (C_1)^{(\sigma-1)/\sigma} + (\omega_2 C^{\varepsilon_2})^{1/\sigma} (C_2)^{(\sigma-1)/\sigma} = 1$$

其中,参数 $\omega_1, \omega_2 > 0, \sigma > 0, \varepsilon_1, \varepsilon_2$ 为常数,满足 $(1-\sigma)\varepsilon_1 > 0, (1-\sigma)\varepsilon_2 > 0$。消费和闲暇都可以为家庭带来效用,满足 $\log C + \eta \log l$。其中,参数 $\eta > 0$ 为常数。家庭最大化其效用,求解家庭消费的制造品 C_1 和服务 C_2 以及提供的劳动 L。

4. 考虑一个代表性家庭的动态跨期最优化问题。在每一期,家庭持有总资

本 K_t，获得租金收入 R_tK_t；提供 1 单位的劳动，获得劳动收入 W_t。其中，下标 $t \in \{1,2,\cdots\}$ 表示时期。家庭把总收入用于消费和储蓄。家庭以 P_{jt} 的价格购买 J 个产业部门生产的消费品 C_{jt}，即总消费为 $E_t = \sum_j P_{jt}C_{jt}$，其中，下标 $j \in \{1,2,\cdots,J\}$ 用于区分不同产业部门。家庭把剩余收入用于以 P_{It} 的价格购买投资品 I_t，而投资又增加了家庭持有的总资本。因此，家庭预算约束方程为：

$$P_{It}I_t + \sum_j P_{jt}C_{jt} = R_tK_t + W_t$$

$$K_{t+1} = (1-\delta)K_t + I_t$$

其中，参数 $0 < \delta < 1$ 为常数。家庭的即期效用满足跨期可加总型偏好。具体地，用 $\mathbf{P} = (P_1, P_2, \cdots, P_J)$ 表示所有消费品价格形成的向量。家庭的即期效用 v 由如下间接效用函数决定：

$$v(E, \mathbf{P}) = \frac{1-\varepsilon}{\varepsilon}\left(\frac{E}{B(\mathbf{P})} - A(\mathbf{P})\right)^{\varepsilon} - D(\mathbf{P})$$

其中，函数 $B(\mathbf{P})$、$A(\mathbf{P})$ 和 $D(\mathbf{P})$ 分别满足：

$$B(\mathbf{P}) = \left(\sum_j \omega_j P_j^{1-\sigma}\right)^{1/(1-\sigma)}$$

$$A(\mathbf{P}) = \frac{\sum_j P_j \overline{C}_j}{B(\mathbf{P})}$$

$$D(\mathbf{P}) = \frac{(1-\varepsilon)\nu}{\gamma}\left\{\left(\frac{\left(\sum_j \theta_j P_j^{1-\varphi}\right)^{1/(1-\varphi)}}{B(\mathbf{P})}\right)^{\gamma} - 1\right\}$$

其中，参数 $\sigma > 0, \sum_j \omega_j = 1, \omega_j \geq 0, \overline{C}_j \leq C_j, \nu \geq 0, \varphi > 0, \sum_j \theta_j = 1, \theta_j \geq 0$。

假设家庭可以生存无穷期，目标是最大化从第 1 期到无穷期的消费所带来的一生效用，形式上满足 $\sum_{t=1}^{\infty} \beta^{t-1}(C_t^{1-\rho} - 1)/(1-\rho)$。其中，参数 $0 < \beta < 1$，$\rho > 0$ 为常数。给定第 1 期持有的总资本 K_1、资本租金 R_t、劳动工资 W_t、每个产业部门的产品价格 P_{jt}、投资价格 P_{It}，家庭选择每一期的消费 C_{jt} 和投资 I_t，以及下一期持有的总资本 K_{t+1} 来最大化一生效用。求解家庭效用最大化问题，写出消费结构的决定方程和欧拉方程。

5. 使用中国消费中的三次产业支出结构数据，重新定量分析中国消费结构转型过程。

（1）使用 WIOD 数据库和 CIP 数据库构造中国三次产业的产出价格（注意，不是增加值价格）和消费中的三次产业支出结构数据，展示中国消费结构转型过程。

（2）分别在扩展 Stone-Geary 型偏好、价格无关扩展线性偏好、跨期可加总型偏好和非位似常替代弹性偏好四种偏好设定下，估计偏好参数，并拟合中国消费中的三次产业支出结构变化过程。

（3）通过反事实模拟评估价格效应和收入效应对中国消费中的三次产业支出结构变化的影响。与第二节关于价格效应和收入效应对中国消费中的三次产业增加值结构变化的影响相比，这些影响是否有显著变化？结合偏好参数估计结果进行解释。

6. 沿用第三节理论模型的设定，进行如下调整：把三个产业部门分别对应为传统制造业（取包括农业在内的广义含义）、高技术制造业和服务业。传统制造业和高技术制造业的产出可以用于生产有形资产，高技术制造业和服务业的产出可以用于生产无形资产，假设有形资产和无形资产的生产技术均为常替代弹性生产技术。有形资产和无形资产再以常替代弹性生产技术复合生产投资品。模型的其他设定与第三节均保持一致。

（1）写出投资品生产函数，并求解投资结构。

（2）求解动态一般均衡，利用该模型解释中国高技术制造业的变化趋势。

第四章 技术结构与结构转型

引 言

本章介绍纳入技术结构变化和持续技术进步过程的宏观经济结构转型模型,展示研究技术结构与结构转型关系的建模方法。由于不同生产部门使用的技术可能并不相同,不同生产要素使用的技术也会有差别,因此技术表现出结构性特征。技术进步过程可能会改变不同生产部门之间或不同生产要素之间的相对技术,也就产生了技术结构变化过程。如果这一过程更大幅度地提高了特定生产部门或特定生产要素的生产效率,那么可以说其体现了偏向该生产部门或生产要素的技术进步方向。本章第一节介绍技术进步方向推动结构转型的经济机制和建模方式;第二节以若干存在结构转型和持续技术进步过程的理论模型为例,介绍广义平衡增长路径的性质;第三节在一个内生增长模型中引入结构转型过程,介绍一个同时包含内生技术进步和内生结构转型的理论框架。本章不仅会展示供给侧技术结构推动结构转型的经济理论,而且会介绍在结构转型理论模型中进一步引入持续技术进步或内生技术进步的建模方法。

学习目标

1. 牢固掌握技术进步方向影响结构转型的理论机制。
2. 一般掌握广义平衡增长路径的性质与建模方式。
3. 一般掌握技术进步内生的结构转型模型。

关键术语

技术结构,技术进步方向,要素扩展型技术进步,要素偏向型技术进步,有效要素,有效劳动,有效资本,劳动扩展型技术,资本扩展型技术,技能扩展型技术,非技能扩展型技术,技能偏向型技术进步,平衡增长路径,广义平衡增长路径

第一节　技术进步方向与结构转型

在第一章介绍的价格效应理论中,不同生产部门不同速度的技术进步会改变产出相对价格,进而产生价格效应,通过促使生产部门产出之间的相互替代而推动结构转型。技术进步对结构转型的影响机制不仅限于促使生产部门之间产出相互替代的价格效应,带有方向性的技术进步还会促使生产要素之间相互替代,也会对结构转型产生重要影响。这一节以更一般形式的常替代弹性生产函数为例,介绍技术进步方向对结构转型的影响。技术进步方向是指相对其他要素,技术进步过程更大幅度地提高了特定要素的生产效率,或相对其他生产部门,技术进步过程更大幅度地提高了特定生产部门的生产效率。后者的影响实际上体现为价格效应,第一章已经详细介绍,因此本节所讨论的技术进步方向主要关注前者的影响。

一、技术进步方向的建模方式

这里以带有技术变量的、包含高技能劳动和低技能劳动两种劳动投入的常替代弹性生产函数为例,展示技术进步方向的经济含义及其建模方式。这里的讨论也易于拓展到投入其他生产要素进行生产的情形,只需把两种技能劳动替换为任意两种生产要素或多种生产要素。

假设一个代表性生产者在完全竞争市场上雇用高技能劳动和低技能劳动进行生产,生产函数满足常替代弹性技术:

$$Y = B\left[(\alpha^H)^{1/\sigma}(A^H H)^{(\sigma-1)/\sigma} + (\alpha^L)^{1/\sigma}(A^L L)^{(\sigma-1)/\sigma}\right]^{\sigma/(\sigma-1)} \quad (4.1)$$

其中,参数 $\alpha^H > 0$,$\alpha^L > 0$ 和 $\sigma > 0$ 为常数,变量 Y 表示产出,变量 H 和 L 分别表示高技能劳动和低技能劳动的数量,变量 B、A^H 和 A^L 衡量不同特征的技术。

变量 B、A^H 或 A^L 提高,都可以反映技术进步过程,但其刻画的技术进步特征和影响是有区别的。变量 B 被称为全要素生产率,可以将其从生产要素对产出的影响中独立分离出来。如果全要素生产率 B 提高,那么这种技术进步就是无偏的、中性的技术进步。变量 A^H 和 A^L 首先分别提高了高技能劳动和低技能劳动的生产效率,然后才对产出产生影响,这两个变量所刻画的技术被分别称为技能扩展型技术和非技能扩展型技术。变量 A^H 或 A^L 提高,也就相应体现为技能扩展型技术进步或非技能扩展型技术进步过程,此时技术进步就具有提高特定技能劳动生产率的方向性。把 $A^H H$ 或 $A^L L$ 视为一个整体，通常可以分别定义为高技能有效劳动或低技能有效劳动。高技能劳动或低技能劳动只有分别先与技能扩展型技术或非技能扩展型技术结合，形成有效劳动才能影响产出。技能扩展型技术进步或非技能扩展型技术进步也都是首先提高了有效劳动，进而才能影响产出。根据要素替代弹性的定义，参数 σ 既可以衡量高技能劳动和低技能劳动的替代弹性，也可以衡量高技能有效劳动和低技能有效劳动的替代弹性。

类似地，如果生产函数不是使用两类技能劳动进行生产，而是使用其他的两种生产要素（如资本和劳动）或多种生产要素进行生产，那么也可以类似定义要素扩展型技术和要素扩展型技术进步，比如常见的资本扩展型技术和劳动扩展型技术等。要素扩展型技术进步就是要素扩展型技术提高，即特定生产要素的生产率提高的过程，体现出技术进步具有方向性。同样可以把要素扩展型技术和相应要素之积视为有效要素，有效要素才是影响产出的直接因素。

用 W^H 和 W^L 分别表示高技能劳动工资和低技能劳动工资，把产出作为计价物，价格标准化为 1。由生产者利润最大化问题的一阶最优性条件可知：

$$B\left[(\alpha^H)^{1/\sigma}(A^H H)^{(\sigma-1)/\sigma}+(\alpha^L)^{1/\sigma}(A^L L)^{(\sigma-1)/\sigma}\right]^{1/(\sigma-1)}(\alpha^H)^{1/\sigma}$$
$$(A^H)^{(\sigma-1)/\sigma}(H)^{-1/\sigma}=W^H \qquad (4.2)$$

$$B\left[(\alpha^H)^{1/\sigma}(A^H H)^{(\sigma-1)/\sigma}+(\alpha^L)^{1/\sigma}(A^L L)^{(\sigma-1)/\sigma}\right]^{1/(\sigma-1)}(\alpha^L)^{1/\sigma}$$
$$(A^L)^{(\sigma-1)/\sigma}(L)^{-1/\sigma}=W^L \qquad (4.3)$$

(4.2)、(4.3)式相除，可以得到：

$$\frac{W^H}{W^L}=\left(\frac{\alpha^H}{\alpha^L}\right)^{1/\sigma}\left(\frac{H}{L}\right)^{-1/\sigma}\left(\frac{A^H}{A^L}\right)^{(\sigma-1)/\sigma},\quad \frac{H}{L}=\frac{\alpha^H}{\alpha^L}\left(\frac{W^H}{W^L}\right)^{-\sigma}\left(\frac{A^H}{A^L}\right)^{\sigma-1} \qquad (4.4)$$

(4.4)式展现了技术进步方向对要素相对价格或要素相对需求的影响。如果相对而言技能扩展型技术进步得更快，即 A^H/A^L 提高，那么在两类技能劳动的替代弹性较大（$\sigma > 1$）时，高技能劳动工资和低技能劳动工资之比（通常也被称为技能溢价）就会提高，此时这种方向性的技术进步过程也被称为技能偏向型技术进步。反之，当两类技能劳动的替代弹性较小（$\sigma < 1$）时，技能扩展型技术进步则降低了高技能劳动的相对工资。

类似地，如果相对而言非技能扩展型技术进步得更快，即 A^H/A^L 降低，那么在两类技能劳动的替代弹性较大（$\sigma > 1$）时，高技能劳动工资和低技能劳动工资之比就会降低，此时这种方向性的技术进步过程也被称为非技能偏向型技术进步。反之,当两类技能劳动的替代弹性较小($\sigma < 1$)时,非技能扩展型技术进步则提高了高技能劳动的相对工资。

上述情形都体现了技术进步的方向性对两类技能劳动相对工资的影响特点,技能偏向型技术进步使高技能劳动工资更快上升,非技能偏向型技术进步使低技能劳动工资更快上升。类似可以定义要素偏向型技术进步过程,即在生产要素之间替代弹性较大(大于1)时,特定要素扩展型技术进步将会提高该要素相对其他要素的使用价格,体现为技术进步偏向更快抬升该要素相对价格。不失一般性地,为求理论分析更加简洁,通常可以在保持其他要素扩展型技术不变的情形下提高特定要素扩展型技术,来刻画该要素偏向型技术进步。当然,只有在生产要素之间的替代弹性较大(大于1)时,特定要素扩展型技术进步才是该要素偏向型技术进步。

技术进步方向对技能溢价的影响取决于两类技能劳动的替代弹性,这背后的经济含义如下:由(4.2)和(4.3)式可知,高低技能劳动之间相对工资的变化方向取决于其边际产出之比如何变化。在两类技能劳动的替代弹性较大时,高技能劳动易于替代低技能劳动,技能扩展型技术进步使得拥有更高要素扩展型技术的高技能劳动替代低技能劳动,就更大幅度地提高了高技能劳动的边际产出,因此高技能劳动的相对工资随之上升;反之,在高低技能劳动的替代弹性较低时,高技能劳动难以替代低技能劳动,技能扩展型技术进步提高了高技能有效劳动后,反而需要低技能有效劳动相应提高与其互补进行生产,低技能劳动的边际产出就会更大幅度提高,因此高技能劳动的相对工资随之下降。

由(4.4)式也可知,在给定两类劳动相对工资 W^H/W^L 的情形下,关于两类劳动的相对需求 H/L 是否提高,取决于两类劳动的替代弹性 σ。当这一替代弹性较大($\sigma > 1$)时,技能扩展型技术进步提高了高技能劳动的相对需求;反之,当这一替代弹性较小($\sigma < 1$)时,则降低了高技能劳动的相对需求。这背后的经济含义也是完全一致的。在高低技能劳动的替代弹性较大时,技能扩展型技术进步更大幅度地提高了高技能劳动的边际产出,对高技能劳动的相对需求就会上升;反之,在高低技能劳动的替代弹性较小时,技能扩展型技术进步更大幅度地提高了低技能劳动的边际产出,对低技能劳动的相对需求就会上升。非技能扩展型技术进步的影响方向与技能扩展型技术进步完全相反,但经济含义并无本质区别,这里不再赘述。

定义 $\theta^H = \partial \log Y / \partial \log H$ 和 $\theta^L = \partial \log Y / \partial \log L$ 分别为高技能劳动和低技能劳动

的产出弹性,由(4.1)—(4.3)式可知两类劳动的产出弹性等于其收入份额,并且满足:

$$\theta^H = \frac{(\alpha^H)^{1/\sigma}[(A^H H)/(A^L L)]^{(\sigma-1)/\sigma}}{(\alpha^H)^{1/\sigma}[(A^H H)/(A^L L)]^{(\sigma-1)/\sigma}+(\alpha^L)^{1/\sigma}} = \frac{\alpha^H (W^H/W^L)^{1-\sigma}(A^H/A^L)^{\sigma-1}}{\alpha^H (W^H/W^L)^{1-\sigma}(A^H/A^L)^{\sigma-1}+\alpha^L}$$
(4.5)

$$\theta^L = \frac{(\alpha^L)^{1/\sigma}}{(\alpha^H)^{1/\sigma}[(A^H H)/(A^L L)]^{(\sigma-1)/\sigma}+(\alpha^L)^{1/\sigma}} = \frac{\alpha^L}{\alpha^H (W^H/W^L)^{1-\sigma}(A^H/A^L)^{\sigma-1}+\alpha^L}$$
(4.6)

由(4.4)—(4.6)式易知,在给定两类劳动相对供给 H/L 的情形下,其相对工资 W^H/W^L 的变化方向与高技能劳动的产出弹性和收入份额 θ^H 的变化方向是一致的;在给定两类劳动相对工资 W^H/W^L 的情形下,对两类劳动相对需求 H/L 的变化方向与高技能劳动的产出弹性和收入份额 θ^H 的变化方向是一致的,都取决于两类劳动的替代弹性 σ。这背后的理论机制与前文是完全相同的。

二、包含技术进步方向的结构转型模型

这一部分把前文技术进步方向的生产函数引入结构转型模型中,构建包含技术进步方向的结构转型模型。模型以高技能劳动和低技能劳动两种劳动投入为例,不考虑除劳动之外的其他要素投入,但所展示的建模方式和理论机制仍然适用于分析其他要素扩展型技术进步的影响。

模型生产方面分为技能密集型产业和非技能密集型产业两个部门,用下标 $j=\{s,u\}$ 区分,其中,下标 s 和 u 分别代表技能密集型产业和非技能密集型产业。每个产业部门由一个代表性生产者在完全竞争市场上雇用高技能劳动和低技能劳动进行生产,生产函数满足常替代弹性技术:

$$Y_j = [\alpha_j^{1/\sigma_j}(A_j^H H_j)^{(\sigma_j-1)/\sigma_j} + (1-\alpha_j)^{1/\sigma_j}(A_j^L L_j)^{(\sigma_j-1)/\sigma_j}]^{\sigma_j/(\sigma_j-1)} \quad (4.7)$$

其中,变量 Y_j 表示产出,变量 H_j 和 L_j 分别表示高技能劳动和低技能劳动的数量,变量 A_j^H 和 A_j^L 分别为技能扩展型技术和非技能扩展型技术。参数 $0<\alpha_j<1,\sigma_j>0$ 为常数。参数 σ_j 衡量了产业部门 j 的生产过程中高技能劳动和低技能劳动之间的替代弹性。技术变量 A_j^H 和 A_j^L 刻画了技术进步带有方向性的特征。当技能扩展型技术 A_j^H 上升时,就称产业部门 j 发生了技能扩展型技术进步;当非技能扩展型技术 A_j^L 上升时,就称产业部门 j 发生了非技能扩展型技术进步。

定义 $\theta_j^H = \partial \log Y_j / \partial \log H_j$ 和 $\theta_j^L = \partial \log Y_j / \partial \log L_j$ 分别为高技能劳动和低技能劳

动的产出弹性,满足 $\theta_j^H + \theta_j^L = 1$,以及

$$\theta_j^H = \frac{\alpha_j^{1/\sigma_j} (A_j^H H_j)^{(\sigma_j-1)/\sigma_j}}{\alpha_j^{1/\sigma_j} (A_j^H H_j)^{(\sigma_j-1)/\sigma_j} + (1-\alpha_j)^{1/\sigma_j} (A_j^L L_j)^{(\sigma_j-1)/\sigma_j}} \tag{4.8}$$

$$\theta_j^L = \frac{(1-\alpha_j)^{1/\sigma_j} (A_j^L L_j)^{(\sigma_j-1)/\sigma_j}}{\alpha_j^{1/\sigma_j} (A_j^H H_j)^{(\sigma_j-1)/\sigma_j} + (1-\alpha_j)^{1/\sigma_j} (A_j^L L_j)^{(\sigma_j-1)/\sigma_j}} \tag{4.9}$$

用 P_j、W^H 和 W^L 分别表示产品价格、高技能劳动工资和低技能劳动工资。求解企业利润最大化问题,一阶最优性条件给出:

$$\theta_j^H P_j Y_j = W^H H_j, \quad \theta_j^L P_j Y_j = W^L L_j \tag{4.10}$$

根据(4.10)式,在每个产业部门内部,每类劳动的产出弹性实际上也就衡量了产业内部的要素收入份额,即可代表产业的要素密集程度。下文将根据高技能劳动的收入份额来区分两个产业部门,设定技能密集型产业的高技能劳动产出弹性大于非技能密集型产业,即 $\theta_s^H > \theta_u^H$。

模型的需求方面由一个代表性家庭来刻画。家庭提供高技能劳动 H 和低技能劳动 L,获得两个产业部门高技能劳动和低技能劳动的工资之和。家庭把这些收入全部用于购买非技能密集型产业和技能密集型产业的产品,数量分别为 C_u 和 C_s。因此,家庭的预算约束满足:

$$P_u C_u + P_s C_s = W^H H + W^L L \tag{4.11}$$

家庭从两个产业部门的产品消费中获得效用 C,满足常替代弹性效用函数形式:

$$C = \left[\omega_u^{1/\varepsilon} C_u^{(\varepsilon-1)/\varepsilon} + \omega_s^{1/\varepsilon} C_s^{(\varepsilon-1)/\varepsilon} \right]^{\varepsilon/(\varepsilon-1)} \tag{4.12}$$

其中,参数 $0 < \omega_j < 1$ 为常数,满足 $\omega_u + \omega_s = 1$;参数 $\varepsilon > 0$ 为常数,衡量两个产业部门产品之间的替代弹性。求解家庭效用最大化问题,得到消费的产业构成:

$$\frac{P_u C_u}{P_s C_s} = \frac{\omega_u}{\omega_s} \left(\frac{P_u}{P_s} \right)^{1-\varepsilon} \tag{4.13}$$

劳动力市场出清条件为两个产业部门需求的高技能劳动之和与低技能劳动之和分别等于家庭劳动供给,产品市场出清条件为每个产业部门产出等于家庭的消费需求,即:

$$H_u + H_s = H, \quad L_u + L_s = L, \quad Y_j = C_j \tag{4.14}$$

联立(4.10)、(4.11)、(4.13)和(4.14)式,可以得到:

$$\frac{P_u}{P_s} = \left(\frac{\omega_u}{\omega_s} \right)^{1/\varepsilon} \left(\frac{Y_u}{Y_s} \right)^{-1/\varepsilon} \tag{4.15}$$

联立(4.8)、(4.10)、(4.13)和(4.14)式,可以得到:

$$\frac{H_u^{1/\sigma_u}}{H_s^{1/\sigma_s}} = \left(\frac{\omega_u}{\omega_s}\right)^{1/\varepsilon} \frac{\alpha_u^{1/\sigma_u}}{\alpha_s^{1/\sigma_s}} \frac{(A_u^H)^{(\sigma_u-1)/\sigma_u}}{(A_s^H)^{(\sigma_s-1)/\sigma_s}} \frac{Y_u^{1/\sigma_u}}{Y_s^{1/\sigma_s}} \left(\frac{Y_u}{Y_s}\right)^{-1/\varepsilon} \quad (4.16)$$

联立(4.8)—(4.10)式,可以得到:

$$\left(\frac{H_u}{L_u}\right)^{1/\sigma_u} = \frac{\alpha_u^{1/\sigma_u}}{\alpha_s^{1/\sigma_s}} \frac{(1-\alpha_s)^{1/\sigma_s}}{(1-\alpha_u)^{1/\sigma_u}} \frac{(A_u^H)^{(\sigma_u-1)/\sigma_u}}{(A_s^H)^{(\sigma_u-1)/\sigma_u}} \frac{(A_s^L)^{(\sigma_s-1)/\sigma_s}}{(A_s^L)^{(\sigma_s-1)/\sigma_s}} \left(\frac{H_s}{L_s}\right)^{1/\sigma_s} \quad (4.17)$$

如果给定高技能劳动、低技能劳动的供给总量 H 和 L,两个产业部门技能扩展型技术、非技能扩展型技术 A_j^H 和 A_j^L,那么(4.7)、(4.14)—(4.17)式这7个等式就共同给出了两个产业部门的劳动投入 H_j 和 L_j、产出 Y_j 和相对价格 P_u/P_s 这7个内生变量。

三、 技术进步方向对结构转型的影响

对理论模型进行比较静态分析,可以得出技术进步方向对结构转型的影响。分别用 x^H 和 x^L 表示技能密集型产业部门的高技能劳动就业比重和低技能劳动就业比重,即:

$$x^H = \frac{H_s}{H}, \quad x^L = \frac{L_s}{L} \quad (4.18)$$

可以把(4.15)—(4.17)式转化为:

$$\frac{(1-x^H)^{1/\sigma_u}}{(x^H)^{1/\sigma_s}} H^{1/\sigma_u - 1/\sigma_s} = \frac{\alpha_u^{1/\sigma_u}}{\alpha_s^{1/\sigma_s}} \left(\frac{\omega_u}{\omega_s}\right)^{1/\varepsilon} \frac{Y_u^{1/\sigma_u - 1/\varepsilon}}{Y_s^{1/\sigma_s - 1/\varepsilon}} \frac{(A_u^H)^{(\sigma_u-1)/\sigma_u}}{(A_s^H)^{(\sigma_s-1)/\sigma_s}} \quad (4.19)$$

$$\frac{(1-x^H)^{1/\sigma_u}}{(1-x^L)^{1/\sigma_u}} \frac{H^{1/\sigma_u-1/\sigma_s}}{L^{1/\sigma_u-1/\sigma_s}} = \frac{\alpha_u^{1/\sigma_u}}{\alpha_s^{1/\sigma_s}} \frac{(1-\alpha_s)^{1/\sigma_s}}{(1-\alpha_u)^{1/\sigma_u}} \frac{(A_u^H)^{(\sigma_u-1)/\sigma_u}}{(A_s^H)^{(\sigma_u-1)/\sigma_u}} \frac{(A_s^L)^{(\sigma_s-1)/\sigma_s}}{(A_s^L)^{(\sigma_s-1)/\sigma_s}} \frac{(x^H)^{1/\sigma_s}}{(x^L)^{1/\sigma_s}} \quad (4.20)$$

注意到在(4.19)和(4.20)式中,两个产业部门的实际产出 Y_u 和 Y_s 也是 x^H 和 x^L 的函数[即(4.7)式],因此以上两式可以决定两类劳动力在产业部门之间的配置 x^H 和 x^L。这里关注两个产业部门的技能扩展型技术和非技能扩展型技术 A_j^H 和 A_j^L 对技能密集型产业部门就业比重 x^H 和 x^L 的影响,这些比重变化刻画了结构转型过程。由于对称性,这里只关注两个产业部门内部技能扩展型技术 A_s^H 和 A_u^H 的影响。非技能扩展型技术的影响方向刚好相反,这里不做赘述。

将(4.19)和(4.20)式取自然对数后再进行全微分,可以得到:

$$\frac{\mathrm{dlog}x_s^H}{\mathrm{dlog}A_s^H} > 0 \Leftrightarrow \left(\frac{1}{\sigma_s} - \frac{1}{\varepsilon}\right)\theta_s^H\left[\frac{1}{\sigma_s}(1-x^L) + \frac{1}{\sigma_u}x^L\right] -$$

$$\frac{\sigma_s - 1}{\sigma_s}\left[\left(\frac{1}{\sigma_s} - \frac{1}{\varepsilon}\right)\theta_s^L(1-x^L) + \left(\frac{1}{\sigma_u} - \frac{1}{\varepsilon}\right)\theta_u^L x^L\right] +$$

$$\frac{\sigma_s - 1}{\sigma_s}\left[\frac{1}{\sigma_s}(1-x^L) + \frac{1}{\sigma_u}x^L\right] > 0 \quad (4.21)$$

$$\frac{\mathrm{dlog}x_s^L}{\mathrm{dlog}A_s^H} > 0 \Leftrightarrow \left(\frac{1}{\sigma_s} - \frac{1}{\varepsilon}\right)\theta_s^H\left[\frac{1}{\sigma_s}(1-x^H) + \frac{1}{\sigma_u}x^H\right] +$$

$$\frac{\sigma_s - 1}{\sigma_s}\left[\left(\frac{1}{\sigma_s} - \frac{1}{\varepsilon}\right)\theta_s^H(1-x^H) + \left(\frac{1}{\sigma_u} - \frac{1}{\varepsilon}\right)\theta_u^H x^H\right] > 0 \quad (4.22)$$

$$\frac{\mathrm{dlog}x_u^H}{\mathrm{dlog}A_u^H} > 0 \Leftrightarrow -\left(\frac{1}{\sigma_u} - \frac{1}{\varepsilon}\right)\theta_u^H\left[\frac{1}{\sigma_s}(1-x^L) + \frac{1}{\sigma_u}x^L\right] +$$

$$\frac{\sigma_u - 1}{\sigma_u}\left[\left(\frac{1}{\sigma_s} - \frac{1}{\varepsilon}\right)\theta_s^L(1-x^L) + \left(\frac{1}{\sigma_u} - \frac{1}{\varepsilon}\right)\theta_u^L x^L\right] -$$

$$\frac{\sigma_u - 1}{\sigma_u}\left[\frac{1}{\sigma_s}(1-x^L) + \frac{1}{\sigma_u}x^L\right] > 0 \quad (4.23)$$

$$\frac{\mathrm{dlog}x_u^L}{\mathrm{dlog}A_u^H} > 0 \Leftrightarrow \left(\frac{1}{\sigma_u} - \frac{1}{\varepsilon}\right)\theta_u^H\left[\frac{1}{\sigma_s}(1-x^H) + \frac{1}{\sigma_u}x^H\right] +$$

$$\frac{\sigma_u - 1}{\sigma_u}\left[\left(\frac{1}{\sigma_s} - \frac{1}{\varepsilon}\right)\theta_s^H(1-x^H) + \left(\frac{1}{\sigma_u} - \frac{1}{\varepsilon}\right)\theta_u^H x^H\right] < 0 \quad (4.24)$$

由(4.21)—(4.24)式可知,技术进步方向对结构转型的影响机制主要反映在两个替代弹性上。一是由于技术进步改变了两类劳动力的边际产出,促使产业部门内部两类劳动力之间相互替代,替代弹性反映在参数 σ_j 上;二是由于技术进步改变了两个产业部门的产品相对价格,促使产业部门之间的产品相互替代,替代弹性反映在参数 ε 上。为了更清楚地展示这两个经济机制,以便于理解(4.21)—(4.24)式所体现的经济含义,下面将分两种特殊情形进行讨论。

特殊情形 1:发生技能扩展型技术进步的产业部门内部两类劳动力的替代弹性为1,即当技能密集型产业部门发生了技能扩展型技术进步且参数 $\sigma_s = 1$ 时,(4.21)—(4.22)式变为:

$$\frac{\mathrm{dlog}x_s^H}{\mathrm{dlog}A_s^H} > 0 \Leftrightarrow \frac{\mathrm{dlog}x_s^L}{\mathrm{dlog}A_s^H} > 0 \Leftrightarrow \varepsilon > 1 \quad (4.25)$$

当非技能密集型产业部门发生了技能扩展型技术进步且参数 $\sigma_u = 1$ 时,

(4.23)—(4.24)式变为:

$$\frac{\mathrm{d}\log x^H}{\mathrm{d}\log A_u^H} > 0 \Leftrightarrow \frac{\mathrm{d}\log x^L}{\mathrm{d}\log A_u^H} > 0 \Leftrightarrow \varepsilon < 1 \qquad (4.26)$$

考虑技能密集型产业部门发生了技能扩展型技术进步(A_s^H上升)。技能密集型产业部门的技术进步降低了单位产出的生产成本,进而降低了该产业部门产品的相对价格。这就会使得产业部门之间的产品相互替代,即家庭会用相对价格下降的技能密集型产业部门的产品去替代相对价格上升的非技能密集型产业部门的产品,由此产生价格效应。如果产业部门之间的产品难以相互替代,即替代弹性较小($\varepsilon < 1$),那么家庭在技能密集型产业部门的产品上的消费数量就只会小幅增长,导致技能密集型产业部门的产品支出比重反而由于相对价格的下降而下降,于是其就业比重(x^H和x^L)将下降。反之,如果产业部门之间产品的替代弹性较大($\varepsilon > 1$),那么家庭在技能密集型产业部门的产品上的消费数量就会大幅增长,从而有效地提高了技能密集型产业部门的产品支出比重,于是其就业比重(x^H和x^L)将上升。如果技能扩展型技术进步发生在非技能密集型产业部门(A_u^H上升),那么上述经济机制依然成立,只是影响方向就会相反,这里不再赘述。因此,特殊情形1反映了技术进步产生价格效应,促使不同产业部门之间的产品相互替代的理论机制。

特殊情形2:产业部门之间的产品替代弹性为1,且未发生技能扩展型技术进步的产业部门内部两类劳动力的替代弹性为1,即当技能密集型产业部门发生了技能扩展型技术进步,且参数$\varepsilon = \sigma_u = 1$时,(4.21)—(4.22)式变为:

$$\frac{\mathrm{d}\log x^H}{\mathrm{d}\log A_s^H} > 0 \Leftrightarrow \sigma_s > 1, \quad \frac{\mathrm{d}\log x^L}{\mathrm{d}\log A_s^H} < 0 \Leftrightarrow \sigma_s > 1 \qquad (4.27)$$

当非技能密集型产业部门发生了技能扩展型技术进步,且$\varepsilon = \sigma_s = 1$时,(4.23)—(4.24)式变为:

$$\frac{\mathrm{d}\log x^H}{\mathrm{d}\log A_u^H} < 0 \Leftrightarrow \sigma_u > 1, \quad \frac{\mathrm{d}\log x^L}{\mathrm{d}\log A_u^H} > 0 \Leftrightarrow \sigma_u > 1 \qquad (4.28)$$

考虑技能密集型产业部门发生了技能扩展型技术进步(A_s^H上升)。由于此时产业部门之间的产品替代弹性为1,无论两个产业部门的相对价格随着技术进步如何变化,其相对支出比重均保持恒定。当技能密集型产业部门高低技能劳动之间的替代弹性相对较大($\sigma_s > 1$)时,生产者就会使用高技能劳动替代低技能劳动,促使高技能劳动从非技能密集型产业部门流向技能密集型产业部门,从而提高技能密集型产业部门的高技能劳动就业比重。同时,由于低技能劳动在技能密集型产业部门被替代,在该产业部门的就业比重就会随之降低。反之,当技能密集型产业部门高低技能劳动之间的替代弹性相对较小($\sigma_s < 1$)时,该产业部门技能扩展型技术进步反而会更大幅度地提高低技能劳动的边际产出,或者说由于技术进步而提高的高技能有效劳动需要更多低技能劳动与之互补进行生产,这就会促使低技能劳动从非技能密集型产业部门流向技能密集型产业部门,从而提高技能密集型产业部门的低技能劳动就业比重。如果技能扩展型技术进步发生在非技能密集型产业部门(A_u^H上升),那么上述经济机制依然成立,只是影响方向就会相反,这里不再赘述。因此,特殊情形2反映了技术进步改变了要素边际产出之比,促使不同要素之间相互替代的理论机制。

总结本节的理论机制可以得出,如果一个产业部门发生了技能扩展型技术进步,既会产生价格效应,促使产业部门之间的产品相互替代,也会促使产业部门内部两类劳动相互替代,这两个渠道都会使劳动力在两个产业部门间发生流动,推动结构转型。这一节的理论模型也易于拓展到分析其他要素扩展型技术进步的情形,其中产业之间产品相互替代和产业内部要素相互替代的理论机制也同样适用。

第二节 技术进步与平衡增长路径

在本节之前的经济结构转型理论模型中,虽然部分模型引入了技术进步过程,也可以由此展示技术进步影响结构转型的理论机制,但是都没有引入持续的技术进步过程。也就是说,技术增长到一定阶段就会保持恒定,这使模型动态演化后最终都会收敛到稳态,而在到达稳态前的转移动态过程中,模型可以生成结构转型过程。本节拓展关于技术进步的设定,在结构转型模型中引入技术水平持续稳定增长的技术进步过程。本节将首先分别以包含持续技术进步的单部门和两部门拉姆齐模型为例,介绍平衡增长路径的性质;然后在包含持续技术进步的拉姆齐模型中依次引入价格效应和收入效应这两个推动结构转型的主要机制,介绍广义平衡增长路径的性质;最后以资本深化为例,在包含持续技术进步和要素结构变化的模型中,分析其广义平衡增长路径的性质。

一、最优控制原理

下文中的很多模型都使用了连续时间的设定,在构建这些模型前,这里首先介绍求解连续时间跨期最优化问题的方法,这一方法被称为最优控制方法。所谓连续时间,是指表示时期的变量是连续变量,可以是 $[0,\infty)$ 上的任意数。最优控制方法所讨论的问题通常是求解目标函数最大化或最小化,但是受到微分方程的约束。如下问题是较为常见的一类连续时间跨期最优化问题:

$$\max \int_{t_0}^{t_1} f(t,x(t),u(t)) \mathrm{d}t \qquad (4.29)$$

受约束于:

$$\dot{x}(t) = g(t,x(t),u(t)) \qquad (4.30)$$

$$x(t_0) = x_0 \qquad (4.31)$$

$$x(t_1) \geqslant 0 \qquad (4.32)$$

其中,$t \in [t_0,t_1]$ 表示时期。对于随着时间的推移而发生变化的任意变量 $z(t)$,可以视作时期 t 的连续可微函数,用符号 $\dot{z}(t) = \mathrm{d}z/\mathrm{d}t$ 表示变量 $z(t)$ 对时期的导数,其实也就衡量了从时期 t 开始一个无穷小的时间单位内,变量 $z(t)$ 的变化幅度。如无特别说明,本书均采用这一设定。

上述问题的起点是 t_0,终点是 t_1,目标函数也就是把 $[t_0,t_1]$ 时期内所有时期的函数 f 以积分形式加总起来。每一时期的函数 f 取值受变量 $x(t)$ 和 $u(t)$ 影响,而这两个变量又受到(4.30)式的约束。从(4.30)式看,每一期 $x(t)$ 的取值实际上取决于时期 t 之前,到了时期 t,变量 $x(t)$ 已经确定。但是变量 $u(t)$ 是可以选择的,并且影响了变量 $x(t)$ 的变化。也就是说,如果要改变 $x(t)$ 的取值,必须改变 $u(t)$ 才能实现。因此,变量 $x(t)$ 是状态变量,变量 $u(t)$ 是控制变量。

上述问题中,状态变量 $x(t)$ 的初始取值给定为 x_0,终点取值受到非负取值的约束,即(4.32)式。比如,一些模型把资本作为状态变量,最优化问题所面临的现实约束通常就是经济初始时刻的资本是给定的,并且终点时刻的资本不能为负数,即可以归为上述问题。

使用最优控制方法可以求解这一问题。具体地,首先定义汉密尔顿方程,即:

$$H(t,x,u,\lambda) = f(t,x,u) + \lambda g(t,x,u) \qquad (4.33)$$

其中,变量 λ 是汉密尔顿乘子,也是随着时间 t 的推移而发生变化的函数。注意到(4.33)式中变量 H 也是时间 t 的函数。如果 $x^*(t)$ 和 $u^*(t)$ 为最优解,那么一定存在汉密尔顿乘子 $\lambda^*(t)$,满足如下三个条件。

一是最优性条件,即:

$$\frac{\partial H(t,x^*,u^*,\lambda^*)}{\partial u} = \frac{\partial f(t,x^*,u^*)}{\partial u} + \lambda^* \frac{\partial g(t,x^*,u^*)}{\partial u} = 0 \quad (4.34)$$

二是欧拉方程,即:

$$\dot{\lambda}^*(t) = -\frac{\partial H(t,x^*,u^*,\lambda^*)}{\partial x} = -\frac{\partial f(t,x^*,u^*)}{\partial x} - \lambda^* \frac{\partial g(t,x^*,u^*)}{\partial x}$$
$$(4.35)$$

三是横截性条件:

$$\lambda^*(t_1) \geq 0, x^*(t_1) \geq 0, \lambda^*(t_1)x^*(t_1) = 0 \quad (4.36)$$

以上三个条件加上约束方程(4.30)和初始条件(4.31)式,即可确定最优解 $x^*(t)$、$u^*(t)$ 和 $\lambda^*(t)$ 的动态演化方程。

这里补充说明三点。首先,如果最优化问题的时间区间是无限的,此时目标函数(4.29)变为:

$$\max \int_{t_0}^{\infty} f(t,x(t),u(t))\,\mathrm{d}t \quad (4.37)$$

终点条件(4.32)式变为:

$$\lim_{t \to \infty} x(t) \geq 0 \quad (4.38)$$

那么最优控制方法仍然可以求解这一问题。最优性条件(4.34)式和欧拉方程(4.35)依然成立,只是横截性条件变为:

$$\lim_{t \to \infty} \lambda^*(t) \geq 0, \lim_{t \to \infty} x^*(t) \geq 0, \lim_{t \to \infty} \lambda^*(t)x^*(t) = 0 \quad (4.39)$$

其次,在一些问题中,终点取值可能不是受到非负约束,而是受到其他约束,此时的横截性条件就会改变。本书略去对此的详细讨论。

最后,如果最优化问题不仅带有微分方程约束,还带有代数方程约束,那么可以结合库恩-塔克定理进行求解。比如,上述问题除了受微分方程(4.30)约束,还受到如下代数方程约束:

$$h(t,x(t),u(t)) \geq 0 \quad (4.40)$$

那么,可以定义汉密尔顿方程为:

$$H(t,x,u,\lambda,\mu) = f(t,x,u) + \lambda g(t,x,u) + \mu h(t,x,u) \quad (4.41)$$

其中,λ 是汉密尔顿乘子,μ 是代数方程约束(4.40)式对应的拉格朗日乘子,均是随着时间 t 的推移而发生变化的函数。如果 $x^*(t)$ 和 $u^*(t)$ 为最优解,那么一定存在汉密尔顿乘子 $\lambda^*(t)$ 和拉格朗日乘子 $\mu^*(t)$,满足如下四个条件。

一是最优性条件,即:

$$\frac{\partial H(t,x^*,u^*,\lambda^*,\mu^*)}{\partial u} = \frac{\partial f(t,x^*,u^*)}{\partial u} + \lambda^* \cdot \frac{\partial g(t,x^*,u^*)}{\partial u} + \mu^* \cdot \frac{\partial h(t,x^*,u^*)}{\partial u} = 0 \quad (4.42)$$

二是欧拉方程,即:

$$\dot{\lambda}^*(t) = -\frac{\partial H(t,x^*,u^*,\lambda^*,\mu^*)}{\partial x}$$

$$= -\frac{\partial f(t,x^*,u^*)}{\partial x} - \lambda^* \cdot \frac{\partial g(t,x^*,u^*)}{\partial x} - \mu^* \cdot \frac{\partial h(t,x^*,u^*)}{\partial x} \quad (4.43)$$

三是横截性条件:

$$\lambda^*(t_1) \geq 0, x^*(h_1) \geq 0, \lambda^*(t_1)x^*(t_1) = 0 \quad (4.44)$$

四是松弛条件:

$$\mu^* \geq 0, h(t,x^*,u^*) \geq 0, \mu^* h(t,x^*,u^*) = 0 \quad (4.45)$$

以上四个条件加上约束方程(4.30)和初始条件(4.31)式,即可确定最优解 $x^*(t)$、$u^*(t)$、$\lambda^*(t)$ 和 $\mu^*(t)$ 的动态演化方程。

二、平衡增长路径的定义和性质

(一) 单部门拉姆齐模型与平衡增长路径

考虑一个连续时间的单部门拉姆齐模型,模型中引入长期持续的技术进步过程。用下标 $t \in [0,\infty)$ 表示时间。生产方面由一个代表性生产者在完全竞争市场中使用资本 K_t 和劳动 L_t 进行生产。劳动数量保持恒定,不失一般性地,设定劳动数量 $L_t = 1$。生产技术满足柯布-道格拉斯型,产出 Y_t 由如下方程决定:

$$Y_t = K_t^{\alpha}(A_t L_t)^{1-\alpha} \quad (4.46)$$

其中,参数 $0 < \alpha < 1$ 为常数,变量 A_t 表示技术水平,体现为劳动扩展型技术,当然,也可以把 $A_t^{1-\alpha}$ 视为全要素生产率。假设技术水平长期持续增长,并且以 γ 的速度恒定增长,满足 $\dot{A}_t/A_t = \gamma > 0$。把产出作为计价物,其价格标准化为1。用 R_t 和 W_t 分别表示资本租金和劳动工资,代表性生产者利润最大化问题的一阶最优性条件为:

$$R_t = \alpha K_t^{\alpha-1} L_t^{1-\alpha} A_t^{1-\alpha}, \quad W_t = (1-\alpha) K_t^{\alpha} L_t^{-\alpha} A_t^{1-\alpha} \quad (4.47)$$

家庭方面由一个代表性家庭跨期最优化选择问题来刻画。该家庭在每一期获得资本收入和劳动收入,把收入的一部分用于消费 C_t,剩余部分用于储蓄,储蓄形成了投资,进而积累了下一期的资本。于是家庭在每一期的预算约束方程为：
$$\dot{K}_t = R_t K_t + W_t L_t - C_t - \delta K_t \tag{4.48}$$

其中，参数 $0 < \delta < 1$ 为常数，表示资本折旧率。在终点时刻，要求家庭持有的资本必须为非负数，即 $\lim_{t \to \infty} K_t \geq 0$。家庭在每一期可以从消费中获得即期效用 $(C_t^{1-\theta} - 1)/(1 - \theta)$，其一生效用的加总形式为：

$$U = \int_0^\infty \frac{C_t^{1-\theta} - 1}{1 - \theta} e^{-\rho t} dt \tag{4.49}$$

其中，参数 $\rho > 0$ 为常数，表示时间偏好因子；参数 $\theta > 0$ 为常数，表示跨期替代弹性的倒数。运用前文介绍的最优控制原理求解家庭效用最大化问题，即定义汉密尔顿方程为：

$$H_t = \frac{C_t^{1-\theta} - 1}{1 - \theta} e^{-\rho t} + \lambda_t (R_t K_t + W_t L_t - C_t - \delta K_t) \tag{4.50}$$

最优性条件和横截性条件分别满足：

$$C_t^{-\theta} e^{-\rho t} = \lambda_t, \quad \dot{\lambda}_t = -\lambda_t (R_t - \delta) \tag{4.51}$$

$$\lim_{t \to \infty} \lambda_t K_t = 0 \tag{4.52}$$

把(4.51)式进一步化简，并与(4.47)和(4.48)式联立，可以得到：

$$\frac{\dot{C}_t}{C_t} = \frac{1}{\theta} (\alpha K_t^{\alpha-1} A_t^{1-\alpha} - \delta - \rho) \tag{4.53}$$

$$\dot{K}_t = K_t^{\alpha} A_t^{1-\alpha} - C_t - \delta K_t \tag{4.54}$$

(4.53)和(4.54)式给出了 C_t 和 K_t 的动态演化路径。如果技术水平 A_t 以恒定速度 γ 持续提高，那么该模型并不存在所有变量均不变的稳态，但是存在平衡增长路径。平衡增长路径（Balanced Growth Path，BGP）是指所有内生变量均保持不变或匀速变化的状态。当然，如果只是关注内生变量的变化速度，平衡增长路径也可以看成是变化速度为零或不变的稳态。

在平衡增长路径下，由于 C_t 匀速变化，由(4.53)式可知利率 R_t 保持不变，记为 R^*。本节在表示平衡增长路径下所有保持恒定的变量时，均去掉其下标 t，改为用上标 $*$ 表示。因此，K_t 与 A_t 以相同的速度持续增长，即 $\dot{K}_t/K_t = \gamma$，于是产出 Y_t 也以该速度持续增长。把(4.54)式等号两边同时除以 K_t，可知如果 K_t 以恒定速度增长，那么 C_t 和 K_t 之比必须保持恒定，于是二者的增长速度也是相等的，即 $\dot{C}_t/C_t = \gamma$。将其重新代入(4.53)式，可以解得利率 $R^* = \delta + \rho + \theta \gamma$。至此，平衡增长路径已经求解出。在单部门拉姆齐模型中，如果技术水平持续提高,那么存在平衡增长路径,产出、消费、资本均以技术进步率持续增长,同时利率保持恒定。

（二）两部门拉姆齐模型与平衡增长路径

对前文单部门拉姆齐模型作进一步拓展,考虑一个连续时间的两部门拉姆齐模型,模型中依然引入长期持续的技术进步过程,但两部门的技术进步速度可以存在差异。如无特别说明,这里模型的变量和参数的表示方式与前文保持一致。

生产方面变为消费品生产部门和投资品生产部门两个部门。消费品生产部门由一个代表性生产者使用资本 K_{Ct} 和劳动 L_{Ct} 生产消费品 C_t,投资品生产部门由一个代表性生产者使用资本 K_{Xt} 和劳动 L_{Xt} 生产投资品 X_t,生产技术均满足柯布-道格拉斯型:

$$C_t = K_{Ct}^{\alpha}(A_{Ct}L_{Ct})^{1-\alpha}, \quad X_t = K_{Xt}^{\alpha}(A_{Xt}L_{Xt})^{1-\alpha} \tag{4.55}$$

其中,变量 A_{Ct} 和 A_{Xt} 分别表示消费品和投资品生产部门的技术水平,参数 $0 < \alpha < 1$ 为常数。注意到如果两个生产部门的技术进步速度相等,那么完全可以等价于一个生产部门。这里假设两个生产部门的技术以不同的速度进步,分别满足 $\dot{A}_{Ct}/A_{Ct} = \gamma_C$, $\dot{A}_{Xt}/A_{Xt} = \gamma_X$,且 $\gamma_C \neq \gamma_X$。把投资品作为计价物,价格标准化为1,消费品价格记为 P_t,也可以表示消费品和投资品的相对价格。两个代表性生产者利润最大化的一阶最优性条件为:

$$R_t = \alpha P_t K_{Ct}^{\alpha-1} L_{Ct}^{1-\alpha} A_{Ct}^{1-\alpha} = \alpha K_{Xt}^{\alpha-1} L_{Xt}^{1-\alpha} A_{Xt}^{1-\alpha} \tag{4.56}$$

$$W_t = (1-\alpha) P_t K_{Ct}^{\alpha} L_{Ct}^{-\alpha} A_{Ct}^{1-\alpha} = (1-\alpha) K_{Xt}^{\alpha} L_{Xt}^{-\alpha} A_{Xt}^{1-\alpha} \tag{4.57}$$

(4.56)和(4.57)式相除可得:

$$\frac{K_{Ct}}{L_{Ct}} = \frac{K_{Xt}}{L_{Xt}} = \frac{K_t}{L_t} = K_t \tag{4.58}$$

$$P_t = \left(\frac{A_{Xt}}{A_{Ct}}\right)^{1-\alpha} \tag{4.59}$$

其中,仍用 K_t 表示资本总量,总劳动人数 L_t 保持不变,标准化为1,于是 K_t 也表示劳均资本。(4.58)和(4.59)式意味着两个生产部门的资本劳动比均相等,代入(4.55)—(4.57)式有:

$$C_t = K_t^{\alpha} A_{Ct}^{1-\alpha} L_{Ct}, \quad X_t = K_t^{\alpha} A_{Xt}^{1-\alpha} L_{Xt} \tag{4.60}$$

$$Y_t = P_t C_t + X_t = K_t^{\alpha} A_{Xt}^{1-\alpha} \tag{4.61}$$

$$R_t = \alpha K_t^{\alpha-1} A_{Xt}^{1-\alpha}, \quad W_t = (1-\alpha) K_t^{\alpha} A_{Xt}^{1-\alpha} \tag{4.62}$$

其中,引入变量 Y_t 表示名义产出,为消费品和投资品之和。注意到由于消费品和投资品的资本劳动比相等,名义产出实际上可以写作总资本 K_t 和投资品生产技术 A_{Xt} 的函数。

家庭部门的设定与前文基本一致,只是有几点变化。一生效用函数满足:

$$U = \int_0^\infty e^{-\rho t} \log C_t \mathrm{d}t \tag{4.63}$$

与(4.49)式相比,这里进一步设定跨期替代弹性为1。预算约束方程变为:

$$\dot{K}_t = R_t K_t + W_t L_t - P_t C_t - \delta K_t \tag{4.64}$$

与(4.48)式相比,(4.64)式包含了消费品相对价格。求解家庭最优化问题,并代入(4.62)式,得到:

$$\frac{\dot{C}_t}{C_t} + \frac{\dot{P}_t}{P_t} = \alpha K_t^{\alpha-1} A_{Xt}^{1-\alpha} - \delta - \rho \tag{4.65}$$

$$\dot{K}_t = X_t - \delta K_t = K_t^\alpha A_{Xt}^{1-\alpha} - P_t C_t - \delta K_t \tag{4.66}$$

(4.65)和(4.66)式加上(4.59)式,决定了 C_t、K_t 和 P_t 的动态演化路径。考虑所有内生变量均保持恒定或以恒定速度增长的平衡增长路径。此时如果实际利率保持恒定,那么由(4.62)式易知 K_t 和 A_{Xt} 以相同的速度 γ_X 增长,再由(4.61)式知名义产出 Y_t 也以该速度稳定增长。把(4.66)式左右两边同时除以 K_t,可知投资 X_t 和名义消费 $P_t C_t$ 均以 γ_X 的速度稳定增长。这意味着此时消费品和投资品生产部门的名义产出之比保持恒定,投资率 X_t/Y_t 和消费率 $P_t C_t/Y_t$ 保持恒定。由(4.60)式易知,两个生产部门名义产出之比也就是其就业之比和资本之比,因此就业和资本在两个生产部门的配置比例也始终保持恒定。由(4.59)式易知,消费品与投资品的相对价格 P_t 的变化速度并不等于 γ_X,而是以恒定速度 $(1-\alpha)(\gamma_X - \gamma_C)$ 变化。如果投资品生产部门技术进步快于消费品生产部门,那么消费品的相对价格会上升;反之,如果消费品生产部门技术进步更快,那么其产出的相对价格会下降。再由名义消费 $P_t C_t$ 以恒定速度 γ_X 增长可知实际消费 C_t 以恒定速度 $\alpha \gamma_X + (1-\alpha) \gamma_C$ 增长。因此,消费品与投资品生产部门的实际产出之比 C_t/X_t 并不是不变的,而是以恒定速度变化。

综上,这里通过区分消费品和投资品两个生产部门,引入了经济结构,但在平衡增长路径下,这两个生产部门的名义产出之比始终保持恒定。不同的技术进步速度使两个生产部门的产出相对价格持续变化,但其实际产出之比以同样的速度反向变化。这一性质使得该模型完全可以等价于前文的单部门模型,也就是说,通过价格调整,可以把两个生产部门的产出和资本加总为总名义产出和总资本,对应于单部门模型。而在平衡增长路径下,这两个生产部门的名义产出、就业和资本的相对比例始终保持不变,并没有呈现出结构转型过程。

三、结构转型与广义平衡增长路径

尽管在上述包含持续技术进步的两部门拉姆齐模型中,消费品和投资品生产部门相对结构的变化能够反映出结构转型过程,但在平衡增长路径下,这两个生产部门的产出之比保持恒定,并没有呈现出持续的结构转型过程。这一节将以两种方式拓展这一模型,把消费品生产部门拓展为两个生产部门,同时纳入结构转型过程和平衡增长路径特征。

(一) 价格效应与广义平衡增长路径

假设消费品生产部门分为两个生产部门,用下标 $Cj \in \{C1, C2\}$ 区分。每个生产部门都分别由一个代表性生产者使用资本 K_{Cjt} 和劳动 L_{Cjt} 生产消费品 C_{jt},生产技术满足柯布-道格拉斯型:

$$C_{jt} = K_{Cjt}^{\alpha} (A_{Cjt} L_{Cjt})^{1-\alpha} \tag{4.67}$$

其中,变量 A_{Cjt} 表示消费品生产部门的技术水平,参数 $0 < \alpha < 1$ 为常数。假设两个消费品生产部门的技术以不同的速度进步,满足 $\dot{A}_{Cjt}/A_{Cjt} = \gamma_{Cj}$。投资品生产部门的设定与前文一致,并且把投资品作为计价物,价格标准化为1,消费品价格记为 P_{Cjt}。生产者利润最大化的一阶最优性条件为:

$$R_t = \alpha P_{Cjt} K_{Cjt}^{\alpha-1} L_{Cjt}^{1-\alpha} A_{Cjt}^{1-\alpha} = \alpha K_{Xt}^{\alpha-1} L_{Xt}^{1-\alpha} A_{Xt}^{1-\alpha} \tag{4.68}$$

$$W_t = (1-\alpha) P_{Cjt} K_{Cjt}^{\alpha} L_{Cjt}^{-\alpha} A_{Cjt}^{1-\alpha} = (1-\alpha) K_{Xt}^{\alpha} L_{Xt}^{-\alpha} A_{Xt}^{1-\alpha} \tag{4.69}$$

(4.68)和(4.69)式相除,可以得到:

$$\frac{K_{C1t}}{L_{C1t}} = \frac{K_{C2t}}{L_{C2t}} = \frac{K_{Xt}}{L_{Xt}} = \frac{K_t}{L_t} = K_t \tag{4.70}$$

$$P_{C1t} = \left(\frac{A_{Xt}}{A_{C1t}}\right)^{1-\alpha}, \quad P_{C2t} = \left(\frac{A_{Xt}}{A_{C2t}}\right)^{1-\alpha} \tag{4.71}$$

投资品生产部门和两个消费品生产部门的资本劳动比仍然相等,代入(4.67)—(4.69)式有:

$$C_{jt} = K_t^{\alpha} A_{Cjt}^{1-\alpha} L_{Cjt}, \quad X_t = K_t^{\alpha} A_{Xt}^{1-\alpha} L_{Xt} \tag{4.72}$$

$$Y_t = P_{1t} C_{1t} + P_{2t} C_{2t} + X_t = K_t^{\alpha} A_{Xt}^{1-\alpha} \tag{4.73}$$

$$R_t = \alpha K_t^{\alpha-1} A_{Xt}^{1-\alpha}, \quad W_t = (1-\alpha) K_t^{\alpha} A_{Xt}^{1-\alpha} \tag{4.74}$$

其中,变量 Y_t 为名义产出,可以表示为总资本 K_t 和投资品生产技术 A_{Xt} 的函数。

家庭部门的设定与前文基本一致,只是家庭同时购买两类消费品 C_{jt},以常替代弹性偏好形成复合消费品或即期效用 C_t,满足:

$$C_t = (\omega_1^{1/\varepsilon} C_{1t}^{(\varepsilon-1)/\varepsilon} + \omega_2^{1/\varepsilon} C_{2t}^{(\varepsilon-1)/\varepsilon})^{\varepsilon/(\varepsilon-1)} \quad (4.75)$$

其中,参数 $0 < \omega_1, \omega_2 < 1$ 为常数,满足 $\omega_1 + \omega_2 = 1$;参数 $\varepsilon > 0$ 为常数。每一期复合效用加总成为一生效用,形式上仍然满足(4.63)式。家庭预算约束方程变为:

$$\dot{K}_t = R_t K_t + W_t L_t - P_{C1t} C_{1t} - P_{C2t} C_{2t} - \delta K_t \quad (4.76)$$

家庭最优化问题求解仍然可以分为当期选择两类消费品数量 C_{jt} 和跨期选择复合消费品数量 C_t 两个子问题,易得到:

$$\frac{\dot{C}_t}{C_t} + \frac{\dot{P}_t}{P_t} = \alpha K_t^{\alpha-1} A_{Xt}^{1-\alpha} - \delta - \rho \quad (4.77)$$

$$\dot{K}_t = X_t - \delta K_t = K_t^{\alpha} A_{Xt}^{1-\alpha} - P_t C_t - \delta K_t \quad (4.78)$$

$$\frac{P_{C1t} C_{1t}}{P_{C2t} C_{2t}} = \frac{\omega_1}{\omega_2} \left(\frac{P_{C1t}}{P_{C2t}}\right)^{1-\varepsilon} = \frac{\omega_1}{\omega_2} \left(\frac{A_{C2t}}{A_{C1t}}\right)^{(1-\varepsilon)(1-\alpha)} \quad (4.79)$$

其中,变量 P_t 表示复合消费品 C_t 的价格,推导(4.79)式最后一个等号时代入了(4.71)式。

由于平衡增长路径要求所有内生变量均保持恒定或以不变的速度增长,但由(4.79)式易知两个消费品生产部门的名义产出之比会持续变化,并不保持恒定。因此平衡增长路径在本模型中并不存在。这里放松平衡增长路径的定义,定义广义平衡增长路径(Generalized Balanced Growth Path,GBGP)为实际利率保持恒定的状态,并不要求其他变量保持恒定或稳定增长。广义平衡增长路径有时也被称为稳定增长路径(Constant Growth Path,CGP)或总量平衡增长路径(Aggregate Balanced Growth Path,ABGP),后者是指按照名义价值加总后的总量变量保持恒定或稳定增长的状态。多数情形下这三个定义大致相同,本书统一称为广义平衡增长路径。

此时如果实际利率保持恒定,那么重复前文的推导过程可知总资本 K_t、总产出 Y_t、总投资 X_t 和总消费 $P_t C_t$ 以相同的速度 γ_X 增长,因此投资率 X_t/Y_t 和消费率 $P_t C_t/Y_t$ 保持恒定。但由(4.79)式知,此时两个消费品生产部门产出之比以恒定速度 $(1-\varepsilon)(1-\alpha)(\gamma_{C2} - \gamma_{C1})$ 持续变化,也就是说,从消费品生产部门看,在广义平衡增长路径下仍然可以产生持续的结构转型过程。如果第二个消费品生产部门的技术进步速度快于第一个消费品生产部门($\gamma_{C2} > \gamma_{C1}$),第一个消费品生产部门的产出相对价格就会持续上升,那么当两个生产部门的替代弹性较小($\varepsilon < 1$)时,第一个消费品生产部门的产出比重就会持续提高,反之亦然。这实际上就反映了价格效应。因此,这里的模型实际上是在包含持续技术进步的拉姆齐模型中引入了推动结构转型的价格效应,进而在广义平衡增长路径下可以表现出持续的结构转型过程。

(二) 收入效应与广义平衡增长路径

上述模型中推动结构转型的只是价格效应,没有纳入收入效应。这里进一步引入推动结构转型的收入效应,但为了能够产生广义平衡增长路径,不考虑价格效应。为此,假设两个消费品生产部门的技术进步速度相等,均为 γ_C,即 $\dot{A}_{Cjt}/A_{Cjt} = \gamma_C$。由(4.71)式易知,两个消费品生产部门的相对价格 P_{C1t}/P_{C2t} 保持不变,也就没有价格效应。此时其他所有设定均不变,只是家庭即期效用变为由 Stone-Geary 型非位似偏好来刻画,满足:

$$C_t = [\omega_1^{1/\varepsilon}(C_{1t} + \overline{C}_1)^{(\varepsilon-1)/\varepsilon} + \omega_2^{1/\varepsilon}(C_{2t} + \overline{C}_2)^{(\varepsilon-1)/\varepsilon}]^{\varepsilon/(\varepsilon-1)} \quad (4.80)$$

其中,非位似项 $\overline{C}_1,\overline{C}_2$ 为常数。此时重新求解家庭效用最大化问题,可知(4.77)式仍然成立,只是(4.78)和(4.79)式变为:

$$\dot{K}_t = K_t^\alpha A_{Xt}^{1-\alpha} - \delta K_t - (P_t C_t - P_{C1t}\overline{C}_1 - P_{C2t}\overline{C}_2) \quad (4.81)$$

$$\frac{P_{C1t}(C_{1t} + \overline{C}_1)}{P_{C2t}(C_{2t} + \overline{C}_2)} = \frac{\omega_1}{\omega_2}\left(\frac{P_{C1t}}{P_{C2t}}\right)^{1-\varepsilon} = \frac{\omega_1}{\omega_2}\left(\frac{A_{C2t}}{A_{C1t}}\right)^{(1-\varepsilon)(1-\alpha)} \quad (4.82)$$

考虑实际利率保持恒定的广义平衡增长路径,此时易知投资品生产部门和两个消费品生产部门的资本劳动比仍然相等,均为 K_t,并且总资本 K_t、总产出 Y_t、总投资 X_t 仍然以相同的速度 γ_X 增长。由(4.81)式可知 $P_t C_t - P_{C1t}\overline{C}_1 - P_{C2t}\overline{C}_2$ 必须也以 γ_X 的速度持续增长。而根据(4.71)和(4.77)式,$P_t C_t$ 以恒定速度增长,P_{C1t} 和 P_{C2t} 以相同且恒定的速度 $(1-\alpha)(\gamma_X - \gamma_C)$ 变化,这意味着只有当 $P_{C1t}\overline{C}_1 + P_{C2t}\overline{C}_2 = 0$ 时,才能保证 $P_t C_t - P_{C1t}\overline{C}_1 - P_{C2t}\overline{C}_2$ 以 γ_X 的速度持续增长。因此,此时为了使广义平衡增长路径存在,需要假设 $P_{C1t}\overline{C}_1 + P_{C2t}\overline{C}_2 = 0$,或者也可以写作

$$\frac{\overline{C}_1}{\overline{C}_2} = -\frac{P_{C2t}}{P_{C1t}} = -\left(\frac{A_{C1t}}{A_{C2t}}\right)^{(1-\alpha)} \quad (4.83)$$

在(4.83)式的假设下,易知总消费 $P_t C_t$ 也以恒定速度 γ_X 持续增长。虽然

总量变量均以恒定速度增长,但从两个消费品生产部门的相对比重看,仍然会发生持续变化,表现出结构转型过程。因为由(4.84)式易知:

$$\frac{P_{Cjt}C_{jt}}{P_tC_t} = \omega_j \left(\frac{P_{Cjt}}{P_t}\right)^{1-\varepsilon} - \frac{P_{Cjt}\overline{C_j}}{P_tC_t} \quad (4.84)$$

可以看到,如果 $\overline{C}_1 < 0$ 而 $\overline{C}_2 > 0$,那么第一个消费品生产部门产出数量 C_{1t} 的增长速度就会慢于 C_t,其产出占总消费的比重就会持续下降,而第二个消费品生产部门产出数量 C_{2t} 的增长速度就会快于 C_t,其产出占总消费的比重就会持续上升,反之亦然。这就体现出持续的结构转型过程,而背后推动的经济力量依然是非位似偏好刻画的收入效应。

四、资本深化与广义平衡增长路径

在前文的模型中,尽管通过引入价格效应或收入效应产生了总量变量稳定增长同时生产结构持续转型的广义平衡增长路径,但是模型中两个消费品生产部门的资本产出弹性是相等的,要素结构并不会对结构转型产生影响。这里建立一个生产部门资本产出弹性存在差别而技术又持续进步的多部门拉姆齐模型,同样可以在一定条件下产生广义平衡增长路径,同时纳入要素结构变化推动结构转型的理论机制。

(一)模型的建立与求解

模型生产方面包括两个中间品生产部门(用下标 $j \in \{1,2\}$ 区分)和一个最终品生产部门,市场是完全竞争的。两个中间品生产部门分别使用资本 K_{jt} 和劳动 L_{jt} 生产中间品 Y_{jt},生产技术满足柯布-道格拉斯型:

$$Y_{jt} = K_{jt}^{\alpha_j}(A_{jt}L_{jt})^{1-\alpha_j} \quad (4.85)$$

其中,变量 A_{jt} 表示技术水平;参数 $0 < \alpha_j < 1$ 为常数,表示资本产出弹性。两个中间品生产部门的资本产出弹性可以有差别,因此相对而言,一个生产部门是资本密集型生产部门,另一个是劳动密集型生产部门。两个生产部门的技术以不同的速度进步,满足 $\dot{A}_{jt}/A_{jt} = \gamma_j$。代表性生产者利润最大化的一阶最优性条件为:

$$R_t = \alpha_1 P_{1t}K_{1t}^{\alpha_1-1}L_{1t}^{1-\alpha_1}A_{1t}^{1-\alpha_1} = \alpha_2 P_{2t}K_{2t}^{\alpha_2-1}L_{2t}^{1-\alpha_2}A_{2t}^{1-\alpha_2} \quad (4.86)$$

$$W_t = (1-\alpha_1)P_{1t}K_{1t}^{\alpha_1}L_{1t}^{-\alpha_1}A_{1t}^{1-\alpha_1} = (1-\alpha_2)P_{2t}K_{2t}^{\alpha_2}L_{2t}^{-\alpha_2}A_{2t}^{1-\alpha_2} \quad (4.87)$$

最终品生产部门使用两个中间品生产部门的产出作为中间投入,以常替代弹性生产技术生产最终品 Q_t，满足：

$$Q_t = (\omega_1^{1/\varepsilon} Y_{1t}^{(\varepsilon-1)/\varepsilon} + \omega_2^{1/\varepsilon} Y_{2t}^{(\varepsilon-1)/\varepsilon})^{\varepsilon/(\varepsilon-1)} \quad (4.88)$$

其中，参数 $0 < \omega_1, \omega_2 < 1$ 为常数，满足 $\omega_1 + \omega_2 = 1$；参数 $\varepsilon > 0$ 为常数。代表性生产者利润最大化的一阶最优性条件为：

$$\frac{P_{1t}Y_{1t}}{P_{2t}Y_{2t}} = \frac{\omega_1}{\omega_2}\left(\frac{P_{1t}}{P_{2t}}\right)^{1-\varepsilon} \quad (4.89)$$

把最终品作为计价物，其价格标准化为 1。最终品可以用于消费或投资。

家庭部门由一个代表性家庭刻画。总人口保持不变，恒为 1。家庭一生效用函数满足：

$$U = \int_0^\infty \frac{C_t^{1-\theta} - 1}{1-\theta} e^{-\rho t} \mathrm{d}t \quad (4.90)$$

其中，参数 $\rho > 0$ 为常数，表示时间偏好因子；参数 $\theta > 0$ 为常数，表示跨期替代弹性的倒数。家庭持有所有资本 K_t，获得资本收入 $R_t K_t$。家庭预算约束方程为：

$$\dot{K}_t = R_t K_t + W_t - C_t - \delta K_t \quad (4.91)$$

求解家庭最优化问题，可以得到：

$$\frac{\dot{C}_t}{C_t} = \frac{1}{\theta}(R_t - \delta - \rho) \quad (4.92)$$

资本和劳动力市场出清，满足：

$$K_{1t} + K_{2t} = K_t, \quad L_{1t} + L_{2t} = 1 \quad (4.93)$$

注意，这一模型除了在两个中间品生产部门引入技术进步、用家庭生产部门动态最优化问题内生了储蓄和投资过程，与第二章第一节的模型并无本质不同。资本深化通过价格效应推动结构转型的理论机制依然成立，这里略去对此的讨论，主要关注广义平衡增长路径的性质。

（二）广义平衡增长路径的求解

定义 $x_t^k = K_{1t}/K_t$，$x_t^l = L_{1t}/L_t$，$x_t^y = P_{1t}Y_{1t}/Q_t$，分别衡量第一个生产部门的资本比重、就业比重和产出比重，其变化反映了结构转型过程。由（4.86）、（4.87）和（4.89）式易知：

$$\frac{\alpha_2}{\alpha_1}\frac{x_t^k}{1-x_t^k} = \frac{1-\alpha_2}{1-\alpha_1}\frac{x_t^l}{1-x_t^l} \quad (4.94)$$

$$\frac{\alpha_2}{\alpha_1}\frac{x_t^k}{1-x_t^k}=\frac{x_t^y}{1-x_t^y} \qquad (4.95)$$

定义 $k_t = K_t/(A_{1t}L_t)$ 和 $c_t = C_t/(A_{1t}L_t)$，表示单位有效劳动的资本和消费（以第一个生产部门的技术来衡量）。下面首先求解决定 x_t^k, x_t^l, k_t, c_t 的动态方程。

由（4.85）、（4.86）、（4.89）式可知：

$$\begin{aligned}R_t &= \alpha_1 P_1 (x_t^k)^{\alpha_1-1}(x_t^l)^{\alpha_1-1} k_t^{\alpha_1-1} \\ &= \alpha_1 \omega_1^{1/(\varepsilon-1)}\left(1+\frac{\alpha_1}{\alpha_2}\frac{1-x^k}{x^k}\right)^{1/(\varepsilon-1)}(x_t^k)^{\alpha_1-1}(x_t^l)^{\alpha_1-1}k_t^{\alpha_1-1}\end{aligned} \qquad (4.96)$$

把（4.96）式代入（4.92）式，可知：

$$\frac{\dot{c}_t}{c_t} = \frac{1}{\theta}\left[\alpha_1\omega_1^{1/(\varepsilon-1)}\left(1+\frac{\alpha_1}{\alpha_2}\frac{1-x^k}{x^k}\right)^{1/(\varepsilon-1)}(x_t^k)^{\alpha_1-1}(x_t^l)^{\alpha_1-1}k_t^{\alpha_1-1}-\delta-\rho\right]-\gamma_1 \qquad (4.97)$$

由（4.86）和（4.91）式以及 $R_t + W_t/K_t = R_t[x^k/\alpha_1 + (1-x^k)/\alpha_2]$，可以得到：

$$\frac{\dot{k}_t}{k_t} = \omega_1^{1/(\varepsilon-1)}\left(1+\frac{\alpha_1}{\alpha_2}\frac{1-x^k}{x^k}\right)^{\varepsilon/(\varepsilon-1)}(x_t^k)^{\alpha_1}(x_t^l)^{1-\alpha_1}k_t^{\alpha_1-1}-\frac{c_t}{k_t}-\delta-\gamma_1 \qquad (4.98)$$

由（4.85）、（4.88）、（4.94）、（4.95）式以及

$$\frac{x^k}{1-x^k}=\frac{\alpha_1}{\alpha_2}\left(\frac{\omega}{1-\omega}\right)^{\frac{1}{\varepsilon}}\left(\frac{A_1}{A_2}\right)^{(1-\alpha_2)\frac{\varepsilon-1}{\varepsilon}}\frac{(x^k)^{\alpha_1\frac{\varepsilon-1}{\varepsilon}}}{(1-x^k)^{\alpha_2\frac{\varepsilon-1}{\varepsilon}}}=\frac{(x^l)^{(1-\alpha_1)\frac{\varepsilon-1}{\varepsilon}}}{(1-x^l)^{(1-\alpha_2)\frac{\varepsilon-1}{\varepsilon}}}k^{(\alpha_1-\alpha_2)\frac{\varepsilon-1}{\varepsilon}}$$

可以得到：

$$\frac{\dot{x}_t^k}{x_t^k(1-x_t^k)}=\frac{(\alpha_1-\alpha_2)\dot{k}_t/k_t+(1-\alpha_2)(\gamma_1-\gamma_2)}{(\varepsilon-1)^{-1}+(\alpha_1-\alpha_2)(x_t^k-x_t^l)} \qquad (4.99)$$

（4.94）、（4.97）—（4.99）式共同给出了决定 x_t^k, x_t^l, k_t, c_t 的动态方程。考虑实际利率恒定的广义平衡增长路径。此时由（4.96）式可知：

$$-\frac{1}{\varepsilon-1}\frac{\frac{\alpha_1}{\alpha_2}\frac{1-x^k}{x^k}}{1+\frac{\alpha_1}{\alpha_2}\frac{1-x^k}{x^k}}\frac{\dot{x}_t^k}{x_t^k(1-x_t^k)}+(\alpha_1-1)\frac{\dot{x}_t^k}{x_t^k}+(1-\alpha_1)\frac{\dot{x}_t^l}{x_t^l}=(1-\alpha_1)\frac{\dot{k}_t}{k_t} \qquad (4.100)$$

把(4.94)和(4.99)式代入(4.100)式,化简后得到:

$$\frac{\dot{x}_t^k}{x_t^k} = (\varepsilon - 1)(1 - \alpha_1)(1 - \alpha_2)(\gamma_1 - \gamma_2)(1 - x_t^k)\frac{(\alpha_2 - \alpha_1)x_t^k + \alpha_1}{(\alpha_2 - \alpha_1)x_t^k + (1 - \alpha_2)\alpha_1} \tag{4.101}$$

不失一般性地,假设$(\varepsilon - 1)(\gamma_1 - \gamma_2) > 0$,即如果第一个生产部门技术进步得更快,那么两个生产部门的产出替代弹性大于1;如果第一个生产部门技术进步得更慢,那么两个生产部门的产出替代弹性小于1。根据价格效应,这一假设使技术进步过程倾向于提高第一个生产部门比重。此时(4.101)式等号右边是关于x_t^k的减函数,且在$x_t^k \to 0$时取值$(\varepsilon - 1)(1 - \alpha_1)(\gamma_1 - \gamma_2)$,在$x_t^k \to 1$时取值为0。因此,经过足够长的时间($t \to \infty$),一定有$x_t^k \to 1$,再由(4.94)和(4.95)式易知$x_t^l \to 1$,$x_t^y \to 1$。也就是说,在广义平衡增长路径下,第一个中间品生产部门的资本比重、就业比重和产出比重将会趋向于1。由(4.97)、(4.98)和(4.100)式可知,此时,$\dot{c}_t = 0$,$\dot{k}_t = 0$。用上标 * 表示广义平衡增长路径下变量的取值,有:

$$k^* = \left(\frac{\theta\gamma_1 + \delta + \rho}{\alpha_1 \omega_1^{1/(\varepsilon - 1)}}\right)^{1/(\alpha - 1)}, \quad c^* = \omega_1^{1/(\varepsilon - 1)}(k^*)^{\alpha_1} - (\delta + \gamma_1)k^* \tag{4.102}$$

由于k_t和c_t保持恒定,根据定义易知,此时总资本K_t和总消费C_t以γ_1的速度恒定增长。再由$x_t^k \to 1$,$x_t^l \to 1$,$x_t^y \to 1$以及(4.85)和(4.88)式,可知总产出Q_t、第一个生产部门的资本K_{1t}和产出Y_{1t}也以γ_1的速度恒定增长,而劳动L_{1t}则趋向于L_t,增速为零,即:

$$\frac{\dot{Q}_t}{Q_t} = \frac{\dot{K}_t}{K_t} = \frac{\dot{C}_t}{C_t} = \frac{\dot{K}_{1t}}{K_{1t}} = \frac{\dot{Y}_{1t}}{Y_{1t}} = \gamma_1, \quad \frac{\dot{L}_{1t}}{L_{1t}} = 0 \tag{4.103}$$

最后利用(4.99)式,可以求解得到:

$$\frac{\dot{K}_{2t}}{K_{2t}} = \frac{\dot{K}_t}{K_t} - \frac{\dot{x}_t^k}{1 - x_t^k} = \gamma_1 + (1 - \varepsilon)(1 - \alpha_2)(\gamma_1 - \gamma_2) \tag{4.104}$$

$$\frac{\dot{L}_{2t}}{L_{2t}} = (1 - \varepsilon)(1 - \alpha_2)(\gamma_1 - \gamma_2) \tag{4.105}$$

$$\frac{\dot{Y}_{2t}}{Y_{2t}} = \gamma_1 - \varepsilon(1 - \alpha_2)(\gamma_1 - \gamma_2) \tag{4.106}$$

至此,在广义平衡增长路径下,所有变量稳定不变的增长率均已求解出。由于此时第一个中间品生产部门比重趋向于1,该生产部门的技术进步速度也就决定了资本、产出和消费等总量变量的增长速度。第一个生产部门成为经济的主要生产部门,而第二个生产部门比重趋向于零,也就不再有结构转型过程了。因此,资本深化和技术进步推动结构转型的过程只发生在向广义平衡增长路径收敛的转移动态过程,当经济达到广义平衡增长路径时,经济结构也就保持恒定了。

第三节 内生技术进步与结构转型

在前文关于技术进步影响结构转型的理论模型中,技术进步过程均设定为外生给定。这一节将介绍把内生技术进步引入结构转型模型的建模方式。首先介绍一个包含消费品生产部门和投资品生产部门的两部门内生增长模型,之后在这一内生增长模型中引入结构转型和技术创新过程,构建一个包含内生技术进步和结构转型的动态一般均衡模型。

一、两部门内生增长模型

这里把前文中包含消费品生产和投资品生产的两部门拉姆齐模型拓展为内生增长模型。与前文的模型类似,虽然模型分为两个生产部门,但这两个生产部门的产出之比始终不变,并没有纳入结构转型过程。模型可以生成产出、消费和资本持续稳定增长的平衡增长路径,可以拓展为包含内生技术进步的结构转型模型。

(一)模型框架

模型用连续时间环境来刻画经济,用下标 $t \in [0, \infty)$ 表示时期。生产方面分为消费品生产部门和投资品生产部门两个部门。消费品生产部门由一个代表性生产者使用资本 K_{Ct} 和劳动 L 生产消费品 C_t,生产技术满足柯布-道格拉斯型:

$$C_t = BK_{Ct}^\alpha L^{1-\alpha} \tag{4.107}$$

其中,变量 B 表示消费品生产部门的全要素生产率,参数 $0 < \alpha < 1$ 为常数。注意到这里假设经济中劳动总量 L 为常数。该生产者利润最大化的一阶最优性条件为:

$$R_t = \alpha P_{Ct} BK_{Ct}^{\alpha-1} L^{1-\alpha}, \quad W_t = (1-\alpha) P_{Ct} BK_{Ct}^\alpha L^{-\alpha} \tag{4.108}$$

其中,变量 P_{Ct}、R_t 和 W_t 分别表示消费品价格、资本租金和劳动工资。投资品生产部门由一个代表性生产者使用资本 K_{It} 生产投资品 X_t，生产技术满足线性形式：

$$X_t = AK_{It} \tag{4.109}$$

用变量 P_{Xt} 表示投资品价格。该生产者利润最大化的一阶最优性条件为：

$$R_t = P_{Xt}A \tag{4.110}$$

模型需求方面由一个代表性个体来刻画。假设该个体可以生存无穷期。在每一期，个体获得资本收入 R_tK_t 和劳动收入 W_tL，把收入的一部分用于购买消费品 $P_{Ct}C_t$，另一部分用于购买投资品 $P_{Xt}X_t$。投资 X_t 增加了个体持有的资本，但在每一期有 δ 比例的资本会折旧掉。资本的动态积累方程为：

$$\dot{K}_t = \frac{R_tK_t + W_tL - P_{Ct}C_t}{P_{Xt}} - \delta K_t \tag{4.111}$$

个体在每一期可以从消费中获得即期效用，其一生效用的加总形式为：

$$U = \int_0^\infty \frac{C_t^{1-\theta} - 1}{1 - \theta} e^{-\rho t} dt \tag{4.112}$$

其中，参数 $\rho > 0$ 为常数，表示时间偏好因子；参数 $\theta > 0$ 为常数，表示跨期替代弹性的倒数。给定初始持有的资本 K_0，个体在方程(4.111)和 $\lim_{t \to \infty} K_t \geq 0$ 的约束下，选择消费 C_t 和资本 K_t，最大化效用(4.112)式。使用最优控制原理求解个体效用最大化问题，即定义汉密尔顿方程为：

$$H_t = \frac{C_t^{1-\theta} - 1}{1 - \theta} e^{-\rho t} + \lambda_t \left(\frac{R_tK_t + W_tL - P_{Ct}C_t}{P_{Xt}} - \delta K_t \right) \tag{4.113}$$

最优性条件和横截性条件分别满足：

$$C_t^{-\theta} e^{-\rho t} = \lambda_t \frac{P_{Ct}}{P_{Xt}}, \quad \dot{\lambda}_t = -\lambda_t \left(\frac{R_t}{P_{Xt}} - \delta \right) \tag{4.114}$$

$$\lim_{t \to \infty} \lambda_t K_t = 0 \tag{4.115}$$

每一期资本市场出清，即消费品和投资品生产部门使用的资本之和等于个体持有的资本：

$$K_{Ct} + K_{It} = K_t \tag{4.116}$$

（二）平衡增长路径

上述模型中，投资品生产部门的生产函数采用了边际产出不会递减的线性生产技术，这是内生增长理论中 AK 模型的通用设定。正是这一关键设定，使模型存在产出、消费和资本以恒定速度稳定增长的平衡增长路径。求解模型动态一般均衡和平衡增长路径。联立(4.108)和(4.110)式,可知 $P_{Xt}A = \alpha P_{Ct}BK_{Ct}^{\alpha-1}L^{1-\alpha}$。于是有:

$$\frac{\dot{P}_{Xt}}{P_{Xt}} = (\alpha - 1)\frac{\dot{K}_{Ct}}{K_{Ct}} + \frac{\dot{P}_{Ct}}{P_{Ct}} \quad (4.117)$$

联立(4.114)和(4.117)式,可以得到:

$$\frac{\dot{C}_t}{C_t} = \frac{1}{\theta}\left[A - \delta - \rho + (\alpha - 1)\frac{\dot{K}_{Ct}}{K_{Ct}}\right] \quad (4.118)$$

把(4.108)、(4.109)和(4.116)式代入(4.111)式,可以得到:

$$\dot{K}_t = (A - \delta)K_t - AK_{Ct} \quad (4.119)$$

由(4.107)式可以得到:$\dot{C}_t/C_t = \alpha\dot{K}_{Ct}/K_{Ct}$。将其代入(4.118)式,可以求解得到:

$$\frac{\dot{K}_{Ct}}{K_{Ct}} = \frac{A - \delta - \rho}{1 - \alpha(1 - \theta)}, \frac{\dot{C}_t}{C_t} = \alpha\frac{A - \delta - \rho}{1 - \alpha(1 - \theta)} \quad (4.120)$$

可以看到,变量 K_{Ct} 和 C_t 均以恒定速度增长。由(4.120)式求解 K_{Ct} 的显性表达,并代入(4.119)式,利用横截性条件,可知 K_t 也以恒定速度增长。由于 K_t 也以恒定速度增长,根据(4.119)式易知 K_{Ct}/K_t 为常数,即 K_t 和 K_{Ct} 的增长速度相等,于是有:

$$\frac{\dot{K}_t}{K_t} = \frac{A - \delta - \rho}{1 - \alpha(1 - \theta)} \quad (4.121)$$

变量 K_t、K_{Ct} 和 C_t 均以恒定速度增长,并且从初始状态就在这一平衡增长路径上,并不存在一个由初始状态过渡到平衡增长路径的转移动态过程。在每个时期,虽然投资品的实际数量 X_t 相对消费品的实际数量 C_t 以更快的速度增长,但是资本在消费品和投资品生产部门的分配比例均是恒定的,消费品和投资品的名义产出之比也是恒定的,因此模型中并不存在结构转型过程。

二、包含内生技术进步的结构转型模型

这一部分在前文两部门内生增长模型中引入结构转型和技术创新过程,其中,消费品生产部门技术进步过程是内生的,从而建立了一个内生技术进步的结构转型模型。

(一)模型框架

模型是连续时间的,用下标 $t \in [0, \infty)$ 表示时间。模型的生产部门由最终

品生产部门、中间品生产部门和研发部门构成。最终品生产部门由投资品生产部门和消费品生产部门两个部门构成。投资品生产部门由一个代表性生产者租用资本 K_{xt}，采用线性技术进行生产：

$$X_t = A_x K_{xt} \tag{4.122}$$

其中，变量 X_t 表示投资品数量；变量 A_x 为常数，表示投资品生产技术。把投资品作为计价物，即价格标准化为 1。用 R_t 表示资本租金。投资品生产者利润最大化问题一阶最优性条件为：

$$R_t = A_x \tag{4.123}$$

消费品生产部门进一步分为货物消费品生产部门和服务消费品生产部门，用下标 $j = g$ 和 $j = s$ 区分。两个消费品生产部门分别由一个代表性生产者购买中间品进行生产。用 A_{jt} 表示中间品种类的数量，由创新过程内生决定，通常用于衡量产业创新水平；用 $z_{jt}(i)$ 表示种类为 i 的中间品的投入数量，种类 $i \in [0, A_{jt}]$。代表性企业采用常替代弹性技术进行生产：

$$C_{jt} = A_{jt}^{\alpha_j - \frac{1}{\sigma - 1}} \left(\int_0^{A_{jt}} \left[z_{jt}(i) \right]^{\frac{\sigma - 1}{\sigma}} di \right)^{\frac{\sigma}{\sigma - 1}} \tag{4.124}$$

其中，变量 C_{jt} 表示消费品数量；参数 $\sigma > 0$ 为常数，衡量了中间品之间的替代弹性；参数 $\alpha_j \in (0, 1)$ 为常数，衡量了专业化分工的产出弹性。为了理解专业化分工的产出弹性的经济含义，试想如果所有的中间品投入数量均相等，用 z_{jt} 表示，则中间品投入的总数为 $Z_{jt} = A_{jt} z_{jt}$，此时生产函数（4.124）式变为 $C_{jt} = A_{jt}^{\alpha_j} Z_{jt}$。对于专业化分工程度越高的经济，在给定中间品投入总数 Z_{jt} 的前提下，其中间品种类的数量 A_{jt} 应该越大，而每一类中间品投入数量 z_{jt} 应该越小。此时，即使不同专业化分工程度的经济的中间品投入总数 Z_{jt} 都相等，对于专业化分工程度越高的经济体，其产出 $C_{jt} = A_{jt}^{\alpha_j} Z_{jt}$ 也越大，参数 α_j 即衡量了产出 C_{jt} 关于专业化分工程度 A_{jt} 的弹性。用 P_{jt} 表示消费品价格，$p_{jt}(i)$ 表示中间品价格。消费品生产者利润最大化问题为：$\max_{z_{jt}(i)} P_{jt} A_{jt}^{\alpha_j - \frac{1}{\sigma - 1}} \left(\int_0^{A_{jt}} \left[z_{jt}(i) \right]^{\frac{\sigma - 1}{\sigma}} di \right)^{\frac{\sigma}{\sigma - 1}} - \int_0^{A_{jt}} p_{jt}(i) z_{jt}(i) di$，其一阶最优性条件为：

$$p_{jt}(i) = P_{jt} A_{jt}^{\frac{\alpha_j(\sigma - 1) - 1}{\sigma}} \left(\frac{C_{jt}}{z_{jt}(i)} \right)^{\frac{1}{\sigma}} \tag{4.125}$$

（4.125）式给出了在给定价格水平下，消费品生产企业对中间品的需求。把（4.125）式代入（4.124）式，可以得到消费品价格为所有中间品价格的复合加总：

$$P_{jt} = A_{jt}^{-\alpha_j + \frac{1}{\sigma-1}} \left(\int_0^{A_{jt}} [p_{jt}(i)]^{1-\sigma} di \right)^{\frac{1}{1-\sigma}} \qquad (4.126)$$

考虑中间品生产部门。每一类中间品由一个垄断生产者使用资本 $k_{jt}(i)$ 和劳动 $l_{jt}(i)$，采用柯布-道格拉斯生产技术进行生产：

$$z_{jt}(i) = \frac{1}{\theta^\theta (1-\theta)^{1-\theta}} [k_{jt}(i)]^\theta [l_{jt}(i)]^{1-\theta} \qquad (4.127)$$

其中，参数 $0 < \theta < 1$ 为常数，表示资本产出弹性。用 W_t 表示劳动工资，易知生产任一种类中间品的单位成本均为 $R_t^\theta W_t^{1-\theta}$，并且资本劳动比均相等，记作 K_{ct}，满足：

$$K_{ct} = \frac{k_{jt}(i)}{l_{jt}(i)} = \frac{\theta}{1-\theta} \frac{W_t}{R_t} \qquad (4.128)$$

中间品生产者是一家垄断企业，面临的市场需求函数为（4.125）式，因此该企业的利润最大化问题为：$\max_{z_{jt}(i)} \pi_{jt}(i) = (p_{jt}(i) - R_t^\theta W_t^{1-\theta}) z_{jt}(i) = \left[P_{jt} A_{jt}^{\frac{\alpha_j(\sigma-1)-1}{\sigma}} \left(\frac{C_{jt}}{z_{jt}(i)} \right)^{\frac{1}{\sigma}} - R_t^\theta W_t^{1-\theta} \right] z_{jt}(i)$。其中，变量 $\pi_{jt}(i)$ 表示垄断利润。求解该问题，得到中间品的价格、数量和企业利润满足：

$$p_{jt}(i) = \frac{\sigma}{\sigma-1} R_t^\theta W_t^{1-\theta}, \; z_{jt}(i) = A_{jt}^{\alpha_j(\sigma-1)-1} \left(\frac{P_{jt}}{p_{jt}(i)} \right)^\sigma C_{jt}, \; \pi_{jt}(i) = \frac{1}{\sigma-1} R_t^\theta W_t^{1-\theta} z_{jt}(i)$$

$$(4.129)$$

由（4.129）式可知，所有中间品生产企业的产出数量、产出价格和利润均相等，因此可以分别用 z_{jt}、p_{jt} 和 π_{jt} 表示。联立（4.128）和（4.129）式，得到：

$$z_{jt}(i) = \frac{1}{\theta^\theta (1-\theta)^{1-\theta}} K_{ct}^\theta l_{jt}(i) \qquad (4.130)$$

由于所有中间品生产企业的产出数量 $z_{jt}(i)$ 均为 z_{jt}，（4.130）式意味着所有中间品生产企业的劳动投入和资本投入均相等，可以分别用 l_{jt} 和 k_{jt} 表示。把（4.130）式代入（4.124）式，得到：

$$C_{jt} = \frac{1}{\theta^\theta (1-\theta)^{1-\theta}} A_{jt}^{\alpha_j} K_{ct}^\theta L_{jt} \qquad (4.131)$$

其中，变量 $L_{jt} = A_{jt} l_{jt}$ 表示产业部门 j 的劳动之和。类似地，定义变量 $K_{jt} = A_{jt} k_{jt}$ 表示产业部门 j 的资本之和，变量 $\Pi_j = A_{jt} \pi_{jt}$ 表示产业部门 j 的利润之和。（4.131）式意味着产业部门 j 的全要素生产率为 $A_{jt}^{\alpha_j}$，取决于创新水平 A_{jt} 和专业化分工

的产出弹性 α_j。

考虑研发部门。按照内生增长理论模型引入技术研发创新过程。假设研发部门由完全竞争的研发企业构成。一旦研发企业创新出新种类的中间品,就可以获得该中间品的专利。研发企业以价格 $v_{jt}(i)$ 把生产专利独家出售给中间品生产企业,因此每一种类的中间品生产企业都是完全垄断的。假设专利的有效期限是无穷期,这意味着中间品生产企业购买生产专利后,在未来每一期都能获得 π_{jt} 的利润流。专利市场是完全竞争的,因此专利价格为所有时期利润贴现值之和,即:

$$v_{jt}(i) = \int_t^\infty \pi_{jt}(i) e^{-\int_t^s R_{s'} \mathrm{d}s'} \mathrm{d}s \tag{4.132}$$

由于所有种类中间品生产企业的利润均相等,由(4.132)式可知所有专利价格也均相等。假设研发企业每创新出一个种类的中间品,都需要投入一单位的投资品,因此研发的单位成本就是1。在完全竞争市场下,研发企业出售新种类中间品的专利价格应当等于研发成本,即:

$$v_{jt}(i) = 1 \tag{4.133}$$

因此,所有种类中间品对应的专利价格均相等,且不随时间的推移而发生变化,始终等于1。当研发部门在消费品生产部门 j 中投入 X_{jt} 投资品用于研发时,中间品种类数量就会增加 X_{jt},即:

$$\dot{A}_{jt} = X_{jt} \tag{4.134}$$

家庭部门由一个代表性家庭来刻画。在每一期,家庭持有 K_t 的资本,获得资本租金 $R_t K_t$。家庭提供标准化后的一单位劳动,获得劳动收入 W_t。家庭获得所有中间品生产企业的利润,即 $\pi_{gt} A_{gt} + \pi_{st} A_{st}$。家庭把这些收入的一部分用于消费支出 E_t,即购买两类消费品 C_{gt} 和 C_{st},另一部分用于储蓄。储蓄的一部分用于企业研发投入 X_{gt} 和 X_{st},剩余部分用于补偿资本折旧与增加资本。基于以上设定,家庭的预算约束方程为:

$$\dot{K}_t = R_t K_t + W_t + \pi_{gt} A_{gt} + \pi_{st} A_{st} - E_t - X_{gt} - X_{st} - \delta K_t \tag{4.135}$$

$$E_t = P_{gt} C_{gt} + P_{st} C_{st} \tag{4.136}$$

$$\dot{A}_{gt} = X_{gt}, \dot{A}_{st} = X_{st} \tag{4.137}$$

此外,家庭面临非庞氏骗局约束,即 $\lim_{t \to \infty} K_t \geq 0$ 和 $\lim_{t \to \infty} A_{jt} \geq 0$。假设家庭从两类消费品的消费中获得即期效用 C_t,满足常替代弹性形式,即:

$$C_t = (\omega_g^{1/\varepsilon} C_{gt}^{(\varepsilon-1)/\varepsilon} + \omega_s^{1/\varepsilon} C_{st}^{(\varepsilon-1)/\varepsilon})^{\varepsilon/(\varepsilon-1)} \tag{4.138}$$

其中,参数 $\varepsilon > 0$ 为常数,表示两类消费品的替代弹性;参数 $0 < \omega_g, \omega_s < 1$ 为常数。家庭生存无穷期,关心其一生效用,形式上满足 $U = \int_0^\infty e^{-\rho t} \log C_t \mathrm{d}t$。其中,参数 $\rho > 0$ 为常数,表示时间偏好因子。家庭在(4.135)—(4.138)式约束下最大化其一生效用。求解家庭动态最优化问题仍然可以分解为两个子问题。第一个子问题是即期的静态问题,即家庭在给定总消费支出 E_t 的前提下,选择两类消费品最大化即期效用 C_t。最优性条件满足:

$$\frac{E_{gt}}{E_{st}} = \frac{\omega_g}{\omega_s} \left(\frac{P_{gt}}{P_{st}}\right)^{1-\varepsilon} \tag{4.139}$$

$$P_{ct} = (\omega_g P_{gt}^{1-\varepsilon} + \omega_s P_{st}^{1-\varepsilon})^{1/(1-\varepsilon)} \tag{4.140}$$

其中,变量 $E_{jt} = P_{jt} C_{jt}$,变量 P_{ct} 表示复合消费品或即期效用 C_t 的价格,于是有 $E_t = P_{ct} C_t$。第二个子问题是跨期的动态问题,此时家庭无须考虑每一期在两类消费品上的支出比重,而只需选择消费支出 E_t 即可。求解这一问题可以使用最优控制理论。首先定义汉密尔顿方程如下:

$$H = \int_0^\infty e^{-\rho t} \log(E_t/P_{ct}) \mathrm{d}t + \mu_{gt} X_{gt} + \mu_{st} X_{st} +$$
$$\lambda_t (R_t K_t + W_t + \pi_{gt} A_{gt} + \pi_{st} A_{st} - E_t - X_{gt} - X_{st} - \delta K_t) \tag{4.141}$$

其中,变量 $\mu_{gt}, \mu_{st}, \lambda_t$ 分别是动态约束方程(4.135)和(4.137)对应的汉密尔顿乘子。之后得到最优性条件和横截性条件,化简后可以得到:

$$\frac{\dot{E}_t}{E_t} = A_x - \delta - \rho \tag{4.142}$$

$$\pi_{jt} = A_x - \delta \tag{4.143}$$

$$\lim_{t \to \infty} e^{-\rho t} \frac{K_t}{E_t} = \lim_{t \to \infty} e^{-\rho t} \frac{A_{jt}}{E_t} = 0 \tag{4.144}$$

劳动力市场出清条件为家庭供给的劳动等于两个消费品生产部门雇用的劳动之和,资本市场出清条件为家庭持有的资本等于投资品和消费品生产部门租用的资本之和,即:

$$L_{gt} + L_{st} = 1, \quad K_{xt} + K_{ct} = K_t \tag{4.145}$$

注意到当劳动总量标准化为 1 时,由于消费品两个生产部门的资本劳动比均为 K_{ct},因此其租用的资本也为 K_{ct},即 $K_{ct} = K_{gt} + K_{st}$。

(二)广义平衡增长路径

模型的动态演化路径即为广义平衡增长路径,这里给出证明并求解。

(4.142)式意味着消费品名义产出以恒定速度 $A_x - \delta - \rho$ 增长,把这一速度记作 γ。下面将证明其他总量变量也以 γ 的速度恒定增长,这些变量包括 $\Pi_t = \Pi_{gt} + \Pi_{st}$,$W_t$,$K_{ct}$,$K_t$,$X_t = X_{gt} + X_{st}$,$A_t = A_{gt} + A_{st}$。

联立(4.129)和(4.126)式得到 $P_{jt} = \frac{\sigma}{\sigma - 1} R_t^\theta W_t^{1-\theta} A_{jt}^{-\alpha_j}$,$\Pi_{jt} = \frac{1}{\sigma} E_{jt}$。按照下标 j 加总,得到 $\Pi_t = E_t / \sigma$。Π_t 与 E_t 成正比,意味着 Π_t 以 γ 的速度恒定增长。由(4.131)式进一步得到:

$$E_{jt} = P_{jt} C_{jt} = \frac{\sigma}{\sigma - 1} \frac{R_t^\theta W_t^{1-\theta}}{\theta^\theta (1 - \theta)^{1-\theta}} K_{ct}^\theta L_{jt} \quad (4.146)$$

把(4.146)和(4.128)式联立,可以得到:

$$W_t L_{jt} = \frac{\sigma - 1}{\sigma}(1 - \theta) E_{jt}, \quad R_t K_{jt} = \frac{\sigma - 1}{\sigma} \theta E_{jt} \quad (4.147)$$

把以上两式按照下标 j 加总,得到:

$$W_t = \frac{\sigma - 1}{\sigma}(1 - \theta) E_t, \quad A_x K_{ct} = \frac{\sigma - 1}{\sigma} \theta E_t \quad (4.148)$$

其中,W_t 和 K_{ct} 均与 E_t 成正比,意味着 W_t 和 K_{ct} 也以 γ 的速度恒定增长。由(4.143)式可进一步得到:$A_{jt} = E_{jt} / [\sigma(A_x - \delta)]$。把(4.148)式按照下标 j 加总,得到:

$$A_t = \frac{E_t}{\sigma(A_x - \delta)} \quad (4.149)$$

其中,A_t 与 E_t 成正比,意味着 A_t 以 γ 的速度恒定增长。由(4.137)式易知 X_t 与 A_t 成正比,也以 γ 的速度恒定增长。联立(4.148)和(4.149)式,易知:

$$\dot{A}_t = \frac{1}{\sigma - 1} \frac{\gamma}{\theta} \frac{A_x}{A_x - \delta} K_{ct} \quad (4.150)$$

最后,把所有相关动态方程代入(4.135)式,可以得到:

$$\frac{\dot{K}_t}{K_t} = (A_x - \delta) - A_x \frac{K_{ct}}{K_t} - \frac{X_t}{K_t}$$

$$= (A_x - \delta) - A_x \frac{K_{ct}}{K_t} - \frac{\dot{A}_t}{K_{ct}} \frac{K_{ct}}{K_t}$$

$$= (A_x - \delta) - A_x \frac{(\sigma - 1)\theta(A_x - \delta) + \gamma}{(\sigma - 1)\theta(A_x - \delta)} \frac{K_{ct}}{K_t}$$

$$\quad (4.151)$$

再利用横截性条件(4.144)式,易知:

$$\frac{K_{ct}}{K_t} = \frac{\rho}{A_x} \frac{\theta(A_x - \delta)}{\theta(A_x - \delta) + \gamma/(\sigma - 1)} \qquad (4.152)$$

其中,K_{ct} 与 K_t 成正比,意味着 K_{ct} 以 γ 的速度恒定增长。

虽然广义平衡增长路径下主要的总量变量以恒定速度增长,但是消费品两个生产部门的产出比例和就业比例却在持续变化,体现为结构转型过程。具体地,由(4.139)式易知消费品两个生产部门的就业之比和产出之比由创新水平之比决定,即:

$$\frac{L_{gt}}{L_{st}} = \frac{E_{gt}}{E_{st}} = \frac{A_{gt}}{A_{st}} \qquad (4.153)$$

把(4.153)式和 $P_{jt} = \frac{\sigma}{\sigma - 1} R_t^\theta W_t^{1-\theta} A_{jt}^{-\alpha_j}$ 代入(4.139)式,可以得到:

$$L_{jt} = \frac{E_{jt}}{E_t} = \frac{\omega_j A_{jt}^{(\varepsilon-1)\alpha_j}}{\omega_g A_{gt}^{(\varepsilon-1)\alpha_g} + \omega_s A_{st}^{(\varepsilon-1)\alpha_s}} \qquad (4.154)$$

再把(4.154)式代入 $A_{jt} = E_{jt}/[\sigma(A_x - \delta)]$,易知:

$$\frac{\dot{L}_{jt}}{L_{jt}} = \frac{\dot{A}_{jt}}{A_{jt}} - \gamma \qquad (4.155)$$

把(4.154)式等号两边取自然对数后对时间 t 求导,可以得到:

$$\frac{\dot{L}_{jt}}{L_{jt}} = -(1-\varepsilon)\alpha_j \frac{\dot{A}_{jt}}{A_{jt}} + \frac{(1-\varepsilon)\alpha_g \omega_g A_{gt}^{(\varepsilon-1)\alpha_g}}{\omega_g A_{gt}^{(\varepsilon-1)\alpha_g} + \omega_s A_{st}^{(\varepsilon-1)\alpha_s}} \frac{\dot{A}_{gt}}{A_{gt}} + \frac{(1-\varepsilon)\alpha_s \omega_s A_{st}^{(\varepsilon-1)\alpha_j}}{\omega_g A_{gt}^{(\varepsilon-1)\alpha_g} + \omega_s A_{st}^{(\varepsilon-1)\alpha_s}} \frac{\dot{A}_{st}}{A_{st}}$$
$$(4.156)$$

把(4.155)和(4.156)式联立后消去 $\dot{L}_{jt}/L_{jt}$,可以得到:

$$[1 + (1-\varepsilon)\alpha_g] \frac{\dot{A}_{gt}}{A_{gt}} = [1 + (1-\varepsilon)\alpha_s] \frac{\dot{A}_{st}}{A_{st}}$$

进而解出:

$$\frac{\dot{A}_{gt}}{A_{gt}} = \frac{1 + (1-\varepsilon)\alpha_s}{1 + (1-\varepsilon)\alpha_s + (1-\varepsilon)(\alpha_g - \alpha_s)L_{st}} \gamma$$

$$\frac{\dot{A}_{st}}{A_{st}} = \frac{1 + (1-\varepsilon)\alpha_g}{1 + (1-\varepsilon)\alpha_s + (1-\varepsilon)(\alpha_g - \alpha_s)L_{st}} \gamma \qquad (4.157)$$

比较以上两式,可知当 $\alpha_g > \alpha_s$ 且 $\varepsilon < 1$ 时,$\dot{A}_{st}/A_{st} > \dot{A}_{gt}/A_{gt}$,再由(4.153)式可知,此时服务消费品生产部门的就业比重和产出比重持续上升,货物消费

品生产部门比重持续下降,从货物到服务的结构转型过程将会长期持续。这也可以由以下两式得出。把(4.157)式代入(4.156)式,有:

$$\frac{\dot{L}_{gt}}{L_{gt}} = -\frac{(1-\varepsilon)(\alpha_g - \alpha_s)L_{st}\gamma}{1+(1-\varepsilon)\alpha_s+(1-\varepsilon)(\alpha_g-\alpha_s)L_{st}}$$

$$\frac{\dot{L}_{st}}{L_{st}} = \frac{(1-\varepsilon)(\alpha_g - \alpha_s)(1-L_{st})\gamma}{1+(1-\varepsilon)\alpha_s+(1-\varepsilon)(\alpha_g-\alpha_s)L_{st}} \tag{4.158}$$

需要注意的是,由(4.157)式,两个生产部门全要素生产率之比的增长率满足:

$$\alpha_s \frac{\dot{A}_{st}}{A_{st}} - \alpha_g \frac{\dot{A}_{gt}}{A_{gt}} = \frac{\alpha_s - \alpha_g}{1+(1-\varepsilon)\alpha_s+(1-\varepsilon)(\alpha_g-\alpha_s)L_{st}}\gamma \tag{4.159}$$

当 $\alpha_g > \alpha_s$ 且 $\varepsilon < 1$ 时,(4.159)式始终为负数。虽然货物消费品生产部门向服务消费品生产部门转型,并且服务消费品生产部门的中间品种类增加得更快,但是货物生产部门的全要素生产率依然更快增长,于是相对价格也会持续下降,表现出鲍莫尔病。

综上所述,这里的理论模型利用内生增长理论关于技术创新的建模方式,内生了不同生产部门的技术进步过程,并且技术进步速度可以存在差别,从而通过价格效应推动结构转型过程。因此,模型动态演化路径符合总量变量恒定速度增长、实际利率保持恒定的广义平衡增长路径特征,而同时技术进步也推动了结构转型过程。当然,尽管产生价格效应的技术进步过程是内生的,但是技术进步通过价格效应影响结构转型的理论机制并没有本质的变化。

本章小结

本章介绍引入技术结构变化或持续技术进步的宏观经济结构转型模型。首先介绍了偏向特定生产部门或特定生产要素的技术结构变化推动结构转型的经济理论。这一带有方向性的技术进步过程既会促使不同生产要素之间相互替代,也会促使不同生产部门的产品之间相互替代,二者都会推动结构转型。这一理论机制加上第一章介绍的价格效应,可以较为全面地展示出技术结构推动结构转型的经济理论。其次,当在结构转型理论模型中引入持续技术进步且不同生产部门的技术进步速度可以有差别时,经济增长理论中常见的平衡增长路径并不存在,但在一些假设下存在实际利率保持恒定的广义平衡增长路径。本章介绍了一些可以同时具有结构转型和广义平衡增长路径性质的理论模型,这些模型分别纳入了影响结构转型的价格效应和收入效应,有的也纳入了要素结构影响结构转型的经济机制。最后,本章把一个内生增长理论模型拓展到多个生产部门,从而建立了一个内生技术进步的结构转型模型,并分析了这一模型的广义平衡增长路径性质。通过本章的学习,读者可以了解技术结构推动宏观经济结构转型的经济理论,并掌握在结构转型模型中引入持续技术进步的建模方法。

阅读资料

本章第一节介绍的包含技术进步方向的结构转型模型源自 Reshef(2013)、郭凯明和罗敏(2021)以及 Buera et al.(2022)。郭凯明和罗敏(2021)全面分析了特定生产部门内部技术进步方向促使生产要素之间和生产部门之间相互替代,进而影响了结构转型的理论机制。本章第二节关于结构转型模型中广义平衡增长路径的讨论化简自经典文献的相关分析,可具体参见 Kongsamut et al.(2001)、Ngai & Pissarides(2007)、Acemoglu & Guerrieri(2008)、Boppart(2014)、Alvarez-Cuadrado et al.(2017)、Comin et al.(2021)、Herrendorf et al.(2021)、Alder et al.(2022)等文献。本章第三节关于内生技术进步的结构转型模型来自 Herrendorf & Valentinyi(2022),他们首次把产业结构转型过程引入内生增长理论模型中,王勇等(2022)、郭凯明和刘冲(2023)应用这一理论模型分别研究了要素结构、数字经济对技术创新和结构转型的影响。上述这些文献及相关的其他重要文献列举如下。

[1] 郭凯明、罗敏,2021:《有偏技术进步、产业结构转型与工资收入差距》,《中国工业经济》第3期。

[2] 郭凯明、刘冲,2023:《平台企业反垄断、数字经济创新与产业结构升级》,《中国工业经济》第10期。

[3] 李尚骜、龚六堂,2012:《非一致性偏好、内生偏好结构与经济结构变迁》,《经济研究》第7期。

[4] 潘珊、龚六堂、李尚骜,2016:《中国经济的"双重"结构转型与非平衡增长》,《经济学(季刊)》第1期。

[5] 王勇、樊仲琛、李欣泽,2022:《禀赋结构、研发创新和产业升级》,《中国工业经济》第9期。

[6] 徐朝阳、王鞑,2021:《部门异质性替代弹性与产业结构变迁》,《经济研究》第4期。

[7] 易信、刘凤良,2015:《金融发展、技术创新与产业结构转型——多部门内生增长理论分析框架》,《管理世界》第10期。

[8] Acemoglu, D., 2002, "Directed Technical Change", *Review of Economic Studies*, 69(4), 781–809.

[9] Acemoglu, D., 2003, "Labor-and Capital-Augmenting Technical Change", *Journal of the European Economic Association*, 1(1), 1–37.

[10] Acemoglu, D., and V. Guerrieri, 2008, "Capital Deepening and Non-balanced Economic Growth", *Journal of Political Economy*, 116(3), 467–498.

[11] Alder, S., T. Boppart, and A. Müller, 2022, "A Theory of Structural Change That Can Fit the Data", *American Economic Journal: Macroeconomics*, 14(2), 160–206.

[12] Alvarez-Cuadrado, F., N. V. Long, and M. Poschke, 2017, "Capital-Labor Substitution, Structural Change, and Growth", *Theoretical Economics*, 12(3), 1229–1266.

[13] Bárány, Z. L., and C. Siegel, 2021, "Engines of Sectoral Labor Productivity Growth", *Review of Economic Dynamics*, 39, 304–343.

[14] Boppart, T., 2014, "Structural Change and the Kaldor Facts in a Growth Model With Relative Price Effects and Non-Gorman Preferences", *Econometrica*, 82(6), 2167–2196.

[15] Buera, F. J., J. P. Kaboski, M. Mestieri, and D. G. O'Connor, 2021, "The Stable Transformation Path", Working Paper.

[16] Buera, F. J., J. P. Kaboski, R. Rogerson, and J. I. Vizcaino, 2022, "Skill-Biased Structural Change", *Review of Economic Studies*, 89(2), 592–625.

[17] Bustos, P., B. Caprettini, and J. Ponticelli, 2016, "Agricultural Productivity and Structural Transformation: Evidence from Brazil", *American Economic Review*, 106(6), 1320–1365.

[18] Bustos, P., J. C. Vincenzi, J. Monras, and J. Ponticelli, 2019, "Structural Transformation, Industrial Specialization, and Endogenous Growth", Working Paper.

[19] Caunedo, J., and E. Keller, 2023, "Capital Embodied Structural Change", Working Paper.

[20] Comin, D., D. Lashkari, and M. Mestieri, 2021, "Structural Change with Long-Run Income and Price Effects", *Econometrica*, 89(1), 311–374.

[21] Duernecker, G., and B. Herrendorf, 2022, "Structural Transformation of Occupation Employment", *Economica*, 89(356), 789–814.

[22] Duernecker, G., B. Herrendorf, and Á. Valentinyi, 2021, "The Productivity Growth Slowdown and Kaldor's Growth Facts", *Journal of Economic Dynamics and Control*, 130, https://doi.org/10.1016/j.jedc.2021.104200.

[23] Gaggl, P., A. Gorry, and C. vom Lehn, 2023, "Structural Change in Production Networks and Economic Growth", Working Paper.

[24] Growiec, J., 2013, "A Microfoundation for Normalized CES Production Functions with Factor-Augmenting Technical Change", *Journal of Economic Dynamics & Control*, 37, 2336–2350.

[25] Herrendorf, B., and Á. Valentinyi, 2022, "Endogenous Sector-Biased Technological

Change and Industrial Policy", *Economic Modelling*, 113, https://doi.org/10.1016/j.econmod.2022.105875.

[26] Herrendorf, B., C. Herrington, and Á. Valentinyi, 2015, "Sectoral Technology and Structural Transformation", *American Economic Journal：Macroeconomics*, 7(4), 104-133.

[27] Herrendorf, B., R. Rogerson, and Á. Valentinyi, 2021, "Structural Change in Investment and Consumption-A Unified Analysis", *Review of Economic Studies*, 88(3), 1311-1346.

[28] Jones, C. I., 2005, "The Shape of Production Functions and the Direction of Technical Change", *Quarterly Journal of Economics*, 120(2), 517-549.

[29] Jones, B. F., and X. Liu, 2024, "A Framework for Economic Growth with Capital-Embodied Technical Change", *American Economic Review*, 114(5), 1448-1487.

[30] Kongsamut, P., S. Rebelo, and D. Xie, 2001, "Beyond Balanced Growth", *Review of Economic Studies*, 68(4), 869-882.

[31] Ngai, L. R., and C. A. Pissarides, 2007, "Structural Change in a Multisector Model of Growth", *American Economic Review*, 97(1), 429-443.

[32] Reshef, A., 2013, "Is Technological Change Biased Towards the Unskilled in Services? An Empirical Investigation", *Review of Economic Dynamics*, 16(2), 312-331.

练习与思考

1. 考虑一个代表性生产者在完全竞争市场下租用资本 K、雇用高技能劳动 H 和低技能劳动 L 进行生产，产出 Y 满足如下生产函数：

$$Y = \left\{ \alpha^{1/\sigma} \left[\beta^{1/\rho} (A^H H)^{(\rho-1)/\rho} + (1-\beta)^{1/\rho} (A^K K)^{(\rho-1)/\rho} \right]^{(\sigma-1)/\sigma \cdot \rho/(\rho-1)} + (1-\alpha)^{1/\sigma} (A^L L)^{(\sigma-1)/\sigma} \right\}^{\sigma/(\sigma-1)}$$

其中，变量 A^K，A^H 和 A^L 分别表示资本扩展型技术、高技能劳动扩展型技术和低技能劳动扩展型技术，参数 $0<\alpha<1$，$0<\beta<1$，$\sigma>0$，$\rho>0$ 为常数。分别用 R，W^H 和 W^L 表示资本租金、高技能劳动工资和低技能劳动工资。

（1）给定资本 K、高技能劳动 H 和低技能劳动 L 的供给，依次分析技术 A^K，A^H 和 A^L 提高后，高技能劳动与低技能劳动的相对工资 W^H/W^L 如何变化。

（2）给定资本租金 R、高技能劳动工资 W^H 和低技能劳动工资 W^L，依次分析技术 A^K，A^H 和 A^L 提高后，高技能劳动与低技能劳动的相对需求 H/L 如何变化。

2. 考虑如下结构转型模型。市场是完全竞争的。生产方面分为两个中间品生产部门（用下标 $j=\{1,2\}$ 区分）和一个最终品生产部门。每个中间品生产部门代表性生产者的生产函数满足：

$$Y_j = B_j \left[(\varphi^K)^{1/\sigma_j^M} (A_j K_j)^{(\sigma_j^M-1)/\sigma_j^M} + (\varphi^L)^{1/\sigma_j^M} (\tilde{L}_j)^{(\sigma_j^M-1)/\sigma_j^M} \right]^{\sigma_j^M/(\sigma_j^M-1)}$$

其中，参数 $\sigma_j^M > 0$ 为常数，参数 $0 < \varphi^K, \varphi^L < 1$ 为常数。变量 Y_j 和 K_j 分别表示产出和资本，变量 B_j 表示全要素生产率，变量 A_j 表示资本扩展型技术，变量 $\tilde{L}_j$ 为复合劳动，满足：

$$\tilde{L}_j = (\gamma_j)^{-\gamma_j} (1-\gamma_j)^{-(1-\gamma_j)} (L_j^s)^{\gamma_j} (L_j^u)^{1-\gamma_j}$$

其中，参数 $0 < \gamma_j < 1$ 为常数。变量 L_j^s 和 L_j^u 分别表示高技能劳动和低技能劳动。最终品生产部门使用两个中间品生产部门的产出生产最终品 Q，生产函数满足：

$$Q = \left[(\alpha_1)^{1/\varepsilon} (Y_1)^{(\varepsilon-1)/\varepsilon} + (\alpha_2)^{1/\varepsilon} (Y_2)^{(\varepsilon-1)/\varepsilon} \right]^{\varepsilon/(\varepsilon-1)}$$

其中，参数 $0 < \alpha_j < 1$，$\varepsilon > 0$ 为常数。总资本 K、高技能劳动总人数 L^s 和低技能劳动总人数 L^u 给定，且市场完全出清，即 $K_1 + K_2 = K$，$L_1^s + L_2^s = L^s$，$L_1^u + L_2^u = L^u$。定义 $x^k = K_1/K$，$x^s = L_1^s/L^s$ 和 $x^u = L_1^u/L^u$，分别表示生产部门 1 的资本比重、高技能劳动就业比重和低技能劳动就业比重。使用比较静态分析方法分别讨论偏向生产部门 j 的中性技术进步（即 B_j 提高）和资本扩展型技术进步（即 A_j）提高后，就业比重 x^s 和 x^u 将会如何变化。

3. 在本章第二节第三部分的两个理论模型（分别纳入了价格效应和收入效应）中，将设定的消费品的两个生产部门拓展为三个生产部门，分别重新求解这两个模型中的广义平衡增长路径。

4. 在本章第二节第四部分的理论模型中，假设总人口或总劳动人数以恒定速度 n_t 增长，即满足 $\dot{L}_t/L_t = n_t$。重新求解广义平衡增长路径。

5. 在本章第三节包含内生技术进步的结构转型模型中，进一步假设存在生产部门之间的技术外溢性，体现为两个消费品生产部门代表性企业的生产函数（4.124）式变为：

$$C_{jt} = A_{jt}^{\alpha_j - \frac{1}{\sigma-1}} A_{gt}^{\mu_{gj}} A_{st}^{\mu_{sj}} \left(\int_0^{A_{jt}} [z_{jt}(i)]^{\frac{\sigma-1}{\sigma}} di \right)^{\frac{\sigma}{\sigma-1}}$$

其中，$A_{gt}^{\mu_{gj}} A_{st}^{\mu_{sj}}$ 一项捕捉了技术外溢性，参数 μ_{gj} 和 μ_{sj} 分别反映了货物消费品生产部门和服务消费品生产部门的技术对生产部门 j 的技术的影响程度。模型的其他设定保持不变。求解广义平衡增长路径，并分析与正文的模型相比，此时结构转型速度会如何变化，变化方向如何受参数 μ_{gj} 和 μ_{sj} 的影响。

第五章 国际贸易与结构转型

引 言

本章介绍纳入国际贸易的结构转型理论，展示关于国际贸易和结构转型关系的主流建模方法。在存在国际贸易的环境中，一个国家特定生产部门的产品也可能出口到国外，满足国外需求，并且对特定生产部门的产品的需求也可能由从国外的进口来满足，因此国外对本国产品的需求和本国对国外产品的需求都可能会影响到一个国家的生产结构和需求结构。特定生产部门的生产成本、生产率或贸易成本等在不同国家发生不同程度的变化，都可能由此改变这些需求结构，进而拉动结构转型。本章第一节和第二节分别介绍包含国际贸易的结构转型静态模型和结构转型动态模型，其中不同国家的同一生产部门被设定为生产不同的产品。本章第三节和第四节介绍包含结构转型的李嘉图模型和Eaton-Kortum模型，其中不同国家的同一生产部门被设定为生产同质的产品。外需结构是指国外对本国不同生产部门产品的相对需求，本章从需求侧外需结构视角介绍关于结构转型动因的经济理论，以及把结构转型模型拓展到开放宏观经济的建模方法。

学习目标

1. 牢固掌握包含国际贸易的结构转型静态模型。
2. 一般掌握包含国际贸易的结构转型动态模型。
3. 一般掌握包含结构转型的李嘉图模型。
4. 牢固掌握包含结构转型的 Eaton-Kortum 模型。

关键术语

国际贸易，国际收支，外需结构，Armington 替代弹性，Fréchet 分布，李嘉图模型，Eaton-Kortum 模型

第一节 包含国际贸易的结构转型静态模型

这一节介绍一个只有劳动要素的两国多部门静态一般均衡模型,来展示国际贸易影响经济结构转型的理论机制。下一节将在此基础上拓展为一个包括资本和劳动要素的多国多部门动态一般均衡模型,但主要的理论机制并没有本质变化。

一、模型框架

用上标 $n, n' = \{1, 2\}$ 表示两个国家;用下标 $j, j' = \{g, s\}$ 区分两个产业部门;g 表示制造业(取广义上的定义,指代所有货物生产部门);s 表示服务业。本节只是以制造业和服务业为例来展示理论机制,实际上 g 和 s 可以分别表示任意两个生产部门,本节所有的理论分析结果也同样适用。

每个国家每个产业部门的生产活动由一个代表性企业来刻画。该企业在完全竞争市场上雇用劳动 l_j^n,生产产出 y_j^n,生产技术为线性生产技术:

$$y_j^n = A_j^n l_j^n \tag{5.1}$$

其中,变量 A_j^n 表示劳动生产率。用 w^n 表示国家 n 的劳动工资,用 p_j^n 表示国家 n 产业部门 j 的产出价格。企业利润最大化问题的一阶最优性条件为:

$$w^n = A_j^n p_j^n \tag{5.2}$$

每个国家同时使用两个国家的制造业(或服务业)产出作为中间品投入,生产制造业(或服务业)消费品。每一类消费品的生产活动由一个代表性企业来刻画。国家 n 产业部门 j 的消费品用 c_j^n 来表示,由代表性企业在完全竞争市场上购买本国产业部门 j 的产出 c_j^{nn} 和外国产业部门 j 的产出 $c_j^{n'n}$ 进行生产。这里用上标 nn 表示国家 n 使用本国产品,用上标 $n'n$ 表示国家 n' 出口到国家 n。产品市场出清条件为国家 n 产业部门 j 的产出用于两个国家对应消费品的生产,即:

$$y_j^n = c_j^{nn} + c_j^{nn'} \tag{5.3}$$

消费品生产过程不使用劳动,并不创造增加值,生产技术为常替代弹性生产技术:

$$c_j^n = \left[(\nu_j^{nn})^{1/\kappa_j^n} (c_j^{nn})^{(\kappa_j^n - 1)/\kappa_j^n} + (\nu_j^{n'n})^{1/\kappa_j^n} (c_j^{n'n})^{(\kappa_j^n - 1)/\kappa_j^n} \right]^{\kappa_j^n/(\kappa_j^n - 1)} \tag{5.4}$$

其中,参数 $\nu_j^{nn}, \nu_j^{n'n} > 0$ 为常数;参数 $\kappa_j^n > 0$ 为常数,表示 Armington 替代弹性,即

本国产出和外国进口品在生产消费品时的替代弹性。由国家 n' 到国家 n 的出口会产生冰山贸易成本，出口 1 单位产业部门 j 的产出，只有 $1/\tau_j^{n'n}$（$\tau_j^{n'n} \geqslant 1$）单位到达进口国。因此国家 n 进口产业部门 j 的产出为 $c_j^{n'n}$，支付的价格为 $\tau_j^{n'n} p_j^{n'}$。用 p_{cj}^n 表示国家 n 产业部门 j 的消费品 c_j^n 的价格。企业利润最大化问题的一阶最优性条件为：

$$\frac{\tau_j^{n'n} p_j^{n'} c_j^{n'n}}{p_{cj}^n c_j^n} = \nu_j^{n'n} \left(\frac{\tau_j^{n'n} p_j^{n'}}{p_{cj}^n} \right)^{1-\kappa_j^n} \tag{5.5}$$

$$p_{cj}^n = \left[\nu_j^{nn} (p_j^n)^{1-\kappa_j^n} + \nu_j^{n'n} (\tau_j^{n'n} p_j^{n'})^{1-\kappa_j^n} \right]^{1/(1-\kappa_j^n)} \tag{5.6}$$

注意到根据以上设定，同样是制造业（或服务业），本国和外国制造业（或服务业）的产出是不同的产品，这意味着本国制造业和外国制造业（或本国服务业和外国服务业）被看作两个完全不同的产业部门，比如，中国生产的特斯拉汽车和美国生产的特斯拉汽车是两种不同的产品。这一设定没有考虑本国和外国在同一产业部门生产的产品可能是完全相同、完全替代的。比如中国生产的特斯拉汽车和美国生产的特斯拉汽车就可能是完全替代的。本章第三节将会在这一假设下介绍包含贸易结构的结构转型模型。

每个国家的需求结构由一个代表性家庭来刻画。该家庭效用函数采用扩展 Stone-Geary 型非位似偏好，即：

$$c^n = \left[(\omega_g^n)^{1/\varepsilon^n} (c_g^n - \bar{c}^n)^{(\varepsilon^n-1)/\varepsilon^n} + (\omega_s^n)^{1/\varepsilon^n} (c_s^n)^{(\varepsilon^n-1)/\varepsilon^n} \right]^{\varepsilon^n/(\varepsilon^n-1)} \tag{5.7}$$

其中，参数 $\omega_j^n > 0$ 为常数；参数 $\varepsilon^n > 0$ 为常数，表示两类消费品的替代弹性；参数 $\bar{c}^n$ 为常数，表示非位似项，使对两类消费品的相对需求随收入的变化而变化。家庭提供劳动 l^n，获得工资收入 $w^n l^n$，把收入的 φ^n 比例用于消费。如果 $\varphi^n < 1$，则本国收入的剩余 $1-\varphi^n$ 比例借给了外国；如果 $\varphi^n > 1$，则本国还需从外国借入收入用于消费，借入数量相当于本国收入的 $\varphi^n - 1$ 比例。家庭以 p_{cj}^n 的价格购买两个产业部门的消费品，于是其预算约束方程为：

$$p_{cg}^n c_g^n + p_{cs}^n c_s^n = \varphi^n w^n l^n \tag{5.8}$$

家庭效用最大化问题的一阶最优性条件为：

$$\frac{p_{cg}^n c_g^n}{p_{cg}^n c_g^n + p_{cs}^n c_s^n} = \frac{\omega_g^n (p_{cg}^n)^{1-\varepsilon^n}}{\omega_g^n (p_{cg}^n)^{1-\varepsilon^n} + \omega_s^n (p_{cs}^n)^{1-\varepsilon^n}} + \frac{\omega_s^n (p_{cs}^n)^{1-\varepsilon^n}}{\omega_g^n (p_{cg}^n)^{1-\varepsilon^n} + \omega_s^n (p_{cs}^n)^{1-\varepsilon^n}} \frac{p_{cg}^n \bar{c}^n}{p_{cg}^n c_g^n + p_{cs}^n c_s^n} \tag{5.9}$$

劳动力市场出清，即家庭提供的劳动等于两个产业部门使用的劳动之和：

$$l^n = l_g^n + l_s^n \tag{5.10}$$

给定两个国家两个产业部门的劳动生产率 A_j^n 和本国收入用于本国消费的比例 φ^n，模型一般均衡由 (5.1)—(5.3)、(5.5)、(5.6)、(5.8)—(5.10) 式共同决定。由 (5.8) 式知，一个国家的净出口为 $w^n l^n - p_{cg}^n c_g^n - p_{cs}^n c_s^n = (1-\varphi^n) w^n l^n$。由于两个国家的净出口之和为零，模型只需把一个国家的收入用于本国消费的比例 φ_j^n 作为外生变量，另一个国家的 $\varphi_j^{n'}$ 就内生决定了。在下一节动态一般均衡模型中，两个国家的收入用于本国消费和投资的比例均为内生变量。这里采用外生设定是为了简化分析，便于清晰地展示理论机制。

二、理论分析

（一）一般均衡的求解

这里首先给出简化模型的一般均衡决定方程，从而展示出相对价格的决定因素。把国家 1 的劳动工资作为计价物，设定 $w^1 = 1$。由 (5.2) 式知：

$$p_j^1 = 1/A_j^1, \quad p_j^2 = w^2/A_j^2 \tag{5.11}$$

代入 (5.6) 式知，两国两个产业部门的消费品价格 p_{cj}^n 为国家 2 的劳动工资 w^2 的函数，即：

$$p_{cj}^1 = [\nu_j^{11}(A_j^1)^{\kappa_j^1-1} + \nu_j^{21}(A_j^2/(\tau_j^{21} w^2))^{\kappa_j^1-1}]^{1/(1-\kappa_j^1)} \tag{5.12}$$

$$p_{cj}^2 = [\nu_j^{22}(A_j^2/w^2)^{\kappa_j^2-1} + \nu_j^{12}(A_j^1/\tau_j^{12})^{\kappa_j^2-1}]^{1/(1-\kappa_j^2)} \tag{5.13}$$

联立 (5.1)、(5.3)、(5.5)、(5.6)、(5.8) 式，可知两国两个产业部门的就业可以写作 c_g^{11}, c_g^{22}, w^2 的函数，分别满足：

$$l_g^n = \frac{1}{A_g^n}\left[c_g^{nn} + \frac{\nu_g^{nn'}}{\nu_g^{n'n'}}\left(\frac{p_g^{n'}}{\tau_g^{nn'} p_g^{n'}}\right)^{\kappa_g^{n'}} c_g^{n'n'}\right] \tag{5.14}$$

$$l_s^n = \frac{1}{A_s^n}\left[\frac{\omega_s^n}{\omega_g^n}\left(\frac{p_{cg}^n}{p_{cs}^n}\right)^{\varepsilon^n} \frac{\nu_s^{nn}}{\nu_g^{nn}}\left(\frac{p_g^n}{p_s^n}\right)^{\kappa_g^n}\left(\frac{p_s^n}{p_s^n}\right)^{-\kappa_s^n} c_g^{nn} + \right.$$

$$\left. \frac{\omega_s^{n'}}{\omega_g^{n'}}\left(\frac{p_{cg}^{n'}}{p_{cs}^{n'}}\right)^{\varepsilon^{n'}} \frac{\nu_s^{nn'}}{\nu_g^{nn'}}\left(\frac{p_g^{n'}}{p_s^{n'}}\right)^{\kappa_g^{n'}}\left(\frac{\tau_s^{nn'} p_s^{n'}}{p_s^{n'}}\right)^{-\kappa_s^{n'}} c_g^{n'n'} - \Psi^n\right] \tag{5.15}$$

其中，$\Psi^n = \frac{\omega_s^n}{\omega_g^n}\left(\frac{p_{cg}^n}{p_{cs}^n}\right)^{\varepsilon^n} \nu_s^{nn}\left(\frac{p_s^n}{p_{cs}^n}\right)^{-\kappa_s^n} \bar{c}^n + \frac{\omega_s^{n'}}{\omega_g^{n'}}\left(\frac{p_{cg}^{n'}}{p_{cs}^{n'}}\right)^{\varepsilon^{n'}} \nu_s^{nn'}\left(\frac{\tau_s^{nn'} p_s^{n'}}{p_{cs}^{n'}}\right)^{-\kappa_s^{n'}} \bar{c}^{n'}$。注意到上面两式中，所有价格要么直接由 (5.11) 式决定，要么是 w^2 的函数 [由 (5.11)—(5.13) 式决定]。(5.8) 式可以转化为：

$$(1-\phi^1)l^1 = \left[\frac{\nu_g^{12}}{\nu_g^{22}}\left(\frac{\tau_g^{12}p_g^1}{p_g^2}\right)^{-\kappa_g^2}p_g^1 + \frac{\omega_s^2}{\omega_g^2}\left(\frac{p_{cg}^2}{p_{cs}^2}\right)^{\varepsilon^2}\frac{\nu_s^{12}}{\nu_s^{22}}\left(\frac{p_g^2}{p_g^2}\right)^{\kappa_g^2}\left(\frac{\tau_s^{12}p_s^1}{p_s^2}\right)^{-\kappa_s^2}p_s^1\right]c_g^{22} -$$

$$\frac{\omega_s^2}{\omega_g^2}\left(\frac{p_{cg}^2}{p_{cs}^2}\right)^{\varepsilon^2}\nu_s^{12}\left(\frac{\tau_s^{12}p_s^1}{p_s^2}\right)^{-\kappa_s^2}p_s^1\bar{c}_2 - \left[\frac{\nu_g^{21}}{\nu_g^{11}}\left(\frac{\tau_g^{21}p_g^2}{p_g^1}\right)^{-\kappa_g^1}p_g^2 +\right.$$

$$\left.\frac{\omega_s^1}{\omega_g^1}\left(\frac{p_{cg}^1}{p_{cs}^1}\right)^{\varepsilon^1}\frac{\nu_s^{21}}{\nu_s^{11}}\left(\frac{p_g^1}{p_{cg}^1}\right)^{\kappa_g^1}\left(\frac{\tau_s^{21}p_s^2}{p_s^1}\right)^{-\kappa_s^1}p_s^2\right]c_g^{11} +$$

$$\frac{\omega_s^1}{\omega_g^1}\left(\frac{p_{cg}^1}{p_{cs}^1}\right)^{\varepsilon^1}\nu_s^{21}\left(\frac{\tau_s^{21}p_s^2}{p_s^1}\right)^{-\kappa_s^1}p_s^2\bar{c}_1 \tag{5.16}$$

(5.10)和(5.16)式给出了决定 c_g^{11},c_g^{22},w^2 的三个方程。解出了这三个变量,也就可以由(5.1)—(5.3)、(5.5)、(5.6)、(5.8)—(5.10)式直接计算得到一般均衡下的所有内生变量。由此可以看到,只要给定本国收入用于本国消费的比例 ϕ^n(即净出口率被外生决定),劳动生产率就决定了两国的劳动工资和产业部门的产出价格。

(二)结构转型的影响因素

根据上述模型,可以得出国际贸易影响结构转型的理论机制。由(5.3)式易知,决定供给结构的直接因素不仅有本国需求结构,还包括外国需求结构变化。国际贸易机制体现为国际贸易影响了本国内需结构和外需结构,二者又共同影响了供给结构,进而推动了结构转型过程。

从内需结构看,由(5.7)和(5.9)式可知,决定消费需求结构(即消费中制造业和服务业所占比重)的直接因素仍然为价格效应和收入效应。价格效应体现为制造品相对服务的价格变化促使制造品与服务相互替代。收入效应体现为收入增长促使制造品相对服务的需求变化。收入效应在存在国际贸易时仍然成立,本国任意产业部门的劳动生产率提升都会提高本国收入,促使需求收入弹性更大的产业部门在消费中所占比重上升。而前者的价格效应的形成机制在存在国际贸易时更加复杂,下面具体分析。由(5.12)和(5.13)式知,本国制造业和服务业的产出相对价格满足:

$$\frac{p_{cg}^n}{p_{cs}^n} = \frac{\left[\nu_g^{nn}(A_g^n)^{\kappa_g^n-1} + \nu_g^{nn'}(A_g^{n'}/(\tau_g^{n'n}w^{n'}))^{\kappa_g^n-1}\right]^{1/(1-\kappa_g^n)}}{\left[\nu_s^{nn}(A_s^n)^{\kappa_s^n-1} + \nu_s^{nn'}(A_s^{n'}/(\tau_s^{n'n}w^{n'}))^{\kappa_s^n-1}\right]^{1/(1-\kappa_s^n)}} \tag{5.17}$$

由(5.17)式可以看到,与封闭经济价格效应的形成机制一致,如果本国制造业(或服务业)的生产率 A_g^n(或 A_s^n)提高,那么本国消费者面临的制造品(或服务)的相对价格就会下降,当制造品和服务之间的替代弹性相对较小($\varepsilon^n<1$)

时,消费中制造品(或服务)所占比重就会下降,反之亦然。但与封闭经济价格效应的形成机制所不同的是,当存在国际贸易时,外国不同产业之间生产率或国际贸易成本的相对变化也会影响相对价格。如果外国制造业(或服务业)的生产率 $A_g^{n'}$(或 $A_s^{n'}$)提高,或者外国制造品的进口贸易成本 $\tau_g^{n'n}$(或 $\tau_s^{n'n}$)下降,那么本国进口自外国的制造品(或服务)的相对价格就会下降,从而总体上降低本国购买的制造品(或服务)的相对价格。在制造品和服务之间的替代弹性相对较小($\varepsilon^n < 1$)时,消费中制造品(或服务)所占比重就会下降,反之亦然,即也会形成价格效应。

从外需结构看,由(5.14)和(5.15)式,本国或外国对本国生产的制造品(或服务)的相对需求上升,都会扩大本国制造业(或服务业)产出的相对需求,从而提高本国制造业(或服务业)产出比重或就业比重。因此,不同于封闭经济,当存在国际贸易时,如果本国制造业(或服务业)劳动生产率提高,或者本国制造品(或服务)出口到外国的出口贸易成本下降,都会扩大外国对本国生产的制造品(或服务)的相对需求[如(5.5)式],从而进一步提高本国制造业(或服务业)产出比重或就业比重。

结合国际贸易对本国需求结构的影响机制可知,如果外国制造业(或服务业)劳动生产率提高,或者本国进口自外国的制造品(或服务)的进口贸易成本下降,那么将从供求两方面降低本国制造业(或服务业)产出比重或就业比重。因为一方面,从供给结构看,这会扩大本国对外国生产的制造品(或服务)的相对需求,促使外国生产的制造品(或服务)替代本国生产的制造品(或服务),从而降低本国制造业(或服务业)比重;另一方面,从需求结构看,这会从总体上降低本国购买的制造品(或服务)的相对价格,进而降低本国制造品(或服务)的相对需求,从而也会降低本国制造业(或服务业)比重。

上述理论机制的一个引申结论是技术进步对结构转型的影响方向与国际贸易也是密切相关的。根据价格效应,本国一个产业部门技术进步得更快,其产出相对价格就会下降,在产业部门之间的产出替代弹性较小时就会促使该产业部门比重下降,反之亦然。但是这一理论机制主要考虑的是价格效应对内需结构的影响。当存在国际贸易时,该产业部门产出的相对价格下降也会扩大外国对该产业部门产出的需求,进而促使该产业部门比重上升。如果国际贸易渠道的影响更加显著,那么技术进步就可能表现为在封闭经济中降低一个产业部门比重,而在开放经济中反而提高该产业部门比重。

综上,本节展示了影响结构转型的国际贸易机制。国际贸易既可能通过进口渠道直接影响内需结构变化,体现为影响进口品相对价格变化的因素(如本国和外国相对生产率变化、进口贸易成本变化等)都会影响相关产业的相对价格,进而改变内需结构;也可能通过出口渠道直接影响外需结构变化,体现为影响出口品相对价格变化的因素(如本国和外国相对生产率变化、出口贸易成本变化等)都会影响对相关产业的外国需求,进而改变外需结构。内需结构和外需结构的变化都会共同影响本国不同产业部门的相对需求,从而改变本国的供给结构,推动需求结构和供给结构的转型过程。概言之,存在国际贸易时,内需结构受进口影响,外需结构受出口影响,二者又会影响供给结构,这就是国际贸易推动结构转型的主要机制。

第二节 包含国际贸易的结构转型动态模型

这一节介绍一个多国多部门动态一般均衡模型。相对上一节的静态模型,本节的模型在生产部门引入了中间品和投资品生产,在需求部门引入了储蓄的动态决策机制,在要素市场引入了资本,其中,需求结构、产业结构和贸易结构均是内生的。

一、模型框架

经济中有 N 个国家,用上标 $n, n' = \{1, 2, \cdots, N\}$ 进行区分。每个国家有 J 个产业部门,用下标 $j, j' = \{1, 2, \cdots, J\}$ 进行区分。这里以产业部门为例刻画供给结构,实际上也可以指代其他类型的生产部门。用下标 $t = \{0, 1, 2, \cdots\}$ 表示时期,为简化符号表示,如无必要,省略下标 t。

国家 n 产业部门 j 的生产活动由一家代表性企业来刻画。该企业在完全竞争市场中雇佣劳动 l_j^n,租用资本 k_j^n,购买所有国家所有产业部门的产出作为中间品,生产产出 q_j^n。因此,该产业部门的产出由资本和劳动创造的增加值(记作 y_j^n)和所有中间品形成的复合中间投入(记作 m_j^n)共同生产。增加值由资本和劳动以柯布-道格拉斯型生产技术复合而成:

$$y_j^n = (\lambda_j^n)^{-\lambda_j^n} (1-\lambda_j^n)^{-(1-\lambda_j^n)} \Lambda_j^n (k_j^n)^{\lambda_j^n} (l_j^n)^{1-\lambda_j^n} \tag{5.18}$$

其中,变量 Λ_j^n 表示用增加值衡量的全要素生产率。参数 $0 < \lambda_j^n < 1$ 为常数。复合中间投入由来自所有国家所有产业的产出按照常替代弹性生产技术复合而成:

$$m_j^n = \left\{ \sum_{j'} (\gamma_{j'j}^n)^{\frac{1}{\eta_j^n}} \left[\sum_{n'} (\beta_{j'j}^{n'n})^{\frac{1}{\rho_j^n}} (m_{j'j}^{n'n})^{\frac{\rho_j^n-1}{\rho_j^n}} \right]^{\frac{\rho_j^n}{\rho_j^n-1} \cdot \frac{\eta_j^n-1}{\eta_j^n}} \right\}^{\frac{\eta_j^n}{\eta_j^n-1}} \quad (5.19)$$

其中,参数 $\gamma_{j'j}^n > 0$, $\beta_{j'j}^{n'n} > 0$, $\rho_j^n > 0$, $\eta_j^n > 0$ 均为常数。变量 $m_{j'j}^{n'n}$ 表示国家 n 产业部门的生产过程中所使用的来自国家 n' 产业部门 j' 的产出作为中间投入的数量。注意到(5.19)式中,所有国家的同一个产业部门的产出首先以替代弹性 ρ_j^n 复合成该产业部门的中间投入,然后所有产业部门的复合中间投入再以替代弹性 η_j^n 复合成最终的复合中间投入。比如,手机生产企业先选择不同国家(包括本国)生产的芯片、屏幕、电池等产品作为中间投入,再把这些中间投入组装生产为最终品手机,也就是说,特定中间投入可以由不同国家生产。这一设定是符合现实经济的,也可以与投入产出表的数据对应。产业部门产出由增加值和复合中间品按照常替代弹性生产技术复合而成:

$$q_j^n = B_j^n \left[(\alpha_{yj}^n)^{\frac{1}{\sigma_j^n}} (y_j^n)^{\frac{\sigma_j^n-1}{\sigma_j^n}} + (\alpha_{mj}^n)^{\frac{1}{\sigma_j^n}} (m_j^n)^{\frac{\sigma_j^n-1}{\sigma_j^n}} \right]^{\frac{\sigma_j^n}{\sigma_j^n-1}} \quad (5.20)$$

其中,变量 B_j^n 表示用产出衡量的全要素生产率。参数 $\alpha_{yj}^n, \alpha_{mj}^n > 0$, $\sigma_j^n > 0$ 为常数。用 r^n 和 w^n 分别表示资本租金和劳动工资,用 p_{yj}^n 表示增加值 y_j^n 的价格。用 p_j^n 表示产出 q_j^n 的价格,用 p_{mj}^n 表示复合中间投入的价格,用 $p_{mj'j}^n$ 表示来自产业部门 j' 的复合中间投入的价格。国际贸易需支付冰山贸易成本,使得国家 n 产业部门 j 进口 1 单位来自国家 n' 产业部门 j' 的产品作为中间投入 $m_{j'j}^{n'n}$,只有 $1/\tau_{j'}^{n'n}$ ($\tau_{j'}^{n'n} \geq 1$) 单位到达。因此,购买中间投入 $m_{j'j}^{n'n}$ 所要支付的价格为 $\tau_{j'}^{n'n} p_{j'}^{n'}$。为便于表示,这里设定国内贸易成本 $\tau_{j'}^{nn} = 1$。企业利润最大化问题的一阶最优性条件为:

$$r^n = (\lambda_j^n)^{1-\lambda_j^n} (1 - \lambda_j^n)^{-(1-\lambda_j^n)} p_{yj}^n \Lambda_j^n (k_j^n)^{\lambda_j^n-1} (l_j^n)^{1-\lambda_j^n} \quad (5.21)$$

$$w^n = (\lambda_j^n)^{-\lambda_j^n} (1 - \lambda_j^n)^{\lambda_j^n} p_{yj}^n \Lambda_j^n (k_j^n)^{\lambda_j^n} (l_j^n)^{-\lambda_j^n} \quad (5.22)$$

$$p_{yj}^n = (r^n)^{\lambda_j^n} (w^n)^{1-\lambda_j^n} / \Lambda_j^n \quad (5.23)$$

$$p_{mj}^n = \left[\sum_{j'} \gamma_{j'j}^n (p_{mj'j}^n)^{1-\eta_j^n} \right]^{1/(1-\eta_j^n)} \quad (5.24)$$

$$p_{mj'j}^n = \left[\sum_{n'} \beta_{j'j}^{n'n} (\tau_{j'}^{n'n} p_{j'}^{n'})^{1-\rho_j^n} \right]^{1/(1-\rho_j^n)} \quad (5.25)$$

$$\frac{\tau_{j'}^{n'n} p_{j'}^{n'} m_{j'j}^{n'n}}{p_{mj}^n m_j^n} = \gamma_{j'j}^n \left(\frac{p_{mj'j}^n}{p_{mj}^n} \right)^{1-\eta_j^n} \beta_{j'j}^{n'n} \left(\frac{\tau_{j'}^{n'n} p_{j'}^{n'}}{p_{mj'j}^n} \right)^{1-\rho_j^n} \quad (5.26)$$

$$\frac{p_{mj}^n m_j^n}{p_j^n q_j^n} = \alpha_{mj}^n \left(\frac{p_{mj}^n}{p_j^n}\right)^{1-\sigma_j^n} \tag{5.27}$$

$$p_j^n = (B_j^n)^{-1} \left[\alpha_{yj}^n (p_{yj}^n)^{1-\sigma_j^n} + \alpha_{mj}^n (p_{mj}^n)^{1-\sigma_j^n}\right]^{1/(1-\sigma_j^n)} \tag{5.28}$$

每个国家投资品生产部门由完全竞争市场中的一家代表性企业来刻画。该企业购买所有国家所有产业部门的产出作为中间品投入,以常替代弹性生产技术生产投资品 i^n:

$$i^n = \left[\sum_j (\theta_j^n)^{\frac{1}{\mu^n}} (i_j^n)^{\frac{\mu^n-1}{\mu^n}}\right]^{\frac{\mu^n}{\mu^n-1}}, \quad i_j^n = \left[(\nu_{ij}^{n'n})^{\frac{1}{\kappa_{ij}^n}} (i_j^{n'n})^{\frac{\kappa_{ij}^n-1}{\kappa_{ij}^n}}\right]^{\frac{\kappa_{ij}^n}{\kappa_{ij}^n-1}} \tag{5.29}$$

其中,参数 $\theta_j^n > 0$, $\nu_{ij}^{n'n} > 0$, $\mu^n > 0$, $\kappa_{ij}^n > 0$ 均为常数。变量 $i_j^{n'n}$ 表示投资品生产过程中作为中间投入所使用的来自国家 n' 产业部门 j 的产出。这些中间投入先在同一个产业部门把不同国家的产出复合为变量 i_j^n,再把不同产业部门的复合中间品生产为投资品 i^n。用 p_i^n 表示投资品 i^n 的价格,用 p_{ij}^n 表示投资品生产过程中产业部门 j 的中间复合投入 i_j^n 的价格。企业利润最大化的一阶最优性条件为:

$$\frac{p_{ij}^n i_j^n}{p_i^n i^n} = \theta_j^n \left(\frac{p_{ij}^n}{p_i^n}\right)^{1-\mu^n} \tag{5.30}$$

$$\frac{\tau_j^{n'n} p_j^{n'} i_j^{n'n}}{p_{ij}^n i_j^n} = \nu_{ij}^{n'n} \left(\frac{\tau_j^{n'n} p_j^{n'}}{p_{ij}^n}\right)^{1-\kappa_{ij}^n} \tag{5.31}$$

$$p_i^n = \left[\sum_j \theta_j^n (p_{ij}^n)^{1-\mu^n}\right]^{1/(1-\mu^n)} \tag{5.32}$$

$$p_{ij}^n = \left[\sum_{n'} \nu_{ij}^{n'n} (\tau_j^{n'n} p_j^{n'})^{1-\kappa_{ij}^n}\right]^{1/(1-\kappa_{ij}^n)} \tag{5.33}$$

每个产业部门的消费品生产分别由完全竞争市场中的一家代表性企业来刻画。该企业购买所有国家该产业部门的产出作为中间品投入,以常替代弹性生产技术生产消费品 c_j^n:

$$c_j^n = \left[\sum_{n'} (\nu_{cj}^{n'n})^{\frac{1}{\kappa_{cj}^n}} (c_j^{n'n})^{\frac{\kappa_{cj}^n-1}{\kappa_{cj}^n}}\right]^{\frac{\kappa_{cj}^n}{\kappa_{cj}^n-1}} \tag{5.34}$$

其中,参数 $\nu_{cj}^{n'n} > 0$, $\kappa_{cj}^n > 0$ 均为常数。用 p_{cj}^n 表示产业部门 j 的消费品的价格。企业利润最大化的一阶最优性条件为:

$$\frac{\tau_j^{n'n} p_j^{n'} c_j^{n'n}}{p_{cj}^n c_j^n} = \nu_{cj}^{n'n} \left(\frac{\tau_j^{n'n} p_j^{n'}}{p_{cj}^n}\right)^{1-\kappa_{cj}^n} \tag{5.35}$$

$$p_{cj}^n = \left[\sum_{n'} \nu_{cj}^{n'n} (\tau_j^{n'n} p_j^{n'})^{1-\kappa_{cj}^n}\right]^{1/(1-\kappa_{cj}^n)} \tag{5.36}$$

产品市场出清条件为国家 n 产业部门 j 的产出用于所有国家所有产业部门生产过程的中间投入、所有国家投资品和消费品的生产，即：

$$q_j^n = \sum_{n'} \sum_{j'} m_{jj'}^{nn'} + \sum_{n'} (c_j^{nn'} + i_j^{nn'}) \tag{5.37}$$

每个国家的需求结构由一个代表性家庭来刻画。假设该家庭可以生存无穷期，每一期的即期效用 c^n 由扩展 Stone-Geary 型非位似偏好决定，即：

$$c^n = \left[\sum_j (\omega_j^n)^{1/\varepsilon^n} (c_j^n - \bar{c}_j^n)^{(\varepsilon^n-1)/\varepsilon^n} \right]^{\varepsilon^n/(\varepsilon^n-1)} \tag{5.38}$$

其中，参数 $\omega_j^n > 0$ 为常数；参数 $\varepsilon^n > 0$ 为常数，表示不同产业部门消费品之间的替代弹性；参数 $\bar{c}^n$ 为常数，表示非位似项。家庭一生的效用为 $\sum_{t=0}^{\infty} (\chi^n)^t \frac{(c_t^n)^{1-\xi^n} - 1}{1 - \xi^n}$。其中，参数 $0 < \chi^n < 1, \xi^n > 0$ 为常数。在 t 期，家庭提供劳动 l_t^n，获得工资收入 $w_t^n l_t^n$；提供资本 k_t^n，获得租金收入 $r_t^n k_t^n$。期初，家庭在国际债券市场出售上一期期末所持有的无风险债券 b_t^n（单价为1）。当 $b_t^n < 0$ 时，即为兑付上一期期末所借债券。家庭把收入用于购买消费品和投资品，并且在期末，家庭在国际债券市场以 p_{bt} 价格购买无风险债券 b_{t+1}^n。当 $b_{t+1}^n < 0$ 时，即为借入债券。家庭购买的投资品增加了其持有的资本。因此，家庭预算约束方程为：

$$w_t^n l_t^n + r_t^n k_t^n + b_t^n = \sum_j p_{ej}^n c_j^n + p_i^n i^n + p_{bt} b_{t+1}^n \tag{5.39}$$

$$k_{t+1}^n = (1 - \delta^n) k_t^n + D_{it}^n i_t^n \tag{5.40}$$

其中，参数 $0 \leq \delta^n \leq 1$ 表示折旧率，变量 D_{it}^n 表示投资效率，受资本调整成本等因素影响。这里引入国际债券是因为在模型中，任意一个国家的国际贸易都可以是不平衡的，可能是贸易顺差国也可能是贸易逆差国，在国际债券市场中就可能是贷方也可能是借方。从国际收支平衡看，每一期每个国家的国际资本净流出为 $p_{bt} b_{t+1}^n - b_t^n$（如为负值则为国际资本净流入），等于该国净出口。由（5.39）式也可知，每个国家的储蓄（即 $w_t^n l_t^n + r_t^n k_t^n - \sum_j p_{ej}^n c_j^n$）和国际资本净流入（即 $p_{bt} b_{t+1}^n - b_t^n$）共同决定了其投资（即 $p_i^n i^n$），投资用于积累本国资本。家庭效用最大化问题的一阶最优性条件为：

$$\frac{p_{ej}^n c_j^n}{\sum_{j'} p_{ej'}^n c_{j'}^n} = \frac{\omega_j^n (p_{ej}^n)^{1-\varepsilon^n}}{\sum_{j'} \omega_{j'}^n (p_{ej'}^n)^{1-\varepsilon^n}} \left(1 + \frac{\sum_{j'} p_{ej'}^n \bar{c}_{j'}^n}{\sum_{j'} p_{ej'}^n c_{j'}^n} \right) - \frac{p_{ej}^n \bar{c}_j^n}{\sum_{j'} p_{ej'}^n c_{j'}^n} \tag{5.41}$$

$$\left(\frac{c_{t+1}^n}{c_t^n} \right)^{\xi^n} = \chi^n \frac{p_{ct}^n}{p_{c,t+1}^n} \frac{(1 - \delta^n) p_{i,t+1}^n / D_{i,t+1}^n + r_{t+1}^n}{p_i^n / D_{it}^n} \tag{5.42}$$

资本和劳动市场出清,即:

$$\sum_j k_j^n = k^n, \quad \sum_j l_j^n = l^n \tag{5.43}$$

国际债券市场出清,即:

$$\sum_n b_t^n = 0 \tag{5.44}$$

二、理论分析

尽管本节的模型相较于上一节的模型更加复杂,但其中关于国际贸易影响结构转型的经济机制并没有发生本质变化。

(一)相对价格的决定因素

本国内需结构和外需结构的关键影响因素都是相对价格的变化。由(5.23)—(5.28)式可知,影响一国特定产业部门产出相对价格的因素包括全要素生产率、生产要素成本和进口贸易成本等,这里结合这些公式依次进行讨论。

与上一节理论模型相同的是,如果本国一个产业部门的全要素生产率(无论是增加值衡量的 Λ_j^n 还是产出衡量的 B_j^n)提高,或进口贸易成本($\tau_j^{n'n}$)下降,那么该产业部门产出的相对价格就会下降,反之亦然。在(5.23)—(5.28)式中,这体现为增加值衡量的全要素生产率 Λ_j^n 提高会降低增加值价格 p_{yj}^n,进口贸易成本 $\tau_j^{n'n}$ 下降会降低中间投入价格 $p_{mj'j}^n$ 和 p_{mj}^n,二者都会进一步降低产出价格 p_j^n,而产出衡量的全要素生产率 B_j^n 提高则直接降低了产出价格 p_j^n。由此引申可知,如果外国一个产业部门全要素生产率的提高降低了本国进口自该国的产品相对价格($p_j^{n'}$),那么中间投入价格 $p_{mj'j}^n$ 和 p_{mj}^n 也会下降,进而降低产出价格 p_j^n。

与上一节的理论模型相比,这里的模型由于引入了资本要素,资本和劳动的相对数量变化也会通过影响生产要素的相对价格改变产出相对价格,因此要素结构是决定相对价格的又一个因素。随着资本深化,资本相对劳动的使用成本(r^n/w^n)将会下降,于是对于资本密集程度更高(λ_j^n 更大)的产业部门,其生产成本就会相对下降,进而降低增加值价格(p_{yj}^n),因此产出价格(p_j^n)也就会随之下降,反之亦然。由此引申也可知,如果外国要素结构变化降低了本国进口自该国的产品相对价格($p_j^{n'}$),那么中间投入价格 $p_{mj'j}^n$ 和 p_{mj}^n 也会下降,进而也会降低产出价格 p_j^n。

(二)价格效应与国际贸易

由(5.37)式可知,决定供给结构的直接因素不仅有本国需求结构,还包括外国需求结构的变化。与上一节的国际贸易机制相同,这里仍体现为国际贸易影响了内需结构和外需结构,二者又共同影响了供给结构,进而推动了结构转型过程。其中,价格效应依旧发挥重要作用,但影响渠道更多了,体现为产业相对价格变化不仅影响消费结构和投资结构[(5.41)和(5.30)式],而且还会影响中间投入结构[(5.26)式]。

从内需结构看,内需结构(即本国的消费结构、投资结构、中间投入结构)受国际贸易的影响。如果进口贸易成本下降,或者外国全要素生产率提高或要素结构变化使进口品价格下降,那么就会促使更密集使用该进口品的产业部门产出相对价格下降,在产业部门之间替代弹性较小时就会降低消费、投资和中间投入中该产业部门产品所占比重,反之亦然。与上一节的理论机制相比,这里进一步提出要素结构变化也会影响进口品价格,国际贸易影响内需结构还体现为影响投资结构和中间投入结构。

从外需结构看,外需结构(即外国对本国产出的需求,包括外国的消费、投资和中间投入中所使用的本国相关产业部门的产出)也受国际贸易影响。如果出口贸易成本下降,或者本国全要素生产率提高或要素结构变化使出口品价格下降,那么就会促使外国购买的本国该产业部门的产品相对价格下降,进而提高外国消费、投资和中间投入中对该产业部门产出的需求,反之亦然。与上一节的理论机制相比,这里进一步提出本国要素结构变化也会影响出口品价格进而影响外需结构。

由此引申可知,要素结构对结构转型的影响方向与国际贸易也是密切相关的。以资本深化为例,本国资本深化降低了资本更加密集的产业部门的产出相对价格,在产业部门之间产出替代弹性较小时就会促使该产业部门比重下降,反之亦然。但是当存在国际贸易时,该产业部门产出的相对价格下降也会扩大外国对该产业部门产出的需求(无论是用于消费、投资还是中间投入),进而促使该产业部门比重上升。如果国际贸易渠道的影响更加显著,那么资本深化就可能表现为在封闭经济中降低一个产业部门比重,而在开放经济中反而提高该产业部门比重。

综合内需结构和外需结构的影响因素,由(5.37)式可知,如果内需或外需中一个产业部门比重提高,那么就会扩大该产业部门的产出相对供给,进而提高该产业部门的要素配置比重。比如制造业出口贸易成本下降,制造业技术更快进步或要素成本更快下降,那么就会扩大外国对本国制造品的相对需求,进而提高制造业比重。如果这一影响机制大于价格效应和收入效应对制造品内需的降低作用,那么制造业比重就会不降反升,在较长时间内保持在高位。

总之,尽管本节的理论模型相对上一节更加复杂,但影响结构转型的国际贸易机制并没有本质的变化。国际贸易仍然既可以通过进口渠道直接影响内需结构变化,也可以通过出口渠道直接影响外需结构变化,而内需结构和外需结构的变化都会改变供给结构,进而推动结构转型。只不过本节还强调了影响进口品或出口品相对价格变化的因素不仅包括相对生产率和贸易成本,还包括要素结构;需求结构不仅包括消费需求,还包括投资需求和中间投入需求。

第三节 包含结构转型的李嘉图模型

在前面两节包含国际贸易的理论模型中,即使是不同国家的同一产业,其生产的产品也是不同质的,实际上可以把所有国家的所有产业视为完全不同的生产部门。但是不同国家之间发生贸易的可能是同质产品,因此运用前面两节的理论模型就难以进行分析。这一节介绍一个包含结构转型的李嘉图模型,其中两个国家进行同质产品的国际贸易,模型可以较为直观地展示国际贸易影响结构转型的理论机制。

一、模型框架

考虑两个国家进行国际贸易的李嘉图模型。不失一般性地,用上标 * 区分本国和外国,不加上标的变量即为本国变量,加上标 * 的变量即为外国变量。模型区分了三类产品,一类是计价物产品,用下标 a 表示,另两类分别是制造品和服务,分别用下标 m 和 s 表示。计价物产品可以被视为一个国家的自然资源或农业产出,计价物产品无须生产,每一期每个国家都会自然获得 Y_a 单位(无须用上标 * 区分)的计价物产品。计价物产品和制造品在两国之间可以进行贸易成本为零的国际贸易,而服务则不能进行国际贸易。每一期每个国家还会提供 1 单位的劳动。

制造品和服务分别由制造业和服务业中一家代表性企业在完全竞争市场中进行生产,其技术满足线性生产函数,即:

$$Y_m = A_m L_m, \quad Y_m^* = A_m^* L_m^* \tag{5.45}$$

$$Y_s = A_s L_s, \quad Y_s^* = A_s^* L_s^* \tag{5.46}$$

其中，变量 Y 表示制造业或服务业产出，变量 A 表示劳动生产率，变量 L 表示劳动投入。用变量 W 表示劳动工资，用变量 P 表示产出价格，企业利润最大化问题的一阶最优性条件满足：

$$W = P_m A_m = P_s A_s \tag{5.47}$$

$$W^* = P_m A_m^* = P_s^* A_s^* \tag{5.48}$$

注意到由于制造品可以进行无贸易成本的国际贸易，本国和外国的制造品价格均为 P_m。劳动力市场出清条件满足：

$$L_m + L_s = 1, \quad L_m^* + L_s^* = 1 \tag{5.49}$$

三类产品全部用于消费，每个国家的消费需求分别由一个代表性家庭的最优化选择进行刻画。以本国代表性家庭为例。该代表性家庭在每一期获得 Y_a 单位的计价物产品，并从所提供的 1 单位劳动中获得工资收入 W，于是其总收入为 $Y_a + W$。家庭把收入全部用于购买三类产品进行消费，用变量 C 表示消费数量，家庭预算约束方程可以写作：

$$C_a + P_m C_m + P_s C_s = Y_a + W \tag{5.50}$$

家庭从三类产品消费中获得效用 C，效用函数满足扩展 Stone-Geary 型非位似偏好：

$$C = \alpha \log(C_a - \overline{C}_a) + (1-\alpha) \log \left[\beta_m^{1/\varepsilon} (C_m - \overline{C}_m)^{(\varepsilon-1)/\varepsilon} + \beta_s^{1/\varepsilon} C_s^{(\varepsilon-1)/\varepsilon} \right]^{\varepsilon/(\varepsilon-1)} \tag{5.51}$$

其中，参数 $0 < \alpha, \beta_m, \beta_s < 1$ 为常数，且 $\beta_m + \beta_s = 1$；参数 $\overline{C}_a, \overline{C}_m > 0$ 为常数，表示非位似项，即服务需求收入弹性大于制造品和计价物；参数 $\varepsilon > 0$ 为常数，且 $\varepsilon \neq 1$。刻画消费偏好的这些参数对于两个国家的代表性家庭而言并无差别。求解家庭效用最大化问题，可以得到：

$$C_a = \overline{C}_a + \alpha(Y_a + W - \overline{C}_a - P_m \overline{C}_m) \tag{5.52}$$

$$C_m = \overline{C}_m + (1-\alpha) \frac{\beta_m P_m^{1-\varepsilon}}{\beta_m P_m^{1-\varepsilon} + \beta_s P_s^{1-\varepsilon}} \frac{Y_a + W - \overline{C}_a - P_m \overline{C}_m}{P_m} \tag{5.53}$$

$$C_s = (1-\alpha) \frac{\beta_s P_s^{1-\varepsilon}}{\beta_m P_m^{1-\varepsilon} + \beta_s P_s^{1-\varepsilon}} \frac{Y_a + W - \overline{C}_a - P_m \overline{C}_m}{P_s} \tag{5.54}$$

同理，求解外国代表性家庭效用最大化问题，可以得到：

$$C_a^* = \overline{C}_a + \alpha(Y_a + W^* - \overline{C}_a - P_m \overline{C}_m) \tag{5.55}$$

$$C_m^* = \overline{C}_m + (1-\alpha)\frac{\beta_m P_m^{1-\varepsilon}}{\beta_m P_m^{1-\varepsilon} + \beta_s (P_s^*)^{1-\varepsilon}}\frac{Y_a + W^* - \overline{C}_a - P_m \overline{C}_m}{P_m} \quad (5.56)$$

$$C_s^* = (1-\alpha)\frac{\beta_s (P_s^*)^{1-\varepsilon}}{\beta_m P_m^{1-\varepsilon} + \beta_s (P_s^*)^{1-\varepsilon}}\frac{Y_a + W^* - \overline{C}_a - P_m \overline{C}_m}{P_s^*} \quad (5.57)$$

三类产品市场出清,即:

$$C_a + C_a^* = 2Y_a \quad (5.58)$$

$$C_m + C_m^* = Y_m + Y_m^* \quad (5.59)$$

$$C_s = Y_s = A_s L_s, \quad C_s^* = Y_s^* = A_s^* L_s^* \quad (5.60)$$

注意到由于计价物和制造品可以进行国际贸易,本国产出 Y_a,Y_m 和本国消费 C_a,C_m 并不需要相等,外国产出 Y_a^*,Y_m^* 和外国消费 C_a^*,C_m^* 也并不需要相等。给定两国制造业和服务业的劳动生产率 A_m,A_m^*,A_s 和 A_s^*,(5.45)—(5.50)式和(5.52)—(5.60)式共同决定了两国的劳动工资 W 和 W^*,就业分布 L_m,L_m^*,L_s,L_s^*,产出 Y_a,Y_m,Y_a^*,Y_m^*,消费 C_a,C_m,C_a^*,C_m^*,价格 P_a,P_m,P_s^*。

二、理论分析

(一) 模型求解

关注本国结构转型过程。以制造业就业或产出占制造业和服务业就业或产出之和的比重变化衡量结构转型,由(5.45)—(5.48)式易知:$L_m/L_s = (P_m Y_m)/(P_s Y_s)$。制造业就业比重和产出比重相等,因此这里只需求解和分析就业比重 L_m。

把(5.52)和(5.55)式代入(5.58)式,可以求解得到制造业产出价格:

$$P_m = \frac{2(1-\alpha)(Y_a - \overline{C}_a)}{\alpha[(A_m - \overline{C}_m) + (A_m^* - \overline{C}_m)]} \quad (5.61)$$

把(5.61)式和(5.47)、(5.60)式代入(5.54)式,可以求解得到制造业就业比重:

$$L_m = \frac{\dfrac{\alpha}{2}\left(1 - \dfrac{A_m^*}{A_m}\right) + \dfrac{\overline{C}_m}{A_m} + \dfrac{\beta_m}{\beta_s}\left(\dfrac{A_s}{A_m}\right)^{1-\varepsilon}}{1 + \dfrac{\beta_m}{\beta_s}\left(\dfrac{A_s}{A_m}\right)^{1-\varepsilon}} \quad (5.62)$$

用变量 X_m 表示本国制造业的净出口,由(5.45)、(5.53)和(5.62)式可知:

$$X_m = Y_m - C_m = \frac{\alpha}{2}(A_m - A_m^*) \qquad (5.63)$$

按照同样的求解步骤,可以求解得到外国制造业的就业比重和净出口满足:

$$L_m^* = \frac{\frac{\alpha}{2}\left(1 - \frac{A_m}{A_m^*}\right) + \frac{\overline{C}_m}{A_m^*} + \frac{\beta_m}{\beta_s}\left(\frac{A_s^*}{A_m^*}\right)^{1-\varepsilon}}{1 + \frac{\beta_m}{\beta_s}\left(\frac{A_s^*}{A_m^*}\right)^{1-\varepsilon}} \qquad (5.64)$$

$$X_m^* = Y_m^* - C_m^* = \frac{\alpha}{2}(A_m^* - A_m) \qquad (5.65)$$

为了使本国和外国制造业和服务业的就业均为正数,(5.62)和(5.64)式所决定的制造业就业比重必须在 0 和 1 之间,这就要求下面两个式子成立:

$$-\frac{\beta_m}{\beta_s}\left(\frac{A_s}{A_m}\right)^{1-\varepsilon} < \frac{\alpha}{2}\left(1 - \frac{A_m^*}{A_m}\right) + \frac{\overline{C}_m}{A_m} < 1, \; -\frac{\beta_m}{\beta_s}\left(\frac{A_s^*}{A_m^*}\right)^{1-\varepsilon} < \frac{\alpha}{2}\left(1 - \frac{A_m}{A_m^*}\right) + \frac{\overline{C}_m}{A_m^*} < 1$$
$$(5.66)$$

由(5.63)和(5.65)式可知,制造业劳动生产率相对较高的国家,将会净出口其制造业产出,同时也就会相应净进口计价物产品,即该国在制造业上更有比较优势,另一国在计价物生产上更有比较优势。将其分别代入(5.62)和(5.64)式,还可以把制造业比重写作:

$$L_m = \frac{\frac{X_m}{A_m} + \frac{\overline{C}_m}{A_m} + \frac{\beta_m}{\beta_s}\left(\frac{A_s}{A_m}\right)^{1-\varepsilon}}{1 + \frac{\beta_m}{\beta_s}\left(\frac{A_s}{A_m}\right)^{1-\varepsilon}} \qquad (5.67)$$

$$L_m^* = \frac{\frac{X_m^*}{A_m^*} + \frac{\overline{C}_m}{A_m^*} + \frac{\beta_m}{\beta_s}\left(\frac{A_s^*}{A_m^*}\right)^{1-\varepsilon}}{1 + \frac{\beta_m}{\beta_s}\left(\frac{A_s^*}{A_m^*}\right)^{1-\varepsilon}} \qquad (5.68)$$

(二) 三个效应

如果(5.66)式成立,那么(5.67)和(5.68)式较为清楚地揭示了制造业和服务业的劳动生产率影响经济结构转型的三个效应。以本国为例进行详细说明。

第一个效应是价格效应。为了更清楚地展现这一效应,进一步假设 $X_m = \overline{C}_m = 0$,此时制造业比重满足:

$$L_m = \frac{\dfrac{\beta_m}{\beta_s}\left(\dfrac{A_s}{A_m}\right)^{1-\varepsilon}}{1 + \dfrac{\beta_m}{\beta_s}\left(\dfrac{A_s}{A_m}\right)^{1-\varepsilon}} \quad (5.69)$$

根据(5.47)式,两个产业的劳动生产率之比决定了产出价格之比,即 $A_s/A_m = P_m/P_s$。制造业劳动生产率更快提高,就会带来制造业相对价格下降,于是制造业就业比重和产出比重的变化方向就取决于制造业和服务业产出之间的替代弹性 ε。当这一替代弹性较小($\varepsilon < 1$)时,制造业比重就会下降,反之亦然。这一影响机制就是价格效应,这里不再赘述。

第二个效应是收入效应。为了更清楚地展现这一效应,进一步假设 $X_m = 0$,$\varepsilon = 1$,此时制造业比重满足:

$$L_m = \beta_m + \beta_s \frac{\overline{C}_m}{A_m} \quad (5.70)$$

由于 $\overline{C}_m > 0$,意味着制造业产出的需求收入弹性小于服务业,制造业和服务业劳动生产率同步提高增加了收入和消费支出,就会降低制造业产出的相对需求,进而促使制造业比重下降。这一影响机制就是收入效应,这里不再赘述。

第三个效应是国际贸易效应。为了更清楚地展现这一效应,进一步假设 $\overline{C}_m = 0$,$\varepsilon = 1$,此时制造业比重满足:

$$L_m = \beta_m + \beta_s \frac{X_m}{A_m} = \beta_m + \beta_s \frac{\alpha}{2}\left(1 - \frac{A_m^*}{A_m}\right) \quad (5.71)$$

如果本国制造业劳动生产率提高,那么本国制造业比重就会上升;如果外国制造业劳动生产率提高,那么本国制造业比重就会下降。这体现了国际贸易的影响。因为由(5.63)式可知,本国制造业劳动生产率提高会降低其生产成本和产出价格,进而增强制造业比较优势,制造业产出的净出口就会上升。也就是说,外国对本国制造品的需求扩大,带动了本国制造业比重提高。反之,外国制造业劳动生产率提高会降低外国制造品价格,进而带动本国对外国制造品的相对需求,从而降低本国制造业的产出需求和相对比重。

综合三个效应可以看出,与第一节模型的理论机制类似,在本国制造业劳动生产率影响结构转型的经济机制中,国际贸易效应与价格效应和收入效应的影响方向是相反的,因此在考虑国际贸易的开放经济中,制造业劳动生产率的影响方向就不是确定性的了。这可以解释为什么一些国家的制造业比重可以长期维持高位,深度参与国际贸易、大规模出口制造品可能是一个重要的拉动因素。

第四节 包含结构转型的 Eaton-Kortum 模型

上一节包含结构转型的李嘉图模型较为直观地展现了国际贸易影响结构转型的经济机制,但这一简化模型难以推广到多个国家进行多类产品的国际贸易的环境。源自国际贸易理论的 Eaton-Kortum 模型(以下简称 EK 模型)给出了多个国家之间进行多种类同质产品贸易的国际贸易模型,这一节以此为基础介绍一个包含结构转型的 EK 模型,来展示在这种情形下国际贸易影响结构转型的理论机制。这一节首先介绍 EK 模型的主要设定,之后再介绍一个包含三次产业结构转型的 EK 模型,最后将这一模型拓展为动态模型。

一、预备知识

(一) Fréchet 分布

EK 模型假设生产率服从 Fréchet 分布。Fréchet 分布是极值分布中的一类。如果对于一个独立同分布的随机变量序列,随着样本数量的增加,样本中的最大值或最小值会趋于某个特殊分布,那么这个分布就被称为极值分布。Fréchet 分布是第二类极值分布。具体地,当一个随机变量 x 服从 Fréchet 分布时,该变量的分布函数为 $F(x) = \Pr(X \leq x) = e^{-Tx^{-\theta}}$,其中,参数 $T > 0$,$\theta > 0$ 为常数。易知,该变量均值为 $e^{\gamma/\theta} T^{1/\theta}$,标准差为 $\pi/(\theta\sqrt{6})$,其中,γ 是欧拉常数。

生产率服从 Fréchet 分布的经济含义如下。生产特定产品的可能技术有很多种,且随着时间的推移总会随机出现生产该产品的新技术,而最终被用于生产该产品的技术是所有可能技术中生产率最高的技术。当每一种可能技术的生产率服从帕累托分布时,最终被使用的技术的生产率(即这个最大值)会服从 Fréchet 分布。具体地,假设新技术产生是一个泊松过程,抵达率为 μ,即在任意时刻 t 产生 $k \in \{0, 1, 2, \cdots\}$ 种新技术的概率为:$\Pr(N = k) = e^{-\mu t}(\mu t)^k / (k!)$。每一种新技术的质量(即其所代表的生产率)$Q$ 服从参数为 1 的帕累托分布:$\Pr(Q < q) = H(q) = 1 - q^{-1}$。记在该时刻产生的新技术中最高水平的技术所代

表的生产率为 $\tilde{z}$，那么可知 $\tilde{z}$ 满足分布函数：

$$\Pr(\tilde{Z} < \tilde{z}) = \sum_{k=0}^{\infty} \left(\frac{e^{-\mu t}(\mu t)^k}{k!} \right) H(\tilde{z})^k = e^{-\mu t} \sum_{k=0}^{\infty} \frac{(\mu t H(\tilde{z}))^k}{k!} = e^{-\mu t(1-H(\tilde{z}))} = e^{-\mu t/\tilde{z}} \quad (5.72)$$

注意到(5.72)式第三个等号应用了泰勒公式：$\sum_{k=0}^{\infty} m^k/k! = e^m$。令 $x = \tilde{z}^{-1/\theta}$ ($\theta > 0$)，可知变量 x 的分布函数为：

$$\Pr(X < x) = \Pr(\tilde{Z} < \tilde{z}) = e^{-\mu t/\tilde{z}} = e^{-T x^{-\theta}} \quad (5.73)$$

其中，引入 $T = \mu t$，(5.73)式即为 Fréchet 分布。参数 T 决定了生产率的均值，取值越大则生产率期望越高；参数 θ 决定了生产率的方差，取值越大则生产率方差越小。

（二）Eaton-Kortum 国际贸易模型

考虑 N 个国家进行国际贸易，使用下标 $i,j,j' \in \{1,2,\cdots,N\}$ 进行区分。每个国家都可以生产各类产品，这些产品分布在测度为 1 的连续统上，使用 $z \in [0,1]$ 区分这些产品的品类。对于品类为 z 的产品，国家 i 的生产效率为 $A_i(z)$，对应的投入成本为 d_i，于是单位生产成本为 $c_i/A_i(z)$。国际贸易会产生冰山贸易成本，即当一单位产品从国家 j 运输到国家 i 时，只有 $1/\tau_{ij}$ ($\tau_{ij} \geq 1$) 单位会到达，其余部分在运输过程被损耗掉了。国内贸易没有成本，即 $\tau_{ii} = 1$。因此，国家 i 购买进口自国家 j 的品类为 z 的产品时，其价格 $p_{ij}(z)$ 是国家 j 的单位生产成本加上国际贸易成本，即 $p_{ij}(z) = (d_j/A_j(z))\tau_{ij}$。由于不同国家生产的同一品类产品是同质、可以完全替代的，国家 i 只会购买同品类最低价格的产品，即在国家 i，品类为 z 的产品价格 $p_i(z) = \min_j \{p_{ij}(z)\}$。假设生产率 $A_i(z)$ 服从 Fréchet 分布，分布函数设定为 $F_i(A) = \Pr(A \leq a) = e^{-T_i a^{-\theta}}$，其中，参数 $T_i > 0$，$\theta > 0$ 为常数。

记 $G_{ij}(p)$ 为国家 j 在国家 i 出售的品类为 z 的产品的价格低于 p 的概率，满足：

$$\begin{aligned} G_{ij}(p) &= \Pr\{\tau_{ij}d_j/A_j(z) < p\} = \Pr\{A_j(z) > \tau_{ij}d_j/p\} \\ &= 1 - F_i(\tau_{ij}d_j/p) = 1 - e^{-T_j(\tau_{ij}d_j)^{-\theta}p^{\theta}} \end{aligned} \quad (5.74)$$

记 $H_i(p)$ 为国家 i 品类为 z 的产品的价格低于 p 的概率，即至少有一个国家（包括本国）在国家 i 以低于 p 的价格出售品类为 z 的产品，于是有：

$$H_i(p) = 1 - \prod_{j=1}^{N}(1 - G_{ij}(p)) = 1 - e^{-\Phi_i p^{\theta}} \quad (5.75)$$

其中,引入变量 $\Phi_i = \sum_{j=1}^{N} T_j (\tau_{ij} d_j)^{-\theta}$。对于国家 j,只有当其在国家 i 出售的品类为 z 的产品的价格低于其他所有国家在国家 i 的出售价格时,其才能在国家 i 出售该产品。因此,对于任意品类产品,国家 j 能将其出售到国家 i 的概率 π_{ij} 满足:

$$\begin{aligned}
\pi_{ij} &= \int_0^\infty \prod_{j' \neq j} \Pr(p_{ij'} > p) \, d\Pr(p_{ij} < p) = \int_0^\infty \prod_{j' \neq j} [1 - G_{ij'}(p)] \, dG_{ij}(p) \\
&= \int_0^\infty \prod_{j' \neq j} e^{-T_{j'}(\tau_{ij'} d_{j'})^{-\theta} p^\theta} (T_j (\tau_{ij} d_j)^{-\theta} \theta p^{-\theta-1} e^{-T_j(\tau_{ij} d_j)^{-\theta} p^\theta}) \, dp \\
&= \left(\frac{T_j (\tau_{ij} d_j)^{-\theta}}{\Phi_i} \right) \int_0^\infty \theta \Phi_i p^{-\theta-1} e^{-\Phi_i p^\theta} \, dp = \left(\frac{T_j (\tau_{ij} d_j)^{-\theta}}{\Phi_i} \right) \int_0^\infty dH_i(p) \\
&= \frac{T_j (\tau_{ij} d_j)^{-\theta}}{\Phi_i} = \frac{T_j (\tau_{ij} d_j)^{-\theta}}{\sum_{j'}^{N} T_{j'} (\tau_{ij'} d_{j'})^{-\theta}}
\end{aligned} \quad (5.76)$$

由于上述概率对所有品类的产品都相同,在国家 i 出售的产品中进口自国家 j 的比重也为 π_{ij}。可以看到,国家 j 的生产效率越高(T_j 取值较大)、生产成本越低(d_j 取值较小)或向国家 i 出口的贸易成本越低(τ_{ij} 取值越低),国家 j 的产品在国家 i 中越有比较优势,所占比例 π_{ij} 也越高。

国家 i 对所有品类的产品的需求由一个常替代弹性生产函数或效用函数来刻画,即总产出或总效用(即复合消费品)Q_i 由所有品类的产品加总得到,形式上满足:

$$Q_i = \left[\int_0^1 Q_i(z)^{(\eta-1)/\eta} dz \right]^{\eta/(\eta-1)} \quad (5.77)$$

其中,变量 $Q_i(z)$ 表示国家 i 对品类为 z 的产品的需求。于是总产出或复合消费品价格 P_i 满足:

$$\begin{aligned}
P_i &= \left(\int_0^1 p_i(z)^{1-\eta} dz \right)^{1/(1-\eta)} = \left(\int_0^\infty p_i^{1-\eta} dH_i(p) \right)^{1/(1-\eta)} \\
&= \left(\int_0^\infty p_i^{1-\eta} \Phi_i \theta p^{\theta-1} e^{-\Phi_i p^\theta} dp \right)^{1/(1-\eta)} \\
&= \left[(\Phi_i)^{-(1-\eta)/\theta} \int_0^\infty (\Phi_i p^\theta)^{(1-\eta)/\theta} e^{-\Phi_i p^\theta} d(\Phi_i p^\theta) \right]^{1/(1-\eta)} \quad (5.78)
\end{aligned}$$

注意到(5.78)式中最右边 $\int_0^\infty (\Phi_i p^\theta)^{(1-\eta)/\theta} e^{-\Phi_i p^\theta} d(\Phi_i p^\theta)$ 一项即为伽玛函数在 $(1-\eta+\theta)/\theta$ 处的取值,这一取值为常数,这里记为 Γ。由此可以把(5.78)式简写为:

$$P_i = \Gamma^{1/(1-\eta)} (\Phi_i)^{-1/\theta} \tag{5.79}$$

可以看到,利用生产率服从 Fréchet 分布的设定,EK 模型较为简洁地给出了多个国家在多种产品之间进行国际贸易时,任意两个国家间进行贸易的数量和价格的决定方程,并且模型中各类产品的价格与现实数据中国际贸易各类产品的价格是完全对应的,也易于进行量化分析。

二、基于 EK 国际贸易模式的结构转型模型

(一) 模型设定

这里介绍一个基于 EK 国际贸易模式的结构转型模型,也可以被视为一个包含结构转型的 EK 模型。模型考虑两个国家(分别用上标 i,j 进行区分)、三个产业(用下标 $k,k' \in \{a,m,s\}$ 表示,分别代表农业、制造业和服务业)和一种要素(即劳动 L)。这一模型易于扩展为多个国家、多个生产部门和多个生产要素的更一般性模型,详见本章习题。使用 EK 模型设定内生化国际贸易模式,每个产业的中间品品类可进行贸易,但中间品品类形成的最终品不可贸易,最终品用于消费需求或中间投入需求。

以国家 i 为例介绍模型的具体设定,国家 j 的相关设定与之完全对称,如无必要,不再赘述。国家 i 产业 k 的最终品 Q_k^i 由分布在 $[0,1]$ 连续统上的一系列品类的中间品(每个产业内的中间品品类分布均是如此)以常替代弹性方式复合形成,形式上满足:

$$Q_k^i = \left(\int_0^1 Q_k^i(z)^{(\eta-1)/\eta} \mathrm{d}z \right)^{\eta/(\eta-1)} \tag{5.80}$$

其中,$z \in [0,1]$ 表示中间品品类,$Q_k^i(z)$ 表示品类为 z 的中间品数量,$\eta > 0$ 为常数,表示不同品类中间品之间的替代弹性。每一品类中间品 $Q_k^i(z)$ 可以进行国际贸易,要么由本国生产,要么来自进口,取决于价格和贸易成本。最终品 Q_k^i 表示产业 k 中所有品类的中间品所形成的复合品(可以视为所有品类中间品形成的复合需求),用于本国消费或生产每个品类中间品的中间投入。最终品不进行国际贸易,进行国际贸易的只是各个细分品类的中间品,因此形成最终品的所有品类中间品可以部分来自进口、部分来自本国生产,这意味着本国消费需求和生产过程的中间投入都包含了进口自国外的某些品类的中间品。中间品市场完全竞争,由最终品成本最小化问题的一阶最优性条件得到:

$$P_k^i = \left(\int_0^1 p_k^i(z)^{1-\eta} \mathrm{d}z \right)^{1/(1-\eta)} \tag{5.81}$$

其中,变量 P_k^i 表示最终品价格,变量 $p_k^i(z)$ 表示 z 品类中间品的价格。每个品类中间品的生产过程使用劳动和中间投入,生产技术满足柯布-道格拉斯型,即:

$$y_k^i(z) = \chi_k^i A_k^i(z) L_k^i(z)^{\varphi_k^i} \left[\prod_{k'} M_{kk'}^i(z)^{\lambda_{kk'}^i} \right]^{1-\varphi_k^i} \tag{5.82}$$

其中,变量 $y_k^i(z)$ 表示品类为 z 的中间品产出,变量 $A_k^i(z)$ 表示生产率,变量 $L_k^i(z)$ 表示劳动,$M_{kk'}^i(z)$ 表示在 k 产业品类为 z 的中间品生产过程中,由 k' 产业的最终品作为中间投入的数量。参数 $0 < \varphi_k^i < 1$ 为常数,表示劳动在总产出中的产出弹性,在生产者成本最小化决策中决定了增加值占总产出的比重。参数 $0 < \lambda_{kk'}^i < 1$ 为常数,表示来自 k' 产业的中间投入在总中间投入中的产出弹性,满足 $\sum_{k'} \lambda_{kk'}^i = 1$。上述参数在不同国家和不同产业的取值都可以存在差别。引入参数 $\chi_k^i = \left\{ (\varphi_k^i)^{\varphi_k^i} \left[(1-\varphi_k^i) \prod_{k'} (\lambda_{kk'}^i)^{\lambda_{kk'}^i} \right]^{1-\varphi_k^i} \right\}^{-1}$ 进行标准化。

国家 i 生产品类为 z 的中间品的生产成本为 $d_k^i / A_k^i(z)$,其中,$d_k^i = (W^i)^{\varphi_k^i}$ $\left[\prod_{k'} (P_{k'}^i)^{\lambda_{kk'}^i} \right]^{1-\varphi_k^i}$,变量 W^i 表示劳动工资。国家 i 使用的品类为 z 的中间品由国家 i 生产还是由国家 j 生产,取决于哪一个国家提供的该品类中间品价格(考虑国际贸易成本后)更低。用变量 τ_k^{ij} 表示国际贸易冰山成本,即 1 单位 k 产业中间品从国家 j 出口到国家 i 后只有 $1/\tau_k^{ij}$ 单位到达,国内贸易没有成本,即 $\tau_k^{ii} = 1$。于是,国家 i 使用的品类为 z 的中间品的价格满足 $p_k^i(z) = \min\{\tau_k^{ij} d_k^j / A_k^j(z)\}$。设定生产率 $A_k^i(z)$ 服从 Fréchet 分布,即满足分布函数 $F_k^i(A) = e^{-T_k^i A^{-\theta}}$。其中,参数 T_k^i 决定了生产率均值,参数 $\theta > 1$ 决定了生产率方差。按照前文的推导过程可知,k 产业最终品价格 P_k^i 满足 $P_k^i = \Gamma^{1/(1-\eta)}$ $(\Phi_k^i)^{-1/\theta}$。其中,引入变量 $\Phi_k^i = \sum_j T_k^j (\tau_k^{ij} d_k^j)^{-\theta}$,参数 Γ 为常数,等于伽玛函数在 $(1-\eta+\theta)/\theta$ 处的取值。由于同一产业内不同品类中间品的价格分布完全相同,在国家 i 形成 k 产业最终品(即复合需求)的所有品类中间品中,自国外进口的中间品所占比例(用变量 π_k^{ij} 表示)等于每个品类中间品自国外进口的概率(每个品类中间品的该概率均相同)。于是有:

$$\pi_k^{ij} = T_k^j (\tau_k^{ij} d_k^j)^{-\theta} / \Phi_k^i \tag{5.83}$$

求解每个中间品类对应的生产者的成本最小化问题,可以得到一阶最优性条件,然后加总到产业层面,有:

$$W^i L_k^i = \varphi_k^i Y_k^i \tag{5.84}$$

$$P_{k'}^i M_{kk'}^i = (1-\varphi_k^i) \lambda_{kk'}^i Y_k^i \tag{5.85}$$

其中,变量 $L_k^i = \int_0^1 L_k^i(z)\mathrm{d}z$ 和 $M_{kk'}^i = \int_0^1 M_{kk'}^i(z)\mathrm{d}z$ 分别表示产业 k 的劳动和中间投入,变量 Y_k^i 表示名义总产出。根据(5.83)式,在国家 j 产业 k 最终品 Q_k^j 的复合过程中,所有中间品品类中有 π_k^{ji} 比例进口自国家 i,由此可知:

$$Y_k^i = \pi_k^{ii} P_k^i Q_k^i + \pi_k^{ji} P_k^j Q_k^j \tag{5.86}$$

(5.86)式为产业层面的产品市场出清条件,即国家 i 产业 k 的产出(即等号左边 Y_k^i)等于两个国家对于该产出的需求之和,即要么用于满足国家 i 对本国生产的产出的需求(即等号右边 $\pi_k^{ii} P_k^i Q_k^i$),要么用于满足国家 j 对国家 i 生产的产出的需求(即等号右边 $\pi_k^{ji} P_k^j Q_k^j$)。

每个国家用代表性家庭效用最大化问题来刻画消费结构。国家 i 的代表性家庭消费三个产业的最终品,进而获得效用 C^i,效用函数满足扩展 Stone-Geary 型非位似偏好:

$$C^i = \left[\sum_k (\omega_k)^{1/\varepsilon} (C_k^i + \overline{C}_k)^{(\varepsilon-1)/\varepsilon} \right]^{\varepsilon/(\varepsilon-1)} \tag{5.87}$$

其中,变量 C_k^i 表示国家 i 消费的 k 产业的最终品。参数 $\overline{C}_k$ 是常数,参数 $\varepsilon > 0$,$\omega_k > 0$ 为常数,满足 $\sum_k \omega_k = 1$。家庭提供劳动供给 L^i,分配到三个产业后获得劳动工资 $W^i L^i$。家庭将其全部用于购买三类消费品,于是家庭预算约束为:

$$\sum_k P_k^i C_k^i = W^i L^i \tag{5.88}$$

这里隐含假定了两国间贸易是平衡的。求解家庭效用最大化问题,可知消费结构满足:

$$\frac{P_k^i C_k^i}{\sum_{k'} P_{k'}^i C_{k'}^i} = \frac{\omega_k (P_k^i)^{1-\varepsilon}}{\sum_{k'} \omega_{k'} (P_{k'}^i)^{1-\varepsilon}} \left(1 + \frac{\sum_{k'} P_{k'}^i \overline{C}_{k'}}{\sum_{k'} P_{k'}^i C_{k'}} \right) - \frac{P_k^i \overline{C}_k}{\sum_{k'} P_{k'}^i C_{k'}} \tag{5.89}$$

最终品作为所有品类中间品的复合(这些中间品可以部分来自进口),要么用于满足消费需求,要么作为中间投入生产各个产业部门的产出,即:

$$Q_k^i = C_k^i + \sum_{k'} M_{k'k}^i \tag{5.90}$$

(5.90)式中消费 C_k^i 和中间投入 $M_{k'k}^i$ 都是对 k 产业最终品的需求,是所有品类的中间品的集合[由(5.80)式来刻画],其本身并不直接进行国际贸易,发生国际贸易的只是形成最终品 Q_k^i 的各个品类的中间品 $Q_k^i(z)$。劳动力市场出清条件为:

$$\sum_k L_k^i = L^i \tag{5.91}$$

(二) 模型分析

虽然直接求解上述模型中产业结构的决定方程较为困难，但借助部分方程仍然有助于给出国际贸易对结构转型的两方面影响。一方面，国际贸易使一国可以在全球范围内购买价格最低的同质产品，因此会影响其不同产业之间产品的相对价格，产生价格效应。具体地，由(5.83)式可以得到 $\pi_k^{ii} = T_k^i(d_k^i)^{-\theta}/\Phi_k^i$，于是有：

$$P_k^i = \Gamma^{1/(1-\eta)} d_k^i (\pi_k^{ii})^{1/\theta} / (T_k^i)^{1/\theta} \tag{5.92}$$

由(5.92)式可知，国家 i 产业 k 的价格 P_k^i 不仅与该产业的生产成本 d_k^i 正相关，与生产率 T_k^i 负相关，而且与该产业产品中进口所占比重 $\pi_k^{ij} = 1 - \pi_k^{ii}$ 负相关。由于可以进行国际贸易，国家 i 产业 k 的部分产品可以进口自国外（即 $\pi_k^{ii} < 1$），于是该产业的价格 P_k^i 就会更低（低于完全封闭、没有国际贸易的情形，即 $\pi_k^{ii} = 1$）。因此，如果不同产业之间进口自国外的产品所占比重存在差别且有所变化，那么不同产业的相对价格就会发生变化，进而产生价格效应。

另一方面，国际贸易使一国可以在全球范围内出售其产品，因此也会影响对其不同产业的相对需求。具体地，由(5.83)式可知 $\pi_k^{ji} = T_k^i(\tau_k^{ji} d_k^i)^{-\theta}/\Phi_k^j$。对于国家 i 产业 k 而言，其生产成本 d_k^i 越低，生产率 T_k^i 越高，出口到国外的贸易成本 τ_k^{ji} 越低，就越有可能把产品出口到国外去，即国外产业 k 对国家 i 产业 k 的产品需求所占比重 π_k^{ji} 越高。再由(5.85)、(5.86)和(5.90)式可知，国家 i 产业 k 的需求既包括本国消费和中间投入的需求，也包括外国消费和中间投入的需求，即：

$$Q_k^i = C_k^i + \sum_{k'}(1-\varphi_{k'}^i)\lambda_{k'k}^i(\pi_k^{ii} P_{k'}^i Q_{k'}^i + \pi_k^{ji} P_{k'}^j Q_{k'}^j)/P_{k'}^i \tag{5.93}$$

(5.93)式表明，国外产业 k 对国家 i 产业 k 的产品需求所占比重 π_k^{ji} 越高，就越会直接扩大国家 i 产业 k 的相对需求（即 $\pi_k^{ji} P_{k'}^j Q_{k'}^j$），进而拉动结构转型。(5.93)式也表明，除了国外产业 k 的规模可能直接影响国家 i 产业 k 的产品需求，国外其他产业的规模也可能会产生影响。这是因为国际贸易使得国外其他产业也可能需要国家 i 其他产业的产品作为中间投入，而国家 i 的所有产业都会需要产业 k 作为中间投入，于是国外其他产业规模[如(5.93)式中 $P_{k'}^j Q_{k'}^j$，$k' \neq k$]扩大，就会扩大国家 i 其他产业的需求[（如(5.93)式中 $\pi_k^{ji} P_{k'}^j Q_{k'}^j$，$k' \neq k$)]，进而拉动国家 i 产业 k 的产品需求[如(5.93)式中 $(1-\varphi_{k'}^i)\lambda_{k'k}^i \pi_k^{ji} P_{k'}^j Q_{k'}^j$，$k' \neq k$]。

以制造业为例。本国制造业生产率越高、生产成本越低或出口贸易成本越低，就越可能把制造品出口到国外，于是国外制造品中进口自本国的产品所占比重就会越高，由此就会直接拉动本国制造业需求。特别是随着国外对制造品需求的扩大,对本国制造业的需求也会随之扩大。不仅如此,国外农业和服务业中也有进口自本国的农产品或服务,如果国外对农产品或服务的需求扩大,那么也会扩大对本国的农产品或服务的相对需求,而本国的农产品或服务的生产过程中也需要制造品投入,这也会间接拉动对本国制造业的需求。

注意到这里的理论机制同样意味着封闭经济下技术进步产生价格效应所可能产生的鲍莫尔病现象就未必存在了。当不存在国际贸易时,技术进步越快的产业,其产品相对价格就会下降,在产业之间的替代弹性较小时,其相对比重就会随之下降,出现鲍莫尔病现象。但当可以进行国际贸易时,技术进步越快的产业,其产品相对价格下降,就越可能出口到国外,从而扩大国外对该产业的相对需求,因此其产出相对比重就未必会下降,鲍莫尔病可能就不再出现了。这与前两节理论模型中的经济机制也是一致的。

(三) 模型拓展

上述模型可以拓展为动态模型,为此引入资本要素,并刻画其动态积累过程。用下标 $t \in \{1,2,\cdots\}$ 表示时期,如无必要,在刻画同一期内变量关系的方程中将其省略。此时,两个国家最终品的形式仍然不变,但每个品类中间品的生产函数变为:

$$y_k^i(z) = \chi_k^i A_k^i(z) \left[K_k^i(z)^{\alpha_k^i} L_k^i(z)^{1-\alpha_k^i} \right]^{\varphi_k^i} \left[\prod_{k'} M_{kk'}^i(z)^{\lambda_{kk'}^i} \right]^{1-\varphi_k^i} \quad (5.94)$$

其中,变量 $K_k^i(z)$ 表示资本,参数 $0 < \alpha_k^i < 1$ 衡量了增加值中的资本产出弹性,参数 χ_k^i 调整为 $\chi_k^i = \left\{ \left[(\alpha_k^i)^{\alpha_k^i} (1-\alpha_k^i)^{1-\alpha_k^i} \right]^{\varphi_k^i} \left[(1-\varphi_k^i) \prod_{k'} (\lambda_{kk'}^i)^{\lambda_{kk'}^i} \right]^{1-\varphi_k^i} \right\}^{-1}$。

决定中间品生产成本的变量变为 $d_k^i = \left[(R^i)^{\alpha_k^i} (W^i)^{1-\alpha_k^i} \right]^{\varphi_k^i} \left[\prod_{k'} (P_{k'}^i)^{\lambda_{kk'}^i} \right]^{1-\varphi_k^i}$,其中,变量 R^i 表示资本租金。国际贸易模式仍然不变,于是最终品价格和贸易份额在形式上也不变,只是产业层面的要素收入的决定方程(5.84)变为:

$$R^i K_k^i = \alpha_k^i \varphi_k^i Y_k^i, \quad W^i L_k^i = (1 - \alpha_k^i) \varphi_k^i Y_k^i \quad (5.95)$$

产业层面产品市场出清条件(5.86)式仍然成立。

代表性家庭的即期效用仍然由(5.87)式决定,每一期的即期效用按照如下形式加总为一生效用: $\sum_t \beta^t \left[(C_t^i)^{1-\eta} - 1 \right] / (1-\eta)$。其中,参数 $0 < \beta < 1$ 表示时间偏好因子,参数 $\eta > 0$ 且 $\eta \neq 1$ 表示跨期替代弹性的倒数。

为了引入国际贸易差额,设定代表性家庭在国际债券市场上交易单期无风险债券,即国家 i 的代表性家庭在第 $t-1$ 期购买债券,金额为 B_t^i($B_t^i < 0$ 则为卖出债券),在第 t 期该债券到期,给家庭带来的回报为 $R_t^b B_t^i$($B_t^i < 0$ 则为兑付债券),其中,变量 R_t^b 表示债券回报率。家庭持有资本 K_t^i,获得资本收入 $R_t^i K_t^i$,家庭也提供劳动并获得劳动收入 $W_t^i L_t^i$。家庭将每一期的要素收入和债券回报用于当期消费、投资和购买下一期到期的债券 B_{t+1}^i。投资品的实际数量为 X_t^i,其对应的投资品价格为 P_{xt}^i。每一期的投资品增加了家庭在下一期持有的资本数量。因此,每一期家庭预算约束变为:

$$\sum_k P_{kt}^i C_{kt}^i + P_{xt}^i X_t^i + B_{t+1}^i = R_t^i K_t^i + W_t^i L_t^i + R_t^b B_t^i \tag{5.96}$$

资本动态积累过程满足:

$$K_{t+1}^i = (1 - \delta^i) K_t^i + X_t^i \tag{5.97}$$

其中,参数 $0 < \delta^i < 1$ 表示资本折旧率。求解家庭一生效用最大化问题,可知每一期消费结构仍然满足(5.89)式,并且满足欧拉方程:

$$\left(\frac{C_{t+1}^i}{C_t^i}\right)^\eta = \beta \frac{P_{ct}}{P_{ct+1}} \frac{(1 - \delta^i) P_{xt+1}^i + R_{t+1}^i}{P_{xt}^i} \tag{5.98}$$

其中,引入变量 $P_{ct} = \left(\sum_k \omega_k P_{kt}^{1-\varepsilon}\right)^{1/(1-\varepsilon)}$ 表示即期效用或复合消费品 C_t^i 对应的价格。

用投资品生产部门一家代表性企业的最优化选择来刻画投资结构。该企业使用三个产业最终品 X_k^i 生产投资品 X^i,生产技术满足常替代弹性生产函数:

$$X^i = \left[\sum_k (\phi_k^i)^{1/\rho^i} (X_k^i)^{(\rho^i-1)/\rho^i}\right]^{\rho^i/(\rho^i-1)} \tag{5.99}$$

其中,参数 $\rho^i > 0$ 为常数,表示不同产业最终品在生产投资品时的替代弹性,参数 $\phi_k^i > 0$ 为常数。企业利润最大化问题的一阶最优性条件为:

$$\frac{P_k^i X_k^i}{P_x^i X^i} = \frac{\phi_k^i (P_k^i)^{1-\rho^i}}{\sum_{k'} \phi_{k'}^i (P_{k'}^i)^{1-\rho^i}} \tag{5.100}$$

$$P_x^i = \left[\sum_k \phi_k^i (P_k^i)^{1-\rho^i}\right]^{1/(1-\rho^i)} \tag{5.101}$$

最终品除了用于满足消费需求和作为中间投入生产各个产业部门的产出,还被用于生产投资品,于是(5.90)式变为:

$$Q_k^i = C_k^i + X_k^i + \sum_{k'} M_{k'k}^i \tag{5.102}$$

除了劳动力市场出清,资本市场出清条件也须满足,即:

$$\sum_k K_k^i = K^i \tag{5.103}$$

国际债券市场出清，即：
$$B_t^i + B_t^j = 0 \tag{5.104}$$

上述设定将基于 EK 国际贸易模式的结构转型模型拓展为动态模型。尽管该模型通过内生化家庭消费和储蓄的动态决策把国际贸易余额也同时内生化了，但前文静态模型中国际贸易影响结构转型的理论机制仍然是成立的，这里不再赘述。与第二节的动态模型类似，家庭预算约束方程也意味着国际收支平衡，即国家 i 的资本净流出 $B_{t+1}^i - R_t^i B_t^i$ 等于净出口 $\sum_k (Y_k^i - P_k^i Q_k^i)$，或者说经常账户余额 $\sum_k (Y_k^i - P_k^i Q_k^i) + R_t^i B_t^i - B_t^i$ 等于资本和金融账户余额 $B_{t+1}^i - B_t^i$。

本章小结

本章介绍纳入国际贸易的宏观经济结构转型模型。首先分别介绍了包含国际贸易的结构转型静态模型和结构转型动态模型，其中，不同国家同一生产部门被设定为生产不同的产品。这两个模型纳入了国际贸易影响结构转型的主要理论机制，与不存在国际贸易的封闭经济相比提供了从需求侧解释结构转型的新的理论机制。从内需结构看，国外特定生产部门的生产率或贸易成本变化，也会通过价格效应促使对本国生产产品的需求和对外国生产产品的需求之间产生替代，进而改变本国的内需结构。从外需结构看，本国特定生产部门的生产率或贸易成本变化，也会通过改变国外对本国生产产品的需求结构，也就是外需结构拉动本国生产结构转型。本章接着介绍了包含结构转型的李嘉图模型，模型中两个国家进行两类同质产品的国际贸易，这一简化模型把影响结构转型的价格效应、收入效应和国际贸易效应分解开来，较为直观地展示了国际贸易通过改变对本国特定产业的产品需求进而影响本国该产业比重的经济机制。本章最后介绍了包含结构转型的 Eaton-Kortum 模型及其动态模型框架，这是纳入了国际贸易的主流结构转型模型，其中，多个国家进行多类同质产品的国际贸易。这一模型中国际贸易影响结构转型的主要经济机制与前三节相比并没有本质的变化，但这一模型可以较好地匹配世界投入产出结构和国际收支数据，被广泛用于开放宏观经济结构转型问题的研究。通过本章的学习，读者可以了解国际贸易推动宏观经济结构转型的经济理论，掌握在结构转型模型中引入国际贸易的建模方法。

阅读资料

本章第一节和第二节介绍的包含国际贸易的结构转型模型化简自 Kehoe et al. (2018),他们借助理论模型定量评估了美国贸易失衡对其结构转型的影响。本章第三节介绍的包含结构转型的李嘉图模型来自 Matsuyama(2009),他指出了国际贸易对于理解结构转型特别是制造业比重下降的重要作用。本章第四节介绍的包含结构转型的 Eaton-Kortum 模型来自 Uy et al. (2013),他们首次把 Eaton & Kortum(2002)国际贸易模型引入产业结构转型模型中,定量评估了国际贸易对韩国产业结构转型的影响。第四节介绍的基于 EK 国际贸易模式的结构转型动态模型化简自 Reyes-Heroles(2016)。上述这些文献及其相关的其他重要文献列举如下。

[1] 盖庆恩、方聪龙、程名望、朱喜,2019:《贸易成本、劳动力市场扭曲与中国的劳动生产率》,《管理世界》第 3 期。

[2] 郭凯明、陈昊、颜色,2022:《贸易成本与中国制造》,《金融研究》第 3 期。

[3] 郭凯明、杭静、颜色,2017:《中国改革开放以来产业结构转型的影响因素》,《经济研究》第 3 期。

[4] 王勇,2018:《产业动态、国际贸易与经济增长》,《经济学(季刊)》第 2 期。

[5] 章潇萌、杨宇菲,2016:《对外开放与我国产业结构转型的新路径》,《管理世界》第 3 期。

[6] 周辰亮、丁剑平,2007:《开放经济下的结构转型:一个三部门一般均衡模型》,《世界经济》第 6 期。

[7] Alessandria G., R. C. Johnson, and K. M. Yi, 2023, "Perspectives on Trade and Structural Transformation", *Oxford Development Studies*, DOI:10.1080/13600818.2023.2279665.

[8] Alvarez, F., and R. E. Lucas, Jr., 2007, "General Equilibrium Analysis of the Eaton-Kortum Model of International Trade", *Journal of Monetary Economics*, 54(6), 1726-1768.

[9] Burstein, A., and J. Vogel, 2017, "International Trade, Technology, and the Skill Premium", *Journal of Political Economy*, 125(5), 1356-1412.

[10] Cravino, J., and S. Sotelo, 2019, "Trade-Induced Structural Change and the Skill Premium," *American Economic Journal: Macroeconomics*, 11(3), 289-326.

[11] Dix-Carneiro, R., Pessoa, J. P., Reyes-Heroles, R., and S. Traiberman, 2023, "Globalization, Trade Imbalances, and Labor Market Adjustment", *Quarterly Journal of Economics*, 138(2), 1109-1171.

[12] Eaton, J., and S. Kortum, 2002, "Technology, Geography, and Trade", *Econometrica*, 70(5), 1741-1779.

[13] Kehoe, T. J., K. J. Ruhl, and J. B. Steinberg, 2018, "Global Imbalances and the Structural Change in the United States", *Journal of Political Economy*, 126(2), 761-796.

[14] Lewis, L. T., R. Monarch, M. Sposi, and J. Zhang, 2022, "Structural Change and Global Trade", *Journal of the European Economic Association*, 20(1), 476-512.

[15] Matsuyama, K., 1992, "Agricultural Productivity, Comparative Advantage and Economic Growth", *Journal of Economic Theory*, 58, 317-334.

[16] Matsuyama, K., 2009, "Structural Change in an Interdependent World: A Global View of Manufacturing Decline", *Journal of the European Economic Association*, 7(2-3), 478-486.

[17] Matsuyama, K., 2019, "Engel's Law in the Global Economy: Demand-Induced Patterns of Structural Change, Innovation, and Trade", *Econometrica*, 87(2), 497-528.

[18] Parro, F., 2013, "Capital-Skill Complementarity and the Skill Premium in a Quantitative Model of Trade", *American Economic Journal: Macroeconomics*, 5(2), 72-117.

[19] Reyes-Heroles, R., 2016, "The Role of Trade Costs in the Surge of Trade Imbalance", Working Paper.

[20] Sposi, M., 2019, "Evolving Comparative Advantage, Sectoral Linkages, and Structural Change", *Journal of Monetary Economics*, 103(C), 75-87.

[21] Sposi, M., K.-M. Yi, and J. Zhang, 2021, "Deindustrialization and Industry Polarization", NBER Working Paper, 29483.

[22] Święcki, T., 2017, "Determinants of Structural Change", *Review of Economic Dynamics*, 24, 95-131.

[23] Teignier, M., 2018, "The Role of Trade in Structural Transformation", *Journal of Development Economics*, 130, 45-65.

[24] Tombe, T., and X. Zhu, 2019, "Trade, Migration, and Productivity: A Quantitative Analysis of China", *American Economic Review*, 109(5), 1843-1872.

[25] Uy, T., K.-M. Yi, and J. Zhang, 2013, "Structural Change in an Open Economy", *Journal of Monetary Economics*, 60(6), 667-682.

📝 练习与思考

1. 使用世界投入产出数据库的世界投入产出表和社会经济账户数据，评估本章第一节理论模型对中国产业结构和贸易结构转型的拟合程度，并量化中国产业劳动生产率在其中的贡献大小。

2. 在本章第一节的理论模型中，进一步把两国劳动力分为高技能劳动和低技能劳动两类，分别用 l_j^{sn} 和 l_j^{un} 表示。此时，每个产业部门中代表性企业的生产技术变为常替代弹性,形式上满足 $y_j^n = [(A_j^{sn})^{1/\rho_j}(l_j^{sn})^{(\rho_j-1)/\rho_j} + (A_j^{un})^{1/\rho_j}(l_j^{un})^{(\rho_j-1)/\rho_j}]^{\rho_j/(\rho_j-1)}$。其中,变量 A_j^{sn} 和 A_j^{un} 分别表示技能扩展型和非技能扩展型技术,参数 $\rho_j > 0$ 为常数。

(1) 假设两国的两类劳动力供给是固定的,其他设定仍然沿用正文的设定,求解模型一般均衡的决定方程。

(2) 分析本国或外国特定产业部门的技能扩展型技术进步或非技能扩展型技术进步后,本国需求结构和供给结构(包括两类劳动的就业结构)将会如何变化。

3. 把本章第二节理论模型中的 N 个国家对应为两个经济体(中国和外国),把 J 个产业部门对应为两个生产部门(货物生产部门和服务生产部门),使用中国相关数据,评估该理论模型对中国服务业比重的拟合程度。

4. 把本章第二节理论模型中的 J 个产业部门对应为可贸易产业部门和不可贸易产业部门(即产出不可进行国际贸易,如建筑业和部分服务业),不可贸易产业部门的生产过程可以使用进口中间品,重新改写该理论模型并求解动态一般均衡的决定方程。由此分析本国资本深化或贸易成本变化后,可贸易产业部门所占比重将会如何变化。

5. 在本章第二节的理论模型中,假设投资品生产函数中 θ_j^n 可以随时间的推移而发生变化,表现为投资品生产部门技术进步。分析本国或外国投资品生产部门技术进步(即 θ_j^n 增长)后,将会如何影响本国的结构转型过程,国际贸易在其中会有什么作用。

6. 在本章第三节包含结构转型的李嘉图模型中考虑如下拓展:

(1) 两国偏好变为 $C = [\beta_a^{1/\varepsilon}(C_a - \overline{C}_a)^{(\varepsilon-1)/\varepsilon} + \beta_m^{1/\varepsilon}(C_m - \overline{C}_m)^{(\varepsilon-1)/\varepsilon} + \beta_s^{1/\varepsilon}C_s^{(\varepsilon-1)/\varepsilon}]^{\varepsilon/(\varepsilon-1)}$,其中,参数 $0 < \beta_a, \beta_m, \beta_s < 1$ 为常数,且 $\beta_a + \beta_m + \beta_s = 1$。模型其他设定保持不变,重新求解本国制造业比重 L_m,并分析本国或外国制造业劳动生产率提高对本国制造业比重的影响。

(2) 在(1)的拓展模型中,进一步假设计价物也需要投入劳动进行生产,生产技术也满足线性生产函数,即 $Y_a = A_a L_a$,$Y_a^* = A_a L_a^*$,其中,两国计价物的劳动生产率均为 A_a。每个国家的劳动力市场出清条件变为 $L_a + L_m + L_s = L_a^* + L_m^* + L_s^* = 1$。模型其他设定保持不变,重新求解本国制造业比重 L_m,并分析本国或外国制造业劳动生产率提高对本国制造业比重的影响。

7. 在本章第四节包含结构转型的 Eaton-Kortum 模型中,假设每个品类中间品生产过程只使用劳动,不使用中间投入,即(5.82)式中 $\varphi_k^i = 1$。重新建立模型并求解均衡,然后分析国际贸易对结构转型的影响机制。

8. 对本章第四节包含结构转型的 Eaton-Kortum 模型分别进行如下几个拓展,并求解一般均衡的决定方程。

(1) 把劳动分为高技能劳动和低技能劳动两类,重新给出理论模型框架并给出一般均衡的决定方程。

(2) 假设对于任意产业部门,在该产业部门每个中间品品类的生产过程中,各个产业部门最终品作为中间投入在总投入中所占的比重可以随时间的推移而发生变化,由此重新设定生产函数,并给出一般均衡的决定方程。

(3) 把两国三产业部门模型拓展为多国多生产部门模型。

(4) 在以上拓展模型中引入资本和资本积累过程,给出对应的动态模型框架并求解动态一般均衡。

第六章　家庭生产与结构转型

引言

本章介绍包含家庭生产的结构转型理论。类似于市场生产部门，家庭内部也会生产一些产品和服务满足家庭需求，给家庭成员带来效用。这些家庭内部生产既包括与餐饮、购物、卫生、健康、维修等有关的生产活动，也包括养育小孩、赡养老人、看护照料等家庭成员间相互支持的活动。家庭内部生产过程需要投入劳动，以及各类工具器材、家电、汽车、住房等耐用品。这些耐用品的积累过程及其在家庭生产过程中发挥的作用类似于市场生产使用的资本，也可以被视为家庭内部的资本品。家庭也会投入一定收入用于购买和积累这些耐用品，可以视为家庭内部的投资与资本积累。因此，资本深化过程既发生在市场部门，同时也发生在家庭部门。家庭生产和市场生产的相对比重变化也是宏观经济结构转型的重要表现。这一过程与时间配置结构转型相关。时间配置结构转型是指家庭在市场生产、家庭生产和家庭闲暇等部门中的时间配置比例发生趋势性变化。家庭每天有24小时、每周有7天等时间禀赋，家庭把时间禀赋在市场生产、家庭生产和家庭闲暇等活动中进行分配，其分配比重就反映了时间配置。部分家庭生产活动被市场生产活动所替代，就会呈现"市场化"趋势，这体现了社会分工的继续深化；但未来市场生产活动中资本或人工智能也可能会大幅替代劳动，反而会促使劳动转向家庭部门生产或享受闲暇。本章第一节分别使用结构转型静态模型和动态模型，展示收入效应和价格效应如何推动家庭生产和市场生产之间的结构转型过程和时间配置结构转型过程。第二节考察不同部门之间比较优势的性别差异如何影响市场和家庭之间以及市场和家庭内部的结构转型过程。家庭内部生产活动的一个重要表现是家庭生育和养育子女，由于这一过程所需要的投入结构与家庭消费结构存在显著差异，并且也体现出男女不同的比较优势，因此家庭生育率和市场生产结构转型有着密切关系，本章第三节将会介绍包含内生人口增长的结构转型模型。

学习目标

1. 牢固掌握包含家庭生产的结构转型静态模型和动态模型。
2. 牢固掌握包含性别差异和家庭生产的结构转型模型。
3. 一般掌握包含内生人口增长的结构转型模型。

关键术语

家庭生产，时间配置，市场化，闲暇，性别工资差距，人口转变，生育率，女性劳动（男性劳动）密集型生产部门

第一节 包含家庭生产的结构转型模型

这一节将分别使用结构转型静态模型和动态模型，来刻画家庭生产和市场生产之间的结构转型过程和时间配置结构转型过程。

一、包含家庭生产的结构转型静态模型

这一部分首先介绍一个基本的包含家庭生产的结构转型静态模型，模型刻画了市场生产、家庭生产和家庭闲暇这三个部门。家庭内部生产过程需要投入劳动，这就会占用家庭享受闲暇的时间和在市场提供劳动的时间，因此家庭生产的机会成本与闲暇带来的效用、市场生产带来的收入相关。在三个部门的时间配置比重变化反映了时间配置结构转型过程。如果家庭生产的产出被市场生产的产出所替代，就反映了市场化趋势。较为普遍发生的市场化趋势是家庭内部生产的服务随着分工的深化而部分被市场生产的服务所替代，这对于服务业比重上升有着重要贡献。这一部分的模型可以展示出推动时间配置结构转型和市场化的经济因素。

（一）模型的建立

用下标 $\{m, h, l\}$ 区分市场生产（market）、家庭生产（home）和家庭闲暇（leisure）这三个部门。市场生产部门由一个完全竞争市场中的代表性生产者刻画。该生产者以劳动工资 W 雇用劳动 L_m，生产价格为 P_m 的产出 Y_m。生产技术满足线性生产函数，即 $Y_m = A_m L_m$。其中，变量 A_m 表示市场生产部门的劳动生产率。生产者利润最大化问题的最优性条件为：

$$A_m = W/P_m \tag{6.1}$$

家庭部门由一个代表性家庭来刻画。该家庭每一期的人口数量和时间禀赋均标准化为1。家庭把时间分配到市场生产、家庭生产和家庭闲暇中,分别用 L_m, L_h, L_l 来表示,于是有:

$$L_m + L_h + L_l = 1 \tag{6.2}$$

家庭提供市场劳动 L_m 可以获得劳动收入 WL_m,家庭将其用于购买消费品。假设市场生产的产出 Y_m 全部用于满足家庭消费,直接代入家庭预算约束方程得到:

$$P_m Y_m = WL_m \tag{6.3}$$

家庭提供家庭劳动 L_h 可以生产家庭产出 Y_h,生产技术满足线性生产函数,即 $Y_h = A_h L_h$。其中,变量 A_h 表示家庭生产部门的劳动生产率。

家庭把时间 L_l 用于享受闲暇,也可以带来闲暇 Y_l,其生产技术也满足线性生产函数,即 $Y_l = A_l L_l$。其中,变量 A_l 表示家庭闲暇部门的劳动生产率。

家庭可以从消费 Y_m、家庭产出 Y_h 和闲暇 Y_l 中获得效用,满足扩展 Stone-Geary 型效用函数形式,即 $\left[\omega_m^{1/\varepsilon} Y_m^{(\varepsilon-1)/\varepsilon} + \omega_h^{1/\varepsilon} Y_h^{(\varepsilon-1)/\varepsilon} + \omega_l^{1/\varepsilon} (Y_l + \bar{Y})^{(\varepsilon-1)/\varepsilon}\right]^{\varepsilon/(\varepsilon-1)}$。其中,参数 $0 < \omega_m, \omega_h, \omega_l < 1, \varepsilon > 0$ 为常数,并且 $\omega_m + \omega_h + \omega_l = 1, \varepsilon \neq 1$。参数 $\bar{Y} > 0$ 为常数,使家庭效用为非位似偏好。家庭在(6.2)和(6.3)式的约束下最大化其效用。

(二)模型的分析

把(6.1)和(6.2)式代入(6.3)式,可以把家庭预算约束方程转变为:

$$\frac{W}{A_m} Y_m + \frac{W}{A_h} Y_h + \frac{W}{A_l} Y_l = W \tag{6.4}$$

由(6.1)式可知,(6.4)式中的 W/A_m 即为市场产出 Y_m 的价格 P_m。类似地,这里也可以分别引入家庭产出 Y_h 的隐性价格 $P_h = W/A_h$ 和家庭闲暇 Y_l 的隐性价格 $P_l = W/A_l$,把(6.4)式进一步变为:

$$P_m Y_m + P_h Y_h + P_l Y_l = W \tag{6.5}$$

家庭在(6.5)式的约束下最大化其效用,完全可以视为在潜在收入 W(即把所有时间都用于市场生产所获得的最高收入)和价格(或隐性价格)P_m, P_h, P_l 给定的情形下,选择消费 Y_m、家庭产出 Y_h 和闲暇 Y_l 三类支出的效用最大化问题。因此,决定消费结构转型的价格效用和收入效应在这里也会发挥作用。

进一步求解时间配置比例,首先由家庭效用最大化问题的最优性条件易得:

$$\frac{P_h Y_h}{P_m Y_m} = \frac{\omega_h}{\omega_m}\left(\frac{P_h}{P_m}\right)^{1-\varepsilon}, \quad \frac{P_l(Y_l + \overline{Y})}{P_m Y_m} = \frac{\omega_l}{\omega_m}\left(\frac{P_l}{P_m}\right)^{1-\varepsilon} \tag{6.6}$$

然后把价格替换为生产率,把(6.6)式转换为:

$$\frac{L_h}{L_m} = \frac{\omega_h}{\omega_m}\left(\frac{A_h}{A_m}\right)^{\varepsilon-1}, \quad \frac{L_l + \overline{Y}/A_l}{L_m} = \frac{\omega_l}{\omega_m}\left(\frac{A_l}{A_m}\right)^{\varepsilon-1} \tag{6.7}$$

把(6.6)式代入(6.2)式,可以求解得到:

$$L_m = \frac{\omega_m A_m^{\varepsilon-1}}{\omega_m A_m^{\varepsilon-1} + \omega_h A_h^{\varepsilon-1} + \omega_l A_l^{\varepsilon-1}}\left(1 + \frac{\overline{Y}}{A_l}\right) \tag{6.8}$$

$$L_h = \frac{\omega_h A_h^{\varepsilon-1}}{\omega_m A_m^{\varepsilon-1} + \omega_h A_h^{\varepsilon-1} + \omega_l A_l^{\varepsilon-1}}\left(1 + \frac{\overline{Y}}{A_l}\right) \tag{6.9}$$

$$L_l = \frac{\omega_l A_l^{\varepsilon-1}}{\omega_m A_m^{\varepsilon-1} + \omega_h A_h^{\varepsilon-1} + \omega_l A_l^{\varepsilon-1}}\left(1 + \frac{\overline{Y}}{A_l}\right) - \frac{\overline{Y}}{A_l} \tag{6.10}$$

(6.8)—(6.10)式给出了家庭在市场生产、家庭生产和家庭闲暇上的时间配置决定方程。可以看到,决定家庭时间配置结构转型的经济力量与第一章的价格效应和收入效应是完全等价的。价格效应体现在(6.8)—(6.10)式中包含 $A^{\varepsilon-1}$ 的项上。如果市场生产、家庭生产和家庭闲暇这三个部门中某个部门的劳动生产率提高,那么该部门产出的价格或隐性价格就会相对下降,于是其劳动时间比重的相对变化就取决于三个部门产出之间的替代弹性。当替代弹性较小时,相对价格下降就会降低该部门劳动时间比重,反之亦然。收入效应体现在(6.8)—(6.10)式中包含 $\overline{Y}$ 的项上。如果三个部门劳动生产率同比例提高,进而提高了家庭潜在收入,那么需求收入弹性较大的部门比重就会上升。这里在效用函数中引入非位似项 $\overline{Y} > 0$,隐含假设了家庭闲暇的需求收入弹性大于家庭产出和市场产出。因此在其他条件不变的前提下,伴随着收入的增长,家庭将会降低在市场生产和家庭生产上的时间,提高享受家庭闲暇的时间。

这一部分以一个包含家庭生产的结构转型静态模型展示了决定市场和家庭之间相对比重变化的经济因素,这些理论机制实际上可以看作第一章价格效应和收入效应的延伸。

二、包含家庭生产的结构转型动态模型

这一部分首先介绍一个基本的包含家庭生产的结构转型动态模型,模型中

只包括市场生产和家庭生产这两个部门,家庭内部不再区分家庭生产和家庭闲暇,可以把二者统一视为家庭生产部门。模型中市场生产过程和家庭生产过程不再只使用劳动这一个生产要素,还会使用资本。所谓家庭部门的资本是指家庭生产过程中使用的各类工具器材、家电、汽车、住房等耐用品,这些耐用品和家庭劳动一起生产出家庭部门的产出,可以为家庭带来效用。当然,从宏观统计核算上来讲,家庭耐用品都被视为家庭消费支出的一类,但从其在家庭生产过程中所起的作用及其自身的积累过程来看,家庭耐用品与市场生产所使用的资本并没有本质区别。

(一) 模型的建立

考虑离散时间模型,用下标 $t = \{0, 1, 2, \cdots\}$ 表示时期。用下标 $\{m, h\}$ 区分市场生产部门和家庭生产部门。市场生产部门由一个完全竞争市场中的代表性生产者来刻画。该生产者分别以工资 W_t 和租金 R_t 雇用劳动 L_{mt} 和租用资本 K_{mt},生产产出 Y_{mt}。生产技术满足柯布-道格拉斯型生产函数:

$$Y_{mt} = A_{mt} K_{mt}^{\alpha_m} L_{mt}^{1-\alpha_m} \tag{6.11}$$

其中,参数 $0 < \alpha_m < 1$ 为常数,变量 A_{mt} 表示市场生产部门的全要素生产率。产出可以被用于家庭消费 C_t 和新的家庭耐用品 I_{ht},也可以被用于投资 I_{mt},即:

$$Y_{mt} = C_t + I_{mt} + I_{ht} \tag{6.12}$$

把产出 Y_{mt} 作为计价物,价格标准化为 1。生产者利润最大化问题的最优性条件为:

$$R_t = \alpha_m A_{mt} K_{mt}^{\alpha_m - 1} L_{mt}^{1-\alpha_m} \tag{6.13}$$

$$W_t = (1 - \alpha_m) A_{mt} K_{mt}^{\alpha_m} L_{mt}^{-\alpha_m} \tag{6.14}$$

家庭部门由一个代表性家庭来刻画。该家庭每一期的人口数量和时间禀赋均标准化为 1。家庭把时间分配到市场生产和家庭生产中,分别用 L_{mt} 和 L_{ht} 表示,于是有:

$$L_{mt} + L_{ht} = 1 \tag{6.15}$$

家庭提供市场劳动 L_{mt},可以获得劳动收入 $W_t L_{mt}$。家庭拥有市场生产所使用的所有资本,可以获得资本收入 $R_t K_{mt}$。家庭把劳动收入和资本收入分别用于购买(除耐用品以外的)消费品 C_t、新的投资品 I_{mt} 和新的耐用品 I_{ht},于是家庭预算约束方程满足:

$$R_t K_{mt} + W_t L_{mt} = C_t + I_{mt} + I_{ht} \tag{6.16}$$

投资品和耐用品分别增加了家庭拥有的资本 K_{mt} 和耐用品数量 K_{ht},也可以

视为家庭拥有的市场资本和家庭资本,即:

$$K_{m,t+1} = (1-\delta)K_{mt} + I_{mt}, \quad K_{h,t+1} = (1-\delta)K_{ht} + I_{ht} \tag{6.17}$$

其中,参数 $0 < \delta < 1$ 为常数,表示资本和耐用品的折旧率。家庭使用耐用品 K_{ht} 和家庭劳动 L_{ht} 生产家庭产出 Y_{ht},生产技术满足柯布-道格拉斯型生产函数:

$$Y_{ht} = A_{ht}K_{ht}^{\alpha_h}L_{ht}^{1-\alpha_h} \tag{6.18}$$

其中,参数 $0 < \alpha_h < 1$ 为常数,变量 A_{ht} 表示家庭生产部门的全要素生产率。家庭可以从消费 C_t 和家庭产出 Y_{ht} 中获得即期效用 D_t,满足常替代弹性效用函数形式:

$$D_t = (\omega_m^{1/\varepsilon}C_t^{(\varepsilon-1)/\varepsilon} + \omega_h^{1/\varepsilon}Y_{ht}^{(\varepsilon-1)/\varepsilon})^{\varepsilon/(\varepsilon-1)} \tag{6.19}$$

其中,参数 $0 < \omega_m, \omega_h < 1, \varepsilon > 0$ 为常数,并且 $\omega_m + \omega_h = 1, \varepsilon \neq 1$。家庭每一期的即期效用加总形成其一生效用:$\sum_{t=0}^{\infty}\beta^t \log D_t$,其中,$0 < \beta < 1$ 表示时间偏好因子。家庭在(6.15)—(6.19)式的约束下最大化其一生效用。

(二) 模型的分析

求解家庭效用最大化问题,并把(6.13)和(6.14)式代入,可以得到:

$$\frac{1}{D_t}\frac{\partial D_t}{\partial C_t} = \beta \frac{1}{D_{t+1}}\frac{\partial D_{t+1}}{\partial C_{t+1}}(1 - \delta + \alpha_m A_{m,t+1}K_{m,t+1}^{\alpha_m-1}L_{m,t+1}^{1-\alpha_m}) \tag{6.20}$$

$$\frac{\partial D_t}{\partial C_t} \cdot \frac{\partial Y_{mt}}{\partial K_{mt}} = \frac{\partial D_t}{\partial Y_{ht}} \cdot \frac{\partial Y_{ht}}{\partial K_{ht}} \tag{6.21}$$

$$\frac{\partial D_t}{\partial C_t} \cdot \frac{\partial Y_{mt}}{\partial L_{mt}} = \frac{\partial D_t}{\partial Y_{ht}} \cdot \frac{\partial Y_{ht}}{\partial L_{ht}} \tag{6.22}$$

(6.20)—(6.22)式给出了家庭最优选择的权衡。其中,(6.20)式即为欧拉方程,表示这一期少消费一单位所损失的边际效用(等号左边)等于下一期多消费一单位所增加的边际效用(由于多增加了一单位资本,等号右边)。(6.21)和(6.22)式展示了家庭如何在市场生产和家庭生产中配置资本和劳动。(6.21)式等号左边为多增加一单位市场生产使用的资本带来的边际效用,右边为多增加一单位家庭生产使用的耐用品带来的边际效用。(6.22)式等号左边为多增加一单位市场劳动带来的边际效用,右边为多增加一单位家庭劳动带来的边际效用。把(6.17)代入(6.12)式,可以得到资源约束方程:

$$Y_{mt} = C_t + K_{m,t+1} - (1-\delta)K_{mt} + K_{h,t+1} - (1-\delta)K_{ht} \tag{6.23}$$

(6.20)—(6.23)式决定了 $C_t, K_{m,t+1}, K_{h,t+1}, L_{mt}$ 的动态过程。由于资本和耐

用品都是同质的,定义 $K_t = K_{mt} + K_{ht}$ 为总资本(市场资本和家庭资本之和),引入变量 $x_t = K_{mt}/K_t$ 表示市场资本占总资本的比重。因此,变量 x_t 和 L_{mt} 的变化可以反映出市场生产和家庭生产的相对比重变化,衡量结构转型过程。引入变量 $\mu_t = C_t/Y_{mt}$ 表示消费率,由(6.21)和(6.22)式可以得到:

$$\frac{L_{mt}}{1-L_{mt}}\frac{\alpha_m}{1-\alpha_m} = \frac{x_t}{1-x_t}\frac{\alpha_h}{1-\alpha_h} \tag{6.24}$$

$$\frac{x_t^{1-\frac{\varepsilon-1}{\varepsilon}\alpha_m}}{(1-x_t)^{1-\frac{\varepsilon-1}{\varepsilon}\alpha_h}}K_t^{\frac{\varepsilon-1}{\varepsilon}(\alpha_h-\alpha_m)} = \frac{\alpha_m}{\alpha_h}\left(\frac{\omega_m}{\omega_h}\right)^{\frac{1}{\varepsilon}}\mu_t^{-\frac{1}{\varepsilon}}\left(\frac{A_{mt}}{A_{ht}}\right)^{\frac{\varepsilon-1}{\varepsilon}}\frac{L_{mt}^{\frac{\varepsilon-1}{\varepsilon}(1-\alpha_m)}}{(1-L_{mt})^{\frac{\varepsilon-1}{\varepsilon}(1-\alpha_h)}} \tag{6.25}$$

与前文中的静态模型相比,这里的动态模型刻画了市场资本和家庭耐用品的积累过程,并且分别用于市场生产和家庭生产,由此给出了资本深化影响市场和家庭的生产结构转型过程。由于市场生产和家庭生产的资本密集程度可以存在差别(即 $\alpha_m \neq \alpha_h$),那么与第二章关于资本深化的影响机制类似,这里总资本增加也会改变市场和家庭的要素配置结构。为了展示这一理论机制,进一步假设消费率 μ_t 保持不变,或者暂时不考虑资本深化对消费率的影响。此时对(6.24)和(6.25)式进行比较静态分析,考察总资本 K_t 对变量 x_t 和 L_{mt} 的影响,易于得到:

$$\left[\frac{1}{\varepsilon} + \frac{\varepsilon-1}{\varepsilon}(\alpha_m-\alpha_h)(x_t-L_{mt})\right]\frac{\mathrm{d}\log L_{mt}}{1-L_{mt}} = \frac{\varepsilon-1}{\varepsilon}(\alpha_m-\alpha_h)\mathrm{d}\log K_t \tag{6.26}$$

由(6.24)式易知 $\alpha_m > \alpha_h \Leftrightarrow x_t > L_{mt}$,于是由(6.26)式可知:

$$\frac{\mathrm{d}\log L_{mt}}{\mathrm{d}\log K_t} > 0 \Leftrightarrow \frac{\mathrm{d}\log x_t}{\mathrm{d}\log K_t} > 0 \Leftrightarrow (\varepsilon-1)(\alpha_m-\alpha_h) > 0 \tag{6.27}$$

由(6.27)式可知,总资本提高所反映的资本深化过程对市场和家庭的生产结构转型的影响方向取决于两个生产部门的要素密集程度差别和产出替代弹性大小。如果相对而言,市场生产部门是资本密集型的,家庭生产部门是劳动密集型的($\alpha_m > \alpha_h$),那么,当市场产出和家庭产出之间的替代弹性较大($\varepsilon > 1$)时,资本深化将会提高市场生产部门的资本比重和劳动比重,降低家庭生产部门的资本比重和劳动比重;当市场产出和家庭产出之间的替代弹性较小($\varepsilon < 1$)时,资本深化将会提高家庭生产部门的资本比重和劳动比重,降低市场生产部门的资本比重和劳动比重。反之亦然。

这背后的机制与资本深化带来的价格效应是类似的。资本深化后,使用资本的成本相对使用劳动的成本将会下降。如果市场生产部门是资本密集型的，市场产出的生产成本相对家庭产出的生产成本（由于投入耐用品和家庭劳动生产家庭产出而没有投入资本和市场劳动生产市场产出所带来的损失）就会下降，家庭就会用市场产出去替代家庭产出。当市场产出和家庭产出之间的替代弹性较大时，市场产出就会大幅提高，进而带动市场劳动和资本更快上升；当市场产出和家庭产出之间的替代弹性较小时，市场产出提高的幅度就非常有限，其生产相对成本的下降反而会促使家庭配置更多耐用品和劳动在家庭生产部门。反之亦然。

这一部分以一个包含家庭生产的结构转型动态模型展示了决定市场和家庭之间相对比重变化的经济因素，这些理论机制实际上可以看作第二章资本深化影响机制的延伸。

第二节　性别差异与结构转型

市场生产过程和家庭生产过程中男性劳动和女性劳动都会呈现不同的比较优势。比如，家庭生产过程中女性劳动具有一定的比较优势；市场生产过程中，女性劳动在部分服务业以及男性劳动在部分制造业和建筑业等也具有一定的比较优势。女性的体力劳动生产率可能天然就会低于男性，这也会使女性在脑力密集型生产部门或技能密集型生产部门更有比较优势。因此，男性劳动和女性劳动的相对数量也会改变家庭和市场的相对比重，家庭生产和市场生产的互动关系与男性和女性在不同生产部门的分工有着密切关联。这一节依次介绍包含性别差异和家庭生产的结构转型静态模型和动态模型，前者展示男性劳动和女性劳动相对数量变化对结构转型的影响机制，后者展示市场生产和家庭生产过程中的资本深化对结构转型的影响机制。

一、包含性别差异和家庭生产的结构转型静态模型

（一）模型的建立

市场生产部门分为两个生产部门，用下标 $j \in \{m1, m2\}$ 区分。男性劳动和女性劳动在两个生产部门具有各自的比较优势。两个生产部门分别由一个代表性生产者来刻画。生产者以工资 W^1 和 W^0 分别雇用男性劳动 L_j^1 和女性劳动 L_j^0（用上标 1 和 0 分别代表男性和女性），以常替代弹性生产技术生产市场产出

Y_j,满足:

$$Y_j = A_j \left[\alpha_j^{1/\rho} (L_j^1)^{(\rho-1)/\rho} + (1-\alpha_j)^{1/\rho} (L_j^0)^{(\rho-1)/\rho} \right]^{\rho/(\rho-1)} \quad (6.28)$$

其中,参数 $\rho > 0$ 为常数,表示男性劳动和女性劳动在市场生产部门的替代弹性。参数 $0 < \alpha_j < 1$ 为常数,下文将会指出,两个生产部门的参数 α_j 存在差别反映了两个生产部门劳动力比较优势的性别差异。变量 A_j 表示生产率。用 θ_j^1 和 θ_j^0 分别表示男性劳动和女性劳动在市场生产中的产出弹性。用 P_j 表示产出价格,则生产者利润最大化问题的一阶最优性条件满足:

$$W^1 L_j^1 = \theta_j^1 P_j Y_j, \quad W^0 L_j^0 = \theta_j^0 P_j Y_j \quad (6.29)$$

用一个代表性家庭来刻画所有家庭。该家庭拥有男性劳动人口数量 L^1 和女性劳动人口数量 L^0,将其配置在市场生产和家庭生产中,满足:

$$L_{m1}^1 + L_{m2}^1 + L_h^1 = L^1, \quad L_{m1}^0 + L_{m2}^0 + L_h^0 = L^0 \quad (6.30)$$

其中,变量 L_h^1 和 L_h^0 分别表示参与家庭生产的男性劳动和女性劳动。男性劳动和女性劳动也以常替代弹性技术生产家庭产出 Y_h,满足:

$$Y_h = A_h \left[\alpha_h^{1/\rho} (L_h^1)^{(\rho-1)/\rho} + (1-\alpha_h)^{1/\rho} (L_h^0)^{(\rho-1)/\rho} \right]^{\rho/(\rho-1)} \quad (6.31)$$

其中,男性劳动和女性劳动的替代弹性也为 ρ。参数 $0 < \alpha_h < 1$ 为常数。变量 A_h 表示生产率。家庭获得劳动收入 $W^1(L_{m1}^1 + L_{m2}^1) + W^0(L_{m1}^0 + L_{m2}^0)$,用于购买市场两个生产部门的产出进行消费,即:

$$P_{m1} Y_{m1} + P_{m2} Y_{m2} = W^1(L_{m1}^1 + L_{m2}^1) + W^0(L_{m1}^0 + L_{m2}^0) \quad (6.32)$$

市场产出和家庭产出都可以给家庭带来效用,效用函数满足嵌套常替代弹性形式,设定为: $\left[\gamma_m^{1/\varepsilon} (\omega_{m1}^{1/\sigma} Y_{m1}^{(\sigma-1)/\sigma} + \omega_{m2}^{1/\sigma} Y_{m2}^{(\sigma-1)/\sigma})^{\sigma/(\sigma-1)\cdot(\varepsilon-1)/\varepsilon} + \gamma_h^{1/\varepsilon} Y_h^{(\varepsilon-1)/\varepsilon} \right]^{\varepsilon/(\varepsilon-1)}$。其中,参数 $0 < \gamma_m, \gamma_h < 1, \varepsilon > 0, 0 < \omega_j < 1, \sigma > 0$ 均为常数。家庭在(6.30)—(6.32)式的约束下最大化其效用。求解这一问题,可以先把(6.30)式代入(6.32)式得到:

$$P_{m1} Y_{m1} + P_{m2} Y_{m2} + W^1 L_h^1 + W^0 L_h^0 = W^1 L^1 + W^0 L^0 \quad (6.33)$$

由(6.33)式可知,家庭潜在收入,即把劳动全部用于市场生产所能获得的最大收入为 $W^1 L^1 + W^0 L^0$。但家庭会把部分劳动用于家庭生产,其机会成本就是在市场生产中获得的工资,因此家庭生产家庭产出 Y_h 的成本就是为了生产而投入的男性劳动和女性劳动 L_h^1 和 L_h^0 所损失的市场工资 $W^1 L_h^1 + W^0 L_h^0$。求解生产家庭产出 Y_h 的成本最小化问题可知:

$$W^1 L_h^1 = \theta_h^1 P_h Y_h, \quad W^0 L_h^0 = \theta_h^0 P_h Y_h \quad (6.34)$$

$$P_h = \left[\alpha_h (W^1)^{1-\rho} + (1-\alpha_h)(W^0)^{1-\rho} \right]^{1/(1-\rho)} \quad (6.35)$$

其中,用 P_h 表示家庭产出 Y_h 的单位生产成本,也可以视为家庭产出的隐性价格。用 θ_h^1 和 θ_h^0 分别表示男性劳动和女性劳动在家庭生产中的产出弹性。(6.35)式意味着当市场劳动工资为 W^1 和 W^0 时,家庭投入劳动生产家庭产出,相当于以 P_h 的价格购买家庭产出,于是(6.33)式可以转化为:

$$P_{m1}Y_{m1} + P_{m2}Y_{m2} + P_hY_h = W^1L^1 + W^0L^0 \qquad (6.36)$$

由此,家庭效用最大化问题转化为在(6.36)式约束下,选择三类产出 Y_{m1}, Y_{m2}, Y_h 最大化一个嵌套常替代弹性效用函数形式的效用最大化问题。这一问题更加简单,易于得到最优性条件:

$$\frac{P_{m1}Y_{m1}}{P_{m2}Y_{m2}} = \frac{\omega_1}{\omega_2}\left(\frac{P_{m1}}{P_{m2}}\right)^{1-\sigma} \qquad (6.37)$$

$$\frac{P_jY_j}{P_hY_h} = \frac{\omega_j P_j^{1-\sigma}}{P_m^{1-\sigma}} \frac{\gamma_m P_m^{1-\varepsilon}}{\gamma_h P_h^{1-\varepsilon}} \qquad (6.38)$$

其中,引入变量 $P_m = (\omega_{m1}P_{m1}^{1-\sigma} + \omega_{m2}P_{m2}^{1-\sigma})^{1/(1-\sigma)}$ 表示市场产出形成的复合消费品价格。

(二)模型的分析

借助这一模型,可以展示出男性劳动和女性劳动相对数量变化对结构转型的影响机制。这里分别关注市场生产和家庭生产之间的劳动配置,以及市场两个生产部门之间的劳动配置的变化,为此分别以两种特殊情形进行讨论。

特殊情形 1:$A_{m1} = A_{m2} = A_m$,$\alpha_{m1} = \alpha_{m2} = \alpha_m$。此时市场可以简化为只有一个市场部门,这一情形有助于分析市场生产和家庭生产之间的劳动配置变化情况。

用下标 m 表示市场生产部门的相关变量。分别定义 $x_h^1 = L_h^1/L^1$ 和 $x_h^0 = L_h^0/L^0$ 为男性劳动和女性劳动在家庭生产中的配置比重。由(6.28)、(6.29)、(6.31)、(6.34)和(6.38)式可以进一步得到:

$$\left(\frac{\alpha_h}{1-\alpha_h}\right)^{1/\rho}\left(\frac{L_h^1}{L_h^0}\right)^{-1/\rho} = \left(\frac{\alpha_m}{1-\alpha_m}\right)^{1/\rho}\left(\frac{L_m^1}{L_m^0}\right)^{-1/\rho} \qquad (6.39)$$

$$\frac{L_h^{1/\rho}}{L_m^{1/\rho}} = \frac{\alpha_h^{1/\rho}}{\alpha_m^{1/\rho}}\left(\frac{\gamma_h}{\gamma_m}\right)^{1/\varepsilon}\frac{Y_h^{1/\rho-1/\varepsilon}}{Y_m^{1/\rho-1/\varepsilon}} \qquad (6.40)$$

由(6.39)式易知:$\alpha_h < \alpha_m \Leftrightarrow \theta_h^0 > \theta_m^0 \Leftrightarrow \theta_h^1 < \theta_m^1 \Leftrightarrow x_h^0 > x_h^1$。可以看到,参数 α_h 和 α_m 的差别反映了市场生产和家庭生产中比较优势的性别差异。如果 $\alpha_h < \alpha_m$,那么女性劳动配置在家庭生产部门中的比重高于男性,在家庭生产部

门中的产出弹性大于男性,家庭生产部门中女性劳动密集程度高于男性劳动密集程度,体现出女性在家庭生产过程中相对男性具有比较优势,而男性在市场生产过程中则具有比较优势。反之亦然。给定男性劳动 L^1 和女性劳动 L^0,(6.39)和(6.40)式决定了男性和女性在家庭生产和市场生产的相对比重,即 x_h^1 和 x_h^0。运用比较静态分析方法,可以得出男性劳动和女性劳动相对数量(L^1/L^0)变化对结构转型的影响:

$$\frac{d\log x_h^1/(1-x_h^1)}{d\log(L^1/L^0)} = \frac{1}{\Delta}\left(\frac{1}{\rho}-\frac{1}{\varepsilon}\right)\frac{1}{\rho}(\theta_m^0-\theta_h^0) \quad (6.41)$$

$$\frac{d\log x_h^0/(1-x_h^0)}{d\log(L^1/L^0)} = \frac{1}{\Delta}\left(\frac{1}{\rho}-\frac{1}{\varepsilon}\right)\frac{1}{\rho}(\theta_h^1-\theta_m^1) \quad (6.42)$$

其中,引入变量 Δ,满足:

$$\Delta = \frac{1}{\rho^2}(\theta_h^0-\theta_m^0)(x_h^0-x_h^1) + \frac{1}{\varepsilon}\frac{1}{\rho}[\theta_h^1 x_h^1 + \theta_m^0(1-x_h^1) +$$

$$\theta_h^1 x_h^0 + \theta_m^0(1-x_h^0)] > 0$$

由此可知:

$$\frac{d\log x_h^0}{d\log(L^1/L^0)} > 0 \Leftrightarrow \frac{d\log x_h^1}{d\log(L^1/L^0)} > 0 \Leftrightarrow \left(\frac{1}{\rho}-\frac{1}{\varepsilon}\right)(\theta_h^1-\theta_m^1) > 0 \quad (6.43)$$

(6.43)式表明,如果男性劳动人口和女性劳动人口相对数量(L^1/L^0)发生变化,那么男性劳动和女性劳动在市场和家庭两个生产部门的配置比例(x_h^1 和 x_h^0)的变化方向取决于市场和家庭生产中比较优势的性别差异(θ_h^1 和 θ_m^1 的相对大小)与市场产出和家庭产出的替代弹性(ε)。考虑男性劳动和女性劳动相对数量增长(L^1/L^0 提高)、女性在家庭生产过程中相对男性更有比较优势($\theta_h^1 < \theta_m^1$)的情形,其他情形同理可得,这里不再赘述。此时,如果男性劳动数量更快增长,就会降低男性劳动相对女性劳动的工资。由于市场生产部门中男性劳动更有比较优势,即男性劳动密集程度更高,更低的男性劳动相对工资就会更大幅度地降低市场产出相对家庭产出(隐性价格)的价格,因此家庭就会用市场产出替代家庭产出。当市场产出和家庭产出的替代弹性较小($\varepsilon < \rho$)时,市场产出相对家庭产出的数量提高幅度低于价格下降幅度,此时男性劳动和女性劳动就会更多配置在家庭生产部门(x_h^1 和 x_h^0 上升),以生产更多与市场产出相互补的家庭产出;当市场产出和家庭产出的替代弹性较大($\varepsilon > \rho$)时,市场产出相对家庭产出的数量提高幅度大于价格下降幅度,此时男性劳动和女性劳动就会更多配置在市场生产部门（x_h^1 和 x_h^0 下降），以生产更多市场产出来替代家庭产出。这就是男性劳动和女性劳动相对数量变化推动市场生产和家庭生产之间结构转型的经济机制。

特殊情形 2：$\gamma_m = 1$，$\gamma_h = 0$。此时家庭产出不会带来效用，也就不存在家庭生产部门，男性劳动和女性劳动全部配置在市场生产部门。这一情形有助于分析市场两个生产部门之间的劳动配置变化情况。

此时把男性劳动和女性劳动视为两种不同的生产要素，则男性劳动和女性劳动相对数量（L^1/L^0）变化对男性劳动和女性劳动在市场两个生产部门的配置比重的影响机制与第二章第一节关于要素结构影响结构转型的理论机制是完全相同的。具体地，分别定义 $x_m^1 = L_{m1}^1/L^1$ 和 $x_m^0 = L_{m1}^0/L^0$ 为男性劳动和女性劳动在市场生产部门 1 中的配置比重。由（6.28）、（6.29）和（6.37）式可以进一步得到：

$$\left(\frac{\alpha_{m1}}{1-\alpha_{m1}}\right)^{1/\rho}\left(\frac{L_{m1}^1}{L_{m1}^0}\right)^{-1/\rho} = \left(\frac{\alpha_{m2}}{1-\alpha_{m2}}\right)^{1/\rho}\left(\frac{L_{m2}^1}{L_{m2}^0}\right)^{-1/\rho} \tag{6.44}$$

$$\frac{L_{m1}^{1/\rho}}{L_{m2}^{1/\rho}} = \frac{\alpha_{m1}^{1/\rho}}{\alpha_{m2}^{1/\rho}}\left(\frac{\omega_{m1}}{\omega_{m2}}\right)^{1/\sigma}\frac{Y_{m1}^{1/\rho-1/\sigma}}{Y_{m2}^{1/\rho-1/\sigma}} \tag{6.45}$$

由（6.44）式易知：$\alpha_{m1} < \alpha_{m2} \Leftrightarrow \theta_{m1}^0 > \theta_{m2}^0 \Leftrightarrow \theta_{m1}^1 < \theta_{m2}^1 \Leftrightarrow x_m^0 > x_m^1$。参数 α_{m1} 和 α_{m2} 的差别反映了市场两个生产部门比较优势的性别差异。如果 $\alpha_{m1} < \alpha_{m2}$，那么女性劳动配置在市场生产部门 1 中的比重高于男性，在市场生产部门 1 中的产出弹性大于男性，市场生产部门 1 的女性劳动密集程度高于男性劳动密集程度，体现出女性在市场生产部门 1 中相对男性具有比较优势，而男性在市场生产部门 2 中则具有比较优势。反之亦然。给定男性劳动 L^1 和女性劳动 L^0，（6.44）和（6.45）式决定了男性和女性在市场两个生产部门中的配置比重，即 x_m^1 和 x_m^0。运用比较静态分析方法可以得出：

$$\frac{d\log x_m^0}{d\log(L^1/L^0)} > 0 \Leftrightarrow \frac{d\log x_m^1}{d\log(L^1/L^0)} > 0 \Leftrightarrow \left(\frac{1}{\rho}-\frac{1}{\sigma}\right)(\theta_{m1}^1-\theta_{m2}^1) > 0 \tag{6.46}$$

（6.46）式表明，如果男性劳动人口和女性劳动人口相对数量（L^1/L^0）发生变化，那么男性劳动和女性劳动在市场两个生产部门的配置比例（x_m^1 和 x_m^0）的变化方向取决于市场两个生产部门中比较优势的性别差异（θ_{m1}^1 和 θ_{m2}^1 的相对大小）与两个生产部门产出的替代弹性（σ）。这背后的理论机制与特殊情形 1 是完全等价的。考虑男性劳动和女性劳动相对数量增长（L^1/L^0 提高）、女性在市场生产部门1中相对男性更有比较优势（$\theta_{m1}^1 < \theta_{m2}^1$）的情形。此时,男性劳动数量更快增长就会降低男性劳动相对女性劳动的工资。由于市场生产部门1的男性劳动密集程度更高,更低的男性劳动相对工资就会更大幅度地降低市场生产部门1的产出相对价格,由此就会产生价格效应。当两个生产部门产出的替代弹性较小（$\sigma < \rho$）时,男性劳动和女性劳动就会更多配置在生产部门1;反之亦然。这就是男性劳动和女性劳动相对数量变化推动市场生产部门内部结构转型的经济机制。

综合上述两种特殊情形,男性劳动人口和女性劳动人口相对数量发生变化后,男性劳动相对女性劳动的工资就会下降,这会对比较优势存在性别差异的市场生产部门和家庭生产部门的劳动配置比重产生影响,由此推动市场和家庭的结构转型。如果男性劳动人口相对女性劳动人口数量增长,那么当女性具有比较优势的生产部门（如家庭生产部门、服务业、脑力密集型或技能密集型生产部门等）与其他生产部门替代弹性较小时,男性劳动和女性劳动在该生产部门的配置比重就会提高,反之亦然。

二、包含性别差异和家庭生产的结构转型动态模型

这里引入内生资本深化过程,介绍一个包含性别差异和家庭生产的结构转型动态模型。模型中资本深化同时发生在市场生产部门和家庭生产部门。模型没有区分市场生产部门的内部差异,只用一个部门代表市场生产活动;除了市场生产部门和家庭生产部门,模型还考虑了家庭闲暇。

（一）模型的建立

变量用下标 $t = \{0,1,2,\cdots\}$ 表示时期;劳动分为市场劳动和家庭劳动两类,用上标 $\{M,H\}$ 区分;男性和女性都可以提供市场劳动和家庭劳动,用下标 $j = \{1,0\}$ 区分。市场生产部门由一家代表性企业来刻画。该企业在完全竞争市场中分别以工资率 W_{0t} 和 W_{1t} 雇用女性劳动 N_{0t}^M 和男性劳动 N_{1t}^M。女性劳动或男性劳动为劳动供给时间 L_{jt}^M 与劳动人数 N_t 之积: $N_{jt}^M = L_{jt}^M N_t$。女性人数和男性人数均为 N_t,但女性劳动时间 L_{0t}^M 和男性劳动时间 L_{1t}^M 可以有差别,按照常替代弹性技术形成市场生产所需的复合劳动 L_t^M:

$$L_t^M = [(\alpha^M)^{1/\rho^M}(L_{0t}^M)^{(\rho^M-1)/\rho^M} + (1-\alpha^M)^{1/\rho^M}(L_{1t}^M)^{(\rho^M-1)/\rho^M}]^{\rho^M/(\rho^M-1)} \quad (6.47)$$

其中,参数 $0 < \alpha^M < 1$ 为常数; $\rho^M > 0$ 为常数,表示男性和女性在市场生产中的替代弹性。企业以租金 R_t 租用资本 K_t,与复合劳动结合,采用常替代弹性技

术生产,产出 Y_t 为:

$$Y_t = \left[(K_t)^{(\sigma^M-1)/\sigma^M} + (L_t^M N_t)^{(\sigma^M-1)/\sigma^M} \right]^{\sigma^M/(\sigma^M-1)} \quad (6.48)$$

其中,参数 $\sigma^M > 0$ 为常数,表示资本与劳动之间的替代弹性。把市场产出作为计价物,价格标准化为 1。求解企业利润最大化问题,得到:

$$R_t = \left[(k_t)^{(\sigma^M-1)/\sigma^M} + (L_t^M)^{(\sigma^M-1)/\sigma^M} \right]^{1/(\sigma^M-1)} (k_t)^{-1/\sigma^M} \quad (6.49)$$

$$W_t^M = \left[(k_t)^{(\sigma^M-1)/\sigma^M} + (L_t^M)^{(\sigma^M-1)/\sigma^M} \right]^{1/(\sigma^M-1)} (L_t^M)^{-1/\sigma^M} \quad (6.50)$$

$$\frac{W_{0t} L_{0t}^M}{W_{1t} L_{1t}^M} = \frac{\alpha^M}{1-\alpha^M} \left(\frac{W_{0t}}{W_{1t}} \right)^{1-\rho^M} \quad (6.51)$$

$$W_t^M = \left[\alpha^M (W_{0t})^{1-\rho^M} + (1-\alpha^M)(W_{1t})^{1-\rho^M} \right]^{1/(1-\rho^M)} \quad (6.52)$$

其中,变量 $k_t = K_t/N_t$ 表示人均资本,变量 W_t^M 表示复合劳动的工资率。

家庭部门由一个假设可以存活无穷期的代表性家庭来刻画。该家庭拥有市场生产部门所需的资本 K_t 和家庭生产部门所需的耐用品 D_t。家庭由 N_t 个男性和 N_t 个女性构成,每个人在每一期拥有 1 单位的时间禀赋,可以用于市场劳动 L_{jt}^M、家庭劳动 L_{jt}^H 或闲暇 l_{jt},即 $L_{jt}^M + L_{jt}^H + l_{jt} = 1$。市场劳动时间 L_{jt}^M、家庭劳动时间 L_{jt}^H 和闲暇时间 l_{jt} 的相对变化衡量了时间配置结构转型过程,也体现出市场生产和家庭生产的相对比重变化,而市场劳动时间 L_{jt}^M 也同时决定了劳动参与率和劳动供给。男性和女性家庭劳动 L_{jt}^H 在家庭生产部门中按照常替代弹性技术形成家庭生产所需的复合劳动 L_t^H,复合劳动 L_t^H 再与耐用品 D_t 结合以常替代弹性技术生产,产出为 Z_t,满足:

$$L_t^H = \left[(\alpha^H)^{1/\rho^H} (L_{0t}^H)^{(\rho^H-1)/\rho^H} + (1-\alpha^H)^{1/\rho^H} (L_{1t}^H)^{(\rho^H-1)/\rho^H} \right]^{\rho^H/(\rho^H-1)} \quad (6.53)$$

$$Z_t = \left[(D_t)^{(\sigma^H-1)/\sigma^H} + (L_t^H N_t)^{(\sigma^H-1)/\sigma^H} \right]^{\sigma^H/(\sigma^H-1)} \quad (6.54)$$

其中,参数 $0 < \alpha^H < 1$ 为常数;参数 $\rho^H > 0$ 为常数,表示男性和女性在家庭生产中的替代弹性;参数 $\sigma^H > 0$ 为常数,表示耐用品与劳动的替代弹性。男性和女性闲暇 l_{jt} 以常替代弹性技术形成复合闲暇 l_t:

$$l_t = \left[(\alpha^l)^{1/\rho^l} (l_{0t})^{(\rho^l-1)/\rho^l} + (1-\alpha^l)^{1/\rho^l} (l_{1t})^{(\rho^l-1)/\rho^l} \right]^{\rho^l/(\rho^l-1)} \quad (6.55)$$

其中,参数 $0 < \alpha^l < 1$ 为常数;参数 $\rho^l > 0$ 为常数,表示男性和女性闲暇的替代弹性。假设相对而言,女性劳动在家庭生产部门中更有比较优势,男性劳动在市场生产部门中更有比较优势,为此设定 $[\alpha^M/(1-\alpha^M)]^{1/\rho^M} < [\alpha^l/(1-\alpha^l)]^{1/\rho^l} < [\alpha^H/(1-\alpha^H)]^{1/\rho^H}$。男性和女性的市场劳动 L_{jt}^M 在每一期为家庭带来劳动收入 $W_{0t} L_{0t}^M + W_{1t} L_{1t}^M$,同时家庭获得租金收入 $R_t K_t$。家庭将所有收入用于除耐用品以

外的消费 $c_t N_t$（其中 c_t 表示人均消费）或者储蓄，储蓄或用于市场生产部门的投资 I_t^K，或用于家庭生产部门的耐用品购买 I_t^D，进而提高了家庭持有的资本或耐用品数量。因此，家庭预算约束方程满足：

$$c_t N_t + I_t^K + I_t^D = (W_{0t} L_{0t}^M + W_{1t} L_{1t}^M) N_t + R_t K_t \quad (6.56)$$

$$K_{t+1} = (1 - \delta^K) K_t + I_t^K, \quad D_{t+1} = (1 - \delta^D) D_t + I_t^D \quad (6.57)$$

其中，参数 $0 < \delta^K, \delta^D < 1$ 为常数，分别表示资本和耐用品的折旧率。家庭从消费、家庭产出和家庭闲暇中获得即期效用，所有时期的即期效用加总复合成其一生效用：$\sum_{t=0}^{\infty} \beta^t (\nu_c \log c_t + \nu_z \log z_t + \nu_l \log l_t) N_t$。其中，变量 $z_t = Z_t / N_t$ 表示人均家庭产出；参数 $0 < \beta < 1$ 为常数，表示时间偏好因子；参数 $\nu_c, \nu_z, \nu_l > 0$ 为常数，分别衡量了家庭对消费、家庭产出和家庭闲暇的重视程度。求解家庭效用最大化问题，得到：

$$\frac{W_{0t} L_{0t}^H}{W_{1t} L_{1t}^H} = \frac{\alpha^H}{1 - \alpha^H} \left(\frac{W_{0t}}{W_{1t}} \right)^{1-\rho^H}, \quad \frac{W_{0t} l_{0t}}{W_{1t} l_{1t}} = \frac{\alpha^l}{1 - \alpha^l} \left(\frac{W_{0t}}{W_{1t}} \right)^{1-\rho^l} \quad (6.58)$$

$$W_t^H = [\alpha^H (W_{0t})^{1-\rho^H} + (1 - \alpha^H)(W_{1t})^{1-\rho^H}]^{1/(1-\rho^H)}$$

$$W_t^l = [\alpha^l (W_{0t})^{1-\rho^l} + (1 - \alpha^l)(W_{1t})^{1-\rho^l}]^{1/(1-\rho^l)} \quad (6.59)$$

$$W_t^l l_t = \frac{\nu_l c_t}{\nu_c} \quad (6.60)$$

$$W_t^H L_t^H = \frac{\nu_z c_t}{\nu_c} \frac{(L_t^H)^{(\sigma^H - 1)/\sigma^H}}{(d_t)^{(\sigma^H - 1)/\sigma^H} + (L_t^H)^{(\sigma^H - 1)/\sigma^H}} \quad (6.61)$$

$$\frac{c_{t+1}}{c_t} = \beta [R_{t+1} + (1 - \delta^K)] \quad (6.62)$$

$$[R_{t+1} + (\delta^D - \delta^K)] d_t = \frac{\nu_z c_{t+1}}{\nu_c} \frac{(d_{t+1})^{(\sigma^H - 1)/\sigma^H}}{(d_{t+1})^{(\sigma^H - 1)/\sigma^H} + (L_{t+1}^H)^{(\sigma^H - 1)/\sigma^H}} \quad (6.63)$$

其中，变量 $d_t = D_t / N_t$，表示人均耐用品；变量 W_t^H 和 W_t^l 分别表示家庭提供复合劳动的机会成本和享受闲暇的机会成本，即由于家庭劳动和家庭闲暇所损失的市场劳动收入。

产品市场出清，满足：

$$Y_t = c_t N_t + I_t^K + I_t^D \quad (6.64)$$

（二）模型的分析

这里对理论模型进行分析，展示资本深化对市场和家庭之间时间配置结构转型的影响。进一步简化模型,假设资本和耐用品的投资率为外生变量。如无必要,去掉下标 t 简化变量表示。不考虑人口增长的影响,把人口总量标准化为 1。此时,经济最优配置等同于一个社会计划者在每一期进行最优化决策 $\max_{L_j^M, L_j^H, l_j}(v_c \log c + v_z \log z + v_l \log l)N$。此时可以得到:

$$c = \varphi_c \left[(K)^{(\sigma^M-1)/\sigma^M} + (L^M)^{(\sigma^M-1)/\sigma^M} \right]^{\sigma^M/(\sigma^M-1)} \quad (6.65)$$

$$\frac{v_c}{Y}\frac{\partial Y}{\partial L_j^M} = \frac{v_z}{Z}\frac{\partial Z}{\partial L_j^H} = \frac{v_l}{l}\frac{\partial l}{\partial l_j} \quad (6.66)$$

其中,变量 φ_c 表示消费率。把每一期男性和女性劳动时间配置对资本或耐用品进行比较静态分析,就可以给出随着资本深化,男性和女性时间配置结构的变化情况。这里分别剔除市场生产、家庭生产和闲暇三个部门中的一个,在三种特殊情形下进行讨论。

特殊情形 1:$v_l = 0$,即不考虑闲暇部门,此时 $l_0 = l_1 = 0$,$L_j^H = 1 - L_j^M$,从而分离出资本深化影响市场生产和家庭生产的时间配置的理论机制。此时由 (6.66) 式可以得到:

$$\frac{W_0}{W_1} = \left(\frac{\alpha^M}{1-\alpha^M}\right)^{1/\rho^M}\left(\frac{L_1^M}{L_0^M}\right)^{1/\rho^M} = \left(\frac{\alpha^H}{1-\alpha^H}\right)^{1/\rho^H}\left(\frac{L_1^H}{L_0^H}\right)^{1/\rho^H} \quad (6.67)$$

$$\frac{v_z}{v_c}\frac{Y^{(\sigma^M-1)/\sigma^M}}{Z^{(\sigma^H-1)/\sigma^H}} = \frac{(\alpha^M)^{1/\rho^M}}{(\alpha^H)^{1/\rho^H}}\frac{(L_0^H)^{1/\rho^H}}{(L_0^M)^{1/\rho^M}}\frac{(L^M)^{1/\rho^M-1/\sigma^M}}{(L^H)^{1/\rho^H-1/\sigma^H}} \quad (6.68)$$

其中,W_j 为女性或男性的工资率。把 (6.67) 和 (6.68) 式对 K 或 D 进行比较静态分析,可知:

$$\frac{d\log L_1^M}{d\log K} < 0 \Leftrightarrow \frac{d\log L_0^M}{d\log K} < 0 \Leftrightarrow \frac{d\log(W_0/W_1)}{d\log K} > 0 \Leftrightarrow \sigma^M > 1 \quad (6.69)$$

$$\frac{d\log L_1^M}{d\log D} > 0 \Leftrightarrow \frac{d\log L_0^M}{d\log D} > 0 \Leftrightarrow \frac{d\log(W_0/W_1)}{d\log D} < 0 \Leftrightarrow \sigma^H > 1 \quad (6.70)$$

(6.69) 和 (6.70) 式分别给出了资本深化对市场生产和家庭生产之间的时间配置的影响。随着市场生产部门的资本深化(即 K 提高),在市场生产和家庭生产之间的时间配置变化(即 L_j^M 和 L_j^H)取决于资本和市场劳动的替代弹性(即 σ^M)。当这一替代弹性较大(即 $\sigma^M > 1$)时,资本深化会促使企业大幅使用资本替代市场劳动,于是从事市场生产的劳动就会部分转为从事家庭生产(即 L_j^M 下降,L_j^H 上升)。由于男性在市场生产部门更有的比较优势,女性在家庭生产部门更有比较优势,市场生产部门的资本替代劳动的过程中,企业的男性劳动相对需求就会更大幅度地下降,从而缩小性别工资差距(即 W_0/W_1 上升)。反之亦然。

随着家庭生产部门的资本深化(即 D 提高),市场生产和家庭生产之间的时间配置变化(即 L_j^M 和 L_j^H)取决于耐用品和家庭劳动的替代弹性(即 σ^H)。当这一替代弹性较大(即 $\sigma^H > 1$)时,资本深化会促使家庭大幅使用耐用品替代家庭劳动,于是从事家庭生产的劳动就会部分转为从事市场生产(即 L_j^M 上升,L_j^H 下降)。由于男性在市场生产部门更有比较优势,女性在家庭生产部门更有比较优势,家庭生产部门的资本替代劳动的过程中,家庭的女性劳动相对供给就会更大幅度地上升,从而扩大了性别工资差距(即 W_0/W_1 下降)。反之亦然。

特殊情形 2:$v_z = 0$,即不考虑家庭生产部门,此时 $L_0^H = L_1^H = 0$,$l_j = 1 - L_j^M$,从而分离出资本深化影响市场生产和闲暇的时间配置的理论机制。此时由 (6.66) 式可以得到:

$$\frac{W_0}{W_1} = \left(\frac{\alpha^M}{1-\alpha^M}\right)^{1/\rho^M} \left(\frac{L_1^M}{L_0^M}\right)^{1/\rho^M} = \left(\frac{\alpha^l}{1-\alpha^l}\right)^{1/\rho^l} \left(\frac{l_1}{l_0}\right)^{1/\rho^l} \tag{6.71}$$

$$\frac{v_l}{v_c} \frac{Y^{(\sigma^M-1)/\sigma^M}}{l^{(\rho^l-1)/\rho^l}} = \frac{(\alpha^M)^{1/\rho^M}}{(\alpha^l)^{1/\rho^l}} \frac{(l_0)^{1/\rho^l}}{(L_0^M)^{1/\rho^M}} (L^M)^{1/\rho^M - 1/\sigma^M} \tag{6.72}$$

把 (6.71) 和 (6.72) 式对 K 进行比较静态分析,可知:

$$\frac{\mathrm{d}\log L_1^M}{\mathrm{d}\log K} < 0 \Leftrightarrow \frac{\mathrm{d}\log L_0^M}{\mathrm{d}\log K} < 0 \Leftrightarrow \frac{\mathrm{d}\log(W_0/W_1)}{\mathrm{d}\log K} > 0 \Leftrightarrow \sigma^M > 1 \tag{6.73}$$

特殊情形 3:$v_c = 0$,即不考虑市场生产部门,此时 $L_0^M = L_1^M = 0$,$l_j = 1 - L_j^H$,从而分离出资本深化影响家庭生产和闲暇的时间配置的理论机制。此时由 (6.66) 式可以得到:

$$\left(\frac{\alpha^H}{1-\alpha^H}\right)^{1/\rho^H} \left(\frac{L_1^H}{L_0^H}\right)^{1/\rho^H} = \left(\frac{\alpha^l}{1-\alpha^l}\right)^{1/\rho^l} \left(\frac{l_1}{l_0}\right)^{1/\rho^l} \tag{6.74}$$

$$\frac{v_l}{v_z} \frac{Z^{(\sigma^H-1)/\sigma^H}}{l^{(\rho^l-1)/\rho^l}} = \frac{(\alpha^H)^{1/\rho^H}}{(\alpha^l)^{1/\rho^l}} \frac{(l_0)^{1/\rho^l}}{(L_0^H)^{1/\rho^H}} (L^H)^{1/\rho^H - 1/\sigma^H} \tag{6.75}$$

把 (6.74) 和 (6.75) 式对 D 进行比较静态分析,可知:

$$\frac{\mathrm{d}\log L_1^H}{\mathrm{d}\log D} < 0 \Leftrightarrow \frac{\mathrm{d}\log L_0^H}{\mathrm{d}\log D} < 0 \Leftrightarrow \sigma^H > 1 \tag{6.76}$$

(6.73) 和 (6.76) 式分别给出了市场生产部门的资本深化对市场生产和闲暇之间、家庭生产和闲暇之间的时间配置的影响。随着市场生产部门的资本深化(即 K 提高),市场生产和闲暇之间的时间配置变化(即 L_j^M 和 l_j)取决于资本和市场劳动的替代弹性(即 σ^M)。当这一替代弹性较大(即 $\sigma^M > 1$)时,资本深化会促使企业大幅使用资本替代市场劳动,于是从事市场生产的劳动时间就会部分转为闲暇(即 L_j^M 下降, l_j 上升)。由于男性在市场生产部门更有比较优势,市场生产部门的资本替代劳动的过程中,企业的男性劳动的相对需求就会更大幅度地下降,从而缩小性别工资差距(即 W_0/W_1 上升)。反之亦然。

随着家庭生产部门的资本深化(即 D 提高),家庭生产和闲暇之间的时间配置变化(即 L_j^H 和 l_j)取决于耐用品和家庭劳动的替代弹性(即 σ^H)。当这一替代弹性较大(即 $\sigma^H > 1$)时,资本深化会促使家庭大幅使用耐用品替代家庭劳动,于是从事家庭生产的劳动时间就会部分转为闲暇(即 L_j^H 下降, l_j 上升)。反之亦然。

综合上述三种特殊情形的分析,市场生产部门和家庭生产部门的资本深化过程将会促使这两个部门使用资本或耐用品替代劳动,当这一替代弹性较大时,就会把劳动时间挤入另一个生产部门和闲暇部门。由于市场生产部门中男性劳动具有比较优势,该生产部门资本替代劳动就会降低男性劳动相对需求,进而缩小性别工资差距;由于家庭生产部门中女性劳动具有比较优势,该生产部门耐用品替代劳动就会增加女性劳动相对供给,进而扩大性别工资差距。

第三节 内生人口增长与结构转型

内生人口增长理论把家庭生育和养育子女看作理性选择的结果。家庭生育和养育子女需要付出时间成本或物质成本,但子女会给家庭带来效用,家庭根据成本和收益的权衡选择最优生育数量,这就决定了人口生育率和人口增长率。从这一视角出发,家庭生育和养育子女可以被视为一种特殊的家庭生产活动,只不过产出不是家庭服务,而是小孩数量。于是,前文关于市场生产和家庭生产之间结构变化的理论框架可以应用于分析人口增长和结构转型的关系。本节将介绍内生人口增长与结构转型的理论模型,首先介绍一个不考虑性别差异和市场内部结构的简单模型,然后介绍一个考虑性别差异和市场内部结构的拓展模型。人口增长率和人口生育率通常会随着一个国家的经济发展呈现先上升后下降的转型趋势,这被称为人口转变现象。本节的理论模型有助于分析人口转变和结构转型之间的互动关系。

一、包含内生人口增长与时间配置的结构转型模型

（一）模型的建立

变量用下标 $t=\{0,1,2,\cdots\}$ 表示时期。每一期的家庭总数为 N_t，每个家庭由一个代表性成年人构成。这里不考虑性别差异，该成年人也可以代表一对夫妻，并不会影响模型的设定与结论。每个成年人拥有 1 单位的时间禀赋，将其中的 L_{ct} 时间用于市场劳动，L_{nt} 时间用于生育和养育子女，剩余的 l_t 时间用于享受闲暇。于是家庭时间配置面临约束：

$$L_{ct} + L_{nt} + l_t = 1 \qquad (6.77)$$

当家庭把 L_{nt} 时间用于生育和养育子女时，可以生育和养育的子女数量 n_t 满足：

$$n_t = A_{nt} L_{nt} \qquad (6.78)$$

其中，变量 A_{nt} 表示生育和养育子女时的劳动生产率。这里，生育和养育子女在形式上完全等同于前文中家庭生产活动的产出。家庭提供市场劳动，获得劳动工资 $W_t L_{ct}$，其中，W_t 表示劳动工资率。家庭把劳动工资收入用于以 P_t 的价格购买消费品 c_t，即家庭预算约束为：

$$W_t L_{ct} = P_t c_t \qquad (6.79)$$

家庭从消费数量 c_t、生育和养育子女数量 n_t 和闲暇时间 l_t 中获得效用，效用函数满足嵌套常替代弹性形式：$(\gamma_x^{1/\rho} x_t^{(\rho-1)/\rho} + \gamma_l^{1/\rho} l_t^{(\rho-1)/\rho})^{\rho/(\rho-1)}$，其中，$x_t = (\omega_c^{1/\varepsilon} c_t^{(\varepsilon-1)/\varepsilon} + \omega_n^{1/\varepsilon} n_t^{(\varepsilon-1)/\varepsilon})^{\varepsilon/(\varepsilon-1)}$，参数 $\rho > 0, \varepsilon > 0, \gamma_x, \gamma_l > 0, \omega_c, \omega_n > 0$ 均为常数。消费数量 c_t 和子女数量 n_t（分别对应于市场生产和家庭生产的产出）先以常替代弹性形式（替代弹性为 ε）形成复合消费 x_t，然后再和闲暇时间 l_t 以常替代弹性形式（替代弹性为 ρ）形成最终效用。家庭在(6.77)—(6.79)式约束下最大化其效用。

市场生产部门由完全竞争市场中的一家代表性企业来刻画。该企业使用劳动以线性生产技术生产产出，产出全部用于满足家庭消费，于是有：$c_t N_t = A_{ct} L_{ct} N_t$。其中，变量 A_{ct} 表示市场生产部门的劳动生产率。企业利润最大化的最优性条件为：

$$W_t = P_c A_{ct} \qquad (6.80)$$

家庭总数 N_t 反映了成年人口数量，其增长过程由家庭生育率决定，即 $N_{t+1} = n_t N_t$。

(二) 模型的分析

把(6.77)和(6.78)式代入(6.79)式,可知家庭预算约束满足:

$$P_{ct}c_t + P_{nt}n_t + W_t l_t = W_t \qquad (6.81)$$

其中,引入变量 $P_{nt} = W_t/A_{nt}$。由(6.81)式可知,家庭潜在收入(即把所有时间都用于市场生产所获得的最高劳动收入)为 W_t。家庭享受闲暇的机会成本为 W_t,可以视为购买闲暇时间的隐性价格。家庭生育和养育子女的机会成本是将生育和养育子女的时间用于市场生产所获得的工资收入,每增加一个子女需要多投入 $1/A_{nt}$ 的时间,于是 P_{nt} 即为生育和养育子女的隐性价格。因此,家庭效用最大化问题实际上就是家庭在总支出为 W_t 以及面临的价格分别为 P_{ct}, P_{nt}, W_t 时,如何最大化嵌套常替代弹性效用。按照第一章介绍的求解方法,易得闲暇时间和子女数量分别满足:

$$l_t = \frac{\gamma_l W_t^{1-\rho}}{\gamma_l W_t^{1-\rho} + \gamma_x P_{xt}^{1-\rho}} \qquad (6.82)$$

$$n_t = \frac{\omega_n P_{nt}^{1-\varepsilon}}{P_{xt}^{1-\varepsilon}} \frac{\gamma_x P_{xt}^{1-\rho}}{\gamma_x P_{xt}^{1-\rho} + \gamma_l W_t^{1-\rho}} A_{nt} \qquad (6.83)$$

其中,引入变量 $P_{xt} = (A_{nt}\omega_n P_{nt}^{1-\varepsilon} + \omega_c P_{ct}^{1-\varepsilon})^{1/(1-\varepsilon)}$。由于消费数量 c_t 和子女数量 n_t 以常替代弹性形式形成复合消费 x_t,其价格又分别为 P_{ct} 和 P_{nt},可知复合消费 x_t 的价格即为 P_{xt}。(6.82)和(6.83)式的经济含义是比较直观的。闲暇时间和复合消费的价格分别为 W_t 和 P_{xt},潜在收入为 W_t,因此家庭在"购买"闲暇时间上的支出比重(即闲暇时间)取决于闲暇时间的相对价格和闲暇时间与复合消费的替代弹性。当闲暇时间的相对价格(W_t/P_{xt})上升,而闲暇时间又难以被消费或子女数量所替代($\rho < 1$)时,闲暇时间就会增加;反之亦然。这就是(6.82)式的经济含义。消费数量和子女数量的价格分别为 P_{ct} 和 P_{nt},因此家庭"购买"子女数量的支出与"购买"复合消费的总支出之比为 $\omega_n P_{nt}^{1-\varepsilon}/P_{xt}^{1-\varepsilon}$。当子女数量的相对价格($P_{nt}/P_{ct}$)上升,而子女数量又易于被消费数量所替代($\varepsilon > 1$)时,在子女数量上的支出比重就会下降;反之亦然。这就是(6.83)式的经济含义。

由(6.80)式可知:

$$\frac{P_{nt}}{P_{ct}} = \frac{A_{ct}}{A_{nt}} \qquad (6.84)$$

$$\frac{W_t}{P_{xt}} = (\omega_c A_{ct}^{\varepsilon-1} + \omega_n A_{nt}^{\varepsilon-1})^{1/(\varepsilon-1)} \tag{6.85}$$

综合(6.82)—(6.85)式可知,人口转变和时间配置结构转型的动态过程取决于市场生产部门的劳动生产率。随着市场生产部门劳动生产率(A_{ct})的提高,家庭生育和养育子女的劳动生产率保持稳定,那么消费相对子女数量的价格就会下降,也就是说,生育和养育子女的时间成本相对消费价格(P_{nt}/P_{ct})更快上升。当消费和子女数量之间的替代弹性较大时,家庭就会用消费替代子女数量,从而大幅降低在生育和养育子女上的时间投入。消费相对价格下降也进一步提高了劳动工资与消费价格之比,这就会提高闲暇时间的相对成本(W_t/P_{xt}),而在家庭难以用消费或子女数量替代闲暇时间时,家庭就会增加闲暇时间。在这些条件下,市场生产部门劳动生产率的提高将会降低生育率和人口增长率,同时增加家庭闲暇时间。

综上所述,这里的理论模型沿用了前文关于家庭生产和时间配置结构转型的框架,只不过将家庭生产活动具体化为生育和养育子女的劳动时间投入,因此市场生产部门劳动生产率的变化就会通过改变家庭生育和养育子女、享受闲暇时间的相对成本,改变人口增长率和时间配置结构,影响方向取决于消费、子女数量和闲暇时间之间的替代弹性。

二、 包含性别差异和内生人口增长的结构转型模型

由于女性相对男性在生育和养育子女上具有一定的比较优势,性别工资差距将会影响人口生育率和时间配置结构,进而影响男性劳动力和女性劳动在市场生产部门的相对供给。而在市场生产部门中,男性和女性相对劳动供给和性别工资差距又与生产结构密切相关。这里将介绍一个包含性别差异和内生人口增长的结构转型模型,展示人口增长、结构转型和性别工资差距的互动关系。

（一）模型的建立

用下标 $t=\{0,1,2,\cdots\}$ 表示时期。生产方面分为两个生产部门,用下标 $j=\{1,2\}$ 区分;劳动分为男性劳动和女性劳动,用上标 $i=\{1,0\}$ 区分。每个生产部门由一家代表性企业来刻画,分别以工资率 W_t^0 和 W_t^1 雇用女性和男性劳动的时间 N_{jt}^0 和 N_{jt}^1,满足 $N_{jt}^i = L_{jt}^i N_t$。这里,男性劳动人数和女性劳动人数均为 N_t,每个劳动力的劳动时间为 L_{jt}^i。企业以柯布-道格拉斯型生产技术生产产出 Y_{jt}:

$$Y_{jt} = A_{jt} (N_{jt}^1)^{\alpha_j} (N_{jt}^0)^{1-\alpha_j} \tag{6.86}$$

其中,变量 A_{jt} 表示劳动生产率,参数 $0 < \alpha_j < 1$ 为常数,表示男性劳动产出弹性。根据要素产出弹性来区分生产部门。不失一般性地,假设 $\alpha_1 < \alpha_2$,即相对而言生产部门 1(生产部门 2)是女性劳动(男性劳动)密集型生产部门。考虑到女性相对男性在脑力劳动和技能密集型工作任务上更有比较优势,生产部门 1 可以被视为脑力劳动密集型或技能密集型生产部门。用 P_{jt} 表示产出价格,企业利润最大化的一阶条件为:

$$W_t^1 L_{jt}^1 N_t = \alpha_j P_{jt} Y_{jt}, \quad W_t^0 L_{jt}^0 N_t = (1 - \alpha_j) P_{jt} Y_{jt} \tag{6.87}$$

每个人的生存可以分为幼年期和成年期两期,在幼年期被父母抚养,在成年期组成家庭。在 t 期,经济中共有 N_t 个相同的家庭,每个家庭由一个成年男性劳动力和一个成年女性劳动力构成。男性劳动力和女性劳动力都拥有 1 单位时间禀赋,把其中 l_t^i 时间用于生育和养育子女,L_t^i 时间用于劳动,即 $l_t^i + L_t^i = 1$。当父母用 l_t^i 时间生育和养育子女时,子女数量 n_t 满足:

$$n_t = \nu \left[(\xi^0)^{1/\rho} (l_t^0)^{(\rho-1)/\rho} + (\xi^1)^{1/\rho} (l_t^1)^{(\rho-1)/\rho} \right]^{\rho/(\rho-1)} \tag{6.88}$$

其中,参数 $\xi^i > 0$ 为常数;参数 $\rho > 0$ 为常数,表示男性和女性在生育和养育子女时的替代弹性;参数 $\nu > 0$ 为常数,表示成年男性和女性生育和养育子女的效率。假设 $\xi^0 > \xi^1$,即女性劳动力相对男性劳动力在生育和养育子女时更有比较优势。家庭把男性和女性劳动收入之和 $W_t^1 L_t^1 + W_t^0 L_t^0$ 全部用于购买两个生产部门的产品 C_{jt} 进行消费,即:

$$P_{1t} C_{1t} + P_{2t} C_{2t} = W_t^1 L_t^1 + W_t^0 L_t^0 \tag{6.89}$$

其中,家庭从消费中获得效用 C_t,满足常替代弹性形式:

$$C_t = \left(\omega_1^{1/\varepsilon} C_{1t}^{(\varepsilon-1)/\varepsilon} + \omega_2^{1/\varepsilon} C_{2t}^{(\varepsilon-1)/\varepsilon} \right)^{\varepsilon/(\varepsilon-1)} \tag{6.90}$$

其中,参数 $\omega_j > 0$ 和 $\varepsilon > 0$ 为常数。消费和子女数量给家庭带来效用,满足 $\log C_t + \eta \log n_t$。其中,参数 $\eta > 0$ 为常数。家庭在(6.88)和(6.89)式的约束下,最大化效用(6.90)式。

产品市场和劳动力市场出清,即两个生产部门的产出等于所有家庭的消费:

$$Y_{jt} = C_{jt} N_t \tag{6.91}$$

两个生产部门的劳动需求等于所有家庭的劳动供给:

$$L_{1t}^i N_t + L_{2t}^i N_t = L_t^i N_t \tag{6.92}$$

人口动态演化,下一期家庭数量由上一期家庭的子女数量决定,即:

$$N_{t+1} = n_t N_t / 2 \tag{6.93}$$

(二) 模型的分析

求解家庭效用最大化问题。由(6.89)式易知：$P_{1t}C_{1t} + P_{2t}C_{2t} + W_t^1 l_t^1 + W_t^0 l_t^0 = W_t^1 + W_t^0$。可以把 $W_t^1 + W_t^0$ 看作家庭的潜在收入，即把所有时间都用于市场生产活动获得的全部工资收入。由于效用函数是常替代弹性型，家庭以 P_{1t} 和 P_{2t} 的价格购买两类消费品 C_{1t} 和 C_{2t}，等价于以 P_{ct} 的价格购买复合消费品 C_t，满足 $P_{ct} = (\omega_1 P_{1t}^{1-\varepsilon} + \omega_2 P_{2t}^{1-\varepsilon})^{1/(1-\varepsilon)}$。家庭投入 l_t^1 和 l_t^0 的男性时间和女性时间生育和养育子女，相当于以 W_t^1 和 W_t^0 的价格（机会成本）购买男性时间和女性时间 l_t^1 和 l_t^0。由于生育和养育小孩的过程用常替代弹性型生产函数进行刻画，这又等价于以 P_{nt} 的价格购买（生育和养育）小孩 n_t，满足 $P_{nt} = \nu^{-1}[\xi^0 (W_t^0)^{1-\rho} + \xi^1 (W_t^1)^{1-\rho}]^{1/(1-\rho)}$。因此，(6.89)式可以进一步转换为：

$$P_{ct}C_t + P_{nt}n_t = W_t^1 + W_t^0 \tag{6.94}$$

这就把家庭效用最大化问题转化为两个子问题。一是给定 P_{ct} 和 P_{nt} 的价格，家庭选择复合消费品 C_t 和子女数量 n_t，来最大化效用。二是给定消费支出 $P_{ct}C_t$，家庭选择两类消费品 C_{1t} 和 C_{2t} 最大化效用；给定子女数量 n_t，家庭选择男性时间和女性时间 l_t^1 和 l_t^0，最小化支出成本（机会成本，$W_t^1 l_t^1 + W_t^0 l_t^0$）。这两个子问题都是效用函数为常替代弹性型时的效用最大化问题，求解后易得：

$$\frac{P_{1t}C_{1t}}{P_{2t}C_{2t}} = \frac{\omega_1}{\omega_2}\left(\frac{P_{1t}}{P_{2t}}\right)^{1-\varepsilon} \tag{6.95}$$

$$n_t = \frac{\nu \eta}{1+\eta} \frac{W_t^0 + W_t^1}{[\xi^0 (W_t^0)^{1-\rho} + \xi^1 (W_t^1)^{1-\rho}]^{1/(1-\rho)}} \tag{6.96}$$

$$W_t^i l_t^i = \frac{\xi^i (W_t^i)^{1-\rho}}{\xi^0 (W_t^0)^{1-\rho} + \xi^1 (W_t^1)^{1-\rho}} \frac{\eta}{1+\eta}(W_t^0 + W_t^1) \tag{6.97}$$

由(6.96)和(6.97)式可知，性别工资差距（用女性工资与男性工资之比 W_t^0/W_t^1 来衡量）直接影响了家庭生育率和人口增长率（n_t），以及男性劳动供给和女性劳动供给（即 $L_t^i = 1 - l_t^i$）。对(6.96)和(6.97)式进行比较静态分析，可以得到：

$$\frac{\partial n_t}{\partial (W_t^0/W_t^1)} < 0 \Leftrightarrow \frac{\xi^0}{\xi^1} > \left(\frac{W_t^0}{W_t^1}\right)^\rho$$

$$\frac{\partial L_t^0}{\partial (W_t^0/W_t^1)} > 0 \Leftrightarrow \xi^0 + \rho \xi^1 \left(\frac{W_t^0}{W_t^1}\right)^{\rho-1} + (\rho-1)\xi^1 \left(\frac{W_t^0}{W_t^1}\right)^\rho > 0$$

$$\frac{\partial L_t^1}{\partial(W_t^0/W_t^1)} < 0 \Leftrightarrow \xi^1 + \rho\xi^0\left(\frac{W_t^0}{W_t^1}\right)^{1-\rho} + (\rho-1)\xi^0\left(\frac{W_t^0}{W_t^1}\right)^{-\rho} > 0$$

如果 $\xi^0 > \xi^1$（即前文假设，女性劳动力相对男性劳动力在生育和养育子女时更有比较优势），$W_t^0/W_t^1 < 1$（即女性劳动工资低于男性劳动工资），那么有 $\partial n_t/\partial(W_t^0/W_t^1) < 0$，$\partial L_t^0/\partial(W_t^0/W_t^1) > 0$。如果 $\rho > 1$，那么还有 $\partial L_t^1/\partial(W_t^0/W_t^1) < 0$。也就是说，如果女性劳动力相对男性劳动力在生育和养育子女时更有比较优势，那么性别工资差距缩小将增加女性劳动供给，降低家庭生育率和人口增长率；如果男性劳动力和女性劳动力在生育和养育子女时替代弹性较大，那么还会进一步降低男性劳动供给，因此女性相对男性的劳动供给将会提高。

上述结论反映了性别工资差距影响人口增长率和劳动供给的理论机制。男女双方需要为生育和养育子女付出时间，其工资收入就是生育和养育的机会成本。当 $\xi^0 > \xi^1$ 时，女性劳动力相对男性劳动力在生育和养育子女时更有比较优势，加之女性劳动工资低于男性劳动工资，因此女性用于生育和养育子女的时间多于男性。当性别工资差距缩小且男性时间和女性时间的替代弹性较大时，女性生育和养育子女的机会成本相对男性就会提高，于是家庭就会用男性时间替代女性时间，男性在生育和养育子女时就会比之前付出相对较多的时间。因此女性劳动供给时间会相应增加，而男性劳动供给时间会相应减少。由于生育和养育子女的机会成本为 $\nu^{-1}[\xi^0(W_t^0)^{1-\rho} + \xi^1(W_t^1)^{1-\rho}]^{1/(1-\rho)}$，性别工资差距也会影响家庭生育率。当 $\xi^0 > \xi^1$ 时，女性劳动工资对生育和养育成本的影响大于男性劳动工资的影响。因此，性别工资差距缩小会提高生育和养育的机会成本与潜在收入之比，促使家庭降低生育率。也就是说，虽然男性和女性工资增长提高了家庭收入，使家庭倾向于提高生育率，但如果性别工资差距同时在缩小，男性和女性工资增长就会同时更大幅度地提高生育和养育的机会成本，反而使家庭最终降低了生育率。

女性劳动相对供给又会反作用于生产部门。由于两个生产部门分别对应为男性劳动密集型生产部门和女性劳动密集型生产部门，女性相对男性的劳动供给变化会改变这两个生产部门的相对价格，进而产生价格效应，这与第二章关于资本深化的理论机制是完全等价的。定义 $x_t^0 = L_{1t}^0/(L_{1t}^0 + L_{2t}^0)$ 和 $x_t^1 = L_{1t}^1/(L_{1t}^1 + L_{2t}^1)$ 分别为生产部门 1 的女性就业占女性总就业比重和生产部门 1 的男性就业占男性总就业比重，$x_t^y = P_{1t}Y_{1t}/(P_{1t}Y_{1t} + P_{2t}Y_{2t})$ 为生产部门 1 的产出占总产出比重，此时易知：

$$\frac{\mathrm{dlog}\,x_t^0}{\mathrm{dlog}(L_t^0/L_t^1)} > 0 \Leftrightarrow \frac{\mathrm{dlog}\,x_t^1}{\mathrm{dlog}(L_t^0/L_t^1)} > 0 \Leftrightarrow \frac{\mathrm{dlog}\,x_t^\gamma}{\mathrm{dlog}(L_t^0/L_t^1)} > 0 \Leftrightarrow \varepsilon > 1$$

当生产部门之间的产品替代弹性较大($\varepsilon > 1$)时,女性劳动相对供给增加将提高女性劳动密集型生产部门比重;当替代弹性较小($\varepsilon < 1$)时,女性劳动相对供给增加将提高男性劳动密集型生产部门比重。

性别工资差距变化也与生产结构转型密切相关。比如,如果两个生产部门技术进步的速度存在差异,改变了其相对技术,那么就会通过价格效应改变两个生产部门的相对比重,进而改变对男性劳动和女性劳动的相对需求和相对工资,性别工资差距就会随之发生变化。此时易知:

$$\frac{\partial \log(W_t^0/W_t^1)}{\partial \log(A_{1t}/A_{2t})} > 0 \Leftrightarrow \varepsilon > 1$$

如果女性劳动密集型生产部门的劳动生产率更快提高,那么当生产部门之间的产品替代弹性较大时,就会提高女性劳动密集型生产部门比重,这就会进一步提高女性相对男性的劳动工资,缩小性别工资差距。反之亦然。

总结上述分析,可以知道人口转变和结构转型的互动关系。由于市场不同生产部门之间男性劳动和女性劳动的比较优势存在差异,技术进步等因素推动的生产结构转型将会改变男性劳动和女性劳动的相对需求,进而改变性别工资差距。特别地,当女性劳动密集型生产部门比重上升时,性别工资差距就会缩小。由于家庭生育和养育子女时女性相对男性具有比较优势,而男性劳动工资和女性劳动工资又决定了生育和养育子女的机会成本,女性相对男性工资更快提高(即性别工资差距缩小)就会更大幅度地提高生育和养育子女的相对成本(相对于同时提高的家庭收入而言),进而降低家庭生育率和人口增长率,并增加女性相对男性的劳动供给。因此,经济会呈现人口转变(人口增长率下降)、性别工资差距缩小、女性相对供给增加和女性劳动密集型生产部门比重上升的结构转型趋势。

本章小结

本章介绍包含家庭生产的结构转型理论。家庭把劳动时间在家庭生产和市场生产之间进行配置,家庭生产过程也会使用资本,时间配置结构和家庭资本深化都可能会影响家庭生产和市场生产的相对比重。时间配置结构转型和市场化趋势等也是推动市场生产部门内部和家庭内部结构转型的重要因素。本章第一节首先介绍结构转型理论中的收入效应和价格效应如何推动家庭生产和市场生产之间的结构转型过程,这为把家庭生产引入结构转型研究提供了基本的理论框架和经济机制。本章第二节介绍了性别差异在家庭生产和市场生产之间结构转型过程中的重要作用。由于男性劳动和女性劳动在家庭生产中有着显著的性别差异,女性劳动在家庭生产和市场的一些生产部门中都有一定的比较优势,因此家庭生产和市场生产的结构转型与男性时间和女性时间配置结构、性别工资差距之间相互影响,本章第二节为此提供了一个综合分析的理论框架。家庭内部生产活动的一个重要表现是家庭生育和养育子女,生育和养育子女的时间投入也有显著的性别差异,因此人口增长和结构转型之间有着密切的关联。本章第三节介绍了包含内生人口增长和结构转型的理论模型,并纳入了这些结构因素和理论机制。通过本章的学习,读者可以了解推动家庭生产和市场生产之间结构转型的经济理论,并掌握在结构转型模型中引入家庭生产、性别差异和人口增长的建模方法。

📖 阅读资料

本章第一节包含家庭生产的结构转型静态模型化简自 Rogerson(2008)、Duernecker & Herrendorf(2018)、Liao(2020)等文献,包含家庭生产的结构转型动态模型化简自 Moro et al.(2017)。本章第二节包含性别差异和家庭生产的结构转型静态模型化简自 Ngai & Petrongolo(2017),包含性别差异和家庭生产的结构转型动态模型化简自郭凯明和王钰冰(2022)。本章第三节包含内生人口增长的结构转型模型主要借鉴了徐朝阳和林毅夫(2009)、郭凯明等(2021)、郭凯明等(2023)等文献,他们研究了人口转变和结构转型之间的互动关系,其中,内生人口增长的建模方式也可以参见 Becker & Lewis(1973)、Becker et al.(1990)、Galor & Weil(1996)、Greenwood et al.(2005)、郭凯明和颜色(2015)等文献。上述这些文献及相关的其他重要文献列举如下。

[1] 郭凯明、王钰冰,2022:《人工智能技术方向、时间配置结构转型与人类劳动变革远景》,《中国工业经济》第 12 期。

[2] 郭凯明、王钰冰、颜色,2023:《劳动力市场性别差距、生产结构转型与人口增长转变》,《金融研究》第 1 期。

[3] 郭凯明、颜色,2015:《性别工资差距、资本积累与人口转变》,《金融研究》第 8 期。

[4] 郭凯明、颜色、李双潞,2021:《结构转型、生育率选择与人口转变》,《世界经济》第 1 期。

[5] 徐朝阳、林毅夫,2009:《技术进步、内生人口增长与产业结构转型》,《中国人口科

学》第 1 期。

[6] Becker, G. S., and H. G. Lewis, 1973, "On the Interaction between the Quantity and Quality of Children", *Journal of Political Economy*, 81(2), S279-S288.

[7] Becker, G. S., K. M. Murphy, and R. Tamura, 1990, "Human Capital, Fertility, and Economic Growth", *Journal of Political Economy*, 98(5), S12-S37.

[8] Bick, A., N. Fuchs-Schündeln, D. Lagakos, and H. Tsujiyama, 2022, "Structural Change in Labor Supply and Cross-Country Differences in Hours Worked", *Journal of Monetary Economics*, 130, 68-85.

[9] Bridgman, B., G. Duernecker, and B. Herrendorf, 2018, "Structural Transformation, Marketization, and Household Production Around the World", *Journal of Development Economics*, 133, 102-126.

[10] Buera, F. J., and J. P. Kaboski, 2012, "The Rise of the Service Economy", *American Economic Review*, 102(6), 2540-2569.

[11] Buera, F. J., J. P. Kaboski, and M. Q. Zhao, 2019, "The Rise of Services: The Role of Skills, Scale, and Female Labor Supply", *Journal of Human Capital*, 13(2), 157-187.

[12] Cossu, F., A. Moro, F. J. Rodriguez-Roman, and S. Tunis, 2023, "A Theory of Structural Change, Home Production and Leisure", Working Paper.

[13] Cravino, J., A. Levchenko, and M. Rojas, 2022, "Population Aging and Structural Transformation", *American Economic Journal: Macroeconomics*, 14(4): 479-498.

[14] Duernecker, G., and B. Herrendorf, 2018, "On the Allocation of Time-A Quantitative Analysis of the Roles of Taxes and Productivities", *European Economic Review*, 102, 169-187.

[15] Galor, O., and D. N. Weil, 1996, "The Gender Gap, Fertility, and Growth", *American Economic Review*, 86(3), 374-387.

[16] Greenwood, J., A. Seshadri, and G. Vandenbroucke, 2005, "The Baby Boom and Baby Bust", *American Economic Review*, 95(1), 183-207.

[17] Liao, J., 2020, "The Rise of the Service Sector in China", *China Economic Review*, 59, https://doi.org/10.1016/j.chieco.2019.101385.

[18] Moro, A., S. Moslehi, and S. Tanaka, 2017, "Does Home Production Drive Structural Transformation?", *American Economic Journal: Macroeconomics*, 9(3), 116-146.

[19] Ngai, L. R., and B. Petrongolo, 2017, "Gender Gaps and the Rise of the Service Economy", *American Economic Journal: Macroeconomics*, 9(4), 1-44.

[20] Rogerson, R., 2008, "Structural Transformation and the Deterioration of European Labor Market Outcomes", *Journal of Political Economy*, 116(2), 235-259.

📝 练习与思考

1. 假设经济中市场生产分为货物生产部门和市场服务生产部门,家庭生产只有家庭服务生产部门。市场生产部门和家庭生产部门分别用上标 M 和 H 区分,货物和服务生产部门分别用下标 g 和 s 区分。每个生产部门都只使用劳动一种要素,生产技术满足 $Y_g^M = A_g^M L_g^M$,$Y_s^M = A_s^M L_s^M$,$Y_s^H = A_s^H L_s^H$。其中,变量 Y,A,L 分别表示产出、劳动生产率和劳动投入。市场生产部门的两类产出全部用于家庭消费。家庭人口数量和时间禀赋均标准化为 1。家庭把时间分配到市场生产和家庭生产中:$L_g^M + L_s^M + L_s^H = 1$。用 W 表示工资率,家庭提供市场劳动 $L_s^M + L_g^M$ 可以获得劳动收入 $W(L_s^M + L_g^M)$。家庭将劳动收入用于购买消费品:$W(L_s^M + L_g^M) = P_g^M Y_g^M + P_s^M Y_s^M$。家庭从两类消费品 Y_g^M, Y_s^M 和家庭服务 Y_s^H 中获得效用 $[\omega^{1/\varepsilon}(Y_g^M - \bar{Y})^{(\varepsilon-1)/\varepsilon} + (1-\omega)^{1/\varepsilon} Y_s^{(\varepsilon-1)/\varepsilon}]^{\varepsilon/(\varepsilon-1)}$,其中,$Y_s = [\gamma^{1/\sigma}(Y_s^M)^{(\sigma-1)/\sigma} + (1-\gamma)^{1/\sigma}(Y_s^H)^{(\sigma-1)/\sigma}]^{\sigma/(\sigma-1)}$,参数 $0 < \omega, \gamma < 1, \varepsilon > 0, \sigma > 0, \bar{Y} > 0$ 均为常数。家庭服务 Y_s^H 和市场服务 Y_s^M 以常替代弹性效用函数形式形成复合服务 Y_s,然后再与市场生产的货物 Y_g^M 共同影响效用,家庭选择时间配置 L_g^M, L_s^M, L_s^H 最大化其效用。

(1) 给定每一期的劳动生产率 A_g^M, A_s^M, A_s^H,求解家庭在市场生产和家庭生产中的劳动时间配置 L_g^M, L_s^M, L_s^H。

(2) 用 L_s^H 衡量市场化趋势(反向指标,L_s^H 越小,经济的市场化程度越高),分析家庭服务的劳动生产率 A_s^H 提高后,市场化趋势将会如何变化。

(3) 分别分析三个生产部门劳动生产率 A_g^M, A_s^M, A_s^H 提高后,市场生产部门中服务业就业比重 $L_s^M/(L_g^M + L_s^M)$ 将会如何变化。

2. 市场分为两个生产部门,用下标 $j \in \{m1, m2\}$ 区分。每个生产部门由一个完全竞争市场中的代表性生产者来刻画。该生产者分别以工资 W 和租金 R 雇用劳动 L_j 和租用资本 K_j,生产产出 Y_j,其价格为 P_j,生产技术满足 $Y_j = A_j K_j^{\alpha_j} L_j^{1-\alpha_j}$。其中,参数 $0 < \alpha_j < 1$ 为常数,变量 A_j 表示全要素生产率。一个完全竞争市场中的代表性生产者使用两个生产部门的产出生产最终品 Q,满足 $Q = (\omega_{m1}^{1/\sigma} Y_{m1}^{(\sigma-1)/\sigma} + \omega_{m2}^{1/\sigma} Y_{m2}^{(\sigma-1)/\sigma})^{\sigma/(\sigma-1)}$。其中,参数 $0 < \omega_j < 1, \sigma > 0$ 为常数。最终品可以用于消费或投资,把最终品作为计价物,价格标准化为 1。家庭部门由一个代表性家庭来刻画。该家庭每一期的人口数量和时间禀赋均标准化为 1。家庭把时间分配到市场生产和家庭生产中,分别用 L_m 和 L_h 表示,于是

有 $L_m + L_h = 1$。家庭提供市场劳动 L_m，获得劳动收入 WL_m；拥有市场使用的资本 K_m，获得资本收入 RK_m。家庭把所有收入的固定比例 φ 用于消费 C，其预算约束方程满足 $\varphi(RK_m + WL_m) = C$。剩余 $1-\varphi$ 比例的收入用于购买新的投资品 I_m 或新的耐用品 I_h，投资品和耐用品分别增加了资本 K_m 和耐用品数量 K_h。家庭使用耐用品 K_h 和家庭劳动 L_h 生产家庭产出 Y_h，生产技术满足 $Y_h = A_h K_h^{\alpha_h} L_h^{1-\alpha_h}$。其中，参数 $0 < \alpha_h < 1$ 为常数，变量 A_h 表示全要素生产率。家庭可以从消费 C 和家庭产出 Y_h 中获得效用 $(\gamma_m^{1/\varepsilon} C^{(\varepsilon-1)/\varepsilon} + \gamma_h^{1/\varepsilon} Y_h^{(\varepsilon-1)/\varepsilon})^{\varepsilon/(\varepsilon-1)}$。其中，参数 $0 < \gamma_m, \gamma_h < 1, \varepsilon > 0$ 为常数。家庭选择时间配置 L_m 和 L_h 最大化其效用。劳动和资本市场完全出清，即 $L_{m1} + L_{m2} = L_m$，$K_{m1} + K_{m2} = K_m$。

（1）给定每一期状态变量 K_m 和 K_h，求解每一期静态均衡。

（2）假设 $A_{m1} = A_{m2} = A_m$，$\alpha_{m1} = \alpha_{m2} = \alpha_m$，即把市场生产部门视为单个部门，分析如果家庭生产部门耐用品 K_h 提高，那么市场生产和家庭生产的劳动时间配置 L_m 和 L_h 会如何变化。

（3）如果市场劳动供给 L_m 增加，那么会如何影响资本在市场两个生产部门的配置 K_j/K_m。

3. 市场生产部门分为两个生产部门，用下标 $j \in \{m1, m2\}$ 区分。两个生产部门分别由一个代表性生产者来刻画。生产者以工资 W^s 和 W^u 分别雇用高技能劳动 L_j^s 和低技能劳动 L_j^u（用上标 s 和 u 分别代表高技能劳动和低技能劳动），生产产出 $Y_j = A_j (L_j^s)^{\alpha_j} (L_j^u)^{1-\alpha_j}$。其中，参数 $0 < \alpha_j < 1$ 为常数，变量 A_j 表示生产率。用 P_j 表示产出价格，企业作最大化利润决策。用一个代表性家庭来刻画所有家庭。该家庭拥有高技能人数 L^s 和低技能人数 L^u，将其配置在市场生产和家庭生产中，满足 $L_{m1}^s + L_{m2}^s + L_h^s = L^s$，$L_{m1}^u + L_{m2}^u + L_h^u = L^u$。其中，变量 L_h^s 和 L_h^u 分别表示参与家庭生产过程的高技能劳动和低技能劳动。高技能劳动和低技能劳动生产家庭产出 $Y_h = A_h (L_h^s)^{\alpha_h} (L_h^u)^{1-\alpha_h}$。其中，参数 $0 < \alpha_h < 1$ 为常数，变量 A_h 表示生产率。家庭获得劳动收入 $W^s (L_{m1}^s + L_{m2}^s) + W^u (L_{m1}^u + L_{m2}^u)$，用于购买市场两个生产部门的产出进行消费，即 $P_{m1} Y_{m1} + P_{m2} Y_{m2} = W^s (L_{m1}^s + L_{m2}^s) + W^u (L_{m1}^u + L_{m2}^u)$。消费和家庭产出给家庭带来效用，效用函数为 $[\gamma^{1/\varepsilon} (\omega^{1/\sigma} Y_{m1}^{(\sigma-1)/\sigma} + (1-\omega)^{1/\sigma} Y_h^{(\sigma-1)/\sigma})^{\sigma/(\sigma-1) \cdot (\varepsilon-1)/\varepsilon} + (1-\gamma)^{1/\varepsilon} Y_{m2}^{(\varepsilon-1)/\varepsilon}]^{\varepsilon/(\varepsilon-1)}$。其中，参数 $0 < \gamma, \omega < 1, \varepsilon > 0, \sigma > 0$ 均为常数。家庭最大化其效用。

（1）假设 $A_{m2} = 0$，此时市场只有一个市场部门。分析高技能劳动和低技能劳动人数之比 L^s/L^u 变化后，这两类劳动在市场生产和家庭生产中的配置比例将会如何变化。

(2) 假设 $A_{m1} = A_{m2} = A_m$,$\alpha_{m1} = \alpha_{m2} = \alpha_m$,$\alpha_h < \alpha_m$,分析高技能劳动和低技能劳动人数之比 L^s/L^u 变化后,这两类劳动在市场两个生产部门和家庭生产中的配置比例将会如何变化。

4. 在本章第一节包含家庭生产的结构转型动态模型中,把劳动进一步分为男性劳动和女性劳动。男性劳动和女性劳动可以被视为两种不同的生产要素,市场生产部门和家庭生产部门的生产技术仍然满足柯布-道格拉斯型,男性劳动工资和女性劳动工资并不相同。男性和女性人口数量和时间禀赋仍然为1。

(1) 写出此时的模型框架,并求解动态一般均衡。

(2) 沿用正文模型的分析思路,假设消费率保持不变,分析总资本提高后将会如何改变男性劳动和女性劳动在市场生产和家庭生产中的配置比例。

5. 市场分为两个生产部门,用下标 $j \in \{m1, m2\}$ 区分。每个生产部门由一个完全竞争市场中的代表性生产者来刻画。该生产者分别以工资 W^s、W^u 和租金 R 雇用高技能劳动 L_j^s、低技能劳动 L_j^u 和租用资本 K_j,生产产出 Y_j,其价格为 P_j,生产技术满足 $Y_j = A_j K_j^{\alpha_j} [(L_j^s)^{\beta_j} (L_j^u)^{1-\beta_j}]^{1-\alpha_j}$。其中,参数 $0 < \alpha_j, \beta_j < 1$ 为常数,变量 A_j 表示全要素生产率。一个完全竞争市场中的代表性生产者使用两个生产部门的产出生产最终品 Q,满足 $Q = (\omega_{m1}^{1/\sigma} Y_{m1}^{(\sigma-1)/\sigma} + \omega_{m2}^{1/\sigma} Y_{m2}^{(\sigma-1)/\sigma})^{\sigma/(\sigma-1)}$。其中,参数 $0 < \omega_j < 1$,$\sigma > 0$ 为常数。最终品可以用于消费或投资,把最终品作为计价物,价格标准化为1。家庭部门由 N 个完全相同的代表性家庭来刻画。该家庭由一个高技能劳动者和一个低技能劳动者构成,每个人的时间禀赋均标准化为1。家庭把高技能人口和低技能人口的时间分配到市场生产与生育和养育子女中,分别用 l_m^s,l_m^u,l_h^s,l_h^u 表示,于是有 $l_m^s + l_h^s = l_m^u + l_h^u = 1$。家庭把劳动收入 $W^s l_m^s + W^u l_m^u$ 用于消费,即 $c = W^s l_m^s + W^u l_m^u$。其中,变量 c 表示每个家庭的平均消费。家庭拥有市场使用的资本 K_m,获得资本收入 RK_m,把资本收入全部用于投资。家庭投入高技能劳动时间和低技能劳动时间用于生育和养育子女,子女数量 n 满足 $n = A_h (l_h^s)^{\beta_h} (l_h^u)^{1-\beta_h}$。其中,参数 $0 < \beta_h < 1$ 为常数,变量 A_h 表示生育和养育子女的生产率。家庭可以从消费 c 和子女数量 n 中获得效用 $(\gamma_m^{1/\varepsilon} c^{(\varepsilon-1)/\varepsilon} + \gamma_h^{1/\varepsilon} n^{(\varepsilon-1)/\varepsilon})^{\varepsilon/(\varepsilon-1)}$。其中,参数 $0 < \gamma_m, \gamma_h < 1$,$\varepsilon > 0$ 为常数。家庭选择时间配置最大化其效用。劳动市场和资本市场完全出清,即 $K_{m1} + K_{m2} = K_m$,$L_{m1}^s + L_{m2}^s = l_m^s N$,$L_{m1}^u + L_{m2}^u = l_m^u N$。

(1) 求解家庭最优化问题,并由此分析如果高技能劳动工资和低技能劳动

工资之比 W^s/W^u 变化,那么家庭生育率 n 和市场生产部门劳动相对供给 L_m^s/L_m^u 将会如何变化。

(2) 假设 $\alpha_{m1} = \alpha_{m2}$,分析如果市场生产部门劳动相对供给 L_m^s/L_m^u 下降,那么市场两个生产部门的相对产出比重和相对就业比重将会如何变化(给定资本 K_m 保持不变)。

(3) 对于市场生产部门的代表性企业而言,给定高低技能劳动工资 W^s 和 W^u,给出市场生产部门劳动相对需求 L_m^s/L_m^u 的决定方程,并分析随着资本 K_m 的提高,劳动相对需求将会如何变化。

第七章 政府作用与结构转型

引 言

本章介绍政府作用影响经济结构转型的理论模型和经济机制。政府作用可能体现为通过各类政策直接影响生产要素配置结构，使完全竞争市场下要素配置的决定条件发生变化；可能通过政府消费支出或政府投资支出在供求两侧同时影响宏观经济结构转型；可能通过税费政策改变产品和要素在不同部门之间的相对价格；还可能通过货币政策改变不同部门产品市场交易的现金约束等影响宏观经济结构转型。本章依次介绍把上述政府作用纳入结构转型模型中的建模方式，并分析其影响。本章第一节介绍以生产要素市场摩擦因子方式引入政府作用影响要素配置结构的理论模型。第二节分别介绍政府支出通过改变需求结构和供给结构，进而影响宏观经济结构转型的理论模型，其中专门考察了政府消费和基础设施等规模较大的政府支出的影响。第三节在宏观经济结构转型模型中引入政府在产品市场和生产要素市场所实施的各类税费政策，分别讨论了每类税费政策对结构转型的影响。第四节在宏观经济结构转型模型中引入货币供给和现金约束，展示货币政策的影响机制。本章关于政府作用的建模方式较为简单，如果需要强调一些特别的影响宏观经济结构转型的政府作用机制，那么还需要进一步把本章模型中一些刻画政府作用的政策变量内生化。

学习目标

1. 牢固掌握包含政府作用的结构转型模型。
2. 牢固掌握包含政府支出的结构转型模型。
3. 一般掌握包含政府税费的结构转型模型。
4. 一般掌握包含货币供给的结构转型模型。

关键术语

市场摩擦因子，政府消费，基础设施，公共资本，税费政策，货币政策，现金约束

第一节 包含政府作用的结构转型模型

在前几章主要的理论模型中，通常假设市场是完全竞争或垄断竞争的，并没有考虑政府制定的一些政策可能会对市场配置产生影响。为了分析这种政府作用对结构转型的影响，可以采用引入市场摩擦因子的方式进行模型化，即假设不同生产部门之间的要素存在一定的流动壁垒，因此同一类要素在不同生产部门的价格可以有所差异。这些流动壁垒可能来自政府税费政策、产业政策或公共政策等。前几章在对一些模型进行量化分析时也采用过类似的设定，本节将系统地对要素市场摩擦因子的影响进行分析。本节的建模方式也适用于其他类型的市场摩擦，可以较为直观地刻画政府作用对其他类型的市场配置的影响。本节首先介绍一个只包含政府作用和劳动力市场摩擦的结构转型模型，之后介绍一个包含政府作用、资本和劳动两种要素市场摩擦的结构转型模型。

一、包含政府作用和劳动力市场摩擦的结构转型模型

（一）模型的建立

本章采用第一章第二节的结构转型模型框架，但在其中引入劳动力市场摩擦，同时为求分析简便，暂时不引入收入效应。具体地，生产方面分为两个产业部门，分别用下标 $j \in \{1,2\}$ 表示。这里两个产业部门的模型设定和理论机制同样可以适用于分析其他类型的结构转型。产业部门 j 由一个代表性生产者雇用劳动 L_j 进行生产，产出为 Y_j，生产函数满足：

$$Y_j = A_j L_j \tag{7.1}$$

其中，变量 A_j 表示该产业部门的劳动生产率。生产者在完全竞争市场中以 W_j 的劳动工资雇用劳动，以 P_j 的产品价格出售产品。求解生产者的利润最大化问题，得到一阶最优性条件：

$$P_j A_j = W_j \tag{7.2}$$

由于政府的作用，劳动力在产业部门之间的流动存在壁垒，使两个产业部

门的工资可以存在差别。用 ξ 表示劳动力市场摩擦因子,它是受政府作用影响的外生变量,满足:

$$\xi = \frac{W_1}{W_2} \tag{7.3}$$

在完全竞争的劳动力市场中,两个产业部门的劳动工资相等,即 $\xi = 1$。但政府作用使劳动力市场存在摩擦,则 $\xi \neq 1$。变量 ξ 与 1 的差别越大,劳动力市场摩擦程度越高。比如,城镇地区以非农业生产为主,农村地区以农业生产为主。如果非农业劳动工资高于农业劳动工资,那么就会促使劳动力从农业转移到非农业,两个产业部门的劳动工资就会趋于相等。但在户籍制度等政策影响下,劳动力从农村地区转移到城镇地区面临较高的成本,阻碍了劳动力在农业和非农业之间的流动,于是农业和非农业的劳动工资就会存在差别。这一差别越大,可能就体现出户籍制度造成的劳动力流动成本越高。由(7.2)和(7.3)式可知:

$$\frac{P_1}{P_2} = \frac{\xi A_2}{A_1} \tag{7.4}$$

需求方面由一个代表性家庭来刻画。这个家庭提供劳动 L,分别用于两个产业部门的生产,获得工资收入 $W_1 L_1 + W_2 L_2$。家庭把收入用于购买两个产业部门的产品来消费,消费量分别为 C_1 和 C_2。家庭预算约束方程为:

$$P_1 C_1 + P_2 C_2 = W_1 L_1 + W_2 L_2 \tag{7.5}$$

消费给家庭带来效用 C,满足 $C = (\omega_1^{1/\varepsilon} C_1^{(\varepsilon-1)/\varepsilon} + \omega_2^{1/\varepsilon} C_2^{(\varepsilon-1)/\varepsilon})^{\varepsilon/(\varepsilon-1)}$。其中,参数 $\varepsilon > 0, 0 < \omega_j < 1$ 为常数。家庭效用最大化问题的一阶最优性条件为:

$$\frac{P_1 Y_1}{P_2 Y_2} = \frac{\omega_1}{\omega_2} \left(\frac{P_1}{P_2}\right)^{1-\varepsilon} \tag{7.6}$$

产品市场和要素市场出清,即:

$$Y_j = C_j \tag{7.7}$$

$$L = L_1 + L_2 \tag{7.8}$$

(二)模型的分析

定义就业比重 $x^l = L_1/L$ 和产出比重 $x^y = P_1 Y_1/(P_1 Y_1 + P_2 Y_2)$。求解一般均衡,可以得到:

$$x^l = \frac{\omega_1 A_2^{1-\varepsilon}}{\omega_1 A_2^{1-\varepsilon} + \xi^\varepsilon \omega_2 A_1^{1-\varepsilon}} \tag{7.9}$$

$$x^y = \frac{\omega_1 A_2^{1-\varepsilon}}{\omega_1 A_2^{1-\varepsilon} + \xi^{\varepsilon-1} \omega_2 A_1^{1-\varepsilon}} \tag{7.10}$$

由(7.9)和(7.10)式易知：

$$\partial x^y / \partial \xi > 0 \Leftrightarrow \varepsilon < 1, \quad \partial x^l / \partial \xi < 0 \tag{7.11}$$

(7.11)式展现了劳动力市场摩擦因子对结构转型的影响。如果政府作用影响了劳动力市场摩擦因子,使产业部门1的相对工资更高(ξ上升),那么就会降低产业部门1的就业比重(x^l下降),而产业部门1的产出比重变化方向取决于两个产业之间的替代弹性。当替代弹性较小($\varepsilon < 1$)时,产业部门1的产出比重就会提高(x^y上升),反之亦然。这背后的经济含义与价格效应是密切相关的。由(7.4)式可知,两个产业部门的产出相对价格与相对工资正相关,产业部门1的相对工资提高,其生产成本就会相对提高,进而提高其相对价格。因此,如果政府作用提高了产业部门1的相对工资,那么产业部门1的相对价格就会随之上升,进而降低产业部门1的相对需求及其与产业部门2的实际产出之比。产业部门1的相对实际产出下降后,其就业比重就会下降,但名义产出比重的变化方向会取决于相对价格上升幅度更大,还是相对实际产出下降幅度更大。当替代弹性较小时,相对价格上升的影响更大,产业部门1的产出比重就会上升;但当替代弹性较大时,相对实际产出下降的影响更大,产业部门1的产出比重就会下降。

需要注意的是,劳动力市场摩擦因子对结构转型的影响方向并不与其大小是否大于1相关。也就是说,无论$\xi < 1$还是$\xi > 1$,其取值上升后的影响方向并不发生变化。当$\xi < 1$时,产业部门1的劳动工资低于产业部门2,说明政府作用抑制了劳动力流向产业部门2。此时如果政府作用提高了劳动力市场摩擦因子ξ,会促使劳动力流向产业部门2,实际上降低了劳动力市场摩擦程度。当$\xi > 1$时,产业部门1的劳动工资高于产业部门2,说明政府作用抑制了劳动力流向产业部门1。此时政府作用提高ξ也会促使劳动力更多地流向产业部门2,但却反而提高了劳动力市场摩擦程度。

二、包含政府作用、资本和劳动两种要素市场摩擦的结构转型模型

（一）模型的建立

上述结构转型模型中只考虑了劳动一种要素市场摩擦的情形,难以分析政

府作用通过影响一种要素市场摩擦程度进而对其他要素配置结构产生的影响。这一部分拓展第二章第一节的结构转型模型框架,在其中引入资本、劳动两种要素市场摩擦。具体地,模型的生产方面分为两个中间品生产部门和一个最终品生产部门。用下标 $j \in \{1,2\}$ 区分两个中间品生产部门。每个中间品生产部门生产者的生产函数满足柯布-道格拉斯型技术,形式上为:

$$Y_j = A_j K_j^{\alpha_j} L_j^{1-\alpha_j} \tag{7.12}$$

其中,变量 Y_j、K_j 和 L_j 分别表示生产部门 j 的产出、资本和劳动,变量 A_j 表示全要素生产率;参数 $0 < \alpha_j < 1$ 为常数。用 P_j、R_j 和 W_j 分别表示产出价格、资本租金和劳动工资,于是中间品生产者利润最大化问题的一阶最优性条件为:

$$R_j = \alpha_j P_j A_j K_j^{\alpha_j-1} L_j^{1-\alpha_j}, \quad W_j = (1-\alpha_j) P_j A_j K_j^{\alpha_j} L_j^{-\alpha_j} \tag{7.13}$$

政府作用使资本和劳动在产业部门之间流动存在壁垒,使两个产业部门的资本租金或劳动工资都可以存在差别。用 ξ^k 和 ξ^l 分别表示资本市场和劳动市场摩擦因子,它们是受政府作用影响的外生变量:

$$\xi^k = \frac{R_1}{R_2}, \quad \xi^l = \frac{W_1}{W_2} \tag{7.14}$$

最终品生产部门生产者购买两类中间品 Y_j,采用常替代弹性技术生产最终品 Q,形式上满足:

$$Q = \left[\omega^{1/\sigma} Y_1^{(\sigma-1)/\sigma} + (1-\omega)^{1/\sigma} Y_2^{(\sigma-1)/\sigma} \right]^{\sigma/(\sigma-1)} \tag{7.15}$$

其中,参数 $0 < \omega < 1, \sigma > 0$ 为常数。最终品可以用于消费或投资。选择最终品作为计价物,其价格标准化为1,于是最终品生产者利润最大化问题的一阶最优性条件为:

$$\frac{P_1 Y_1}{P_2 Y_2} = \frac{\omega_1}{\omega_2} \left(\frac{P_1}{P_2} \right)^{1-\sigma} \tag{7.16}$$

需求方面家庭是资本和劳动的所有者。每一期家庭提供资本 K 和劳动 L,获得资本租金 $R_1 K_1 + R_2 K_2$ 和劳动工资 $W_1 L_1 + W_2 L_2$。家庭把收入的 s 比例用于储蓄,储蓄形成了投资,用于购买新的资本品积累资本,形成了下一期的资本 K',即 $K' = (1-\delta)K + s(R_1 K_1 + R_2 K_2 + W_1 L_1 + W_2 L_2)$。

生产要素市场出清,即:

$$K_1 + K_2 = K, \quad L_1 + L_2 = L \tag{7.17}$$

(二)模型的分析

使用两个中间品生产部门的相对比重变化衡量结构转型过程。定义 $x^k =$

K_1/K 和 $x^l = L_1/L$ 分别为生产部门 1 的资本比重和就业比重，$x^y = P_1Y_1/(P_1Y_1 + P_2Y_2)$ 为生产部门 1 的产出比重，满足：

$$\xi^k \frac{\alpha_2}{\alpha_1} \frac{x^k}{1-x^k} = \xi^l \frac{1-\alpha_2}{1-\alpha_1} \frac{x^l}{1-x^l} = \frac{x^y}{1-x^y} \tag{7.18}$$

$$\xi^k \frac{x^k}{1-x^k} = \frac{\alpha_1}{\alpha_2} \left(\frac{\omega}{1-\omega}\right)^{1/\sigma} \left(\frac{A_1}{A_2}\right)^{(\sigma-1)/\sigma} \left(\frac{K}{L}\right)^{(\alpha_1-\alpha_2)\frac{\sigma-1}{\sigma}} \frac{(x^k)^{\alpha_1 \frac{\sigma-1}{\sigma}}}{(1-x^k)^{\alpha_2 \frac{\sigma-1}{\sigma}}} \frac{(x^l)^{(1-\alpha_1)\frac{\sigma-1}{\sigma}}}{(1-x^l)^{(1-\alpha_2)\frac{\sigma-1}{\sigma}}} \tag{7.19}$$

给定每一期的资本 K、劳动 L 和全要素生产率 A_j，(7.18)和(7.19)式共同决定了产业部门 1 的资本比重、劳动比重和产出比重，对其进行比较静态分析，可以得出资本和劳动市场摩擦因子变化对结构转型的影响。具体地，全微分后可知：

$$[1+(\sigma-1)(\alpha_1-\alpha_2)(x^k-x^l)]\frac{1}{\sigma}\frac{\mathrm{d}\log x^k}{1-x^k}$$

$$= \left\{\frac{\sigma-1}{\sigma}[(1-\alpha_1)(1-x^l)+(1-\alpha_2)x^l]-1\right\}\mathrm{d}\log\xi^k -$$

$$\frac{\sigma-1}{\sigma}[(1-\alpha_1)(1-x^l)+(1-\alpha_2)x^l]\mathrm{d}\log\xi^l \tag{7.20}$$

$$[1+(\sigma-1)(\alpha_1-\alpha_2)(x^k-x^l)]\frac{1}{\sigma}\frac{\mathrm{d}\log x^l}{1-x^l}$$

$$= \left\{\frac{\sigma-1}{\sigma}[\alpha_1(1-x^k)+\alpha_2 x^k]-1\right\}\mathrm{d}\log\xi^l -$$

$$\frac{\sigma-1}{\sigma}[\alpha_1(1-x^k)+\alpha_2 x^k]\mathrm{d}\log\xi^k \tag{7.21}$$

注意到由(7.18)式可知，$x^k > x^l$ 并不等价于 $\alpha_1 > \alpha_2$，也就是说，一个产业部门的资本收入份额更高，并不意味着资本劳动比更高，因此以要素收入份额和要素结构区分不同产业部门的密集程度，是有所区别的。此时关于资本和劳动市场摩擦因子 ξ^k 和 ξ^l，需要分以下几种情形进行讨论。

当 $\sigma < 1$ 时，必有 $1+(\sigma-1)(\alpha_1-\alpha_2)(x^k-x^l) > 0$，于是得到：

$$\frac{\mathrm{d}\log x^k}{\mathrm{d}\log \xi^k} < 0, \frac{\mathrm{d}\log x^l}{\mathrm{d}\log \xi^k} > 0, \frac{\mathrm{d}\log x^y}{\mathrm{d}\log \xi^k} > 0$$

$$\frac{\mathrm{d}\log x^k}{\mathrm{d}\log \xi^l} > 0, \frac{\mathrm{d}\log x^l}{\mathrm{d}\log \xi^l} < 0, \frac{\mathrm{d}\log x^y}{\mathrm{d}\log \xi^l} > 0$$

如果政府作用提高了产业部门 1 的资本相对租金,那么产业部门 1 的资本比重将会下降,就业比重和产出比重将会上升;如果政府作用提高了产业部门 1 的劳动相对工资,那么产业部门 1 的资本比重和产出比重将会上升,就业比重将会下降。反之亦然。这背后的理论机制也与价格效应是一致的。当政府作用使某一生产要素(资本或劳动)在产业部门 1 的相对成本提高后,产业部门 1 的产品相对价格就会倾向于上升。当产业部门之间产品替代弹性较低时,产业部门 1 的产出比重就会提高,也会进而扩大另一个生产要素的相对需求,提高其在产业部门 1 的配置比重。但是对于该生产要素本身而言,由于在产业部门 1 的相对成本更高,其配置比重就会更低。

当 $\sigma > 1$ 时,如果 $1 + (\sigma - 1)(\alpha_1 - \alpha_2)(x^k - x^l) > 0$,那么:

$$\frac{\mathrm{d}\log x^k}{\mathrm{d}\log \xi^k} < 0, \quad \frac{\mathrm{d}\log x^l}{\mathrm{d}\log \xi^k} < 0, \quad \frac{\mathrm{d}\log x^y}{\mathrm{d}\log \xi^k} < 0$$

$$\frac{\mathrm{d}\log x^k}{\mathrm{d}\log \xi^l} < 0, \quad \frac{\mathrm{d}\log x^l}{\mathrm{d}\log \xi^l} < 0, \quad \frac{\mathrm{d}\log x^y}{\mathrm{d}\log \xi^l} < 0$$

在这一情形下,当政府作用提高了产业部门 1 的某种要素相对成本,那么该产业部门的资本比重、就业比重和产出比重都会下降。反之亦然。这也是由于价格效应的影响。政府作用使某一生产要素在产业部门 1 的相对成本提高后,产业部门 1 的产出相对价格就会倾向于上升。当产业部门之间的产品替代弹性较大时,产业部门 1 就会被产业部门 2 更大幅度地替代,产业部门 1 的产出比重和就业比重就会随之下降。

当 $\sigma > 1$ 时,如果 $1 + (\sigma - 1)(\alpha_1 - \alpha_2)(x^k - x^l) < 0$,那么:

$$\frac{\mathrm{d}\log x^k}{\mathrm{d}\log \xi^k} > 0, \quad \frac{\mathrm{d}\log x^l}{\mathrm{d}\log \xi^k} > 0, \quad \frac{\mathrm{d}\log x^y}{\mathrm{d}\log \xi^k} > 0$$

$$\frac{\mathrm{d}\log x^k}{\mathrm{d}\log \xi^l} > 0, \quad \frac{\mathrm{d}\log x^l}{\mathrm{d}\log \xi^l} > 0, \quad \frac{\mathrm{d}\log x^y}{\mathrm{d}\log \xi^l} > 0$$

这是比较特殊的情形,这种情形存在的必要条件是 $(\alpha_1 - \alpha_2)(x^k - x^l) < 0$,即资本产出弹性较大的产业部门的资本劳动比反而更低(此时政府作用造成的市场摩擦程度非常高)。在这一情形下,政府作用使某一生产要素在产业部门 1 的相对成本提高后,产业部门 1 的产出相对价格反而会下降,产业部门 1 的资本比重、劳动比重和就业比重就会提高。这是因为,此时产业之间的产出替代弹性特别大,产业部门 1 的相对成本提高后,如果其产出相对价格也会随之提高,那么其实际相对产出就会大幅下降,使得该生产要素在产业部门 1 的

相对成本反而降低。只有在产业部门1的相对成本提高后,产业部门1的产出相对价格下降大幅提高其实际相对产出,才能促使该生产要素在产业部门1的相对成本更高。

除了这一特殊情形,其他情形下要素市场摩擦因子的影响机制都是一致的。如果政府作用提高了某一生产要素在某一产业部门的相对使用成本(注意到此时既可能降低市场摩擦程度,也可能提高市场摩擦程度),那么该要素在该产业部门的配置比重就会下降,同时该产业部门的产出相对价格就会提高。当产业部门之间的替代弹性较小时,相对价格提高就会提高该产业部门的产出比重和其他要素比重,但当替代弹性较大时,该产业部门的产出比重和其他要素比重就会下降。

第二节 政府支出与结构转型

这一节介绍包含政府支出的结构转型模型,分析政府支出政策影响结构转型的理论机制。政府支出既可以从需求侧直接影响需求结构,也可以从供给侧直接影响供给结构,这一节分别以两个理论模型介绍这两种理论机制的建模方式。政府支出可以由政府税费或政府债务来筹资,这一节的模型略去其筹资方式对结构转型的影响,以政府收取总量税的设定来简化理论分析,突出政府支出的影响机制。下一节将详细讨论政府税费对结构转型的影响。

一、政府支出影响需求结构的理论模型

(一)模型的建立

这一部分建立一个多部门动态一般均衡模型。模型生产方面包括农业、工业和服务业三个产业部门和一个投资品生产部门,需求方面用代表性家庭动态最优化问题来刻画居民消费需求结构与储蓄,用政府支出最优化选择问题来刻画政府消费支出结构。用下标 $t=\{1,2,\cdots\}$ 表示时期。

生产方面由三个产业部门和一个投资品生产部门构成。三个产业部门包括农业、工业和服务业,用下标 $j,j' \in \{a,m,s\}$ 进行区分。每一个产业部门由一家代表性企业来刻画。该企业在完全竞争市场中租用资本 K_{jt} 和雇用劳动 L_{jt},以柯布-道格拉斯型技术生产产出 Y_{jt},满足:

$$Y_{jt} = A_{jt} K_{jt}^{\alpha_j} L_{jt}^{1-\alpha_j} \tag{7.22}$$

其中,变量 A_{jt} 表示全要素生产率。参数 $0 < \alpha_j < 1$ 为常数,为资本产出弹性。用 P_{jt}、R_t 和 W_t 分别表示产出价格、资本租金和劳动工资,企业利润最大化问题的一阶最优性条件为:

$$R_t = \alpha_j P_{jt} A_{jt} K_{jt}^{\alpha_j - 1} L_{jt}^{1-\alpha_j}, \quad W_t = (1 - \alpha_j) P_{jt} A_{jt} K_{jt}^{\alpha_j} L_{jt}^{-\alpha_j} \tag{7.23}$$

投资品生产部门由一家代表性企业生产最终投资品与两家代表性企业分别生产私人投资品和公共投资品来刻画。生产最终投资品的代表性企业在完全竞争市场中购买私人投资品 I_t^P 和公共投资品 I_t^G,以常替代弹性技术生产最终投资品 I_t,满足:

$$I_t = \left[\gamma_P^{1/\eta} (I_t^P)^{(\eta-1)/\eta} + \gamma_G^{1/\eta} (I_t^G)^{(\eta-1)/\eta} \right]^{\eta/(\eta-1)} \tag{7.24}$$

其中,参数 $\eta > 0$ 为常数,表示最终投资品生产过程中私人投资品和公共投资品的替代弹性;参数 $\gamma_P, \gamma_G > 0$ 为常数,满足 $\gamma_P + \gamma_G = 1$。分别用 P_{It},P_{It}^P,P_{It}^G 表示最终投资品、私人投资品和公共投资品的价格。企业利润最大化问题的一阶最优性条件为:

$$\frac{P_{It}^P I_t^P}{P_{It} I_t} = \frac{\gamma_P (P_{It}^P)^{1-\eta}}{\gamma_P (P_{It}^P)^{1-\eta} + \gamma_G (P_{It}^G)^{1-\eta}}, \quad \frac{P_{It}^G I_t^G}{P_{It} I_t} = \frac{\gamma_G (P_{It}^G)^{1-\eta}}{\gamma_P (P_{It}^P)^{1-\eta} + \gamma_G (P_{It}^G)^{1-\eta}} \tag{7.25}$$

$$P_{It} = \left[\gamma_P (P_{It}^P)^{1-\eta} + \gamma_G (P_{It}^G)^{1-\eta} \right]^{1/(1-\eta)} \tag{7.26}$$

生产私人投资品和公共投资品的两家代表性企业分别在完全竞争市场中购买三个产业部门的产品 I_{jt}^P 和 I_{jt}^G 作为中间投入,以常替代弹性技术生产私人投资品 I_t^P 和公共投资品 I_t^G,满足:

$$I_t^P = A_{It}^P \left[\sum_j (\theta_j^P)^{1/\rho_P} (I_{jt}^P)^{(\rho_P-1)/\rho_P} \right]^{\rho_P/(\rho_P-1)}$$

$$I_t^G = A_{It}^G \left[\sum_j (\theta_j^G)^{1/\rho_G} (I_{jt}^G)^{(\rho_G-1)/\rho_G} \right]^{\rho_G/(\rho_G-1)} \tag{7.27}$$

其中,变量 A_{It}^P 和 A_{It}^G 分别表示生产私人投资品和公共投资品的全要素生产率。参数 $\rho_P, \rho_G > 0$ 为常数,分别表示私人投资品和公共投资品生产过程中三个产业部门的产品替代弹性;参数 $\theta_j^P, \theta_j^G > 0$ 为常数。两家代表性企业利润最大化问题的一阶最优性条件分别为:

$$\frac{P_{jt} I_{jt}^P}{P_{It}^P I_t^P} = \frac{\theta_j^P P_{jt}^{1-\rho_P}}{\sum_{j'} \theta_{j'}^P P_{j't}^{1-\rho_P}}, \quad \frac{P_{jt} I_{jt}^G}{P_{It}^G I_t^G} = \frac{\theta_j^G P_{jt}^{1-\rho_G}}{\sum_{j'} \theta_{j'}^G P_{j't}^{1-\rho_G}} \tag{7.28}$$

$$P_{It}^P = \left(\sum_j \theta_j^P P_{jt}^{1-\rho_P} \right)^{1/(1-\rho_P)} / A_{It}^P, \quad P_{It}^G = \left(\sum_j \theta_j^G P_{jt}^{1-\rho_G} \right)^{1/(1-\rho_G)} / A_{It}^G \tag{7.29}$$

居民部门由一个能够生存无穷期的代表性家庭的动态最优化问题来刻画。在每一期,家庭持有总资本 K_t,获得租金收入 $R_t K_t$。家庭无弹性地提供总劳动

L_t，获得工资收入 $W_t L_t$。家庭把资本租金和劳动工资的收入之和用于居民消费、储蓄和支付税收。其中，居民消费支出为三个产业部门的产品消费之和，即 $\sum_j P_{jt} C_{jt}$；政府税收为总量税，设定为 T_t，税收形成了政府收入；除消费和缴税之外的剩余收入用于居民储蓄 S_t^P。政府把收入的 ζ_t 部分用于政府储蓄。居民储蓄和政府储蓄形成国民储蓄，用于投资。投资用于以 P_{It} 的价格购买投资品 I_t，进而形成了下一期家庭持有的总资本。因此，家庭预算约束方程为：

$$S_t^P + \sum_j P_{jt} C_{jt} = R_t K_t + W_t L_t - T_t \tag{7.30}$$

$$S_t^P + \zeta_t T_t = P_{It} I_t \tag{7.31}$$

$$K_{t+1} = (1-\delta) K_t + I_t \tag{7.32}$$

其中，参数 $0 < \delta < 1$ 表示资本折旧率。每一期家庭从三个产业部门的产品消费中获得即期效用 C_t，满足扩展 Stone-Geary 型效用函数：$C_t = \left[\sum_j (\omega_j^C)^{1/\varepsilon_C} (C_{jt} + \overline{C}_j)^{(\varepsilon_C-1)/\varepsilon_C} \right]^{\varepsilon_C/(\varepsilon_C-1)}$。其中，参数 $0 < \omega_j^C < 1$ 为常数，参数 $\varepsilon_C > 0$ 为常数，参数 $\overline{C}_j$ 为常数。家庭通过选择消费 C_{jt} 和储蓄 S_t^P 决定其持有的资本 K_{t+1}，来最大化其一生效用 $\sum_{t=0}^{\infty} \beta^t (C_t^{1-\sigma} - 1)/(1-\sigma)$。其中，参数 $0 < \beta < 1$ 为常数；参数 $\sigma > 0$ 为常数。把每一期即期效用视作家庭复合消费品，其价格设定为 P_{Ct}。家庭效用最大化问题的一阶最优性条件为：

$$\frac{P_{jt}(C_{jt} + \overline{C}_j)}{P_{Ct} C_t} = \frac{\omega_j^C P_{jt}^{1-\varepsilon_C}}{P_{Ct}^{1-\varepsilon_C}} \tag{7.33}$$

$$P_{Ct} = \left(\sum_j \omega_j^C P_{jt}^{1-\varepsilon_C} \right)^{1/(1-\varepsilon_C)} \tag{7.34}$$

$$\left(\frac{C_{t+1}}{C_t} \right)^{\sigma} = \beta \frac{P_{Ct}}{P_{Ct+1}} \frac{(1-\delta) P_{It+1} + R_{t+1}}{P_{It}} \tag{7.35}$$

政府把每一期税收收入 T_t 的 ζ_t 比例用于储蓄，储蓄转移给最终投资品生产企业用于购买公共投资品，即政府储蓄率和政府投资率均为 ζ_t。收入的剩余 $1-\zeta_t$ 比例用于消费，购买三个产业部门的产品 G_{jt}。于是，政府预算约束满足：

$$\zeta_t T_t = P_{It}^G I_t^G, \quad (1-\zeta_t) T_t = \sum_j P_{jt} G_{jt} \tag{7.36}$$

政府从三个产业部门的产品消费中获得即期效用 G_t，也满足扩展 Stone-Geary 型效用函数：$G_t = \left[\sum_j (\omega_j^G)^{1/\varepsilon_G} (G_{jt} + \overline{G}_j)^{(\varepsilon_G-1)/\varepsilon_G} \right]^{\varepsilon_G/(\varepsilon_G-1)}$。其中，参数 $0 < \omega_j^G < 1$ 为常数，参数 $\varepsilon_G > 0$ 为常数，参数 $\overline{G}_j$ 为常数。政府效用最大化问题

的一阶最优性条件为：

$$\frac{P_{jt}(G_{jt}+\overline{G}_j)}{P_{Gt}G_t}=\frac{\omega_j^G P_{jt}^{1-\varepsilon_G}}{P_{Gt}^{1-\varepsilon_G}} \tag{7.37}$$

$$P_{Gt}=\left(\sum_j \omega_j^G P_{jt}^{1-\varepsilon_G}\right)^{1/(1-\varepsilon_G)} \tag{7.38}$$

其中，把即期效用 G_t 视为政府复合消费品，变量 P_{Gt} 表示其价格。

每一期产品市场出清，即每个产业部门的产出 Y_{jt} 用于居民消费 C_{jt}、政府消费 G_{jt}、生产私人投资品 I_{jt}^P 或生产公共投资品 I_{jt}^G：

$$Y_{jt}=C_{jt}+G_{jt}+I_{jt}^P+I_{jt}^G \tag{7.39}$$

生产要素市场出清，即家庭持有的总资本等于三个产业部门租用的资本之和，家庭提供的总劳动等于三个产业部门雇用的劳动力之和：

$$\sum_j K_{jt}=K_t,\ \sum_j L_{jt}=L_t \tag{7.40}$$

（二）模型的分析

这里的理论模型给出了政府支出通过影响需求结构进而影响结构转型的经济机制。为求简洁表达，如无必要，这里的变量去掉下标 t。由（7.39）式，可以从需求层面把产业部门 j 的产出比重 y_j 分解为：

$$\begin{aligned}
y_j &= \frac{P_j Y_j}{\sum_{j'} P_{j'} Y_{j'}} = \phi_j^C \mu_C + \phi_j^G \mu_G + \phi_j^{I^P} \mu_{I^P} + \phi_j^{I^G} \mu_{I^G} \\
&= \phi_j^C \mu_C + \phi_j^G (1-\zeta)v + \phi_j^{I^P} \mu_{I^P} + \phi_j^{I^G} \zeta v \\
&= \frac{P_j C_j}{\sum_{j'} P_{j'} C_{j'}} \frac{\sum_{j'} P_{j'} C_{j'}}{\sum_{j'} P_{j'} Y_{j'}} + \frac{P_j G_j}{\sum_{j'} P_{j'} G_{j'}} \frac{\sum_{j'} P_{j'} G_{j'}}{\sum_{j'} P_{j'} Y_{j'}} + \\
&\quad \frac{P_j I_j^P}{\sum_{j'} P_{j'} I_{j'}^P} \frac{\sum_{j'} P_{j'} I_{j'}^P}{\sum_{j'} P_{j'} Y_{j'}} + \frac{P_j I_j^G}{\sum_{j'} P_{j'} I_{j'}^G} \frac{\sum_{j'} P_{j'} I_{j'}^G}{\sum_{j'} P_{j'} Y_{j'}}
\end{aligned} \tag{7.41}$$

其中，变量 $\phi_j^C, \phi_j^G, \phi_j^{I^P}, \phi_j^{I^G}$ 分别表示从增加值结构衡量居民消费、政府消费、私人投资和公共投资中产业部门 j 所占比重，变量 $\mu_C, \mu_G, \mu_{I^P}, \mu_{I^G}$ 分别表示居民消费率、政府消费率、私人投资率和公共投资率，变量 v 表示政府支出率，满足：

$$\phi_j^C = \frac{P_j C_j}{\sum_{j'} P_{j'} C_{j'}}, \phi_j^G = \frac{P_j G_j}{\sum_{j'} P_{j'} G_{j'}}, \phi_j^{I^P} = \frac{P_j I_j^P}{\sum_{j'} P_{j'} I_{j'}^P}, \phi_j^{I^G} = \frac{P_j I_j^G}{\sum_{j'} P_{j'} I_{j'}^G} \tag{7.42}$$

$$\mu_C = \frac{\sum_{j'} P_{j'} C_{j'}}{\sum_{j'} P_{j'} Y_{j'}}, \mu_G = \frac{\sum_{j'} P_{j'} G_{j'}}{\sum_{j'} P_{j'} Y_{j'}}, \mu_{I^P} = \frac{\sum_{j'} P_{j'} I_{j'}^P}{\sum_{j'} P_{j'} Y_{j'}}, \mu_{I^G} = \frac{\sum_{j'} P_{j'} I_{j'}^G}{\sum_{j'} P_{j'} Y_{j'}} \tag{7.43}$$

$$v = \frac{T}{\sum_j P_j Y_j}, \mu_G = (1-\zeta)v, \mu_{I^G} = \zeta v \tag{7.44}$$

由(7.41)式可知,产业部门 j 的产出比重 y_j 是居民消费、政府消费、私人投资和公共投资中产业部门 j 所占比重以居民消费率、政府消费率、私人投资率和公共投资率为权重的加权平均。这些需求中产业部门 j 所占比重发生变化,或者这些需求在总需求中所占比重发生变化,都会通过改变总需求中产业部门 j 的比重来改变产业部门 j 的产出比重。这就给出了政府支出通过影响需求结构来影响产业结构的经济机制,具体分为两个影响渠道。

一是政府消费或公共投资内部结构的变化,即 ϕ_j^G 或 $\phi_j^{I^G}$ 变化。如果其他条件不变,政府消费或公共投资中来自产业部门 j 的比重提高(ϕ_j^G 或 $\phi_j^{I^G}$ 提高),那么对产业部门 j 的产出相对需求就会提高,从而提高产业部门 j 的比重。这一渠道的影响大小取决于政府消费或公共投资规模(μ_G 或 μ_{I^G})的大小,政府消费或公共投资规模越大(μ_G 或 μ_{I^G} 较高),政府消费或公共投资内部结构变化的影响也就越大。这就是政府消费或公共投资的集约边际效应。

二是政府消费或公共投资规模的变化,即 μ_G 或 μ_{I^G} 发生变化。如果其他条件不变,政府消费支出或公共投资规模扩大(μ_G 或 μ_{I^G} 提高),那么在政府消费或公共投资中占比相对较高的产业部门,其相对需求就会扩大,从而拉动其比重提高。这一渠道的影响大小取决于政府消费或公共投资的产业来源构成(ϕ_j^G 或 $\phi_j^{I^G}$)与居民消费和私人投资的产业来源构成($\phi_j^C, \phi_j^{I^P}$)的差异性,二者之间差异越大,其影响也越大。政府支出率(v)和政府投资率(即政府储蓄率 ζ)发生变化,都会通过这一渠道影响产业结构转型。如果政府支出率提高而政府投资率不变,那么政府消费率和公共投资率都会上升,于是在政府消费或公共投资中占比相对较高的产业部门,其比重就会提高;如果政府投资率提高而政府支出率不变,那么在公共投资中占比相对较高的产业部门,其比重就会提高。反之亦然。这就是政府消费或公共投资的广延边际效应。

综上,由于政府消费和公共投资的产业来源构成与其他类型的需求可能存在差别,政府支出规模(即政府消费和公共投资之和占总产出比重)和政府支出结构(即政府消费和公共投资占政府总支出比重)都会影响需求结构进而影响产业结构。这里的模型是以三次产业结构为例进行说明,政府支出通过需求结构进而影响其他类型的生产结构转型的理论机制也可以用类似的模型进行分析。

二、政府支出影响供给结构的理论模型

政府支出不仅影响需求结构,还会通过形成基础设施(或公共资本)进而在供给侧直接影响不同生产部门的相对生产率,这就会产生价格效应和收入效应,对结构转型过程产生影响。这里介绍一个包含基础设施(或公共资本)的结构转型模型。

(一)模型的建立

这一部分建立一个包含政府投资和基础设施的两部门一般均衡模型。政府投资用于积累基础设施,在需求侧扩大了投资需求,在供给侧提高了产业部门的全要素生产率和产出水平。

生产方面分为两个产业部门,用下标 $j \in \{0,1\}$ 区分。每个产业部门由一家代表性企业在完全竞争市场中租用资本 K_j 和雇用劳动 L_j 进行生产,产出为 Y_j。生产技术满足柯布-道格拉斯形式:

$$Y_j = A_j K_G^{\beta_j} K_j^{\alpha_j} L_j^{1-\alpha_j} \tag{7.45}$$

其中,参数 $0 < \alpha_j < 1$ 为常数。变量组合 $A_j K_G^{\beta_j}$ 衡量了全要素生产率,其中,变量 A_j 为技术参数,K_G 为基础设施。这一设定体现了基础设施对全要素生产率的促进作用,K_G 没有下标 j,体现了基础设施的外部性特征,即基础设施可以为两个产业部门所共用,且企业无须为此支付成本。参数 $\beta_j > 0$ 衡量了基础设施对全要素生产率的影响程度,在两个产业部门可以存在差别。用 P_j,R 和 W 分别表示产品价格、资本租金和劳动工资。企业利润最大化问题的一阶最优性条件为:

$$\alpha_j P_j Y_j = R K_j, \quad (1 - \alpha_j) P_j Y_j = W L_j \tag{7.46}$$

记 $k_j = K_j/L_j$ 为产业部门的劳均资本。由(7.46)式可知两个产业部门的产品相对价格为:

$$\frac{P_1}{P_0} = \frac{\alpha_0 A_0 k_0^{\alpha_0 - 1}}{\alpha_1 A_1 k_1^{\alpha_1 - 1}} K_G^{\beta_0 - \beta_1} \tag{7.47}$$

需求方面分为消费需求和投资需求两部分。消费需求由一个代表性消费者来刻画,消费者效用函数采用扩展 Stone-Geary 型:$[\omega_0^{1/\varepsilon} (C_0 + \overline{C})^{(\varepsilon-1)/\varepsilon} + \omega_1^{1/\varepsilon} C_1^{(\varepsilon-1)/\varepsilon}]^{\varepsilon/(\varepsilon-1)}$。其中,变量 C_j 分别表示两个产业部门用于消费的产品数量。参数 $\omega_j > 0$,$\varepsilon > 0$ 为常数,非位似项 $\overline{C}$ 为常数。求解消费者效用最大化问

题,可以得到消费的产业构成:

$$\frac{P_0 C_0}{P_0 C_0 + P_1 C_1} = \frac{\omega_0 P_0^{1-\varepsilon}}{\omega_0 P_0^{1-\varepsilon} + \omega_1 P_1^{1-\varepsilon}} \left(1 + \frac{P_0 \overline{C}}{P_0 C_0 + P_1 C_1}\right) - \frac{P_0 \overline{C}}{P_0 C_0 + P_1 C_1} \quad (7.48)$$

$$\frac{P_1 C_1}{P_0 C_0 + P_1 C_1} = \frac{\omega_1 P_1^{1-\varepsilon}}{\omega_0 P_0^{1-\varepsilon} + \omega_1 P_1^{1-\varepsilon}} \left(1 + \frac{P_0 \overline{C}}{P_0 C_0 + P_1 C_1}\right) \quad (7.49)$$

投资需求由投资品生产部门来刻画,该生产部门由一家代表性企业在完全竞争的市场下购买两部门产品作为投入品来生产投资品,生产技术为常替代弹性型:

$$I = (\theta_0^{1/\rho} I_0^{(\rho-1)/\rho} + \theta_1^{1/\rho} I_1^{(\rho-1)/\rho})^{\rho/(\rho-1)} \quad (7.50)$$

其中,参数 $\theta_j > 0, \rho > 0$ 为常数。用 P_I 表示投资品价格。求解企业利润最大化问题,得到:

$$\frac{P_j I_j}{P_0 I_0 + P_1 I_1} = \frac{\theta_j P_j^{1-\rho}}{\theta_0 P_0^{1-\rho} + \theta_1 P_1^{1-\rho}} \quad (7.51)$$

$$P_I = (\theta_0 P_0^{1-\rho} + \theta_1 P_1^{1-\rho})^{1/(1-\rho)} \quad (7.52)$$

投资品分别用于政府部门投资 I_G 和私人部门投资 I_P,即:

$$I = I_G + I_P \quad (7.53)$$

用 L 表示劳动力总量。生产要素市场出清的条件为两个产业部门使用的资本之和或劳动之和分别等于资本存量 K_P 或劳动力总量 L,即:

$$K_0 + K_1 = K_P, \quad L_0 + L_1 = L \quad (7.54)$$

产品市场出清的条件为每个产业部门的产品分别用于消费和投资,即:

$$Y_j = C_j + I_j \quad (7.55)$$

私人投资和政府投资分别用于积累资本 K_P 和基础设施 K_G,满足:

$$K_P' = (1 - \delta_P) K_P + I_P, \quad K_G' = (1 - \delta_G) K_G + I_G \quad (7.56)$$

其中,参数 δ_P 和 δ_G 分别代表资本和基础设施的折旧率,变量 K_P' 和 K_G' 分别表示下一期的资本存量和基础设施存量。

(二) 模型的分析

政府投资提高了基础设施水平,进而影响了每个产业部门的全要素生产率。通过分析基础设施对结构转型的影响,就可以体现出政府支出在供给侧影响结构转型的理论机制。用产业部门 1 的产出比重和就业比重的变化来衡量结构转型过程。利用(7.49)、(7.51)和(7.55)式,可以得到产业部门 1 的产出比重 x^y 为消费中产业部门 1 的比重与投资中产业部门 1 的比重的加权平均,权

重分别为消费率和投资率,即:

$$x^y = \frac{P_1 Y_1}{P_0 Y_0 + P_1 Y_1} = (1-s)\frac{(1+Z)\Phi_C}{(1+Z)\Phi_C + 1} + s\Phi_I \quad (7.57)$$

其中,变量 $s = (P_0 I_0 + P_1 I_1)/(P_0 Y_0 + P_1 Y_1)$ 表示投资率,$Z = \overline{C}/C_0$ 表示消费非位似项的相对大小,Φ_C 和 Φ_I 分别捕捉了价格效应对消费结构和投资结构的影响,满足:

$$\Phi_C = \frac{\omega_1}{\omega_0}\left(\frac{P_1}{P_0}\right)^{1-\varepsilon} = \frac{\omega_1}{\omega_0}\left(\frac{\alpha_0}{\alpha_1}\right)^{1-\varepsilon}\left(\frac{A_0}{A_1}\right)^{1-\varepsilon}\left(\frac{k_1^{1-\alpha_1}}{k_0^{1-\alpha_0}}\right)^{1-\varepsilon} K_G^{(\beta_0-\beta_1)(1-\varepsilon)} \quad (7.58)$$

$$\Phi_I = \frac{\theta_1}{\theta_0}\left(\frac{P_1}{P_0}\right)^{1-\rho} = \frac{\theta_1}{\theta_0}\left(\frac{\alpha_0}{\alpha_1}\right)^{1-\rho}\left(\frac{A_0}{A_1}\right)^{1-\rho}\left(\frac{k_1^{1-\alpha_1}}{k_0^{1-\alpha_0}}\right)^{1-\rho} K_G^{(\beta_0-\beta_1)(1-\rho)} \quad (7.59)$$

利用(7.46)和(7.54)式,可以得到产业部门1的就业比重 x^l 满足:

$$x^l = \frac{(1-\alpha_1)x^y}{(1-\alpha_1)x^y + (1-\alpha_0)(1-x^y)} \quad (7.60)$$

由(7.57)式可知,基础设施可以通过价格效应和收入效应影响产业结构转型,前者表现为对 Φ_C 和 Φ_I 的影响,后者表现为对 Z 的影响。

首先来看价格效应。根据(7.47)式,两个产业部门产品的相对价格受 A_0/A_1、$k_0^{\alpha_0-1}/k_1^{\alpha_1-1}$ 和 $K_G^{\beta_0-\beta_1}$ 的影响。其中,A_0/A_1 的变化反映了技术进步产生的价格效应,$k_0^{\alpha_0-1}/k_1^{\alpha_1-1}$ 的变化反映了资本深化产生的价格效应,这在第一章和第二章均已详细分析过,而 $K_G^{\beta_0-\beta_1}$ 的变化则反映了基础设施产生的价格效应。当 $\beta_0 < \beta_1$ 时,相对于产业部门0,基础设施更大幅度地提升了产业部门1的全要素生产率,此时产业部门1的产品相对价格将下降,这就会产生价格效应。具体地,消费者和投资品生产企业都会用相对价格更低的产业部门1的产品去替代产业部门0的产品。如果两个产业部门的产品替代弹性较小,即产业部门1的产品很难替代产业部门0的产品,那么产业部门1的产品的需求数量虽然会上升,但上升幅度不大。于是相对价格的下降将起到主导作用,从而降低产业部门1的总支出(即价格与数量之积)的比重。而如果两个产业部门的产品替代弹性较大,即产业部门1的产品可以很大程度上替代产业部门0的产品,那么对产业部门1的产品的需求数量就会大幅上升,拉动产业部门1的支出比重上升。反之,当基础设施对产业部门1全要素生产率的影响小于对产业部门0的影响时,影响方向就会完全相反。这一机制的影响由(7.58)和(7.59)式体现。如果 $\beta_0 < \beta_1$,即基础设施对产业部门1全要素生产率的影响大于对产业

部门 0 的影响,那么 $\partial \Phi_C/\partial K_G < 0 \Leftrightarrow \varepsilon < 1$,$\partial \Phi_I/\partial K_G < 0 \Leftrightarrow \rho < 1$。当两个产业部门的产品在消费中的替代弹性 ε 小于 1 时,基础设施水平的提高将降低消费中产业部门 1 的比重;反之亦然。当两个产业部门的产品在投资中的替代弹性 ρ 小于 1 时,基础设施水平的提高将降低投资中产业部门 1 的比重;反之亦然。如果 $\beta_0 > \beta_1$,那么 K_G 的影响方向就会相反。

其次来看收入效应。基础设施促进了全行业全要素生产率的提升,导致总产出和总消费水平提高。由于不同产业部门产品的消费需求收入弹性存在差别,消费结构就会分别随着总消费水平的提高而变化,推动产业结构转型。在 (7.57) 式中,价格效应影响了 Z。具体地,如果消费中产业部门 1 的需求收入弹性大于产业部门 0,那么基础设施提高了总消费水平后,虽然产业部门 1 和产业部门 0 的产品需求均会上升,但产业部门 1 的产品需求会上升得更快,导致产业部门 1 的产品的消费支出比重提高。反之亦然。这一机制的影响可以由 $\partial Z/\partial C_0 > 0 \Leftrightarrow \bar{C} < 0$ 来体现。当 $\bar{C} < 0$ 时,消费中产业部门 1 的需求收入弹性大于产业部门 0,此时随着 C_0 的提高,Z 会提高,导致消费中产业部门 1 的比重上升。当 $\bar{C} > 0$ 时,随着 C_0 的提高,Z 会下降,消费中产业部门 1 的比重就会下降。

除了价格效应和收入效应,政府支出的提高也可能会改变投资率 s,而如果投资的产业构成和消费的产业构成存在差别,那么投资率的变化也会推动产业结构转型,这与前文模型中政府支出在需求侧产生的影响类似,这里不再赘述。

综上,政府支出通过提高基础设施水平进而在供给侧改变了不同生产部门的相对生产率,就会产生价格效应,基础设施本身也会直接提高经济的产出水平和消费水平,同时产生收入效应,因此政府支出对结构转型的影响与第一章关于价格效应和收入效应的经济机制是一致的。

第三节 政府税费与结构转型

这一节介绍一个包含政府税费的结构转型模型,分析政府税费政策影响结构转型的理论机制。为了突出理论机制,这一节的基本模型不考虑政府支出对结构转型的影响。这一节引入政府税费的建模方式也可以根据研究需要应用于其他更加复杂的结构转型模型。

一、模型的建立

生产方面由一个最终品生产部门和两个中间品生产部门构成。两个中间品生产部门用下标 $j = \{1,2\}$ 区分,其相对比重衡量了供给结构。每个中间品部门由一家代表性企业在完全竞争市场下租用资本 K_j,雇佣劳动 L_j,生产产出 Y_j。生产采用常替代弹性技术,满足:

$$Y_j = A_j [(\alpha_j^K)^{1/\sigma_j} K_j^{(\sigma_j-1)/\sigma_j} + (\alpha_j^L)^{1/\sigma_j} L_j^{(\sigma_j-1)/\sigma_j}]^{\sigma_j/(\sigma_j-1)} \quad (7.61)$$

其中,A_j 表示全要素生产率;$0 < \alpha_j^K, \alpha_j^L < 1$ 为常数,满足 $\alpha_j^K + \alpha_j^L = 1$;$\sigma_j > 0$ 为常数,衡量了资本和劳动的替代弹性。分别用 $\theta_j^K = (\partial Y_j/Y_j)/(\partial K_j/K_j)$ 和 $\theta_j^L = (\partial Y_j/Y_j)/(\partial L_j/L_j)$ 表示资本产出弹性和劳动产出弹性。用 P_j, R, W 分别表示企业产品价格、税后资本收入和税后劳动收入,企业利润为 $(1 - \tau_j^Y)P_j Y_j - (1 + \tau_j^R)RK_j - (1 + \tau_j^W)WL_j$。其中,$\tau_j^Y$ 表示企业收入相关税费占企业收入比重,衡量了企业收入相关的税负,如企业收入税、增值税、消费税及其他相关税费等;τ_j^R 表示资本收入相关税费与税后收入之比,衡量了企业使用资本的税负,如资本收入税及其他相关税费等;τ_j^W 表示劳动收入相关税费与税后收入之比,衡量了企业使用劳动的税负,如劳动收入税、社会保障费及其他相关税费。于是,$(1 + \tau_j^R)RK_j + (1 + \tau_j^W)WL_j$ 衡量了企业生产成本。企业利润最大化问题的一阶最优性条件为:

$$(1 + \tau_j^R)RK_j = (1 - \tau_j^Y)\theta_j^K P_j Y_j, \quad (1 + \tau_j^W)WL_j = (1 - \tau_j^Y)\theta_j^L P_j Y_j \quad (7.62)$$

两个中间品生产部门的产出以常替代弹性技术生产最终品 Q,生产函数满足:

$$Q = (\omega_1^{1/\varepsilon} Y_1^{(\varepsilon-1)/\varepsilon} + \omega_2^{1/\varepsilon} Y_2^{(\varepsilon-1)/\varepsilon})^{\varepsilon/(\varepsilon-1)} \quad (7.63)$$

其中,参数 $\omega_1, \omega_2 > 0$ 为常数;$\varepsilon > 0$ 为常数,衡量了两个中间品生产部门产出的替代弹性。最终品生产由一家完全竞争市场中的代表性企业来刻画。把最终品价格作为计价物,价格标准化为 1。该代表性企业利润最大化的一阶最优性条件为:

$$\frac{P_1 Y_1}{P_2 Y_2} = \frac{\omega_1}{\omega_2}\left(\frac{P_1}{P_2}\right)^{1-\varepsilon} \quad (7.64)$$

政府获得企业收入相关税费 $\sum_j \tau_j^Y P_j Y_j$、资本收入相关税费 $\sum_j \tau_j^R RK_j$ 和劳动收入相关税费 $\sum_j \tau_j^W WL_j$,把所有税费收入全部一次性转移支付给家庭部门,转移支付金额为 Tr，即：

$$\sum_j (\tau_j^Y P_j Y_j + \tau_j^R R K_j + \tau_j^W W L_j) = Tr \qquad (7.65)$$

家庭部门在每一期持有生产使用的所有资本 K，劳动供给为 L。家庭部门获得税后资本收入和劳动收入 $\sum_j R K_j + W L_j$，以及政府转移支付 Tr，家庭把其中的 s 比例用于储蓄，储蓄形成了投资，增加了家庭持有的资本，于是有：

$$K' = (1 - \delta) K + s \left(\sum_j R K_j + W L_j + Tr \right) \qquad (7.66)$$

其中，变量 K' 表示下一期的资本，参数 $0 < \delta < 1$ 表示折旧率。

每一期生产要素市场出清，即：

$$K_1 + K_2 = K,\ L_1 + L_2 = L \qquad (7.67)$$

二、模型的分析

上述理论模型框架给出了政府税费政策对结构转型的影响。联立(7.62)和(7.64)式，得到：

$$\frac{(1 + \tau_1^R) K_1^{1/\sigma_1}}{(1 + \tau_2^R) K_2^{1/\sigma_2}} = \frac{(\alpha_1^K)^{1/\sigma_1}}{(\alpha_2^K)^{1/\sigma_2}} \left(\frac{\omega_1}{\omega_2} \right)^{1/\varepsilon} \frac{1 - \tau_1^Y}{1 - \tau_2^Y} \frac{Y_1^{1/\sigma_1 - 1/\varepsilon}}{Y_2^{1/\sigma_2 - 1/\varepsilon}} \frac{A_1^{(\sigma_1 - 1)/\sigma_1}}{A_2^{(\sigma_2 - 1)/\sigma_2}} \qquad (7.68)$$

$$\frac{(1 + \tau_1^R)}{(1 + \tau_2^R)} \left(\frac{K_1}{L_1} \right)^{1/\sigma_1} = \frac{(\alpha_1^K)^{1/\sigma_1} (\alpha_2^L)^{1/\sigma_1}}{(\alpha_1^L)^{1/\sigma_1} (\alpha_2^K)^{1/\sigma_2}} \frac{(1 + \tau_1^W)}{(1 + \tau_2^W)} \left(\frac{K_2}{L_2} \right)^{1/\sigma_2} \qquad (7.69)$$

给定资本存量 K 和劳动供给 L，(7.61)、(7.67)—(7.69)式共同决定了两个中间品生产部门的生产要素 K_j, L_j 和产出 Y_j。定义资本和劳动在生产部门 1 中的比重分别为 $x^K = K_1/K$ 和 $x^L = L_1/L$。

对(7.61)、(7.67)—(7.69)式进行全微分，可以得到：

$$\begin{pmatrix} V^L & V^K \\ U^L & U^K \end{pmatrix} \begin{pmatrix} \dfrac{d\log x^L}{1 - x^L} \\ \dfrac{d\log x^K}{1 - x^K} \end{pmatrix} = \begin{pmatrix} 0 \\ -1 \end{pmatrix} d\log \left(\frac{1 - \tau_1^Y}{1 - \tau_2^Y} \right) + \begin{pmatrix} -1 \\ 0 \end{pmatrix} d\log \left(\frac{1 + \tau_1^W}{1 + \tau_2^W} \right) + \begin{pmatrix} 1 \\ 1 \end{pmatrix} d\log \left(\frac{1 + \tau_1^R}{1 + \tau_2^R} \right)$$

$$(7.70)$$

$$d\log \left(\frac{Y_1}{Y_2} \right) = \left[\theta_1^K (1 - x^K) + \theta_2^K x^K \right] \frac{d\log x^K}{1 - x^K} + \left[\theta_1^L (1 - x^L) + \theta_2^L x^L \right] \frac{d\log x^L}{1 - x^L} \qquad (7.71)$$

$$d\left(\frac{P_1 Y_1}{P_2 Y_2} \right) = \frac{\varepsilon - 1}{\varepsilon} d\left(\frac{Y_1}{Y_2} \right) \qquad (7.72)$$

其中，

$$V^L = \frac{1}{\sigma_1}(1-x^L) + \frac{1}{\sigma_2}x^L, U^L = \left(\frac{1}{\sigma_1} - \frac{1}{\varepsilon}\right)\theta_1^L(1-x^L) + \left(\frac{1}{\sigma_2} - \frac{1}{\varepsilon}\right)\theta_2^L x^L$$

$$V^K = -\left[\frac{1}{\sigma_1}(1-x^K) + \frac{1}{\sigma_2}x^K\right], U^K = \left(\frac{1}{\sigma_1} - \frac{1}{\varepsilon}\right)\theta_1^K(1-x^K) + \left(\frac{1}{\sigma_2} - \frac{1}{\varepsilon}\right)\theta_2^K x^K + V^K$$

为了分析要素收入相关税费的影响，将(7.70)—(7.72)式对 τ_j^R 和 τ_j^W 进行比较静态分析，得到：

$$\mathrm{d}\log x^L \Big/ \mathrm{d}\log\left(\frac{1+\tau_1^W}{1+\tau_2^W}\right) < 0, \ \mathrm{d}\log x^L \Big/ \mathrm{d}\log\left(\frac{1+\tau_1^R}{1+\tau_2^R}\right) < 0 \Leftrightarrow \left(\frac{1}{\sigma_1} - \frac{1}{\varepsilon}\right)\theta_1^K(1-x^K) +$$

$$\left(\frac{1}{\sigma_2} - \frac{1}{\varepsilon}\right)\theta_2^K x^K > 0$$

$$\mathrm{d}\log x^K \Big/ \mathrm{d}\log\left(\frac{1+\tau_1^W}{1+\tau_2^W}\right) < 0 \Leftrightarrow \left(\frac{1}{\sigma_1} - \frac{1}{\varepsilon}\right)\theta_1^L(1-x^L) + \left(\frac{1}{\sigma_2} - \frac{1}{\varepsilon}\right)\theta_2^L x^L > 0,$$

$$\mathrm{d}\log x^K \Big/ \mathrm{d}\log\left(\frac{1+\tau_1^R}{1+\tau_2^R}\right) < 0$$

$$\mathrm{d}\log\left(\frac{Y_1}{Y_2}\right) \Big/ \mathrm{d}\log\left(\frac{1+\tau_1^W}{1+\tau_2^W}\right) < 0, \ \mathrm{d}\log\left(\frac{Y_1}{Y_2}\right) \Big/ \mathrm{d}\log\left(\frac{1+\tau_1^R}{1+\tau_2^R}\right) < 0$$

$$\mathrm{d}\log\left(\frac{P_1 Y_1}{P_2 Y_2}\right) \Big/ \mathrm{d}\log\left(\frac{1+\tau_1^W}{1+\tau_2^W}\right) > 0 \Leftrightarrow \varepsilon < 1, \ \mathrm{d}\log\left(\frac{P_1 Y_1}{P_2 Y_2}\right) \Big/ \mathrm{d}\log\left(\frac{1+\tau_1^R}{1+\tau_2^R}\right) > 0 \Leftrightarrow \varepsilon < 1$$

上述结果给出了要素收入相关税费对结构转型的影响方向，这里以税费降低为例说明。具体地，劳动收入相关税费更大幅度降低的生产部门，就业比重和实际产出比重将会提高，资本比重的变化方向取决于生产部门内部资本和劳动的替代弹性与生产部门之间产品的替代弹性，名义产出比重的变化方向取决于生产部门之间产品的替代弹性。当生产部门内部资本和劳动的替代弹性较大或产业部门之间产品的替代弹性较小时，劳动收入相关税费更大幅度降低的生产部门，资本比重和名义产出比重将会降低，反之亦然。与之类似，资本收入相关税费更大幅度降低的生产部门，资本比重和实际产出比重将会提高，就业比重的变化方向取决于生产部门内部资本和劳动的替代弹性与生产部门之间产品的替代弹性，名义产出比重的变化方向取决于生产部门之间产品的替代弹性。当生产部门内部资本和劳动的替代弹性较大或生产部门之间产品的替代弹性较小时，资本收入相关税费更大幅度地降低的生产部门，就业比重和名义产出比重将会降低,反之亦然。上述结果同时也表明,只有结构性的税费政策才会对结构转型产生影响,如果两个生产部门的要素收入相关税费比值 $(1+\tau_1^W)/(1+\tau_2^W)$ 或 $(1+\tau_1^R)/(1+\tau_2^R)$ 不变,要素配置结构和产出结构都不会发生变化。

这里以劳动收入相关税费降低对生产部门就业比重、资本比重、实际产出比重和名义产出比重的影响为例说明上述结论背后的经济机制,其核心在于税费政策对不同生产部门企业生产成本的差异化影响。从劳动收入相关税费降低对就业比重的影响上看,如果生产部门 1 的劳动收入相关税费更大幅度地降低,即 $(1+\tau_1^W)/(1+\tau_2^W)$ 下降,意味着该生产部门的企业使用劳动的生产成本更大幅度地降低,企业就会扩大对劳动的需求,这就会促使劳动流向生产部门 1,从而提高生产部门 1 的就业比重。

从劳动收入相关税费降低对资本比重的影响上看,如果生产部门 1 的劳动收入相关税费更大幅度地降低,资本的流动方向取决于下式的符号

$$\left(\frac{1}{\sigma_1}-\frac{1}{\varepsilon}\right)\theta_1^L(1-x^L)+\left(\frac{1}{\sigma_2}-\frac{1}{\varepsilon}\right)\theta_2^L x^L$$

这与产业部门内部资本和劳动的替代弹性 σ_j 和产业部门之间产品的替代弹性 ε 相关。为了理解这一公式的经济含义,首先考虑 $\sigma_1=\sigma_2=1$ 的情形。此时两个生产部门资本和劳动的替代弹性均为 1,资本的流动方向就取决于生产部门之间产品的替代弹性是否大于 1,即:

$$\mathrm{d}\log x^K\bigg/\mathrm{d}\log\left(\frac{1+\tau_1^W}{1+\tau_2^W}\right)<0\Leftrightarrow\varepsilon>1$$

如果生产部门之间产品的替代弹性小于 1,那么资本就会流向生产部门 2,反之亦然。这是因为,如果生产部门 1 使用劳动的生产成本更大幅度地降低,那么生产部门 1 产品的相对价格就会下降,从而产生价格效应。具体地,相对价格下降导致生产部门 1 产品的相对实际需求上升。但是,生产部门 1 产品的相对名义需求取决于是相对价格下降的幅度大还是相对实际需求上升的幅度大。当生产部门之间产品的替代弹性较小(小于 1)时,相对价格下降的生产部门 1 的产品也很难替代生产部门 2,因此生产部门 2 的名义支出比重就会上升,从而促使资本流向生产部门 2。反之,当生产部门之间产品的替代弹性较大(大于 1)时,生产部门 1 产品的相对实际需求就会更大幅度地上升,导致生产部门 1 的名义支出比重上升,从而促使资本也流向生产部门 1。

其次考虑 $\sigma_2=\varepsilon$ 的情形。此时生产部门 2 资本和劳动的替代弹性与生产

部门之间产品的替代弹性相等,资本的流动方向就取决于生产部门 1 资本和劳动的替代弹性是否大于 ε,即:

$$\mathrm{dlog}x^K \Big/ \mathrm{dlog}\left(\frac{1+\tau_1^W}{1+\tau_2^W}\right) < 0 \Leftrightarrow \sigma_1 < \varepsilon$$

如果生产部门 1 资本和劳动的替代弹性较大(大于 ε),那么资本就会流向生产部门 2,反之亦然。这是因为,如果生产部门 1 使用劳动的生产成本更大幅度地降低,生产部门 1 的实际产出就会扩大。当资本和劳动的替代弹性较小(小于 ε)或互补性较强时,生产部门 1 的企业更多使用劳动的同时也会更多使用资本,于是资本也流向生产部门 1。但是,当资本和劳动的替代弹性较大时,企业就会较大程度地用劳动替代资本,从而促使资本流向生产部门 2。

从劳动收入相关税费降低对实际产出比重的影响上看,无论资本更多地流向生产部门 1 还是生产部门 2,这种间接作用都会被劳动更多地流向生产部门 1 的作用所主导,导致生产部门 1 的实际产出更大幅度地上升,提高其实际产出比重。这是因为生产部门 1 的劳动收入相关的税费更大幅度地降低,生产成本的降低就会首先传导到产品价格上,导致生产部门 1 的产品相对价格下降,其实际产出比重就会上升。从劳动收入相关税费降低对名义产出比重的影响上看,名义产出比重的变化方向取决于生产部门之间产品的替代弹性 ε。这是因为生产部门 1 的产品相对价格和实际产出比重的变化方向相反,当生产部门之间产品的替代弹性较小(小于 1)时,相对价格下降的生产部门 1 的产品也很难替代生产部门 2,因此生产部门 2 的名义产出比重就会由于相对价格的上升而上升。反之,当生产部门之间产品的替代弹性较大(大于 1)时,生产部门 1 的名义产出比重就会由于实际产出比重更大幅度地上升而上升。

资本收入相关税费降低的影响机制与劳动收入相关税费降低的影响机制完全一致。如果生产部门 1 的资本收入相关税费更大幅度地降低,该生产部门企业就会提高资本的需求,促使资本流向生产部门 1。由于企业成本降低,该生产部门产品的相对价格就会下降,实际产出比重就会上升。当生产部门之间产品的替代弹性较小时,该生产部门名义产出比重就会由于相对价格的下降而下降,反之亦然。资本相对价格下降会激励该生产部门的企业用资本替代劳动,生产部门 1 名义产出比重的下降会促使劳动流向生产部门 2,因此当该生产部门资本与劳动替代弹性较大或生产部门之间的产品替代弹性较小时,劳动将会流向生产部门 2,降低生产部门 1 的就业比重。反之亦然。

为了分析企业收入相关税费的影响,将(7.70)—(7.72)式对 τ_j^Y 进行比较静态分析,得到:

$$\mathrm{d}\log x^L \Big/ \mathrm{d}\log\left(\frac{1-\tau_1^Y}{1-\tau_2^Y}\right) > 0$$

$$\mathrm{d}\log x^K \Big/ \mathrm{d}\log\left(\frac{1-\tau_1^Y}{1-\tau_2^Y}\right) > 0$$

$$\mathrm{d}\log\left(\frac{Y_1}{Y_2}\right) \Big/ \mathrm{d}\log\left(\frac{1-\tau_1^Y}{1-\tau_2^Y}\right) > 0$$

$$\mathrm{d}\log\left(\frac{P_1 Y_1}{P_2 Y_2}\right) \Big/ \mathrm{d}\log\left(\frac{1-\tau_1^Y}{1-\tau_2^Y}\right) > 0 \Leftrightarrow \varepsilon > 1$$

上述结果给出了企业收入相关税费对结构转型的影响方向,这里也以税费降低为例说明。具体地,企业收入相关税费更大幅度降低的生产部门,就业比重、资本比重和实际产出比重将会提高,名义产出比重的变化方向取决于生产部门之间产品的替代弹性。当生产部门之间产品的替代弹性较小时,企业收入相关税费更大幅度降低的生产部门,名义产出比重将会降低,反之亦然。

这背后的经济机制相对直观,核心在于税费政策对不同生产部门企业税后收入的差异化影响。如果税费政策更大幅度地降低了生产部门 1 企业收入相关税费,即 $(1-\tau_1^Y)/(1-\tau_2^Y)$ 上升,企业就会扩大生产,促使资本和劳动流向生产部门 1。与此同时,生产部门 1 企业收入相关税费更大幅度地下降会降低其产品相对价格,进而产生价格效应,提高了实际产出比重,但名义产出比重取决于产品相对价格下降幅度大还是实际产出比重上升幅度大,这又取决于生产部门之间产品的替代弹性。当生产部门之间产品的替代弹性较小(小于 1)时,相对价格下降的生产部门 1 的产品也很难替代生产部门 2,因此生产部门 2 的名义产出比重就会由于相对价格的上升而上升。反之,当生产部门之间产品的替代弹性较大(大于 1)时,生产部门 1 的名义产出比重就会由于实际产出比重的上升而上升。

这一节的理论模型展示了政府税费政策通过对不同生产部门的生产成本和企业收入的差异化影响,推动生产部门内部要素之间相互替代和生产部门之间产品相互替代的理论机制。模型是以资本和劳动这两类生产要素为例进行说明的,其分析框架和经济机制同样适用于其他生产要素的情形。政府税费政策还会影响企业创新和技术选择以及需求侧的消费和投资结构,这些都可以通过拓展这一节的理论模型进行进一步的研究。

三、模型的拓展

上述模型中,储蓄率是外生变量,影响结构转型的经济机制中并没有纳入收入效应,这里介绍一个储蓄率和投资结构内生、消费结构中纳入收入效应的动态一般均衡模型框架,把模型设定拓展到一个更一般的情形中。

模型生产方面不再引入最终品生产部门,而是由两个产业部门和投资品生产部门构成。其中,两个产业部门沿用前文的设定,生产函数满足:

$$Y_j = A_j \left[(\alpha_j^K)^{1/\sigma_j} K_j^{(\sigma_j-1)/\sigma_j} + (\alpha_j^L)^{1/\sigma_j} L_j^{(\sigma_j-1)/\sigma_j} \right]^{\sigma_j/(\sigma_j-1)} \tag{7.73}$$

企业利润最大化问题的一阶最优性条件为:

$$(1 + \tau_j^R) R K_j = (1 - \tau_j^Y) \theta_j^K P_j Y_j, \quad (1 + \tau_j^W) W L_j = (1 - \tau_j^Y) \theta_j^L P_j Y_j \tag{7.74}$$

投资品生产部门由一家代表性企业购买两个产业部门的产品 I_j 作为中间品,生产投资品 I,其价格用 P_I 表示。假设生产采用常替代弹性技术,形式上满足:

$$I = (\gamma_1^{1/\rho} I_1^{(\rho-1)/\rho} + \gamma_2^{1/\rho} I_2^{(\rho-1)/\rho})^{\rho/(\rho-1)} \tag{7.75}$$

其中,参数 $0 < \gamma_1, \gamma_2 < 1$ 为常数,满足 $\gamma_1 + \gamma_2 = 1$;参数 $\rho > 0$ 为常数。企业利润最大化问题的一阶最优性条件为:

$$\frac{P_1 I_1}{P_2 I_2} = \frac{\gamma_1}{\gamma_2} \left(\frac{P_1}{P_2} \right)^{1-\rho} \tag{7.76}$$

$$P_I = (\gamma_1 P_1^{1-\rho} + \gamma_2 P_2^{1-\rho})^{1/(1-\rho)} \tag{7.77}$$

需求方面分为居民部门和政府部门两个部门。居民部门获得两个产业部门的税后资本收入和税后劳动收入 $\sum_j R K_j + W L_j$。居民把收入的一部分用于消费支出 E,分别购买产业部门 1 和 2 的产品 C_1 和 C_2;另一部分用于储蓄,储蓄用于购买投资,增加了持有的资本。因此,居民部门的预算约束变为:

$$E + P_I I = P_1 C_1 + P_2 C_2 + P_I I = \sum_j R K_j + W L_j \tag{7.78}$$

$$K' = (1 - \delta) K + I \tag{7.79}$$

这里用 Z' 表示任意变量 Z 在下一期的取值。为了引入收入效应,设定由非位似常替代弹性偏好刻画居民即期效用函数:

$$(\omega_1 C^{\eta_1})^{1/\varepsilon} C_1^{(\varepsilon-1)/\varepsilon} + (\omega_2 C^{\eta_2})^{1/\varepsilon} C_2^{(\varepsilon-1)/\varepsilon} = 1 \tag{7.80}$$

其中,变量 C 表示效用水平;参数 $\omega_1, \omega_2 > 0$ 为常数;参数 $\varepsilon > 0$ 为常数,衡量了两个产业部门的产品替代弹性;参数 η_1, η_2 为常数,并且如果 $\varepsilon < 1$,则 $\eta_1, \eta_2 > 0$,如果 $\varepsilon > 1$,则 $\eta_1, \eta_2 < 0$。注意到如果 $\eta_1 = \eta_2 = 1$,该偏好变为位

似偏好,即两个产业部门产品的需求收入弹性均为1。居民最大化一生效用,即 $\sum_{t=0}^{\infty} \beta^t(C_t^{1-\mu}-1)/(1-\mu)$。其中,参数 $0<\beta<1, \mu>0$ 均为常数。把即期效用 C 作为计价物,标准化价格为1。居民部门最大化一生效用,最优性条件为:

$$\frac{P_j C_j}{E} = \frac{\omega_j C^{\eta_j} P_j^{1-\varepsilon}}{E^{1-\varepsilon}} \tag{7.81}$$

$$E^{1-\varepsilon} = \sum_j \omega_j C^{\eta_j} P_j^{1-\varepsilon} \tag{7.82}$$

$$\beta \left(\frac{C'}{C}\right)^{-\mu} \frac{(1-\delta)P_I' + R'}{P_I} = 1 \tag{7.83}$$

政府把所有税费收入的 χ_1, χ_2 比例分别用于购买产业部门1和2的产品 G_1, G_2,即:

$$\chi_j \sum_j (\tau_j^Y P_j Y_j + \tau_j^R R K_j + \tau_j^W W L_j) = P_j G_j \tag{7.84}$$

产品市场出清条件为每个产业部门产品分别用于居民消费、政府支出和投资,即:

$$Y_j = C_j + I_j + G_j \tag{7.85}$$

生产要素市场出清条件仍然不变:

$$K_1 + K_2 = K, \ L_1 + L_2 = L \tag{7.86}$$

尽管上述动态一般均衡模型内生了储蓄和投资结构,但不会改变前文分析的理论机制。事实上,如果不考虑需求侧居民消费结构、政府支出结构和投资结构的差别,这里的模型与前文中的模型实际上是等价的,政府税费在供给侧对生产成本和企业收入的影响仍然是成立的。与前文中的模型相比,这里的模型中需求侧居民消费结构、政府支出结构和投资结构可以存在差别,并且居民消费偏好是非位似的。因此这里的模型既包括上一节政府支出结构影响结构转型的机制,也包括收入效应影响消费结构的理论机制。前者体现为当政府支出结构与居民消费结构、投资结构存在差别时,政府税费政策影响了居民消费、政府支出和投资的相对规模,就会影响加总后的需求结构;后者体现为如果政府税费政策改变了居民消费水平,那么也会通过收入效应直接改变居民消费结构,进而影响加总后的需求结构。这些理论机制都体现了税费政策在需求侧拉动结构转型的作用。

第四节 货币政策与结构转型

这一节介绍一个包含货币政策和现金约束的结构转型模型,分析货币供给通过现金约束影响结构转型的理论机制。现金约束(Cash in Advance,CIA)是指市场交易活动需要使用货币(广义上的现金),为此生产者和消费者都会持有一定数量的货币来满足交易,这体现了货币的交易媒介功能。

一、包含现金约束的结构转型模型

考虑一个包含农业和非农业的结构转型模型。用下标 $t \in \{0,1,2,\cdots\}$ 表示时期。农业部门由一家代表性企业使用劳动进行生产,满足线性生产技术,即:

$$Y_{at} = A_{at} L_{at} \tag{7.87}$$

其中,变量 Y_{at} 表示农业产出,L_{at} 表示农业劳动投入,A_{at} 表示农业劳动生产率。农业产出的交易无须使用货币(广义上的现金)。非农业部门由一家代表性企业使用劳动进行生产,满足线性生产技术,即:

$$Y_{dt} = A_{dt} L_{dt} \tag{7.88}$$

其中,变量 Y_{dt} 表示非农业产出,L_{dt} 表示非农业劳动投入,A_{dt} 表示非农业劳动生产率。非农业的部分产出需要使用货币进行交易,涉及的产出记为 Y_{mt},部分产出无须使用货币进行交易,涉及的产出记为 Y_{nt},于是有:

$$Y_{dt} = Y_{mt} + Y_{nt} \tag{7.89}$$

因此,农业和非农业两个生产部门生产农产品 Y_{at}、需要使用货币的非农产品 Y_{mt} 和无须使用货币的非农产品 Y_{nt} 这三类产品。每类产品全部用于消费,对应的消费量分别记为 C_{at},C_{mt} 和 C_{nt}。其市场出清条件为:

$$Y_{at} = C_{at}, \quad Y_{mt} = C_{mt}, \quad Y_{nt} = C_{nt} \tag{7.90}$$

用 W_t 表示劳动工资,用 P_{at} 和 P_{dt} 分别表示农业和非农业的产出价格,其代表性企业利润最大化问题的一阶最优性条件为:

$$W_t = P_{at} A_{at} = P_{dt} A_{dt} \tag{7.91}$$

用一个代表性家庭来刻画消费需求。这个家庭在每一期都提供一单位劳动,获得劳动工资 W_t;持有无风险债券 B_t,在该期以 $1+R_t$ 的价格卖出;持有满足交易的货币 M_t;获得政府转移支付 T_t。家庭把所有收入用于购买三类消费

品 C_{at}、C_{mt}、C_{nt} 和无风险债券 B_{t+1}（下一期可以 $1+R_{t+1}$ 的价格卖出），并为下一期交易保有货币 M_{t+1}。因此，变量 R_t 表示债券利率。持有现金而不是债券，就会损失这部分无风险债券的利息所得，债券利率 R_t 也就衡量了持有现金的机会成本。基于上述设定，可知家庭预算约束方程满足：

$$P_{at}C_{at} + P_{dt}(C_{mt} + C_{nt}) + B_{t+1} + M_{t+1} = W_t + (1+R_t)B_t + M_t + T_t \quad (7.92)$$

非农产品中数量为 C_{mt} 的消费品需要使用货币进行交易，假设这一现金约束体现为家庭而不是企业必须持有相应的货币，即：

$$P_{dt}C_{mt} \leq M_t \quad (7.93)$$

其他消费品交易、劳动和债券等交易均无须使用现金。家庭从三类消费品中获得即期效用，满足 Stone-Geary 型效用函数。假设家庭可以生存无穷期，设定其一生效用函数为：

$$\sum_t \beta^t [\omega_a \log(C_{at} - \overline{C}) + \omega_m \log C_{mt} + \omega_n \log C_{nt}]$$

其中，参数 $0 < \beta < 1$ 为常数，表示时间偏好因子；参数 $0 < \omega_a, \omega_m, \omega_n < 1$ 为常数，满足 $\omega_a + \omega_m + \omega_n = 1$；参数 $\overline{C}$ 为常数，刻画了非位似偏好。家庭在预算约束方程(7.92)和现金约束方程(7.93)的约束下，通过选择消费 C_{at}、C_{mt}、C_{nt} 以及无风险债券 B_{t+1} 和货币 M_{t+1} 最大化其一生效用。

政府通过央行货币政策控制货币供给，并把新增货币全部以转移支付形式转移到家庭，即：

$$M_{t+1} = T_{t+1} + M_t = g_{Mt}M_t \quad (7.94)$$

(7.94)式中引入变量 $g_{Mt} = M_{t+1}/M_t$ 表示货币供给增长速度，为央行货币政策决定的外生变量。

每一期劳动力市场和债券出清，满足：

$$L_{at} + L_{dt} = 1, \quad B_t = 0 \quad (7.95)$$

二、模型的求解

为保证现金约束始终是紧约束，模型还需进一步假设债券利率始终为正，即 $R_t > 0$。下面就会看到这一假设的作用。利用拉格朗日方法求解家庭效用最大化问题。定义拉格朗日方程如下：

$$\Psi = \sum_t \beta^t [\omega_a \log(C_{at} - \overline{C}) + \omega_m \log C_{mt} + \omega_n \log C_{nt}] + \sum_t \mu_t (M_t - P_{dt}C_{mt}) + \sum_t \lambda_t [W_t + (1+R_t)B_t + M_t + T_t - P_{at}C_{at} - P_{dt}(C_{mt} + C_{nt}) - B_{t+1} - M_{t+1}]$$

其中，变量 μ_t 和 λ_t 分别为第 t 期不等式约束(即现金约束方程)(7.93)式和等式约束(即预算约束方程)(7.92)式对应的拉格朗日乘子。一阶最优性条件和松弛条件如下：

$$\frac{\beta^t \omega_a}{C_{at} - \overline{C}} = \lambda_t P_{at} \qquad (7.96)$$

$$\frac{\beta^t \omega_m}{C_{mt}} = \lambda_t P_{dt} + \mu_t P_{dt} \qquad (7.97)$$

$$\frac{\beta^t \omega_n}{C_{nt}} = \lambda_t P_{dt} \qquad (7.98)$$

$$\lambda_t = \lambda_{t+1}(1 + R_{t+1}) \qquad (7.99)$$

$$\lambda_t = \lambda_{t+1} + \mu_{t+1} \qquad (7.100)$$

$$\mu_t \geq 0, \mu_t(M_t - P_{dt} C_{mt}) = 0 \qquad (7.101)$$

继续求解这一模型通常需从松弛条件(7.101)式入手。首先由(7.99)和(7.100)式可知 $\mu_t = \lambda_t R_t$。由(7.98)式可知 $\lambda_t > 0$，再加上假设 $R_t > 0$，就可以得到 $\mu_t > 0$。因此，结合(7.101)式可知现金约束是紧约束，即 $M_t = P_{dt} C_{mt}$。此式与(7.97)、(7.99)和(7.100)式联立，可以得到欧拉方程：

$$\frac{P_{dt+1} C_{mt+1}}{P_{dt} C_{mt}} = \beta(1 + R_t) = g_{Mt} \qquad (7.102)$$

由(7.102)式可知债券利率 $R_t = g_{Mt}/\beta$ 由货币供给增长速度 g_{Mt} 决定。货币供给增长越快，债券利率越高，持有现金的机会成本也就越高。联立(7.96)—(7.100)和(7.102)式可知：

$$\frac{C_{mt}}{C_{at} - \overline{C}} \frac{\omega_a}{\omega_m} = \frac{\lambda_t}{\lambda_t + \mu_t} \frac{P_{at}}{P_{dt}} = \frac{1}{1 + R_t} \frac{P_{at}}{P_{dt}} = \frac{\beta}{g_{Mt}} \frac{P_{at}}{P_{dt}} \qquad (7.103)$$

$$\frac{C_{nt}}{C_{at} - \overline{C}} \frac{\omega_a}{\omega_n} = \frac{P_{at}}{P_{dt}} \qquad (7.104)$$

继续求解模型还需利用供给侧方程和市场出清条件。根据企业最优化选择(7.91)式可知，农业产出相对价格由其相对劳动生产率决定，即 $P_{at}/P_{dt} = A_{dt}/A_{at}$，将其和(7.87)—(7.90)、(7.95)式全部代入(7.103)和(7.104)式，可以进一步求解得到：

$$L_{at} = \frac{\omega_m \beta \frac{\overline{C}}{A_{at}} + \left(\omega_n \frac{\overline{C}}{A_{at}} + \alpha\right) g_{Mt}}{\omega_m \beta + (\omega_a + \omega_m) g_{Mt}}, L_{dt} = 1 - L_{at} \qquad (7.105)$$

$$C_{mt} = \phi_{mt} A_{dt} L_{dt}, \quad C_{nt} = (1 - \phi_{mt}) A_{dt} L_{dt} \qquad (7.106)$$

$$P_{dt} = \frac{M_t}{C_{mt}} = \frac{\omega_m \beta + \omega_n g_{Mt}}{\omega_m \beta} \frac{M_t}{A_{dt} L_{dt}}, \quad P_{at} = \frac{\omega_m \beta + \omega_n g_{Mt}}{\omega_m \beta} \frac{M_t}{A_{at} L_{at}} \qquad (7.107)$$

其中,引入变量 $\phi_{mt} = \omega_m \beta / (\omega_m \beta + \omega_n g_{Mt})$ 表示非农产品中需要使用货币的产品数量所占比重。给定每一期的货币供给和劳动生产率,(7.105)—(7.107)式共同决定了产出结构、就业结构和价格结构。

三、货币政策对结构转型的影响

将(7.105)—(7.107)式对货币供给增长速度 g_{Mt} 进行比较静态分析,易知:

$$\frac{\partial L_{dt}}{\partial g_{Mt}} < 0, \quad \frac{\partial \phi_{mt}}{\partial g_{Mt}} < 0$$

如果货币政策提高了货币供给增速,那么非农业的就业比重和产出比重(二者相等,均为 L_{dt})就会下降,在非农业内部需要使用货币的生产部门的就业比重和产出比重(二者相等,均为 ϕ_{mt})也会下降。这背后的关键经济机制是货币供给增长提高了持有现金的机会成本,进而提高了购买需要使用货币的产品(即受到现金约束的产品)的机会成本,抑制了其消费需求,因此这部分产品对应的生产部门在非农业中所占比重就会下降,进而降低非农业在总体经济中所占比重。

为了理解上述经济机制,先由(7.103)和(7.104)式可知,消费结构(即三类消费品 C_{at}、C_{mt} 和 C_{nt} 的相对数量)变化不仅取决于收入效应(由参数 $\bar{C}$ 纳入其影响)和相对价格(由变量 P_{at}/P_{dt} 纳入其影响),而且还取决于货币供给增长速度 g_{Mt}。前者是结构转型模型通常都纳入的经济机制,后者则体现了货币政策对结构转型的影响。

由于(7.96)—(7.98)式均表示购买三类消费品的边际效用(等号左边)等于其边际成本(等号右边),将三式对比可知,购买农产品 C_{at} 和非农业产出中无须使用货币的产品 C_{nt} 所付出的边际成本只由相应减少的储蓄(购买债券)在未来会带来的边际效用损失决定,后者即为拉格朗日乘子 $\lambda_t = \lambda_{t+1}(1 + R_{t+1})$ 和每类产品价格之积。而购买非农业产出中须使用货币的产品 C_{mt} 所付出的边际成本不仅包括相应减少的储蓄在未来会带来的边际效用损失($\lambda_t P_{dt}$),而且包括为满足该类产品交易而在每一期持有货币形成的机会成本,后者即为 $\mu_t P_{dt} = \lambda_t R_t P_{dt}$,其含义较为直观。为了增加一单位 C_{mt} 的消费,家庭需要在第 t 期持有

P_{dt} 的货币，也就减少了可能获得的 $R_t P_{dt}$ 的债券利息，由此带来的边际效用损失即为 $\lambda_t R_t P_{dt}$。

因此与无须使用货币的产品相比，购买非农业产出中须使用货币的产品的边际效用损失还包括持有货币满足交易带来的机会成本。利率越高，持有货币损失利息的机会成本就越高，购买该类产品的相对成本也就越高，其相对需求就会下降，这也可以由（7.103）和（7.104）式看出。于是，货币政策提高了货币供给增长速度，会由于非农业的货币交易需求更高而抑制农业向非农业的转型过程。这就是当存在现金约束时，货币政策对结构转型的影响机制。

本节中的模型还有助于分析货币流通速度的变化。根据货币流通速度的定义，名义 GDP 与货币供给之比即为货币流通速度，满足：

$$\frac{P_{at}Y_{at} + P_{dt}Y_{dt}}{M_t} = \frac{P_{at}Y_{at} + P_{dt}Y_{dt}}{P_{dt}C_{mt}} = \frac{1}{\phi_{mt}L_{dt}} \quad (7.108)$$

可以看到，由于货币只用于满足非农业部门中部分生产部门的产出（即 $P_{dt}C_{mt}$）交易，后者在总体经济产出中所占比重越高，货币与名义 GDP 之比就越高，货币流通速度也就越低。也就是说，如果非农业部门比重（即 L_{dt}）较高，或非农业中须使用货币的生产部门比重（即 ϕ_{mt}）较高，那么为满足这部分交易所对应的货币需求也就较大，进而也就降低了货币流通速度。由此可知，那些改变非农业部门比重的经济因素（如劳动生产率提高）都会通过结构转型渠道作用于这一机制，影响到货币流通速度。

本节中的模型在设定上较为简化，从总体经济中单独分离出使用货币的生产部门，而同时假设包括农业在内的其他生产部门不使用货币，这与现实经济是有一定出入的。但本节中的模型所刻画的经济机制对于理解货币政策影响结构转型非常重要，在不同生产部门生产和消费所需货币有所差别时也是成立的，对结构转型也会产生重要影响。

本章小结

本章介绍了政府作用影响宏观经济结构转型的理论模型与经济机制。本章第一节以在宏观经济结构转型模型中引入生产要素市场摩擦的方式把政府作用模型化。如果政府作用改变了同一生产要素在不同生产部门之间的相对价格，那么就会通过改变不同生产部门之间的产出相对价格，影响不同生产部门的产出相对比重和各类要素配置比重。本章第二节分别讨论了政府支出在需求侧和供给侧影响宏观经济结构转型的理论机制。从需求侧看，政府也是市场中的一大消费主体和投资主体，其消费需求结构和投资需求结构不同于私人部门，政府支出比重和规模变化就会影响加总后的消费结构和投资结构，进而改变需求结构和生产结构。从供给侧看，政府支出形成了基础设施和公共资本，这对不同生产部门的生产率产生了差异化影响，进而通过价格效应和收入效应影响了结构转型过程。本章第三节把政府在产品市场和生产要素市场的各类税费政策引入结构转型模型中，展示了各类税费政策要么改变不同生产要素在不同生产部门的相对使用成本，要么改变不同生产部门的产品相对价格，进而促使不同生产部门内部生产要素之间相互替代或不同生产部门之间的产品相互替代，推动宏观经济结构转型。本章第四节在结构转型模型中引入了货币政策决定的货币供给和不同生产部门面临差异化的现金约束，展示了货币供给通过改变持有货币的机会成本改变购买不同生产部门产品的相对成本，由此影响结构转型的经济机制。通过本章的学习，读者可以了解将政府作用引入结构转型模型的建模方式，也可以初步掌握政府影响宏观经济结构转型的主要机制，在深入考察政府作用时这些建模方式和理论机制都具有重要的借鉴意义。

📖 阅读资料

　　本章第一节纳入市场摩擦因子的结构转型模型化简自盖庆恩等（2013）、Cai（2015）、Cheremukhin et al.（2017，2024）、Ngai et al.（2019）等文献，他们均提出市场摩擦在包括中国在内的一些国家结构转型中具有重要作用。本章第二节关于政府支出影响需求结构的理论模型化简自 Moro & Rachedi（2022）、郭凯明和丁子涵（2024）等文献，他们均提出了政府支出结构与其他需求结构存在差别的重要性。关于政府支出影响供给结构的理论模型化简自郭凯明和王藤桥（2019），他们提出了政府基础设施建设投资在推动中国结构转型中发挥了重要作用。本章第三节关于政府税费影响结构转型的理论模型化简自 Dekle & Vandenbroucke（2012）、郭凯明和龚六堂（2023）等文献，其中郭凯明和龚六堂（2023）较为系统地从供给结构和需求结构两方面分析了政府减税降费影响产业结构转型的经济机制。本章第四节关于货币政策影响结构转型的模型来自 Mele & Stefanski（2019），他们研究了结构转型在货币流通速度变化中的重要作用，严成樑（2020）也分析了货币政策通过通货膨胀税影响收入增长，进而作用于结构转型的理论机制。上述这些文献及相关的其他重要文献列举如下。

［1］盖庆恩、朱喜、史清华，2013：《劳动力市场扭曲、结构转变和中国劳动生产率》，《经济研究》第 5 期。

［2］郭凯明、丁子涵，2024：《政府支出管理、需求结构与产业结构转型》，《管理科学学报》第 7 期。

［3］郭凯明、龚六堂，2023：《减税降费与产业结构变迁》，《经济学（季刊）》第 5 期。

［4］郭凯明、潘珊、颜色，2020：《新型基础设施投资与产业结构转型升级》，《中国工业经济》第 3 期。

［5］郭凯明、王藤桥，2019：《基础设施投资对产业结构转型和生产率提高的影响》，《世界经济》第 11 期。

［6］潘珊、龚六堂，2015：《中国税收政策的福利成本——基于两部门结构转型框架的定量分析》，《经济研究》第 9 期。

［7］吴涵、郭凯明，2023：《双循环视角下要素市场化配置、产业结构转型与劳动生产率增长》，《经济研究》第 9 期。

［8］徐朝阳，2014：《供给抑制政策下的中国经济》，《经济研究》第 7 期。

［9］徐朝阳、白艳、王辇，2020：《要素市场化改革与供需结构错配》，《经济研究》第 2 期。

［10］严成樑，2017：《结构转型中税收政策的社会福利成本：基于比较静态的分析》，《世界经济》第 9 期。

［11］严成樑，2020：《通货膨胀的产业结构变迁效应与社会福利损失》，《世界经济》第 2 期。

［12］严成樑、徐翔，2016：《生产性财政支出与结构转型》，《金融研究》第 9 期。

［13］Cai, W., 2015, "Structural Change Accounting with Labor Market Distortions", *Journal of Economic Dynamics and Control*, 57, 54-64.

［14］Cheremukhin, A., M. Golosov, S. Guriev, and A. Tsyvinski, 2017, "The Industrialization and Economic Development of Russia Through the Lens of A Neoclassical Growth Model", *Review of Economic Studies*, 2017, 84(2), 613-649.

［15］Cheremukhin, A., M. Golosov, S. Guriev, and A. Tsyvinski, 2024, "The Political Development Cycle: The Right and the Left in People's Republic of China from 1953", *American Economic Review*, 114(4), 1107-1139.

［16］Dekle, R., and G. Vandenbroucke, 2012, "A Quantitative Analysis of China's Structural Transformation", *Journal of Economic Dynamic and Control*, 36, 119-135.

［17］Duval-Hernandez, R., L. Fang, and L. R. Ngai, 2023, "Taxes, Subsidies, and Gender Gaps in Hours and Wages", *Economica*, 90, 373-408.

［18］Hao T., R. Sun, T. Tombe, and X. Zhu, 2020, "The Effect of Migration Policy on Growth, Structural Change, and Regional Inequality in China", *Journal of Monetary Economics*,

113，112-134.

[19] Herrendorf, B., and T. Schoellman, 2018, "Wages, Human Capital, and Barriers to Structural Transformation", *American Economic Journal：Macroeconomics*, 10(2), 1-23.

[20] Mele, A., and R. Stefanski, 2019, "Velocity in the Long Run：Money and Structural Transformation", *Review of Economic Dynamics*, 31, 393-410.

[21] Moro, A., and O. Rachedi, 2022, "The Changing Structure of Government Consumption Spending", *International Economic Review*, 63(3), 1293-1323.

[22] Ngai, L. R., and C. A. Pissarides, 2011, "Taxes, Social Subsidies, and the Allocation of Work Time", *American Economic Journal：Macroeconomics*, 3(4), 1-26.

[23] Ngai, L. R., C. A. Pissarides, and J. Wang, 2019, "China's Mobility Barriers and Employment Allocations", *Journal of the European Economic Association*, 17(5), 1617-1653.

[24] Rendall, M., 2018, "Female Market Work, Tax Regimes, and the Rise of the Service Sector", *Review of Economic Dynamics*, 28, 269-289.

📝 练习与思考

1. 对中国生产要素市场摩擦进行量化分析。

（1）把本章第一节包含政府作用和劳动力市场摩擦的结构转型模型中的两个部门对应为农业和非农业两个产业部门，或货物生产部门和服务生产部门两个产业部门。基于理论模型，使用中国国家统计局的数据测算劳动力市场摩擦因子，并分析其变化对这两个产业部门相对比重的影响。

（2）把本章第二节包含政府作用和资本、劳动两种要素市场摩擦的结构转型模型中的两个中间品生产部门对应为农业和非农业两个产业部门，或货物生产部门和服务生产部门两个产业部门。基于理论模型，使用世界投入产出数据库（World Input-Output Database）中的经济社会账户（Socio-Economic Accounts）数据测算资本和劳动力市场摩擦因子，并分析其变化对这两个产业部门相对比重的影响。

2. 考虑包含政府作用、资本、高技能劳动与低技能劳动三种要素市场摩擦的结构转型模型。生产方面分为两个中间品生产部门和一个最终品生产部门。用下标 $j \in \{1,2\}$ 区分两个中间品生产部门。每个中间品生产部门生产者的生产函数采用柯布-道格拉斯型技术设定，形式上为 $Y_j = A_j K_j^{1-\alpha_j^H-\alpha_j^L} H_j^{\alpha_j^H} L_j^{\alpha_j^L}$。其中，变量 Y_j、K_j、H_j 和 L_j 分别表示生产部门 j 的产出、资本、高技能劳动和低技能劳动，变量 A_j 表示全要素生产率；参数 $0 < \alpha_j^H, \alpha_j^L < 1$ 为常数。用 P_j、R_j、W_j^H 和

W_j^L 分别表示中间品价格、资本租金、高技能劳动工资和低技能劳动工资。政府作用使两个产业部门的资本租金和劳动工资可以存在差别。用 ξ^K,ξ^H 和 ξ^L 分别表示资本、高技能劳动和低技能劳动市场摩擦因子,满足 $\xi^K = R_1/R_2$,$\xi^H = W_1^H/W_2^H$,$\xi^L = W_1^L/W_2^L$。最终品生产部门生产者购买两类中间品 Y_j 生产最终品 Q,形式上满足 $Q = [\omega^{1/\sigma} Y_1^{(\sigma-1)/\sigma} + (1-\omega)^{1/\sigma} Y_2^{(\sigma-1)/\sigma}]^{\sigma/(\sigma-1)}$。其中,参数 $0 < \omega < 1$,$\sigma > 0$ 为常数。最终品可以用于消费或投资。资本、高技能劳动和低技能劳动的供给外生给定,分别用 K,H 和 L 表示。生产要素市场出清条件为 $K_1 + K_2 = K$,$H_1 + H_2 = H$,$L_1 + L_2 = L$。

(1) 给出决定一般均衡的方程。

(2) 定义 $x^k = K_1/K$,$x^h = H_1/H$ 和 $x^l = L_1/L$ 分别为生产部门1的资本比重、高技能劳动就业比重和低技能劳动就业比重,$x^y = P_1Y_1/(P_1Y_1 + P_2Y_2)$ 为生产部门1的产出比重,分别分析三类生产要素摩擦因子 ξ^K,ξ^H 和 ξ^L 对 x^k,x^h,x^l 和 x^y 的影响。

3. 使用中国数据,定量评估本章第二节的两个模型所展示的政府支出影响需求结构和供给机构的理论机制在中国宏观经济结构转型中的作用。

4. 考虑如下政府支出影响技术进步方向的结构转型模型。生产方面分为技能密集型产业和非技能密集型产业两个部门,用下标 $j = \{s, u\}$ 区分,其中,下标 s 和 u 分别代表技能密集型产业和非技能密集型产业。每个产业部门由一个代表性生产者在完全竞争市场中雇用高技能劳动和低技能劳动进行生产,生产函数满足 $Y_j = [\alpha_j^{1/\sigma_j}(A_j^H H_j)^{(\sigma_j-1)/\sigma_j} + (1-\alpha_j)^{1/\sigma_j}(A_j^L L_j)^{(\sigma_j-1)/\sigma_j}]^{\sigma_j/(\sigma_j-1)}$。其中,变量 Y_j 表示产出,变量 H_j 和 L_j 分别表示高技能劳动和低技能劳动的数量,变量 A_j^H 和 A_j^L 分别为技能扩展型技术和非技能扩展型技术。参数 $0 < \alpha_j < 1$,$\sigma_j > 0$ 为常数。用 P_j,W^H 和 W^L 分别表示产品价格、高技能劳动工资和低技能劳动工资。需求方面由一个代表性家庭来刻画。家庭提供高技能劳动 H 和低技能劳动 L,获得劳动工资。家庭缴纳总量税 G,把税后收入全部用于购买两个产业的产品来消费,数量分别为 C_u 和 C_s。因此,家庭的预算约束满足 $P_u C_u + P_s C_s = W^H H + W^L L - G$。家庭从消费中获得效用 $C = [\omega_u^{1/\varepsilon} C_u^{(\varepsilon-1)/\varepsilon} + \omega_s^{1/\varepsilon} C_s^{(\varepsilon-1)/\varepsilon}]^{\varepsilon/(\varepsilon-1)}$,其中,参数 $0 < \omega_j < 1$,$\varepsilon > 0$ 为常数。市场出清条件为 $H_u + H_s = H$,$L_u + L_s = L$,$Y_j = C_j$。引入 $x^H = H_s/H$ 和 $x^L = L_s/L$ 来衡量就业结构。政府把总量税全部用于当期支出。

(1) 假设政府支出直接影响了技能扩展型技术,满足 $A_j^H = A^H G^{\gamma_j}$。其中,参

数 A^H 为常数，$\gamma_j > 0$ 为常数。分析政府支出扩大后，就业结构 x^H 和 x^L 会如何变化。

（2）假设政府支出同时影响了技能扩展型技术和非技能扩展型技术，满足 $A_j^H = A^H G^{\gamma_j^H}$，$A_j^L = A^L G^{\gamma_j^L}$。其中，参数 A^H 和 A^L 为常数，$\gamma_j^H > 0$ 和 $\gamma_j^L > 0$ 为常数。分析政府支出扩大后，就业结构 x^H 和 x^L 会如何变化。

5. 考虑一个包含政府税费、性别差异和家庭生产的结构转型动态模型。生产分为市场生产部门和家庭生产部门两个部门，劳动分为市场劳动和家庭劳动两类，用上标 $\{M, H\}$ 区分；男性和女性都可以提供市场劳动和家庭劳动，用下标 $j = \{1, 0\}$ 区分。

市场生产部门由一家代表性企业来刻画。分别用 W_{0t} 和 W_{1t} 表示女性劳动工资率和男性劳动工资率。劳动收入累进税使男性和女性面临不同的劳动收入税率，分别用 τ_0 和 τ_1 表示，于是企业雇用女性劳动和雇用男性劳动的工资成本分别为 $(1+\tau_0)W_{0t}$ 和 $(1+\tau_1)W_{1t}$。设定企业雇用女性劳动数量和男性劳动数量分别为 N_{0t}^M 和 N_{1t}^M，为劳动供给时间 L_{jt}^M 与劳动人数 N_t 之积：$N_{jt}^M = L_{jt}^M N_t$。女性劳动时间 L_{0t}^M 和男性劳动时间 L_{1t}^M 形成市场生产所需的复合劳动 $L_t^M = [(\alpha^M)^{1/\rho^M} (L_{0t}^M)^{(\rho^M-1)/\rho^M} + (1-\alpha^M)^{1/\rho^M} (L_{1t}^M)^{(\rho^M-1)/\rho^M}]^{\rho^M/(\rho^M-1)}$。其中，参数 $0 < \alpha^M < 1$，$\rho^M > 0$ 为常数。企业以租金 R_t 租用资本 K_t，生产产出 $Y_t = [(K_t)^{(\sigma^M-1)/\sigma^M} + (L_t^M N_t)^{(\sigma^M-1)/\sigma^M}]^{\sigma^M/(\sigma^M-1)}$。其中，参数 $\sigma^M > 0$ 为常数。

家庭部门由一个可以存活无穷期的代表性家庭来刻画。该家庭拥有市场生产部门所需的资本 K_t 和家庭生产部门所需的耐用品 D_t。家庭由 N_t 个男性和 N_t 个女性构成，每个人在每一期都拥有 1 单位的时间禀赋，可以用于市场劳动 L_{jt}^M 和家庭劳动 L_{jt}^H，即 $L_{jt}^M + L_{jt}^H = 1$。男性和女性家庭劳动 L_{jt}^H 形成家庭生产所需的复合劳动 $L_t^H = [(\alpha^H)^{1/\rho^H} (L_{0t}^H)^{(\rho^H-1)/\rho^H} + (1-\alpha^H)^{1/\rho^H} (L_{1t}^H)^{(\rho^H-1)/\rho^H}]^{\rho^H/(\rho^H-1)}$，再与耐用品 D_t 一起生产产出 $Z_t = [(D_t)^{(\sigma^H-1)/\sigma^H} + (L_t^H N_t)^{(\sigma^H-1)/\sigma^H}]^{\sigma^H/(\sigma^H-1)}$。其中，参数 $0 < \alpha^H < 1$，$\rho^H > 0$，$\sigma^H > 0$ 为常数。

相对而言，女性劳动在家庭生产部门中更有比较优势，男性劳动在市场生产部门中更有比较优势，为此设定 $[\alpha^M/(1-\alpha^M)]^{1/\rho^M} < [\alpha^H/(1-\alpha^H)]^{1/\rho^H}$。男性和女性的市场劳动 L_{jt}^M 在每一期为家庭带来劳动收入 $W_{0t} L_{0t}^M + W_{1t} L_{1t}^M$，同时家庭获得租金收入 $R_t K_t$ 和政府转移支付 Tr_t。家庭将所有收入用于除耐用品以外的消费 $c_t N_t$（其中，c_t 表示人均消费）或者储蓄，储蓄用于投资 I_t^K 或购买耐用品 I_t^D，进而提

高了资本或耐用品数量。因此有 $c_t N_t + I_t^K + I_t^D = (W_{0t}L_{0t}^M + W_{1t}L_{1t}^M)N_t + R_t K_t + \mathrm{Tr}_t$，$K_{t+1} = (1-\delta^K)K_t + I_t^K$，$D_{t+1} = (1-\delta^D)D_t + I_t^D$。其中，参数 $0 < \delta^K, \delta^D < 1$ 为常数，分别表示资本和耐用品的折旧率。家庭从消费和家庭产出中获得即期效用，所有时期的即期效用加总复合成其一生效用：$\sum_{t=0}^{\infty}\beta^t(\nu_c \log c_t + \nu_z \log z_t)N_t$。其中，变量 $z_t = Z_t/N_t$ 表示人均家庭产出；参数 $0 < \beta < 1$，$\nu_c, \nu_z > 0$ 为常数。

产品市场出清条件为 $Y_t = c_t N_t + I_t^K + I_t^D$。政府把每一期所有劳动收入税全部转移支付给家庭，即 $\mathrm{Tr}_t = \tau_0 W_{0t}L_{0t}^M + \tau_1 W_{1t}L_{1t}^M$。分析男性和女性劳动收入税率 τ_0 和 τ_1 对男性和女性市场劳动时间 L_{jt}^M 和家庭劳动时间 L_{jt}^H 的影响。

6. 在本章第四节的模型中，把农业进一步分为传统农业和现代农业，产出分别用 Y_{a0t} 和 Y_{a1t} 表示，其对应的价格分别为 P_{a0t} 和 P_{a1t}。两个农业部门也采用线性生产技术，生产函数分别为 $Y_{a0t} = A_{a0t}L_{a0t}$ 和 $Y_{a1t} = A_{a1t}L_{a1t}$。其中，变量 A_{a0t} 和 A_{a1t} 表示劳动生产率，L_{a0t} 和 L_{a1t} 表示劳动投入。两类农业部门产出也全部用于消费，对应为 $Y_{a0t} = C_{a0t}$ 和 $Y_{a1t} = C_{a1t}$。非农业部门的设定与第四节的模型相同。假设传统农业的产出交易无须使用货币，而现代农业的产出交易需要使用货币，于是家庭的现金约束方程变为 $P_{a1t}C_{a1t} + P_{dt}C_{mt} \leq M_t$。家庭购买四类消费品，其预算约束方程变为 $P_{a0t}C_{a0t} + P_{a1t}C_{a1t} + P_{dt}(C_{mt} + C_{nt}) + B_{t+1} + M_{t+1} = W_t + (1+R_t)B_t + M_t + T_t$。家庭从四类消费品中获得效用，其一生效用函数变为 $\sum_t \beta^t [\omega_a \log((C_{a0t}^{(\eta-1)/\eta} + C_{a1t}^{(\eta-1)/\eta})^{\eta/(\eta-1)} - \overline{C}) + \omega_m \log C_{mt} + \omega_n \log C_{nt}]$。其中，参数 $\eta > 0$ 为常数，其他参数与第四节的模型相同。

（1）求解农业部门就业比重 $L_{at} = L_{a0t} + L_{a1t}$ 和现代农业在农业产出和就业中所占比重。

（2）分析如果货币政策影响了货币供给增长速度 g_{Mt}，那么农业部门就业比重和现代农业在农业中所占比重会如何变化。

后　记

新中国成立以来,中国经济发展经历了持续深化的趋势性转型,塑造出鲜明独特的结构性特征。无论从长期视角研究中国经济发展和经济增长,还是从短期视角研究中国经济周期和经济波动,都需要重视经济结构全面而深刻的影响。如何从中国经济发展道路实践出发,推动经济结构转型理论创新性发展,进而指导新时代中国经济高质量发展实践,是宏观经济学和发展经济学研究的重要课题。本书系统介绍了经济结构转型的主流理论模型和前沿研究方法,希望可以帮助读者理解现实经济、掌握研究范式、开展自主研究。我们也想在这里就创新发展宏观经济结构转型理论谈几点想法,与读者交流,也欢迎读者多批评指正。①

我们认为,应从中国经济发展历史和结构特征出发,坚持问题导向、系统观念、原创视角,全面揭示供需结构、要素结构、技术结构的内在联系和发展规律,努力使中国道路实践创新成为经济理论创新之源。中国正在进行着宏大而独特的实践创新,为宏观经济结构转型理论创新提供了强大动力和广阔空间,应从中国经济结构转型的实践中挖掘新材料、发现新问题、提出新观点,由此发展和完善宏观经济结构转型理论的系统框架。

第一,供给结构方面。中国经济供给结构转型不但包括了城乡二元经济结构转型、三大产业结构变迁,而且也体现为公有制经济和非公有制经济、重工业和轻工业、传统制造业和高技术制造业、消费性服务业和生产性服务业、资本密集型行业和劳动密集型行业、最终品生产部门和中间品生产部门等不同类型生产部门相对比重的趋势性变化。经典经济理论聚焦于技术进步推动产品替代互补关系变化的理论机制,难以全面解释这些转型过程。不同形式的供给结构转型既有一般性、又有特殊性,与产业融合、生产网络、区域结构、所有制属性、改革路径等中国经济特征密切相关。系统总结这些经济特征的基本事实、演化

---

① 本后记改写自郭凯明,2022:《中国经济结构转型理论创新方向》,《管理世界》第6期。

动因与发展趋势,进而建立其与不同部门生产特征的逻辑关系,是从供给结构视角创新宏观经济结构转型理论的重要路径。

第二,需求结构方面。中国经济的需求结构不但经历了消费、投资和出口等三大需求比重的显著波动,而且三大需求内部的支出结构和生产来源构成也呈现趋势性变化。经典经济理论提出了消费偏好和国际贸易拉动产品相对需求变化的理论机制,但并未全面总结需求结构转型的系统影响。一方面,中国投资率长期处在较高水平且波动明显,投资结构也经历了转型变化;另一方面,中国出口在产出中所占比重与进口在生产和消费中所占比重均波动较大,出口品和进口品的结构也与其他产品有明显差别。因此,从需求结构视角创新宏观经济结构转型理论,不仅应关注消费需求及其结构,而且需要突破现有理论框架,全面深入研究投资与国际收支的规模变化和内部结构转型的影响。

第三,要素结构方面。经典经济理论提出了资本深化推动资本与劳动替代互补关系变化的理论机制。虽然中国经济要素结构转型也经历了资本深化过程,但表现更加多维度和多元化。一是资本要素呈现高度分化的异质性,具有更强外部性的基础设施和公共资本在快速形成,不同生产部门之间或区域之间的资本禀赋结构差距较大,金融市场配置资本的体制机制仍在调整优化,因此资本深化的影响机制更为丰富。二是中国人口转变带来了人口和劳动力的规模、结构和质量快速变化,这既在供给侧改变了劳动之间、劳动与其他要素之间的替代互补关系,影响了劳动在不同生产部门之间的再配置速度,又在需求侧拉动了需求结构转型,进而通过影响家庭的生育、教育和劳动供给选择,反作用于人口转变趋势。三是中国土地要素供给和配置的体制机制复杂多样,土地财政和土地金融模式在其中影响深远,土地与其他要素之间的替代互补关系也和不同类型的生产方式密切相关。从中国不同生产部门要素密集程度和要素替代弹性存在明显差异且持续变化的实际出发,研究上述要素结构转型与经济结构转型之间的互动关系,将有力推动宏观经济结构转型理论的发展。

第四,技术结构方面。一方面,经典经济理论虽然深入研究了技术创新和应用的内生机制,但是较少关注不同生产部门技术创新特征的异质性,尤其是没有充分考察中国从吸收引进到自主创新的技术进步模式转换过程的差异化影响。另一方面,新一代科技革命和产业变革在全球孕育形成并加速演进,与常规技术进步不同的是,数字技术和低碳绿色技术具有典型的通用技术特点,全面推动了生产方式、生活方式和治理方式转变,催生了新质生产力。技术革命不但对供给侧生产方式和技术特征产生影响,而且还直接改变了需求侧消费及投资的模式和结构。技术革命也同时催生了海量的数据要素,变革了资本和劳动等传统要素的属性,对各类要素的结构特征和相互关系产生了颠覆性影响。这些技术结构的中国特征和发展趋势与中国经济结构转型密切相关,是理论创新的重要切入点。

我们认为,以效率和公平、发展和安全、政府和市场的辩证统一关系为研究出发点和落脚点,推动宏观经济结构转型理论范式创新,指导新时代中国经济高质量发展实践,有望实现理论高度与实践深度有机结合。随着中国特色社会主义进入新时代,中国从新的实践和时代特征出发,为效率和公平、发展和安全、政府和市场的关系确定了新的科学定位,应准确把握这三组关系的基础影响和发展趋势,并由此开拓宏观经济结构转型理论新的研究范式。

第一,效率和公平的关系。共同富裕是中国特色社会主义的本质要求。为适应社会主要矛盾的变化,践行以人民为中心的发展思想,正确处理效率和公平的关系,中国逐步把实现全体人民共同富裕摆在了更加重要的位置上,在高质量发展中促进共同富裕。创新中国经济结构转型理论,不仅应当继续发展关于生产效率与经济结构转型关系的现有理论,而且更应注重研究分配公平与经济结构转型的关系。一方面,经济结构转型直接改变了对不同产品和不同要素的相对需求,推动收入分配格局演化;另一方面,区域、城乡和不同群体之间的收入分配格局和再分配政策既直接影响了需求结构,也间接改变了要素结构。在此基础上,以与经济结构转型的相互联系为理论视角,研究效率和公平的关系在经济结构转型过程中的动态演进,将显著提升宏观经济结构转型理论的高度。

第二,发展和安全的关系。从发展所处的历史方位和所面临的形势任务出发,中国已经把统筹发展和安全纳入经济社会发展的指导思想。如何贯彻新发展理念和安全发展理念,推动新发展格局和新安全格局、高质量发展和高水平安全的协调互促的重大问题,极大突破了现有理论研究范畴,又与中国经济结构转型高度相关。从初级产品供需结构和产业关联等视角研究初级产品供应保障问题,从投入产出网络、生产技术特征和对外依存度等视角研究产业链、供应链安全问题,从创新与技术的结构特征和演化规律等视角研究科技自立自强问题,从金融市场与供需结构、要素结构、技术结构的联动关系视角研究金融稳定发展问题,从区域生产分工、要素流动、制度规则的结构性和异质性等视角研究全国统一大市场构建问题，都是从发展和安全的关系视角创新宏观经济结构转型理论的重要突破方向。

第三，政府和市场的关系。平衡效率和公平，统筹发展和安全，都离不开有效市场和有为政府的更好结合。中国经济体制改革的核心问题是处理好政府和市场的关系，使市场在资源配置中起决定性作用和更好发挥政府作用，是新时代中国对市场和政府作用做出的新定位。新中国成立以来，政府和市场的关系演进不仅表现在财政、金融、产业等政策调整方面，而且更根本地体现在体制和机制的改革过程、国家治理体系和治理能力的现代化进程中。这对要素的形成、配置和分配，对产品的生产、流通和消费都产生了全面深刻的影响，是推动中国经济结构转型的深层次力量，决定了效率和公平、发展和安全的动态平衡。我们要继续研究中国特色社会主义制度对经济结构转型的全方位影响，从效率和公平、发展和安全的关系视角讲好中国故事，提出体现中国智慧和中国价值的理念和方案，把宏观经济结构转型理论创新推向深入，形成新思想、新范式、新体系，推动新时代中国经济高质量发展实践创新。